KB040422

중국헌법에서의 종교와 종교정책

중국헌법에서의 종교와 종교정책

그 역사와 현재

신 명 지음

논형

일러두기

1. 본문의 주요 개념어는 한자 및 외국어로 병기하였다.
2. 논문은 「 」로 단행본 및 신문, 잡지는 『 』로 표기하였다.
3. 강조, 개념어는 ' '로, 인용구나 인용문은 " "로 표기하였다.
4. 주는 장별로 정리하였다.

　1992년 한·중 수교 이후 25년이 흐른 지금, 중국은 우리나라의 최대 교역국으로 부상하고 있다. 중국내 55개 소수민족 중 우리 동포가 13위를 차지하고 있고, 우리나라와 같이 종교다원국가로 여러 종교가 공존하고 있다. 이러한 문제의식 하에 학생 및 연구자 그리고 중국에 대해 관심이 있는 분들에게 중국을 이해하는 데 도움이 되기를 바라는 마음에서 출발했다.

　이 책은 몇 년 전에 쓴 박사논문 「중국헌법에서 종교와 종교정책」을 다시 발간한 것이다. 후진들의 비판과 보완을 기대하면서 그대로 출판하고자 한다.

　이 책의 주제인 중국의 헌법과 종교 그리고 종교정책은 사회주의 국가 중국의 역사적 경험에서 형성된 것으로 중국의 종교헌법에서 양자가 합류하였다. 중국의 종교정책은 사회주의 헌법정신의 구현에 있으며, 그에 의해 종교가 철저히 관리되고 있다. 구체적으로는 '중국식' 종교신앙의 자유를 보장하고, 종교를 '법적으로 관리'하며, 사회주의와 종교의 '화해'와 '적응'을 강조하고 있다. 또한 중화민족주의가 세속적 국가종교로서 중국 종교정책의 한 축을 이루고 있으나 중국에서의 헌법은 중국공산당의 이념을 국가이념으로 법제화하는 수단이라 할 수 있는 바, 종교정책 역시 공산당의 정책에 따라 변화해왔다.

이러한 내용들을 구체적으로 살펴보기 위해 1장 서론에서는 중국헌법 연구를 위한 출발점으로서 세계 각국의 헌법에서 종교를 어떻게 정하고 있는지를 살펴본 후 자유주의헌법과 사회주의헌법의 차이를 간단히 살펴보았다. 2장에서 중국의 종교이론과 그 '중국화'를 고찰하고, 3장과 4장에 걸쳐서 1840년 청 말기 아편전쟁 이후부터 중화인민공화국 현 5세대 지도부에 이르기까지 100여 년 동안의 중국 헌정의 흐름과 함께 그 속에서의 종교와 종교정책을 역사적으로 살펴보았다. 5장에서는 현재 '중국 특색'의 사회주의 종교현황과 종교관련 법체계를 전반적으로 소개하였다. 6장에서 중국헌법에서 담고 있는 종교와 종교정책의 기본이 되는 '중국식' 종교신앙의 자유, '종교사무의 법적관리', '종교적 중화민족주의'를 개괄적으로 분석하였다. 끝으로 7장에서는 지금까지 살펴본 역사의 흐름 속에서 헌정, 종교와 종교정책 그리고 그 특성들을 간단히 정리하고 중국 종교의 미래를 조심스럽게 전망해 보았다.

중국의 헌법을 중심으로 종교정책을 체계적이고 일관성 있으면서 법과 종교를 이해하기 쉽게 접목시켜 기술하는 데 있어 부족함을 누구보다 잘 알고 있기에 출간하는 용기를 내기까지 많은 고민을 했다. 우리나라와 밀접한 관계를 맺고 있고, 지속적으로 관계를 맺게 될 나라가 중국이다. 오늘의 중국은 사회주의 국가라는 국가 정체성을 국가의 기본법인 헌법으로 표현하고 그 속에서 움직이고 있음을 통찰하고 나아가 이를 바탕으로 중국의 사회현실을 이해하는 첫 단추가 되기를 바랄 뿐이다. 아무쪼록 이 분야를 연구하는 신진연구자들이 많이 등장하고 폭넓은 연구활동의 촉매제로 사용된다면 더 바랄 것이 없겠다.

이 책의 초고이기도 한 논문이 나오기까지 곁에 계신 많은 분들의 격려와 도움을 받았다. 특히 중국 종교 현장까지 직접 살펴주신 지도교수 민경식 교수님께 이 지면을 빌어 특별한 감사를 드린다. 법과 종교를 접목시키지 못해 헤맬 때마다 필요한 정보와 지식을 보태주신 한국종교연구소 윤승용 박사님을 비롯한 관계자 여러분 그리고 주저앉고 싶을 때마다 응원을 아끼지 않은 고용노동부 후배 공무원 모두에게도 각별한 마음을 전한다.

할머니가 학교 간다고 보낸 몇 년 동안 놀아주지 못했어도 잘 자라준 손자 준·결, 자기 논문을 뒤로 하고 중국 청화대학 도서관을 누비며 자료를 찾고 전문가의 자문과 자료번역에 도움을 준 큰아들 형석, 기계치인 엄마가 날려버린 자료를 복구해주느라 번번이 수고한 작은 아들 형규와 며느리 선례, 묵묵히 지켜봐준 남편, 혼자서 힘들다고 생각했는데 돌아보니 가족 모두에게 고마움과 미안함만 남는다.

끝으로 논형의 편집부에 진심으로 감사드리며, 나의 늦은 공부가 마치 당신이 못 해주신 밀린 숙제인양 항상 곁에서 지친 나를 북돋아 주시고 딸의 박사 논문을 기다리시다가 먼저 저 세상으로 가신 어머니 강문숙 님께 이 책을 바친다.

2017년의 봄을 열면서
신 명

1장

서론

1. 사회주의 국가 중국은 종교를 어떻게 보는가

헌법의 필수적인 규율 대상

인류 역사를 헌법학적 관점에서 바라보면 인간의 기본권 확장의 역사로 볼 수 있으며, 장구한 인권확장의 역사는 종교의 자유의 변천과 궤를 함께 한다. 다양한 유형의 기본권을 보장하고 있는 각국 헌법에서 종교의 자유는 정신적 자유의 핵심 내용으로서 양심·사상의 자유, 언론·출판의 자유, 학문·예술의 자유 등과 더불어 필수적으로 규정하고 있다. 이처럼 종교의 자유에 관한 규정은 필수적인 헌법사항[1]이 되었다. 국가는 그에 소속된 개인들이 일종의 운명공동체로 결합한 인적 단체이고, 개인들은 다른 사람들과 더불어 국가라는 공동체 내에서 삶을 영위할 수밖에 없는 존재들이다. 여기서 국가와 국가권력은 그 자체가 목적이 아니라 그에 소속된 개인들에게 자유와 안전 그리고 정의를 보장하는 것을 최상의 과제로 삼는다.[2] 이러한 국가의 개인에 대한 기본적 과제를 규율대상으로 하는 법이 바로 헌법이기 때문에 헌법은 그 전제로서 일정한 인간상을 예정하고 있다.

현대 헌법이 예정하고 있는 인간상은 자유와 구속의 이중성을 가진다. 다시 말해 헌법상의 인간은 한편으로 개인적 인격체로서 대체·교환할 수 없는 정체성과 개성을 가지고 자신의 삶을 스스로 결정하고 형성하면서, 다른 한편으로는 사회적 인격체로서 공동체 내에서 생활하면서 타인과의 접촉과 교류를 통한 상호 영향 하에서 자신의 외부세계를 형성하는 인간을 말한다.[3] 이러한 전제로서 헌법의 인간상은 헌법을 구성하는 정치, 경제, 사회, 문화 등의 각 부문에 따라, 정치적 인간, 경제적 인간, 사회적 인간, 문화적 인간 등으로 개별적이고 구체적으로 이해되어야 한다. 이 경우 헌법의 각 부문별 인간상 역시 자유와 구속의 이중성을 가진 인간으로 이해되어야 함은 물론이다.

많은 종교학자들은 종교성 내지 종교지향성을 인류의 고유한 속성으로 보고 있다. 모든 인간은 종교적 인간homo religious이라는 것이다. 즉, 인간은 언제 어디서나 종교와의 관계 속에서 살아왔고 또한 살아가고 있기 때문에 인류의 역사는 곧 종교의 역사라 할 수 있다. 그리고 종교는 국가와 사회 속에 하나의 구체적인 단위로 존재하기 때문에 국가와 사회의 성격과 종교의 관계를 살펴보는 것은 인간과 종교를 이해하는 데 있어 중요한 일이다. 종교는 인간과 문화를 깊이 이해하도록 하는 지표지만 내적으로 다양성을 가지고 있을 뿐만 아니라 역사적으로 유동성을 지니고 있기 때문에 정의하기가 쉽지 않은 개념이다.

근대국가에서 종교의 자유는 인간의 원초적이며, 가장 오랜 역사를 지닌 고전적인 기본권이다. 기본권의 역사를 보면, 모든 기본권은 종교의 자유에서 기원하여 전개된다고 할 수 있다. 근대 초기 자연법 사상가와 프로테스탄트적 종교 개혁가는 종교의 자유를 가장 중요한 권리로 간주하였다. 그들은 종교의 자유를 정당하게 그리고 확실히 보장하기 위해서는 종교와 관련 있는 인접한 정신적 자유, 예컨대 양심, 사상, 언론 · 출판, 결사 등의 자유도 함께 보호되어야 한다고 생각한 것이다. 그리하여 종교의 자유는 정신적 자유영역으로의 그 외연을 확장시키는 '인권의 어머니' 역할을 하였다. 또한 그들은 종교의 자유를 보다 제도적으로 영구히 보장하기 위하여 성문헌법의 형식으로 확인하고자 하였다. 이 점에서 종교의 자유는 근대 입헌주의 헌법의 산파 역할을 하였다[4]고 평가할 수 있다. 서구에서는 다수의 헌법적 문건이 종교혁명이나 종교전쟁과 같은 종교적 대변혁의 결과물로서 생성되었다. 이와 같이 종교는 헌법에서 필수적인 헌법사항이 되었다. 다시 말해 어느 국가의 헌법에 종교에 관한 규정이 없으면, 그 국가는 헌법을 가지고 있다고 할 수 없을 정도로, 종교는 헌법의 필수적인 규율대상이 되었던 것이다.

세계 각국의 종교헌법

각국 헌법 전에 담겨있는 종교와 관련 있는 규정을 총칭하여 종교헌법이라 부르기로 한다. 비교헌법학의 관점에서 보면, 종교헌법에서 '헌법'은 형식적 의미의 헌법전만을 의미하는 것은 아니다. 예를 들면 사우디아라비아는 공식적인 헌법을 가지고 있지 않다. 그러나 국왕은 1992년에 '통치기본법'을 선포하였는데, 이 통치기본법은 비공식적 헌법이라 할 수 있다.[5] 또한 불문헌법의 국가인 영국에서는 의회제정법이 잉글랜드 국교회의 종교법으로서 중요한 기능을 하고 있다.[6] 그리고 세계의 종교헌법에서 '종교'는 영어 religion이나 독일어 Religion을 번역한 근대적이고 서구적인 개념이라 할 수 있지만, 그 구체적인 표현과 그에 내포된 내용은 시대에 따라, 국가에 따라 한결같지 않다. 헌법에 따라서는 종교신앙, 신교, 신앙 등으로 표현하는가 하면, 종교의 자유를 넓은 의미의 기본권, 자유와 권리 등에 포괄적으로 포함시켜 명시적으로 드러내지 않는 예도 많다.[7]

세계 각국의 종교헌법에 있어, 공통적이면서 동시에 핵심적인 내용은 기본적 권리 내지 인권으로서의 '종교의 자유'와 근대세속국가의 기본적 원칙 내지 제도로서의 '정교관계政教關係'라고 할 수 있다. 그러나 그 구체적 내용이나 유형은 국가의 체제성향에 따라 그리고 같은 국가에서도 시대에 따라 다양한 상이점을 보이고 있다. 가령 선교의 자유를 예로 들면, 서구에서는 종교의 자유에 자신이 신봉하는 종교를 선전하거나 신도를 규합하기 위하여 선교하는 자유가 당연히 포함된다. 그리고 타 신도에 대하여 개종을 권고할 수 있는 자유까지 포함된다. 그러나 사회주의 국가에서는 '선교의 자유'를 인정하지 않는 종교신앙의 자유 정책을 전개하고 있다. 여기에는 종교를 믿지 않을 자유를 전제하고 있다. 또한 정교관계를 보더라도 미국을 위시하여 특히 제2차 세계대전 이후 등장한 다수의 신생 독립국가는 정치와 종교를 엄격하게 분리하여 상호 간섭하지 않는 유형을 취하고 있다. 물론 국교나 공인 종교를 인정하는 국가가 있는가 하면, 정치와 종교단체를 분리하여 각각 고유 영역의 독립성을 인정함과 동시에 국가와 종교가 경합하는 사항에 대해서는 정교조약concordat을 체결하여 상호관계를 처리하는 유형도 있다이탈리아 헌법 제7조, 폴란드 헌법 제25조 4항. 또 정교분리 원칙의 헌법적 성격에 있어서도, 종교의 자유를 위한 보완적 원리로 보장하는 국가가 있는가 하면, 헌법의 기본원리 차원으로 격상하여 민주주의의 원리나 사회국가의 원리와 대등한 수준으로 보장하고 있는 국가도 있다인도 헌법 전문, 터키 헌법 제2조.

세계의 종교헌법에는 종교의 자유와 정교관계 이외에 각국이 겪은 역사적 상황에 따라 고유하고 특이한 사항도 다수 포함되어 있다. 이 가운데 몇 가지 예를 들면 다음과 같다. 종교 자유의 주체에 있어 대부분의 헌법은 '누구나' 혹은 '모든 국민'이라고 규정하고 있으나, 중국, 베트남, 북한 등의 사회주의 국가의 헌법에서는 그 주체를 '공민公民'으로만 규정하고 있다. 또한 헝가리 헌법은 외국인에게 종교적 망명권을 인정하고, 독일 기본법은 종교적 이유로 인해 국적을 박탈당하였던 국민과 그 자손의 국적회복을 허용하고 있다헝가리 헌법 제65조 1항, 독일 기본법 제116조 2항. 종교교육과 관련해서는 종교 일반을 국민 일반에게 교육하는 보편적 공교육, 종교단체의 종교교육 그리고 부모가 자녀에 대한 종교교육 등 다양한 유형의 교육을 규정하고 있다아일랜드 헌법 제42조 1항, 폴란드 헌법 제48조 1

항. 남아프리카 헌법은 구금자가 종교 상담자의 조력을 받을 권리를 보장하고동 헌법 제35조, 포르투갈 헌법은 행정조사시 종교적 비밀을 보호받을 권리를 보장하고 있다동 헌법 제41조 3항. 그리고 독일, 스위스, 스페인, 폴란드, 오스트리아, 포르투갈, 핀란드, 헝가리, 러시아 등은 종교적 신념과 병역의 의무가 상충할 경우, 이를 해결하는 방책으로 대체복무를 인정하고 있다. 또한 종교의 자유의 한계와 제한에 열거되어 있는 것이 국가안전보장, 공공질서와 공중도덕, 올바른 관습, 위생과 건강 등 다양하다. 특히 중국과 북한 등 사회주의 국가에서는 체제수호를 위하여 외세에 의존하는 매국종교賣國宗教를 불허하는 규정을 두고 있다북한 헌법 제68조, 중국헌법 36조. 포르투갈 헌법은 비상사태 하에서도 종교의 자유를 특별히 보호하고 있고동 헌법 제19조, 그리스 헌법제110조과 러시아 헌법제135조에서는 종교의 자유를 헌법 개정의 대상에서 제외하고 있다. 헌법상 국가 통치구조 부문과 관련 있는 종교사항으로는 먼저 국가원수의 신앙문제를 들 수 있는데, 특히 다수의 군주국가에서는 국왕의 종교를 헌법에서 명시하고 있다노르웨이 헌법 제3조, 덴마크 헌법 제6조, 스웨덴 왕위계승법 제4조, 태국 헌법 제9조. 다음으로 국왕, 대통령, 의회의원 등 최고위 공직자의 취임선서의 문제인데, 국교 내지 공인종교 제도를 두고 있는 국가에서는 취임선서의 첫머리나 끝 부분에서 종교와 관련한 표현을 하는 것이 통례이다그리스 헌법 제33조 제2항, 이라크 헌법 제48조. 한편, 국교를 부인하고 정교분리를 채택하고 있는 국가에 있어서도 선서 말미에 '신이여 저를 도우소서' 등의 종교적 서약을 붙이는 국가, 그렇지 않은 국가 그리고 선서자의 선택에 맡기는 국가 등으로 나누어진다.[8] 또한 국가재정과 관련하여 성직자의 급여를 국가재정에서 충당하는 국가도 있다벨기에 헌법 제181조 1항, 룩셈부르크 헌법 제106조. 아무튼 헌법의 종교 관련 규정들은 초기에는 비교적 간략하였으나, 점차 그 내용이 추가되고 풍부해지면서, 더욱 분화되고 개별 조항화하는 방향으로 변화해가고 있다.

자유주의와 사회주의의 종교헌법 그리고 중국

전통적인 헌법분류에서는 각국의 경제구조와 정치체제의 이동異同을 기준으로 헌법을 자본주의적 헌법과 사회주의적 헌법으로 구분하기도 한다. 양 국가체제에서의 종교에 관한 이해의 이동異同을 기준으로 종교헌법을 구분하는 것도 가능하다. 크게 두 가지로 분류하면, 종교헌법은 종교 자유의 최대한 보장과 정치와 종교의 엄격한 분리를 원칙으로 삼는 자본주의 국가의 자유주의적 종교헌법과 종교의 자연소멸을 전제로 하고 당의 영도 하에 국가가 사회주의적 목적을 달성하기 위한 한시적 수단으로 종교신앙의 자유를 인정하는 사회주의적 종교헌법으로 나눌 수 있다. 이러한 분류법은 사회주의의 모국이라 할 수 있는 소련이 해체되고, 동구의 위성국가들이 민주화된 오늘날에는 그 의미가 반감되었다고 할 수 있을지도 모른다. 그러나 소련의 붕괴 이후에도 중국을 위시하여 베트남, 쿠바, 북한 등이 여전히 사회주의 국가성을 유지하고 있는 현실에서 보면 의미 있는 분류라 할 수 있을 것이다.

자유주의적 종교헌법은 근대 입헌주의적 헌법의 핵심내용으로 등장하였다. 종교신앙의 자유는 근대에 새로이 등장한 자산계급이 봉건 전제주의와 신권주의에 반대하는 투쟁과정에서 제기되었다. 유럽의 고전철학, 그리스 도시국가의 정치, 무역경제 등의 고전문화는 종교신앙의 자유의 사상적 근원이 되었다. 유럽의 르네상스와 종교개혁 시기에 신권神權에 대한 인권의 도전은 종교신앙의 자유의 발전에 큰 촉매제가 되었다. 루터Martin Luther의 종교개혁은 개인이 로마 교회로부터 해방되는 신학의 기초를 다졌고, 나아가 신앙의 자유를 확인하는 길을 열었다. 종교개혁 후 그로티우스H. Grotius, 홉스T. Hobbes, 로크J. Locke, 루소J. J. Rousseau 등 사회계몽사상가가 내세운 종교신앙의 자유사상은 아메리카 신대륙으로 전파되었고, 이러한 사상은 정치적 민주주의와 더불어 발전하였다. 서구의 헌법 가운데 종교신앙의 자유를 최초로 분명하게 규정한 국가는 미국이다. 미국 연방헌법에서 보장된 종교의 자유와 정교분리의 원칙은 독일, 프랑스, 이탈리아 등 유럽 대륙과 일본과 한국 등 아시아의 자본주의 국가에 파급되어, 오늘날 자유주의적 종교헌법으로서 확고한 위치를 가지게 되었다. 그리고 종교의 자유는 제2차 대전 이후 인권보장의 국제화에서도 선도적 역할을 하였다.

  사회주의적 종교헌법은 유물론에 입각한 종교개념을 바탕으로 등장하였다. 그리고 사회주의적 종교관은 18세기 유럽의 기존 사회질서에 대한 부정, 특히 독일 사회에서의 그릇된 종교에 대한 비판으로부터 시작되었다. 당시 종교에 대한 비판으로는 먼저 성직과 성직자의 부패에 대한 비판을 들 수 있다. 18세기 독일 사회는 신교와 구교를 막론하고 부패양상이 만연하였다. 성직자의 부패는 당시 사상가에게 프러시아 정부를 공격하는 빌미를 제공하였다. 다음으로 종교신앙의 자유의 허구성에 대한 비판을 들 수 있다. 근대에 이르러 자산계급은 천부인권의 이념에 기초하여 종교신앙의 자유를 주장하였고, 이러한 주장은 이전의 봉건 전제와 신권의 통치와 비교할 때 사회의 일대 진보이었음은 부정할 수 없다. 그러나 그들이 제기한 종교신앙의 자유는 자산의 계급에만 제한되었을 뿐 정치적으로 억압받고 경제적으로 착취당하는 대부분의 노동인민의 종교문제를 해결하지는 못하였다는 점에서 비판의 여지가 있다. 이러한 배경 아래 포이에르바하L.Feuerbach, 스트라우스D. F. Strauss 그리고 마르크스M. Marx와 엥겔스F. Engels 등은 종교비판이 모든 비판의 전제라는 기본인식 아래 우회적인 방법으로 종교를 강력히 비판하고 나섰다. 마르크스와 엥겔스는 변증유물주의와 역사유물주의의 관점에서 종교문제를 고찰하여, 종교의 본질과 사회적 작용 및 그 탄생·발전과 소멸의 규율을 과학적으로 규명하는 마르크스주의 종교관을 정립하였다. 마르크스는 종교는 인민의 아편이라며, 포이에르바하의 인간 창조적 종교존재론[9]을 비판하면서, 종교는 사회적 관계에서 태동하고 존재한다는 사회관계적 종교존재론을 정립하였다.[10] 마르크스와 엥겔스의 무신론적 종교이론은 혁명시기를 거치면서 레닌V. Lenin을 통해 사회주의 국가나 공산당의 공식 입장이 되었다. 사회주의 국가는 마르크스-레닌주의의 관점에서 종교가 갖는 사회적 존재 요인이 사라져 종교가 소멸되는 날까지 정교분리의 원칙과 포교권이 제한된 믿을 자유와 믿지 않을 자유라는 사회주의식 종교자유 개념을 견지한다는 것이다. 이것을 최초로 헌법화한 국가가 소련이었고, 사회주의 국가의 모국으로서 소련의 헌법은 이후 동독, 폴란드 동유럽 위성국가와 중국, 북한, 베트남 등 아시아 국가로 전파되어, 자본주의 국가와 대립하는 거대한 사회주의 헌법군을 형성하게 되었다. 소련과 동구 사회주의 국가는 20세기 후반에 몰락하였고, 현존하는 사회주의 국가로는 중국과 베트남 그리고 북한 등을 들수 있다.

중국은 정치적으로 사회주의 국가이고, 경제적으로 사회주의적 시장경제국가이며, 민족적으로는 다민족 통일국가이다. 이 점에서 중국은 자본주의 국가인 미국은 말할 것도 없고, 소련 등 기존의 사회주의 국가와도 다르다. 특히 오늘날 중국은 사회주의적 정치체제와 자본주의적 시장경제체제가 공존하는 특이한 양상을 보여주는 국가이다.[11] 이러한 특성은 종교 부문에서도 분명하게 드러나고 있다. 중국은 1949년 중화인민공화국의 건국 이전부터 오늘에 이르기까지 헌법에서 종교의 자유를 규정해오고 있다. 건국 초기까지 소련은 정치적으로나 경제적으로 중국을 지원하였고, 중국은 헌법 제정과정에서 소련 헌법을 모델로 하였다. 그러나 중국의 종교헌법은 자본주의 국가와는 말할 것도 없고, 같은 사회주의 국가의 종교헌법과도 여러 면에서 차이점을 보이고 있다. 중국은 마르크스-레닌의 종교관을 수용하면서도, 이를 중국화하는 독자적 과정을 거쳤기 때문이다. 그 결과 중국적 종교헌법과 중국적 종교가 형성되었다. 이 책은 바로 이와 같은 중국적 특색의 종교헌법과 중국적 종교를 살펴봄으로써 '중국헌법에서의 종교와 종교정책'을 전반적으로 이해해보고자 한다.

　이 책의 또 다른 목적은 우리가 중국의 종교를 바로 알고 또 중국에 대한 당과 국가의 관리상황을 총체적으로 소개하기 위함이다. 역사적으로 중국과 우리나라는 지리적으로 인접할 뿐 아니라 동일한 동양문화권에 속하면서 긴밀한 관계를 유지해왔다. 즉, 한자를 비롯하여 삼국시대의 불교, 고려 말의 유교, 조선 후기의 천주교 등 종교[12]는 물론 제자백가 사상과 정치, 경제제도 등이 중국을 통해 전래된 까닭에 우리의 종교나 사상을 이해하기 위해서도 그 원류인 중국에 대한 이해가 필요하며, 이러한 연장선에서 문화의 핵이라 할 수 있는 중국의 종교에 대한 이해가 선행되어야 할 것이다. 하지만 그러한 이유만은 아니다. 중국의 개혁개방과 1992년 한중 수교 이후 중국은 한국의 최대 교역 국가로 부상하였고, 한국유학생이 가장 많이 건너가고 있다. 그뿐 아니라 중국내 55개 소수 민족 중 우리 동포들은 13위를 차지하고 있으며, 우리나라의 기독교 선교사가 가장 많이 진출하고 있는 나라이기도 하다. 그 외 중국에 진출하고 있는 국내 기업인, 유학생, 종교단체, 종교인의 경우 중국이 지닌 특수한 종교정책에 대한 이해가 부족하여 종종 뜻하지 않는 곤경에 처하기도 하고 때로는 외교적인 충돌[13]을 일으키기도 한다. 또 우리나라는 전형적인 종교다원국가로서 여러 종교가 공존하고,[14] 종교의 국제 교류가 많아지고 있다. 중국에서 활동금지된 법륜공法輪功이 세계 각지로 퍼지면서 우리나라에 거주하고 있는 중국 국민뿐만 아니라 우리 국민 중에도 법륜공 신자가 급증하고 있어 관심이 커지고 있다. 최근 한국 법원에서 법륜공 신자에 대해 종교적 난민지위를 인정[15]하는 판결을 한 바 있듯이 중국의 종교 문제는 더 이상 중국만의 문제가 아니다. 그뿐 아니라 통일 이후의 정책을 준비하는 차원에서도 중국의 종교정책에 대한 고찰은 북한의 종교정책을 이해하고 대책을 수립하는 데도 출발선이 될 것이다.

2. 중국헌법과 종교 연구의 대상과 범위

종래 비교헌법학적 연구에서 종교와 종교정책 연구는 주로 미국, 독일, 프랑스 등 서구 자유민주국가군을 연구 대상으로 삼아왔다. 사회과학 내지 법학적 이유에서나 실용적 혹은 전략적 이유에서 중국에 대한 헌법적 차원의 연구가 절실히 요청되고 또한 의미 있는 과제임에도 불구하고, 그러한 연구는 활성화되지 못하였다. 특히 헌법학적 관점에서 다룬 연구 성과물을 찾아보기란 더욱 더 어렵다. 그런 의미에서 이 책은 상당한 의미를 가진다.

종교는 어떠한 진공 속에 존재하는 추상적 단위가 아니라, 국가와 사회 속에 하나의 구체적인 단위로 존재하게 된다. 그 때문에 종교를 이해함에 있어 국가와 사회의 성격과 종교와의 관계가 대단히 중요하다. 그러한 입장을 가지고 중국헌법에서의 다양한 종교문제를 역사적이고 구조적 차원에서 고찰하고자 한다.

2장에서는 먼저 중국 특색의 종교이론과 그 중국화에 관하여 살펴본다. 중국은 종교와 종교의 자유 등에 대한 이해에 있어 나름의 독특한 관점을 가지고 있다. 먼저 사회주의 국가인 중국에서의 종교 이해는 마르크스-레닌의 종교이론에 바탕하고 있다는 점에서 자유주의 국가에서의 종교 이해와 크게 다르다. 초기에는 사회주의의 모국이었던 구 소련을 모델로 하였지만, 마르크스-레닌의 종교이론과 모택동毛澤東의 종교이론을 거쳐 중국화하였다는 점에서 소련은 물론 동구 사회주의 국가들과도 여러 점에서 다르다. 이 장에서는 어떠한 과정을 거쳐 마르크스-레닌의 종교이론이 중국화되었고, 중국화된 종교이론의 특색이 무엇인가를 살퍼본다.

3장에서는 헌정 내지 헌법의 역사적 전개를 세로축으로 하여 시대를 구획하고, 그 시대에 전개되었던 국가의 종교관련 문제와 그에 대처한 종교정책, 그리고 각 시기별 종교적 현상 등에 관하여 살펴보고자 한다. 근대 이후 오늘에 이르기까지 중국의 역사는 여러 가지 기준에 따라 구분할 수 있을 것이나, 여기에서는 헌법과 종교를 다루고 있는 만큼 1949년 중화인민공화국의 건국을 기준으로, 그 이전의 '혁명기'와 그 이후 '신중국건설기'로 나누어, 각 시기의 헌정의 흐름과 종교적 상황과 종교정책 등에 관해 살펴보고자 한다.

4장에서는 현대중국의 헌정과 종교정책을 1949년 중화인민공화국 건국 이후 제1세대 통치기와 제2세대 이후 통치기로 나누어 살펴보고자 한다. 제1세대 통치기와 관련해서는 1949년 중화인민공화국의 건국과 1954년 인민민주주의 헌법의 제정과정과 종교정책에 대해 살펴본다. 1954년 헌법은 제정 이후 당 영도의 절대성, 계급투쟁의 필수성, 대중운동의 항상성이 반우파투쟁 후 모택동의 사회주의 건설 전략의 방법적 핵심으로 확립됨과 동시에 국가의 근본법으로서의 헌법의 권위가 저하되었다. 이후 문화대혁명기를 거치면서 1975년 헌법이 개정되었고 1978년 현대화 전환 모색형 헌법개정이 이루어졌다. 제2세대 통치기는 모택동 사후 등소평이 개혁개방으로 획기적인 전환을 이룬 시기다. 등소평 이후 중국을 이끌어간 인물들로 천안문 사건에 대한 북경의 무력진압을 지지함으로써 등소평의 신임을 얻어 제3세대 지도부를 이끈 강택민, 제4세대 지도부를 이끈 호금도胡錦濤 그리고 2012년 공산당 총서기로 선출되어 이극강李克强 등과 함께 제5세대를 이끌어가고 있는 시진핑을 살펴본다.

5장에서는 중국의 종교현황과 중국 특색의 사회주의 종교법례 체계에 관하여 고찰한다. 먼저 중국의 사회주의 국가성에 의해 관리되고 통제되는 중국의 종교 현황을 정상적인 종교와 척결의 대상이 되는 미신 또는 사교邪敎의 현황을 구분하여 살펴보고, 종교와 관련 있는 각종 법규범에 관하여 살펴본다. 종교는 인간의 정신적 욕구로서 일종의 사회문화현상이며, 일종의 사회통제 시스템인 동시에 사회를 안정시키는 장치이기도 하다. 이 때문에 종교는 역사적으로 법의 탄생과 발전에 중대한 영향을 미쳤고, 현재도 법규범에 대하여 일정한 영향을 미치면서 동시에 법규범에 의해 규율되고 있다. 특히 중국에서 종교는 어느 나라보다도 여러 측면에서 법규범의 규율을 받고 있다. 중국의 사회주의 종교법은 국가법규, 공산당의 당 법과 정책, 국제규범 및 애국종교조직의 자주법 등으로 이루어지는 독특한 체계이다.

6장에서는 중국헌법에서의 종교신앙의 자유와 종교정책에 관하여 고찰하고자 한다. 중국헌법은 서언, 총강 그리고 기본권 장 등 전편에 걸쳐 종교와 관련하여 다양한 규정을 두고 있다. 비교헌법적으로 고찰하면, 중국헌법은 다른 나라에 비해 종교 관련 조항이 많은 편이다. 이는 법에 의한 종교 관리와 통제를 원활하게 하기 위함이다. 중국헌법은 제2장 '공민의 기본 권리와 의무' 편에 종교와 신앙의 자유에 관한 기본조항으로 제36조를 두고 있고, 그밖에도 다수의 관련 규정을 두고 있다. 특히 '국가의 인권존중과 보장'이 2004년 개정된 헌법개정안제33조에 추가됨으로써, 인권의 의미가 한층 격상되었다고 할 수 있다. 이 장에서는 종교 관련 기본조항인 제36조와 부수 조항을 중심으로 공민의 종교신앙의 자유와 국가의 종교자유정책, 종교사무에 대한 법적 규제, 종교적 중화민족주의에 관하여 살펴본다.

7장은 중국헌법의 종교와 종교정책에 관한 연구결과를 정리하면서, 그것을 토대로 중국 특색의 종교와 종교정책에 관해 향후 전망을 서술하였다.

3. 중국 종교 연구의 틀

중국에서의 종교는 중국이라는 특수성과 종교라는 보편성의 이중구조를 가진 개념이라 할 수 있다. 때문에 중국에서의 종교에 대한 연구는 종교의 보편적 이론이 중국이라는 특수한 국가에 있어 역사, 문화, 제도를 통해 어떻게 표출되는지를 탐구하는 것이어야 할 것이다. 그런데 중국은 정치적으로 사회주의 국가이고, 경제적으로 사회주의적 시장경제, 다민족 통일국가이며, 기존의 현실 사회주의 국가들과도 여러 점에서 다르다. 중국에서의 종교문제를 제대로 이해하기 위해서는 중국의 정치, 경제, 문화에 대한 깊은 이해가 절실히 요청되는데, 이것을 실현하는 것은 매우 어렵다. 따라서 정치학, 경제학, 역사학, 철학 및 사상 분야의 선행 연구자의 도움을 받을 수밖에 없다고 생각한다.[16]

일반적으로 헌법학적 연구방법으로 계통적 연구방법, 본질 분석적 방법, 실제 관계적 연구방법, 역사 분석적 연구방법 및 비교 분석적 연구방법을 들고 있다.[17] 그러나 이 책은 방대한 주제를 연구대상으로 삼고 있어, 전편에 걸쳐 일관된 방법을 유지한다는 것이 용이하지도 않을 뿐 아니라 바람직하지도 않다고 하겠다. 이에 국내외 문헌을 위주로 분석하면서, 장별 소주제에 따라 역사적이고 비교적인 분석방법을 함께 동원하였다.

이 책은 어디까지나 중국공산당이나 정부 나아가 중국인이 자신의 종교를 어떻게 이해하고 있는가에 초점을 맞추면서, 부분적으로 우리 헌법에서의 종교와도 비교하였다. 우선 중국적 관점에서 그 종교에 대한 이해에 주력하고, 중국 종교에 대한 보편적 종교이론에 입각한 평가나 자유주의적 종교헌법과의 비교연구는 앞으로의 연구주제로 남겨두고자 한다. 앞에서 언급한 것 같이 중국이 종교를 어떻게 이해하고 있는지에 초점을 두고 중국의 입장에서 고찰하기 위해서 종교와 관련된 용어는 별무리가 없는 한 한자어^{중국어} 그대로 병기하였다. 우리말 용어를 찾기 쉽지 않을 뿐 아니라, 중국어 그대로 사용하더라도 뜻이 통한다고 보았기 때문이다. 그리고 자료수집에 인터넷을 많이 활용하였다. 특히 중국 정부와 국가종교사무국의 공식 인터넷 홈페이지는 매우 유용한 정보원이었다.

주

1 여기서 헌법사항이라 함은 당위론 차원에서 헌법이 규정하여야 할 사항, 마땅히 헌법에 규정되어야 할 사항을 말한다(민경식, 「헌법은 어떻게 종교간 공존을 보장하는가 -세계각국의 종교헌법사례」, 『불교평론 통권 46호』, 만해사상실천선양회, 2011, 131 면).

2 한수웅, 『헌법학 제5판』, 법문사, 2015, 3~5 면.

3 한수웅, 『헌법학 제5판』, 499 면.

4 존 위티 주니어/정두메 역, 『권리와 자유의 역사』, Ivp, 2015, 21 면.

5 통치기본법(The Basic Law of Governance) 제1조는 "사우디아라비아 아랍 왕국은 완전한 주권을 가진 이슬람국가, 종교는 이슬람, 헌법은 지고하신 알라의 경전과 그 분의 사도의 순나(God's Book and the Sunnah of His Prophet)"라고 규정하고 있다.

6 잉글랜드 국교회의 법원으로는 영국 의회가 제정한 의회제정법, 국교회총회의에서 제정한 국교회법, 국교회 카논 등 국교회 내부규범 그리고 기도서 등이 있다. 그리고 1950년에 비준되고 1953년부터 발효한 유럽인권협약과 1959년에 설립된 유럽인권재판소 그리고 유럽인권협약을 국내법으로 수용하기 위한 조치로서 1998년 11월 제정되고, 2000년 10월 발효한 인권법(Human Rights Act)은 영국의 종교계 전반에 큰 영향을 미치고 있다(신명ㆍ민경식, 「영국에서의 종교와 국가-잉글랜드 국교회 법제의 변천을 중심으로」, 중앙대학교 법학연구소, 『법학논문집 제36집 제3호』, 2012, 33~34, 55~58 면).

7 예컨대 같은 한자 문화권인 한ㆍ중ㆍ일 3국의 경우에도 한국헌법은 종교의 자유(제21조)로, 중국헌법은 종교신앙자유로(제36조)로, 일본헌법은 신교의 자유(信敎の自由)로(제20조)로 각각 규정하고 있다.

8 미연방 헌법(제2조 8)은 "나는 합중국 대통령의 직무를 성실히 수행하며, 나의 능력의 최선을 다하여 합중국헌법을 보존하고 보호하며, 수호할 것을 엄숙히 선서

(또는 확약)한다"라고 하여, 종교적 서약이 붙어 있지 않다. 그러나 독일 기본법(제 56조) 은 "나는 나의 능력을 ……양심적으로 나의 의무를 완수하며, 누구에 대해서도 정의를 행사할 것을 서약합니다. 신이여, 저를 도우소서"라고 하여 조문에는 종교적 서약이 붙어 있지만, 이를 생략할 수도 있다.

9 포이에르바하는 하느님이 인간을 창조한 것이 아니라 인간의식이 하느님을 창조하였다고 하였다(박만준, 「공산권 종교자유개념의 이념적 특징에 관한 연구 –인식의 전개과정과 그 시대적 함의를 중심으로」, 『中蘇研究 제36권 제4호』, 한양대학교 아태지역연구센터, 2013, 163 면).

10 마르크스는 종교라는 것은 현실을 직시하지 못하는 당시 사람들의 몽유병과 같은 올가미이며, 이 종교라는 올가미를 벗어나는 길만이 정치현실을 깨닫고 프러시아 정부의 부패상을 직시할 수 있는 첩경이라고 주장하였다 (박만준, 「공산권 종교자유개념의 이념적 특징에 관한 연구」, 166 면).

11 서진영, 『21세기 중국정치』, 폴리테이아, 2012, 38 면.

12 문화의 핵이라 할 수 있는 종교가 우리나라에 전래된 실태를 보면 ① 인도에서 발생한 불교가 중국으로 전래되어 중국화된 중국 불교를 삼국시대에 수용하였고 ② 천주교도 18세기말 중국을 통해서 전래되었다. 천주교를 통해서 중국에서 발행된 한문 서학서를 연구할 수 있었던 것은 교회가 이 땅에 우리 자신의 힘으로 세워지게 된 외적 요인이 되었다. ③ 중국의 유교는 고려 말에 유입되어 세계 역사상 유례없는 강력한 유교국가인 조선의 정신적 지주가 되었을 뿐 아니라, 현재까지도 우리의 정치, 경제, 교육, 문화 등 모든 영역에 막대한 영향을 미치고 있다. 특히 한국인은 자신이 어떤 종교를 신봉하던 그 내면에는 유교적 가치관을 가지고 살고 있다고 해도 과언이 아니다.

13 외교적인 측면에서 중국의 종교와 종교정책에 대해 고려해야 할 점이 많다. 중국을 비롯하여 사회주의 국가들은 종교문제를 국내문제로 인식하기 때문에, 외국이 국가 차원에서나 종교단체 차원에서 간섭하는 것을 꺼린다. 경우에 따라서는 종교문제가 외교문제로 비화하기도 한다(정갑영 등, 『해외 각국의 종교현황과 제도 연구』, 문화관광부 한국문화정책개발원, 1999, 375 면).

14 한국 사회는 세계에서 유례를 찾아볼 수 없을 정도로 많은 종교가 함께 공존하는

다종교사회이다. 문화체육관광부에서 발간한 '2009 종무행정백서'에 의하면, 전통적인 자생종교를 포함하여 50여 개 종교, 500여 교파가 존재하고 있다 (문화체육관광부 종무실, 『2009 종무행정백서』, 2010, 20 면).

15 서울고등법원 2010.12.17. 선고 2010누9398: 서울행정법원 2007.11.28. 선고 2007구합18291.

16 특히 중국의 국가체제에 관해서는 신우철 교수, 중국혁명과 정치에 관해서는 서진영, 조영남, 중국의 종교정책과 종교사에 관해서는 류성민, 박만준, 김태용과 윤경숙 박사의 논저로부터 많은 도움을 받았음을 밝혀 둔다.

17 신우철, 「중화인민공화국 국가체계에 관한 헌법학적 연구」, 서울대학교 대학원 박사학위논문, 1996, 11~12 면.

2장

중국 특색의 종교이론

중국은 사회주의 국가들의 헌법에서의 종교에 대한 무신론적 종교이론을 중국화하여 종교신앙의 자유정책을 표방하면서도 인권의 차원이 아닌 국가정책의 차원에서 다루고 있다. 다민족, 다종교의 국가인 중국은 종교 오성론(장기성, 군중성, 민족성, 국제성, 복잡성)을 정책적으로 활용하여 종교와 사회주의 간의 상호적응과 화해를 꾀하고 있다.

Ⅰ. 사회주의 국가의 종교헌법

1. 사회주의 국가 헌법에서의 종교

마르크스는 종교는 인민의 아편으로서 사회주의 개혁의 대상이지만, 종교소멸을 선포하거나 종교소멸정책을 인위적으로 시행하는 것은 종교를 진정으로 소멸시키는 것이 아니라고 하였다. 그러면서 그는 자연소멸할 운명의 종교에 대하여 사회주의 국가와 정당이 취할 입장과 원칙으로 두 가지를 제시하였다. 첫째, 국가가 국교를 벗어나고 종교가 시민사회 내에 존재하게 되었을 때, 국가는 곧 종교로부터 해방된다. 즉 국가가 종교와 관계를 가져서도 안 되고 종교단체가 국가정권과 연계되어서도 안된다. 즉 정치와 종교는 분리되어야 한다는 것이다. 둘째, 사회주의의 궁극의 목표는 개인적인 종교선택의 자유의 범주를 뛰어넘어 종교로부터 완전히 벗어난 무신론의 자유를 실현하는 것, 다시 말해 개인을 종교로부터 완전히 분리된 무신론자로 만드는 것이다. 사회주의 종교이론에서는 종교를 믿지 않을 자유가 종교를 믿을 자유보다 전제되는 개념이라는 것이다.[1] 오늘날까지 사회주의 국가에서는 종교를 믿지 않을 자유를 전제로, 포교권 없는 개인 신앙선택의 자유개념이 근간이 되어 관련 종교정책의 실천 강령이 되고 있다.

마르크스와 엥겔스의 무신론적 종교이론을 최초로 헌법화한 국가는 소련이었다. 사회주의의 모국으로서 소련의 헌법은 이후 동독, 폴란드 등 동유럽 위성국가와 중국, 북한, 베트남 등 아시아 국가로 전파되어, 자본주의 국가와 대립하는 거대한 사회주의 헌법군을 형성하게 되었다. 러시아혁명을 통하여 정권을 장악한 볼셰비키 정부는 1918년 정교분리의 원칙을 「국가와 교회 그리고 학교와 교회의 분리에 관하여」라는 글을 통해 밝혔고, 동년 7월 공포된 볼셰비키공화국 헌법 제13조에서는 종교의 선전, 즉 포교와 반종교선전의 권리를 모두 인정하였다. 1936년 소련헌법 제124조는 "시민에게 양심의 자유를 보장하기 위하여 소련의 교회와 국가 그리고 학교와 교회는 분리된다"라고 하여 교회와 국가의 분리, 학교와 국가의 분리를 명시하였다. 그리고 "종교예배의 자유 그리고 반종교적 선전의 자유가 모든 시민에게 인정된다"라고 하여 종교의식의 자유와 반종교선전의 자유를 명시하면서, 종교선전의 자유는 명시하지 않았다. 1988년의 소비에트 사회주의 공화국연방헌법 제52조는 "소연방 시민에게는 양심의 자유, 임의로 종교를 믿거나 종교적 의식을 행할 수 있으며, 어떤 종교도 믿지 않고 무신론적 선전을 행할 수 있는 권리가 인정된다. 종교상의 신앙과 관련하여 적의敵意와 증오를 야기하는 것은 금지된다. 소련에서 교회는 국가로부터 분리되며, 학교는 종교로부터 분리된다"라고 하여 시민의 종교의 자유와 정교분리 그리고 무신론을 선전할 권리를 인정하면서 종교를 전파하거나 선전할 자유는 인정하지 않았다.

소련과 동구 사회주의 국가들은 20세기 후반에 몰락하였다. 오늘날에는 사회주의 국가로 중국과 베트남 그리고 북한 등이 존재할 뿐이다. 북한 헌법은 사회주의 국가성을 특별히 강조하고 있는데, 이 점은 무엇보다 '조선민주주의인민공화국 사회주의 헌법'이라는 제명에 잘 나타나 있다. 그리고 헌법 제68조에서 "공민은 신앙의 자유를 가진다. 이 권리는 종교건물을 짓거나 종교의식 같은 것을 허용하는 것으로 보장된다. 종교에 외세를 끌어들이거나 국가질서를 해치는 데 이용할 수 없다"라고 하여 종교에 관하여 규정하고 있다. 베트남에서는 헌법 제70조에서 종교의 자유에 관하여 "공민은 신앙, 종교의 자유를 가진다. 모든 종교는 법률 앞에 평등하다. 종교의 숭배 장소와 종교는 법률로 보호받는다. 아무도 국가의 법률과 정책에 반하여 신앙·종교의 자유를 침해하거나 또는 신앙·종교를 이용할 수 없다"라고 규정하고 있다. 그리고 2004년 '종교신앙법'을 제정하여, 이를 기본법으로 삼아 종교정책을 펼치고 있다.

2. 중국헌법에서의 종교와 종교개념

중국의 종교헌법

중국은 1949년 중화인민공화국의 건국 이전부터 오늘에 이르기까지 헌법에서 중국식 종교신앙의 자유를 보장해오고 있다. 건국 초기까지 소련은 정치적으로나 경제적으로 중국을 지원하였다. 이에 중국은 헌법 제정과정에서 소련 헌법을 모델로 하였다. 1931년 강서중앙소비에트지역의 중화소비에트 헌법대강憲法大綱은 "중화소비에트정권은 노동자와 농민이 진정한 종교신앙의 자유를 보장하는 것을 목표로 한다"라고 하였고, 1941년 5월 중국공산당 중앙위원회가 비준한 협감녕주변지역시정강령陝甘寧周邊地域施政綱領 제6조는 "모든 항일인민抗日人民(지주, 자본가, 농민, 노동자)의 인권, 정권, 재산권과 언론, 출판, 집회, 결사, 신앙, 거주, 이사의 자유권을 보장한다"라고 규정하였다. 건국 초 임시헌법의 역할을 한 1949년 9월 29일 제정된 중국인민정치협상회의 공동강령 제5조는 "중화인민공화국 인민은 사상, 언론, 출판, 결사, 통신, 인신, 거주, 전거, 종교신앙과 시위행진의 자유권을 가진다"라고 규정하였다.

최초의 정식헌법인 1954년 헌법 제87조는 "중화인민공화국 공민은 종교신앙의 자유가 있다"라고 하였다. 1975년 헌법 제28조는 "공민은 언론, 통신, 출판, 집회, 결사, 여행, 데모, 스트라이크의 자유, 종교를 신앙하는 자유, 종교를 신앙하지 않는 자유, 무신론을 선전하는 자유를 가진다"라고 하였고, 1978년 헌법 제33조는 "공민은 종교를 신앙하는 자유와 종교를 신앙하지 않을 자유가 있으며 무신론을 선전할 자유가 있다"라고 규정하였다. 현행의 1982년 헌법은 제2장 '공민의 기본 권리와 의무'편 제36조에서 신교의 자유와 종교정책의 기본에 관하여 다음과 같이 규정하고 있다. "중화인민공화국 공민은 종교와 신앙의 자유를 가진다中華人民共和國公民有宗敎信仰自由." 어떠한 국가기관, 사회단체와 개인도 공민에게 종교를 신앙하거나 신앙하지 않도록 강제할 수 없고, 종교를 신앙하거나 신앙하지 않는 공민을 차별하여서는 아니 된다. 국가는 정상적인 종교활동을 보호한다. 어떠한 사람도 종교를 이용하여 사회질서를 파괴할 수 없으며, 공민의 신체건강에 손해를 주어, 국가 교육제도의 활동을 방해하여서는 아니 된다. 종교단체와 종교사무는 외국세력의 지배를 받을 수 없다. 또한 헌법 제2장에는 제36조 이외에도 종교와 관련이 있는 규정이 다수 내포되어 있다.

중국헌법에서의 종교개념

중국에서의 종교 개념을 살펴보기 위해서는 중국의 전통적인 종교관을 먼저 살펴볼 필요가 있다. 종교의 문명발생지를 중심으로 분류할 때 중국은 세계 3대 종교 발상지의 하나이다. 역사적으로도 많은 종교들이 혼재하는 종교 다원국가이다. 고대부터 중국은 도처에 신령이 존재하는 국가로서 스스로를 신주神州로 불렸다.[2] 중국에는 고래로 전해오는 국가 종교로서 유교와 토착 고유의 종교로서 도교만 있는 것이 아니라, 민간에 오랜 역사를 가진 민간결사종교, 외국으로부터 수입되어 점차 중국화된 불교, 기독교, 이슬람교 등이 있다. 그러나 중국의 역사를 통틀어 볼 때, 종교적 색채와 동시에 학문적 윤리적 색채를 강하게 띠고 있는 유교가 지배적이었다고 할 수 있다.

종교는 지금까지 중국의 경제, 정치, 사회, 문화의 각 영역에서의 역사적 변천과정에서, 깊고도 넓은 영향을 미쳤다. 또한 민속적이고 통속적인 민간신앙으로서의 도교와 불교는 이른바 봉건적 미신, 일반적 미신과 깊이 연관되어 있다. 중국은 역사상 종교가 존재하지 않은 적이 없고, 그리고 다종교의 국가라는 것을 인정하지 않을 수 없다. 그러나 중국에서는 청말淸末까지도 서구적 religion 의미의 종교라는 개념이 문헌 중에 존재하지 않는다. 일본에서 번역되어 사용되기 시작한 서구적 종교 개념을[3] 중국에 최초로 소개한 사람이 양계초梁啓超라고 한다.[4] 중국에서의 이러한 종교들은 서구의 근대 종교 개념이 중국에 도입되기 이전에는 각각 개별적인 '교敎'로서 존재하였을 뿐이었다.[5] 종교의 실질을 갖는 유儒 · 불佛 · 도道 3교三敎가 행하여지고, 이 밖에도 삼교가 혼합된 민간종교가 있으며, 잡다한 신들을 믿는 민간신앙이 있다.[6]

이상을 종합해보면, 중국의 전통 종교인식의 특징으로는 첫째, 중국민족은 종교사상에 있어 특이할만한 선입견을 가지고 있지 않다. 따라서 종교적 분쟁이 거의 없었고, 외래 종교의 수용에 있어서도 관대하였다. 둘째, 중국민족은 종교를 개인적인 자유신앙에 의지함으로써 종교상의 규제를 별로 중시하지 않았다. 한 사람이 여러 종교를 믿을 수 있었고, 그 결과 교권의 집중현상이 나타나지 않았다. 셋째, 중국에는 고래로 정치와 종교의 분리가 시행되었다. 하늘의 계시에 의해 정치를 행한다는 신권적神權的 사고는 이미 주나라 때 타파되었다. 넷째, 중국민족의 종교신앙은 숭배의식에 크게 구애받지 않는다. 이로써 유교의 제례의식과 다른 기도나 예배 등의 종교의식이 존재하였다. 다섯째, 대다수 중국인에게 있어 하늘에 대한 신앙은 마음속에서 최고의 정신적 주재자인 동시에 윤리도덕의 근원으로 간주되었다.

현재 중국에서의 종교에 대한 인식은 자유주의 국가에서의 그것과 비교할 때 현저한 차이가 있다. 중국은 사회주의 국가이며, 사회주의는 이념적으로 종교를 인정하지 않는다. 사실은 종교의 소멸을 목표로 하지만,[7] 중국의 구체적 현실은 종교의 존재를 인정할 수밖에 없다.[8] 하여 중국공산당과 국가는 종교신앙의 자유 정책을 표방하면서도 종교를 인권 차원이라기보다 국가정책 차원에서 접근하고 있다. 그 결과 오늘날 중국에서의 종교 이해는 미국 등 서구에서의 종교 이해와 비교할 때 덜 개방적이고 덜 포괄적인 특색을 보이고 있다.

　　중국 종교학계나 법학계에서는 종교를 정의하거나 평가할 때, "종교는 일종의 유기체로서 실제상 객관적 존재의 물질적 체계이고, 그 내부구조에는 종교신도, 종교교전, 종교의식, 종교활동, 종교활동장소, 종교조직 등의 요소가 포함되어 있다"라고 하거나, "사회현상의 일종으로서 사상적으로 보면 유신론의 이데올로기이고, 조직형태로 보면 정비된 종교교의, 고정된 종교의식, 명확한 입교절차를 갖고 있는 사회조직"이라고 이해하는 경향을 보이고 있다. 그러면서 공민의 종교신앙의 표지로서 "첫째, 사상적으로 어떠한 종류의 교의를 신봉할 것, 둘째, 조직적으로 입교절차를 이행할 것, 셋째, 종교활동에 참가할 것" 등을 들고 있다.[9] 또한 중국 종교는 인류 각종 신앙의 축소판이라고 할 수 있을 정도로 다양함에도 불구하고,[10] 중국공산당은 건국 이래 오늘에 이르기까지 불교, 도교, 이슬람교, 천주교와 기독교만을 공식적으로 인정하고 있다. 최근 들어 유교의 종교성 여부나 법륜궁의 사교성 여부에 관한 논의가 전개되는 가운데, 일각에서 종교를 한층 개방적으로 이해하여야 한다는 주장이 제기되기도 한다.[11]

Ⅱ. 마르크스-레닌의 종교이론

1. 마르크스주의 종교관

종교의 본질적 특징

마르크스M. Marx와 엥겔스F. Engels는 변증유물주의와 역사유물주의의 관점에서 종교문제를 고찰하여, 종교의 본질과 사회적 작용 및 그 탄생·발전과 소멸의 규율을 과학적으로 규명하는 마르크스주의 종교이론을 정립하였다. 마르크스주의는 역사유물론을 나침반으로 삼아 종교문제를 인식하고 있다.[12] 역사유물론은 변증법적 유물론을 인간세계에 적용하여 인간 사회의 변화와 발전을 수행하는 근본적인 요인을 규명하는 동시에 실천적인 행동양식을 제시하려는 역사철학 이론을 말한다. 이 유물사관은 관념으로부터 실천을 설명하지 않고, 물질적 실천으로부터 관념을 설명한다. 마르크스는 『정치경제학비판요강Grundrisse der Kritik der Politischen Ökonomie』에서 생산력의 일정한 발전단계에 조응하는 생산관계의 총체가 사회의 경제적 구조, 즉 실제적인 토대를 이루고, 그 토대 위에 정치적 상부구조가 조성되며, 그에 따라 사회적 의식의 여러 형태가 발생한다고 보았다. 마르크스주의는 종교의 본질적 특징, 종교의 탄생과 발전에 관하여 변증유물주의와 역사유물주의에 입각하여 설명한다. 마르크스주의는 과학적 유물주의 세계관으로 종교적 유심주의 세계관을 부정하고, 종교와 사회주의 그리고 종교와 공산주의는 근본적으로 다르다고 본다. 또한 종교문제를 중요시하지만, 이 문제를 최우선적인 것으로 다루지는 아니한다.[13] 그들은 정책적 고려에서 종교신앙의 자유의 기본권을 인정하고, 종교신앙의 자유정책의 전면적 관철을 주장하며, 사회주의 국가에서 정치와 종교의 분리정책의 실행을 강조한다. 또한 마르크스주의는 노동자계급정당의 정치적 임무는 종교와의 전쟁이 아니기 때문에 행정수단을 동원하여 종교문제를 다루는 것은 현명하지 않다고 한다.

마르크스주의는 종교의 각 발전단계의 이미 이루어져 있는 물질세계 가운데에서 종교의 본질적 특징을 찾아야 한다고 하면서, 그 본질적 특징으로 다음을 들고 있다. 첫째, 종교는 현실 사회존재의 반영이다. 마르크스는 "이 세계는 전도顚倒의 세계이므로 전도된 세계의식을 생산한다. 종교는 이 세계에 대한 일반이론이며, 이 세계에 대한 백과사전적 개요이고, 이 세계의 대중적인 형태로 되어 있는 논리이다. 또한 종교는 이 세계의 유심론의 명예의 문제이며, 이 세계의 열광이고, 이 세계에 대한 도덕적 재가이며, 이 세계의 장엄한 보충이자 이 세계의 위안과 정당함의 일반적 근거"라고 주장하였다. 둘째, 종교는 사람들의 일상생활의 외부역량에 대한 환상의 반영이다. 엥겔스는 "온갖 종교는 인간의 일상생활을 지배하는 외적인 힘이 인간의 머릿속에 환상적으로 반영된 것에 지나지 않으며, 이 반영에 있어서는 지상의 힘이 천상의 힘의 형태를 취한다"고 하였다. 셋째, 종교는 상부구조의 일부분으로 한편으로 경제기초의 제약을 받으면서 동시에 다른 한편으로 경제기초에 대해 영향을 미친다. 마르크스는 "역사의 진정한 기반은 생산력과 생산관계의 변증법적 운동법칙에서 찾아야 한다. 이 기반의 전개과정 위에서 그 밖의 상부 구조적 요인들이 형성되고 또 변화되어 간다"고 하였다. 그러면서 상부구조에 포함되는 것으로 국가기구, 법체계, 이데올로기 그리고 그 밖의 규범체계 · 관습 · 인습 · 예술 · 종교 · 학문 · 언어 등을 들었다.

종교의 발생과 발전

마르크스주의는 종교의 발생과 발전에는 자연적, 사회적 그리고 인식적인 3가지 근원이 있다고 하였다.[14]

첫째는 자연적 근원이다. 종교 관념의 최초 생성은 생산능력이 떨어지는 상황에서, 원시인들이 자연현상에서 느낀 신비감을 반영한다. 즉 원시종교의 생성 원인은 완전히 자신과 다른, 무한한 위력을 가지고 정복할 수 없는 자연의 힘이 원시인에게 준 압박이다. 자연은 처음에는 인간에게 하나의 완전히 낯설고 전지전능하고 불가항력적인 힘으로 다가오고, 이 힘에 대하여 인간은 완전히 동물적으로 행동하여 마치 가축들과 같이 그 힘에 굴복하였다. 따라서 그것은 자연에 대한 순전히 동물적인 의식自然宗敎이다.[15] 엥겔스는 "원시인에게 자연력은 자신과 다른 모든 것을 능가하는 신비한 것이었다. 모든 문명 민족이 경험한 특정 국면에서 그들은 인격화의 방법을 통해 자연력과 동화되었고, 이로써 여러 신을 창조하였다"고 하였다.

둘째는 사회적 근원이다. 종교는 사회와 정치적 조건 가운데 탄생하고, 그것과 상호 적응하여, 그와 더불어 성장하고 발전한다. 인류가 계급사회에 진입한 이후, 자연력의 압박 이외에, 세속에서의 자아분열과 자아모순이 종교가 존재하고 발전하는 가장 핵심적이고 중요한 원인이 되었다. 다시 말해 사유재산제도로 인해 생겨난 노동의 소외와 계급압박으로 인하여 사람들은 이런 사회의 맹목적인 반대 역량의 지배를 받았고, 그로부터 벗어날 수 없어 종교가 절실히 요구되었다. 동시에 계급을 타파하고 나아가 통치지위를 공고하게 하기 위하여 군중을 마취시키고 통제하기 위한 수단으로 종교가 필요하였다.

셋째는 인식認識[思想]적 근원이다. 고대 철학은 자연발생적인 유물론이었으나, 자연발생적 유물론으로서는 물질에 대한 사유의 관계를 해명할 수 없었다. 이 문제를 명백히 하기 위하여 육체와 영혼이 분리될 수 있다는 분리론이 나오고, 이어 영혼 불멸론과 일신론이 등장하였다. 이렇게 하여 낡은 유물론은 새로운 관념론에 의해 부정되었다.[16] 종교 관념과 종교 사상은 일단 생성되면 세속의 물질생활의 의식형태와 문화전통에서 독립적으로 되고, 사람들의 사상 의식과 정신영역에 깊이 스며들어 뿌리내리게 된다. 자연력과 사회의 착취제도가 가져오는 엄청난 고통에 대한 노동자들의 공포와 절망 때문에, 자신의 운명을 주재하지 못하거나, 거듭 미래를 잃어버리는 사람들은 종교를 그들의 자아의식 내지 감각으로 여긴다. 그래서 종교는 이러한 사람들에게 정신적 위로를 준다.

종교의 사회적 기능

종교아편론

마르크스주의의 이론형성 과정 초기에 등장한 '종교는 인민의 아편'이라는 테제로 유명한 종교아편das Opiat des Volks론은 이후 마르크스주의의 세계사적 전개와 함께 세계 인류에 널리 회자되게 되었다.[17] 마르크스는 『헤겔 법철학비판서설Zur Kritik der Hegelschen Rechtsphilosophie. Einleitung』에서 "종교적 고통은 현실의 고통의 표현일뿐 아니라 동시에 이 현실의 진짜 고통에 대한 저항이다. 종교는 억압받는 피조물들의 탄식이며, 인민의 아편"이라고 하였다.

마르크스는 인간과 종교의 관계에 대해, 인간이 종교를 만드는 것이지 종교가 인간을 만드는 것이 아니라고 하였다. 그러나 인간의 현실세계가 전도되어 있기 때문에 전도된 의식인 종교를 창출하게 된다고 하였다. 다시 말해 종교는 인간에게 있어 자기 자신이 자신이 아니라는 자기소외自己疏外의 표현이라는 것이다. 종교는 인간적 본질이 진정한 현실성을 갖지 않기 때문에 인간적 본질을 공상적으로 실현한 것이다. 마르크스에 있어 종교는 전도된 공상적 표현이지만, 그는 종교를 신앙하는 민중을 어리석다고 보지는 않았다. 그는 종교에는 민중의 자기주장의 한 형태라 할 수 있는 측면이 있다는 것을 인정하고 있다. 즉 종교는 현실적인 비참에 대한 민중의 항의Protestation이기도 하다는 것이다. 그러나 마르크스는 이 항의에 현실적 힘을 인정하지 않으면서, 결국 종교는 민중의 탄식이며 아편이라고 한다. 민중은 실효성이 없는 항의 자체에 아편적인 자기위안을 발견해내는 것이다. 다시 말하면 종교라는 민중의 항의는 민중의

무거운 탄식이며, 현상의 근본적 변혁을 위한 현실적 힘을 가지고 있지 않기 때문에, 현상 변혁의 의욕을 마취시키고, 혁명의 창끝을 대상에서 돌리기 때문에, 종교는 민중의 아편이 된다는 것이다. 마르크스는 아편론을 제시하였지만, 이후 스스로 아편이라는 개념으로 종교론을 전개하지는 않았다. 종교아편론을 마르크스주의의 종교론의 기축에 놓은 사람은 바로 레닌이다.

종교반영론

엥겔스는 『반듀링론Anti–Dühring』에서 모든 종교는 인간의 일상생활을 지배하는 외적인 여러 힘들이 인간의 머릿속에 공상적으로 반영된 것이며, 그 반영 속에서는 지상의 여러 힘들이 천상의 여러 힘들의 형태를 취하는 것이라고 주장하였다.[18] 엥겔스는 역사 초기에는 먼저 자연의 여러 힘들이 이러한 반영의 대상이 되는 것이며, 그러한 것들은 그 후의 발전에 따라서 다양한 민족들 사이에서 매우 다양하고도 잡다한 인격화를 거친다. 그러나 자연의 여러 힘들만이 아니라 곧 사회적 여러 힘들도 작용하게 된다. 이 사회적 여러 힘들도 자연의 여러 힘들과 마찬가지로 외적인 것으로서, 처음에는 불가사의한 것으로서 인간에게 대립하고, 외견상 동일한 자연 필연성을 가지고 인간을 지배한다. 처음에는 자연의 신비적인 여러 힘들을 반영하고 있는 정도의 공상적인 형상이 그 결과, 사회적인 속성을 가지게 되며, 역사적인 여러 힘들의 대표자가 된다. 나아가 더욱 발전이 진행되면 많은 신들이 가지고 있던 자연적 및 사회적인 속성이 모두 전능한 유일신으로 옮겨지는데, 이 유일신 자체는 곧 추상적 인간의 반영反映에 지나지 않는다고 하였다. 마르크스주의 종교연구자들은 일반적으로 엥겔스의 이른바 종교반영론이 종교가 종교이어야 하는 이유의 본질적 규정성을 개괄적이고 심도 있게 제시하고 있다고 평가한다. 그들은 종교반영론을 종교에 대한 마르크스주의의 정의로 간주하고 있다.

종교의 소멸론

마르크스와 엥겔스는 이론적 진전과 함께 천국의 비판에서 지상의 비판으로, 나아가 지상의 변혁으로 나아가는데, 이 가운데에는 '종교의 지양止揚'도 포함되어 있다. 이 종교의 지양문제는 종교를 포함하는 상부구조와 하부구조의 관계의 문제이다. 마르크스주의는 종교를 그 자체가 독립된 것으로 간주하지는 않는다. 그들은 주장하기를 의식das Bewußtsein은 당초부터 이미 하나의 사회적 산물이며, 무릇 인간이 존재하는 한 계속되는 사회적 산물이라고 한다.[19] 인간의 두뇌 속의 모호한 여러 관념도 그들의 물질적이고 경험적으로 확인할 수 있는, 그리고 물질적 여러 전제로 이어진 생활과정의 필연적 승화물이다. 종교도 마찬가지라는 것이다.

종교가 물질적, 현실적인 생활과정의 필연적 승화물이라면, 그 생활과정 자체가 문제가 된다. 의식의 모든 형태와 산물은 정신적 비판에 의해서가 아니라, 이러한 관념을 낳는 근원이라 할 수 있는 현실 사회적 관계의 실천적 전복에 의해서만 해소될 수 있다. 그리고 마르크스는 이 전복 후의 사회의 구체적인 모습에 관하여, 노동에서의 소외와 종교에서의 소외를 "노동이 자신의 것이 아니라 다른 어떤 타인의 것이라는 점은 마치 종교가 어느 소외된 신적 혹은 악마적인 활동으로서 그 개인에게서 독립적으로 작용하듯이, 노동자의 활동도 그의 자기활동이 아닌 것이다. 그것은 어떤 타인에게 속해 있으며 그 자신의 상실인 것"이라고 대비하였다.

그러나 마르크스는 노동에서의 소외와 종교에서의 소외는 같은 차원의 것이 아니라, 후자의 지양은 전자의 지양이 전제되어 있다고 하였다. 그는 사적 소유의 적극적 지양은 인간적 생활을 내 것으로 하는 획득으로서 일체의 소외의 적극적 지양이며, 따라서 인간이 종교, 가족, 국가 등으로부터 그의 인간적인, 즉 사회적인 모습으로 돌아가는 것이다. 종교적 소외는 인간적 내면의 의식의 영역에서 일어날 뿐이지만, 경제적 소외는 현실적 생활의 소외이다. 따라서 그것의 지양은 의식적 측면과 현실적 측면을 포괄한다고 하였다.[20] 요컨대 경제적 소외의 지양은 의식적 측면과 현실적 양면에서의 소외의 지양이며, 그리고 이 경제적 소외의 지양은 구체적으로는 사적 소유의 지양이다.

엥겔스는 "종교는 인간을 지배하는 외적인 자연적 및 사회적인 여러 힘들에 대한 인간 행동의 직접적인, 즉 정서적인 형태로서 인간이 이러한 여러 힘들의 지배 하에 있는 한 계속될 수 있다"고 하였다.[21] 이 가운데 자연적 힘들의 문제는 자연과학이 발전을 계속함으로써 자연의 무한한 영역 전체가 과학에 의해서 정복되어 자연 속에는 이미 창조주가 존재할 여지가 완전히 없어진다고 보았다. 그리고 사회적 힘들을 사회의 지배에 복종시키기 위해서는 "무엇보다도 먼저 하나의 사회적 행위가 필요하다. 사회가 일체의 생산수단을 장악하고 그것을 계획적으로 운용함으로써 사회 자신과 그 모든 구성원들이, 현재 그들이 이 생산수단을 위해서 빠져든 예속상태에서 해방할 때, 따라서 인간이 이미 어떤 일을 계획할 뿐만 아니라 일의 성패도 결정하게 될 때, 비로소 마지막 외적인 힘이 소멸되고 그와 함께 종교적 반영 그 자체도 소멸된다"고 하였다.[22]

2. 레닌의 종교관

레닌V. I. Lenin의 종교 인식 역시 마르크스의 종교비판론에서 비롯된 것으로, 양자 사이에 본질적 차이가 있는 것은 아니다.[23] 이 점은 레닌의 종교에 대한 다음의 기본적 인식에서 확인할 수 있다. 첫째, 종교의 발생에 관하여, 원시종교는 자연에 대한 공포로부터, 근대 종교는 자본에 대한 두려움으로부터 발생하였다고 보았다. 둘째, 종교와 미신을 동일시하여, 종교적 교리까지도 허위로 간주하였다. 셋째, 종교와 경제의 관계에 관하여, 종교는 경제적 조건에 의해 형성되는 경제의 반영물로서 부수적인 것이라 하였다. 넷째, 종교의 주된 기능을 지배계급의 이익을 유지하는 기능과 피억압자를 위안하는 기능으로 이해하였다. 곧 그는 종교를 자산계급 반동파가 착취제도를 옹호하고 노동자 계급을 마취하는 기구라고 생각하였다.[24] 다섯째, 경제적 착취와 사회 전반적 노예상태를 초래하는 원인으로 종교적 신념과 교회권력을 들었다. 여섯째, 프롤레타리아혁명이 일어나 성공하면 종교는 점차 소멸될 것이라는 종교 소멸론을 주장하였다.[25]

그러나 마르크스와 엥겔스는 종교와 자본주의의 관계 나아가 종교와 사유재산제도의 관계에 대하여 주로 논하였을 뿐 사회주의 사회, 사회주의 사회와 종교문제에 관해서는 별로 논급한 바 없다. 그들이 생존하였던 시대에는 사회주의 사회에서 종교문제를 처리하는 구체적인 실천 검증이 불가능하였기 때문이다. 이에 사회주의혁명을 통하여 소비에트 정권을 수립하는 데 성공한 레닌은 마르크스주의를 다음의 점에서 수정하지 않을 수 없었다. 첫째, 마르크스는 노동자혁명이 영국, 독일, 프랑스 등 유럽의 선진 자본주의 국가에서 일어날 것을 예견하였으나, 이 예견은 빗나갔다. 이에 레닌은 러시아, 중국, 인도 등 아시아와 아프리카 식민지 지역이 노동자혁명이 성공할 가능성이 가장 높다고 보았고, 실제로 스스로 러시아에서 볼셰비키혁명을 성공시켰다. 둘째, 노동자혁명의 조직에 관하여 마르크스는 자발적 조직이라고 언급할 뿐 구체적으로 제시한 바 없다. 그러나 레닌은 프롤레타리아의 전위대로서의 임무를 수행할 수 있는 혁명정당이 필요하다고 주장하였다. 이 전위조직으로서의 혁명정당은 고도의 기율과 헌신적인 직업적 혁명세력이 주도해야 하며, 그 내부 정책의 결정은 이른바 민주집중제民主集中制의 원칙에 따라야 한다고 주장하였다.[26]

레닌은 마르크스주의의 종교관에 입각해서 러시아혁명 당시 혁명정당과 사회주의 국가가 종교, 교회 그리고 신도에 대하는 원칙을 다음과 같이 정립하였다. 첫째, 종교를 대할 때 특별히 신중을 기하고, 매우 치밀하고, 주도면밀하게 생각하는 태도를 가져야 한다. 둘째, 모든 종교와 교회는 법률상 평등한 것이어야 한다. 셋째, 국가는 국민의 진정한 종교신앙의 자유를 보장하여야 한다. 넷째, 교회와 국가는 분리되어야 한다. 다섯째, 신도의 종교감정을 상하게 하지 말아야 한다. 행정명령의 방법으로 신도들을 대하지 말아야 한다. 여섯째, 성당, 이슬람교 사원, 사원을 폐쇄하는 행정수단을 종교신앙의 투쟁과 동등하게 하려는 어떠한 의도도 근절하여야 한다. 일곱째, 고유한 역사, 예술 그리고 고고학적 가치가 있는 교당과 사원은 보호하여야 한다.[27]

레닌 주도의 러시아에서의 볼셰비키혁명의 성공 소식은 이전의 중국혁명에서 좌절하고 있던 지식인들에게 커다란 자극이 되었다. 이후 중국은 중국공산당 창당과 신민주주의혁명 그리고 건국에 이르는 기간뿐만 아니라 그 이후에도 소련으로부터 적지 않은 영향을 받았다. 결국 중국은 기본적으로 마르크스, 엥겔스의 종교이론에 바탕을 두면서, 레닌에 의해 일부 수정된 종교론을 계승하고 있다고 할 수 있다.

III. 마르크스주의 종교이론의 중국화

마르크스주의는 원래 서구의 근대 민주주의와 개인주의가 고도로 발전한 자본주의사회에서 탄생한 것이다.[28] 그러나 중국 근대에는 이러한 자본주의라는 역사적 전개가 없었다. 중국은 기나긴 봉건사회와 반식민지 · 반봉건 사회 이후 곧 바로 사회주의로 들어섰다. 이와 같이 역사적 전개를 달리 했기 때문에 마르크스주의의 중국화는 불가피한 것이었다.

1. 마르크스주의의 수용과 변용

마르크스주의의 정치사회적 수용

5·4운동 이후 중국의 진보적 지식인들은 일종의 사상적 혼동과 모색의 과정을 거쳐 마르크스주의를 수용하였고, 이어 중국공산당을 창당하였

다. 초기 마르크스주의자들은 1919년부터 1921년에 걸쳐 진보적 지식인 사회에서 전개되었던, 3차례의 사상논쟁을 거치면서, 그들의 이데올로기적 정체성을 확립할 수 있었다.

5·4운동 이후 마르크스주의의 정치적 수용을 둘러싸고 이데올로기적 논쟁이 있었다. 첫째, 1919년의 '문제問題와 주의主義 논쟁'은 호적胡適과 이대교李大釗 사이에 전개된 것이다. 호적이 1919년 7월 『매주평론每週評論』에 「문제는 많이 연구하고 주의는 적게 논할 것」이라는 논문을 발표함으로써 촉발되었다. 이 논쟁에서는 호적의 점진적 개혁론과 이대교의 급진적 혁명론이 극명하게 대립하였다.[29] 둘째, 1920년대에 있었던 '사회주의 논쟁'은 러셀Russel1과 함께 중국 각지를 순회하며, 중국의 당면문제에 대한 강연을 마친 장동손張東蓀이 1920년 11월 『시사신보時事新報』에 「내지여행의 또 하나의 교훈」이라는 글을 발표하면서 촉발되었다. 이 논쟁은 이후 당대의 저명한 지식인들이 양 진영에 참가하면서 약 1년 동안 계속되었다. 장동손과 양계초와 같은 단계적 발전론자는 사회주의 자체를 부정하지는 않았지만, 볼셰비키적인 혁명과 프롤레타리아 독재 그리고 계획경제는 반대하였다. 반면에 진독수陳獨秀와 이대교 같은 마르크스주의자는 개량주의적이며 점진적인 개혁에 반대하며, 중국에서도 볼셰비키적 사회혁명이 단행되어야 한다고 주장하였다. 그들은 이미 이 당시 중공공산당의 창당에 착수하였다.[30] 셋째, 1921년의 무정부주의 논쟁은 마르크스주의자들이 중국공산당 창당 작업을 본격적으로 추진할 1920년대 당시 이를 주도하고 있었던 진독수와 무정부주의자 구성백區聲白 사이에 당과 국가의 기본적인 성격을 둘러싸고 전개된 논쟁이다. 이 논쟁을 통하여 마르크스주의자들은 공산당 창당의 이론으로 당 조직의 민주집중제론, 계급투쟁론, 프롤레타리아 독재론 등을 정리하였다.[31]

이 같이 마르크스주의는 5·4신문화운동 시기 이전에 이미 중국에 소개되었으나, 그것은 부분적이고 단편적인 것에 불과하였다. 소개되기 시작한 것은 1917년 러시아에서 볼셰비키혁명이 발생한 이후라고 할 수 있다. 1919년 5·4운동 당시까지만 해도, 마르크스주의에 대한 이해가 깊지 않았다. 당시 마르크스주의가 중국사회의 변혁이론으로 적합하다고 생각하는 지식인도 별로 없었다.[32] 그러다가 마르크스주의는 5·4운동 직후에 신속하게 지식인들 사이에 환영받게 되었다. 1921년에 창당된 중국공산당의 핵심적 지도자들은 거의 모두 5·4운동에 직접 참여하였고, 5·4운동을 경험하면서 마르크스주의를 수용하게 되었다. 여기에는 진독수와 이대교가 주도적인 역할을 하였고, 그 때문에 당시 '남진북이南陳北李'라는 말이 유행하기도 하였다.

먼저 이대교가 마르크스-레닌주의를 가장 먼저 받아들여 이를 중국 지식계에 소개하였다. 그는 1919년 5월과 11월『신청년新靑年』제6권 제5·6호에 발표한「나의 마르크스주의관」이라는 글에서, 마르크스주의를 전반적으로 소개하였다. 또한 그는 1918년 겨울에 북경대학에 '마르크스 연구회'를 조직하고, 북경대 학생을 중심으로 마르크스주의에 대한 학습 운동을 전개하였다.[33] 그는 러시아의 볼셰비키혁명을 세계 노동자계급의 승리로 보고, 그것을 20세기의 새로운 조류로 파악하면서, 마르크스주의의 수용에 적극적이었다. 이 점에서 그를 중국 최초의 마르크스주의자라고 할 수 있다.[34] 그의 마르크스주의는 중국적, 민족적, 인민주의적, 주의主義주의적 마르크스주의의 성격을 강하게 띠고 있다. 그러나 그는 중국적 전통질서와 가치에 대하여 비판하는 입장을 취하면서도, 전면적으로 부정하지는 않는다중국화는 점에서, 그리고 역사와 사회의 변혁과정에서 인간의지, 상호부조, 협동, 우애 등의 중요성을 강조한다도덕주의는 점에서, 그리고 농촌에서의 계급투쟁의 중요성을 강조하고 농민의 거대한 힘을 중국혁명과정에 동원해야 한다고 주장한 점인민주의에서 모택동의 사상과 상통하는 점이 많다.[35]

진독수는 이대교의 뒤를 이어 신속하게 마르크스-레닌주의를 받아들였다.[36] 그는 프롤레타리아 독재이론을 전면적으로 받아들이고, 서구 민주주의를 부르주아지의 독재라고 비판하면서, 이전에 존중하던 민주주의와 결별하였다. 그는 평생 혁명가인 동시에, 정치활동가로서 중국 현대사에 영향을 크게 미쳤다. 그가 『신청년』을 창간하지 않고, 공산당을 창당하지 않았다면, 중국현대사가 어떻게 전개되었을지 모를 일이다. 그러나 농민의 지위를 경시하여 홍군과 소비에트건설에 반대한 것은 그의 착오였고, 중국공산당의 신민주주의혁명의 승리는 이론적·실천적 면에서 그의 엄중한 착오를 증명하였다. 국민당 통치기에는 공산당 두목으로 탄압받았고, 1949년 이후에는 우경기회주의자, 트로츠키파로 냉대받았다.[37]

마르크스 종교관의 중국적 수용과 변용

모택동의 종교관

마르크스주의 종교정책의 기조는 중국공산당 창립 초기부터 유지되었다. 중국헌법 서언에 따르면, 중국은 마르크스-레닌주의와 모택동사상의 지도를 국가의 기본노선으로 하는 사회주의 국가이다. 여기서 모택동사상은 모택동 개인의 산물이 아니라 초기 공산당의 집단적 지혜의 결정체를 말한다. 따라서 모택동의 종교관은 곧 혁명과 건국 초기 중국공산당의 종교에 대한 근본적인 입장이나 정책이라고 할 수 있다. 모택동과 주은래周恩來 등 혁명과 건국을 주도하였던 지도자들은 대장정 시기, 홍군이 민족 전체가 종교신앙자인 서남부 지역을 통과하면서, 이 지역에 거주하는 15개 토착민족을 회유하는 정책으로서 그들의 민족종교신앙을 존중하고, 그 신앙의 자유와 문물을 보호한다고 천명하였다.[38]

모택동의 초기 사상에는 유물론적 요소와 관념론적 요소가 섞여 있었다. 초기 모택동은 사상면에서 동서양에 걸쳐 광범하게 관심을 가졌다. 그는 공자孔子와 맹자孟子 그리고 손자孫子 등 선진 제자의 사상과 명청明靑

교체기의 왕부지王夫之나 안원顔元 등은 물론이고 칸트 등 독일의 고전철학에도 적잖은 관심을 가졌다. 또한 그는 근현대 중국에 유행하던 시대사상, 예컨대 헉슬리·스펜서H. Spencer의 진화론, 크로포트킨P. A. Kropotkin의 무정부주의, 호적을 통하여 소개된 듀이J. Dewey의 실용주의, 증국번曾國藩·강유위康有爲·양계초梁啓超·담사동譚嗣同·엄복嚴復·손중산孫中山의 사상도 학습했다고 한다. 그리고 정치면에서는 애국주의, 자유주의, 공상적 사회주의, 무정부주의의 영향을 받았으나,[39] 러시아혁명의 영향을 받으면서 마르크스주의로 전환하게 되었다. 모택동 스스로 1949년 「인민민주주의 독재를 논함論人民民主專政」이라는 글에서 "러시아혁명의 포성은 우리에게 마르크스-레닌주의를 가져다 주었다"라고 술회한 바 있다. 그는 1918년 양창제楊昌濟의 소개로 북경대학 도서관에 일하면서 진독수와 이대교가 신문이나 잡지에 소개하는 글들을 읽고, 마르크스주의를 전면적으로 수용하게 되었다.

모택동이 종교에 관하여 논급한 내용으로 다음을 들 수 있다. 역사적으로 중국에서는 종교신앙이 자유로웠고, 종교에 지나치게 집착하지도 않았기 때문에, 서구에서 일어난 장기간의 종교전쟁 같은 것도 없었다. 고래로 유가사상이 불교와 도교 두 종교에 비해 훨씬 영향이 강하였다.[40] 그리고 그는 원시종교의 세 기원으로 자연지배, 사회지배, 만물에는 영靈이 있다는 것에 기인한다고 하였다. 종교의 본질은 초자연적 힘을 숭배해 초자연적인 힘이 개인, 사회 및 세계를 지배한다고 여기는 것이다. 이는 온전히 자연의 힘과 사회의 힘社會力을 이해하지 못하였다는 사실에서 비롯되어 나타난 것이다. 그 최초의 형태는 조상숭배와 자연물 숭배의 두 종류가 있다. 생산의 발달은 자연의 힘에 대한 이해를 증가시켰고 종교 발생의 첫 번째 근원은 점차 사라졌다. 그러나 사회계급제도가 확립되었고 사회력은 여전히 이해하지 못하였다. 여기에 더해 만물에 영靈이 있다는 주장은 사람들의 마음속을 깊이 파고들었으니, 이 때문에 종교가 여전히 존재하는 것이다. 그러나 각각의 특정한 사회형태에 따라 종교의 형식과 내용이 변하였다. 종교는 계급사회에서 더욱 발전하며 계급을 착취하는 데 이용된다. 이 때문에 종교의 소멸은 인류가 계급을 소멸시키는 데 있을 뿐이며, 자연과 사회를 통제하는 인류의 능력이 대대적으로 발전하여야 비로소 가능할 것이다.[41]

일부 유심주의자唯心主義者들은 사회주의의 정치제도와 경제제도를 찬성할 수 있지만 마르크스주의의 세계관은 찬성하지 않는다. 종교계의 애국인사 역시 마찬가지이다. 공산당원은 유심론자들 심지어 종교의 신도들과도 함께 정치행동에 있어 반제국주의·반봉건적 통일전선을 형성할 수 있다. 다만 그들의 유심론이나 종교교리에 대해서는 결코 찬성 동의할 수 없다. 지식분자, 상공업자, 종교가, 민주당파, 민주인사는 반드시 반제·반봉건의 기초 위에서 그들을 단결시키고 교육하여야 한다.[42] 군중에게 종교 반대를 선전하면서 "우리는 무신론자다. 당신들이 믿는 신을 우리는 믿지 않는다"고 말한다면 군중과 우리의 관계는 틀어지고 말 것이다. 군중의 각성은 점차적으로 제고되는 것이니, 군중이 종교를 버리게 하는 것은 매우 긴 과정이 필요하다. 종교를 신앙하는 문제는 제국주의, 봉건주의, 관료자본주의를 반대하지 않는 것과는 다르다.[43]

종교신앙의 자유 원칙에 의거하여, 중국의 해방구解放區에서는 각 파의 종교가 존재하는 것을 허용한다. 기독교, 천주교, 이슬람교, 불교 및 기타 종교도 교도들이 인민정부의 법률을 준수하기만 하면 인민정부는 보호해준다. 믿고 안 믿는 것은 각자의 자유이며, 그것을 강압하거나 상호간에 다투는 것은 허용하지 않는다.[44] 종교신앙은 정신세계의 문제로서 정치문제와 성질이 다르기 때문에, 양자를 구분하여 처리하여야 한다. 행정명령이나 강제적 방법을 이용하여 사상문제나 시비문제를 해결하려고 하는 것은 효과도 없을 뿐 아니라 오히려 폐해가 크다. 인민들이 유심주의를 포기하도록 강제할 수 없을 뿐만 아니라, 인민들이 마르크스주의를 믿게 강제할 수도 없다.

종교신앙은 이전에 무엇인가를 믿었고 여전히 무엇인가를 믿고 있다는 것이다. 종교신앙의 자유는 신앙을 우선하고 불신앙을 나중으로 할 수 있고, 불신앙을 우선하고 신앙을 나중으로 할 수도 있다. 중국에는 종교를 믿는 사람이 적지 않다. 이 사람들의 종교감정은 상하게 할 수 없다. 그 자신이 스스로 종교를 믿지 않는 것을 제외하고 다른 사람이 강제적으로 그에게 종교를 믿지 못하게 하는 것은 매우 위험하다. 공산주의에 도달해도 여전히 종교는 믿을 수 있다.[45] 우리는 행정명령으로 종교를 소멸시킬 수 없고, 강제적으로 사람들에게 종교를 믿지 못하게 할 수도 없다. 또한 강제적으로 유심주의를 포기하게 할 수 없으며, 강제적으로 사람들에게 마르크스주의를 믿게 할 수도 없다. 행정명령을 사용하는 방법을 계획한다든지 강제적인 방법으로 사상문제나 옳고 그름의 문제를 해결하려는 것은 효과도 없을 뿐 아니라 매우 해롭다.[46]

인민의 종교신앙의 자유를 존중하고 보호하는 것은 중국공산당의 장기적인 기본정책이다. 소수민족 지역의 사회개혁과 종교신앙을 신중히 대하여야 하고, 당과 종교계의 통일전선을 유지 발전시켜야 한다는 것이다.

건국 초기의 종교정책

모택동이 제시한 종교정책의 원칙과 방향은 건국 이후 오늘에 이르기까지 주은래 등 각 세대 지도자를 통하여 구체적으로 형성되고 실천되어 오고 있다. 공산당 창립 이후 사회주의국가 성립 초기에 있어 당과 국가의 종교정책을 결정하고 구체적으로 지도한 사람은 국무원 총리 주은래 周恩來였다.[47] 이 시기 중국의 종교정책은 첫째, 마르크스-레닌의 이론에 따라 종교를 가혹하게 억압하였던 소련의 종교정책이 국민적 저항과 무수한 순교자만 낳고 성공하지 못하였다고 평가하고, 소련과는 다른 온건한 종교정책을 추구하였다. 둘째, 종교는 신민주주의의 건설과 사회주의의 확립이라는 중국 혁명전략의 목적에 보완적이어야 한다는 통일전선의 원칙에 입각하였다. 이에 국가는 종교단체에 대하여 제국주의적 요소를 척결하여야 한다는 반제국주의와 사회주의 건설에 적극 동참하여야 한다는 애국주의를 요구하였다. 셋째, 종교신앙의 자유에서 진정한 종교와 미신迷信 그리고 진정한 종교신앙과 종교신앙에 연계된 제세력은 구별하였다. 다시 말해 종교신앙의 자유는 적과 아의 경계가 명확해야 하며, 종교의 외투를 입은 반혁명세력은 허용하지 않는다.

1990년대 종교아편론의 퇴조

1990년대 이후 중국에서는 사회주의 사회에서의 종교를 아편으로 설명하는 종교아편론은 전면에서 사라지게 되었다. 이러한 경향은 특히 1991년 2월 중공중앙과 국무원이 발표한 '종교공작宗敎工作을 더욱 좋게 하기 위한 약간의 문제에 관한 통지'가 종교와 사회주의 사회의 상호적응을 제시한 이래 일반화되었다.

종교아편론에 대하여 일찍이 나죽풍羅竹風이 문제점을 지적한 바 있고,[48] 중국의 종교계는 중공 11기 3중전회 이후 마르크스의 종교관, 특히 종교아편론에 대한 수차례에 걸친 이론적 탐색을 거쳐 다음과 같은 비교적 일치된 결론을 도출하였다. 첫째, 이것은 마르크스가 대학을 막 졸업한 지 1년 후인 25세 때 한 말로 당시의 그는 아직 성숙한 마르크스주의자가 아니었다. 그는 초기 저작에서 종교에 대해 항상 이미지적인 비유를 사용하고 있는데 이 비유를 교조화, 교의화해서는 안된다. 둘째, 마르크스는 여기에서 주로 종교가 사회의 주요 병폐라고 보는 청년 헤겔파의 관점을 겨냥해 말한 것이다. 그가 말한 '압제 받는 생령들의 탄식이자 무정한 세계의 심정'은 종교가 탄생한 사회에 대한 근본적인 비판이며, 인민군중의 고난에 대한 절절한 동정이다. 셋째, 마르크스 이전의 수많은 자산계급 계몽사상가들, 이를테면 볼테르Voltaire, 루소J. J. Rousseau, 바우어 B. Bauer, 포이에르바하L. Feuerbach 등이 종교를 아편에 비유하였다. 넷째, 당시 독일과 유럽에서 아편은 의약상 일종의 진통제로 사용되었지 유독 물질이라는 의미를 갖고 있지는 않았다. 다섯째, 서구 종교학자들은 사회학의 각도에서 종교를 연구해, 종교는 인민의 아편이라는 마르크스의 비유에 대해 이는 사회보상론社會補償論의 범주에 속한다고 여겼다. 여섯째, 사회주의 사회에서 인민정부의 성격은 종교가 인민을 마취하고 인민을 통제하는 수단으로 이용될 수 없음을 밝혔다. 이 때문에 사회주의 시기에 이미 종교를 인민통치의 수단으로 이용하는 자들이 사라졌으므로, 종교를 믿거나 안 믿는 것은 공민 개인의 자유로운 선택 사항으로 이는 공민 개인의 사사私事이다.[49]

요컨대 종교는 인민의 아편이라는 말은 마르크스가 종교에 대해 내린 과학적 정의가 결코 아니며, 마르크스−레닌주의 종교관의 핵심적인 내용도 아니다. 만일 이 말을 단면적으로 이해한다면 타당하지 못한 것이다. 그러나 사회주의 국가에서 종교는 여전히 세계관적으로나 가치관적으로 부정적으로 인식되고 있으며, 마르크스주의 종교관은 당연히 종교 문제에서의 이론상의 지도적 지위에 있는 것에는 변함이 없다.[50] 종교아편론을 대신하게 된 것이 위에서 소개한 엥겔스의 반영론이었다.

2. 종교 오성론

중국 종교에는 5가지 특성이 있는데, 이 종교 오성론宗敎五性論은 모택동의 종교사상과 주은래 이후 각 정치세대 지도자들의 종교정책을 지탱하여 온 중국정부의 종교이론이다. 종교 오성론은 50년대에 중국공산당 중앙통전부 이유한李維漢 부장이 제시한 것으로, 당시 모택동 주석과 유소기劉少奇, 주은래 총리로부터 인정을 받았다. 중국 종교의 5가지 특성은 마르크스주의 종교관의 보편성에 부합할 뿐만 아니라, 중국공산당이 마크스주의 종교이론을 중국 종교의 구체적인 실제와 결합하여 창조한 것이다. 당중앙은 특히 1982년의 이른바 19호 문건에서 비록 종교 오성론이라는 표현을 명확히 사용하지는 않았지만, 중국 종교의 5가지 특질에 관하여 상세히 진술하였다.

종교의 장기성

종교가 장기적으로 존재한다는 장기성長期性은 마르크스 종교관의 중요한 관점이다. 위에서 고찰한 바와 같이 마르크스와 엥겔스는 종교의 소멸은 특정한 역사적 조건이 갖추어져야만 가능하다고 보았다. 사회주의 종교이론은 종교의 장기성을 기본적 명제로 한다. 종교는 발생하여 존재하고 나아가 발전하는 자연근원, 사회근원 그리고 인식근원에 의거하며, 마르크스주의의 관점에 따르면 사회의 경제, 정치, 문화관계에 깊숙이 뿌리박고 있다. 발전의 추세로 보아 종교발생의 3대 근원이 긴 역사단계에 있다는 것은 종교가 소멸하지 않을 것임을 뜻한다. 무한한 물질세계에 대한 사람의 인식이 최대치에 도달할 때 비로소 종교가 발생, 존재 그리고 발전하는 자연근원과 사회근원이 자연스럽게 사라질 수 있다. 그러나 이러한 목표에 도달하기 위해서는 전 인류의 장기간에 걸친 협력과정이 필요하다. 이 과정은 사회주의 사회의 몇 세대, 몇 십 세대만이 이룰 수 있는 것은 아니다. 종교발생의 근원은 오랜 기간 존재하고 종교 또한 필연적으로 장기간 존재한다.[51]

현재 중국은 사회주의 초급단계에 있으므로 종교가 자연 소멸하는 사회역사 조건이 아직 형성되지 않았기 때문에, 사회주의 시기에도 종교는 장기간 존재하는 사회역사 현상이고 사회문화 현상이다. 중국에서 종교의 소멸을 말하는 것은 아직 시기상조이다. 당은 종교문제에 범하기 쉬운 '단시증短視症'을 치유하기 위하여, 종교 존재의 장기성을 강조해오고 있다. 여기서 단시증이란 종교를 최단시간 내에 제거해야 한다고 주장하는 일부 공산당원의 언행을 말하며,[52] 주은래와 후세대 지도자들도 이를 경계하였다.[53] 이와 같이 종교의 자연소멸은 매우 먼 미래의 일이라는 종교 존재의 장기성에 대한 깊은 인식은 종교와 사회주의 사회의 상호적응이라는 새로운 명제를 도출하게 된다.

종교의 군중성

세계의 주요 종교는 모두 많은 신앙 군중을 가지고 있다. 종교문제를 다룰 때에는 반드시 종교 배후의 군중문제에 대하여 관심을 기울여야 한다. 종교의 군중성은 먼저 국제적으로 확인된다. 세계적으로 근래 종교를 믿는 신앙인이 점차 늘어나고 있다. 전 세계적으로 보면 전통종교는 여전히 발전하고 있고 신흥종교는 계속 출현하고 있다. 앞으로도 세계종교신도의 수는 계속 안정적으로 늘어날 것이다. 일반 대중뿐만 아니라, 자연의 신비를 탐구하는 저명한 과학자 중에도 신심이 깊은 경건한 종교인이 많이 있다.[54] 종교는 홍콩, 마카오, 대만의 동포들과 화교들 사이에서도 광범위에 걸쳐 믿고 있고, 많은 중국인들이 세계 각지로 나가 중국의 불교와 도교를 자신들이 있는 나라와 지역에 대를 이어 보급하고 있다. 중국에서 종교를 믿는 대중들은 전체 인구 중 큰 비중을 차지하고 있지는 않지만, 절대적인 숫자로 보면 결코 적지 않다. 이러한 종교를 믿는 대중은 전국 각지, 각 민족, 각 직업에 분포되어 사회주의 현대화 사업을 위해 열심히 노력하는 기본 군중이다. 비록 문화대혁명 기간 중 임표林彪와 4인방이 종교말살운동을 벌였지만, 종교계는 계속 공산당에 대한 신뢰와 애국주의 입장을 바꾸지 않았다. 중공 11기 3중전회 이후, 종교신앙의 자유 정책이 회복된 이래 신도수가 늘어나고 있다.

신도들의 종교신앙을 존중하고 보호하며, 종교신앙의 자유정책을 실시하고 합리적으로 종교활동장소를 배치하고 신도들의 종교활동의 요구를 보장하는 것은 신도들로 하여금 사회주의 현대화 강국 건설에 참여하게 하는 중요한 조건이다. 다시 말해 종교신앙의 자유 정책을 실현하는 것은 부강하고 민주적이며 문명적인 사회주의 강국을 건설하는 문제와 직결되어 있다는 것이다. 오늘날 종교업무는 다수 군중의 신앙사상문제와 관련되어 있는 군중업무이다.[55] 여기서 우리는 당의 종교에 관한 업무와 당의 군중에 관한 업무가 불가분의 관계에 있는 업무임을 알수 있다. 중국의 1억 이상의 신앙군중을 단결시켜 사회주의를 건설하고 중화민족을 부흥시키는 데 기여하도록 하여야 한다. 새로운 시대의 신앙인 군중은 낙후한 군중과 같지 않다. 그동안 중국의 각 종교는 사회주의 사회에 적응하기 위해 적극적으로 노력하여 왔기 때문에, 오늘날 신앙인 군중을 낙후한 군중으로 간주할 수 없다. 중국공산당은 폭넓은 신앙인 군중을 적극적 역량으로 간주하고, 중국공산당과 신앙인 군중의 관계를 혈육관계로 간주한다.[56] 아무튼 중국공산당이 종교관계와 종교문제를 처리하는 기본원칙은 정치적으로는 신도들을 단결시켜 함께 일하게 하는 것이고, 종교적으로는 공민의 종교신앙의 자유를 존중하고 보호하는 것이다.

종교의 민족성

중국은 한족과 55개의 소수민족으로 구성된 다민족국가로서, 중국 종교는 선명한 민족성을 띄고 있다. 중국 내 소수민족의 일반적 특징으로는 첫째, 대부분 역사가 유구하고 많은 변화과정을 거쳤으며, 민족 명칭이 복잡하다, 둘째, 각 소수민족의 인구 규모가 매우 다양하고, 각 민족 간 사회 경제적 발전단계가 차이가 크다, 셋째, 소수민족의 분포지역이 광활하고, 인구밀도가 비교적 낮으나, 자원과 물산이 풍부하고 역사적 관광자원이 많다,[57] 넷째, 문화적 특징으로는 문화와 종교가 다양하다는 점이다. 이붕李鵬은 1990년 열렸던 전국종교공작회의에서, "우리나라는 여러 종교가 있는 나라이다. 소수민족의 거의 모든 사람이 믿는 특정한 종교가 거의 20가지가 된다. 종교는 우리나라에서 비교적 광범위한 대중적 기반을 가지고 있기 때문에 종교문제를 알맞게 대하는 것은 대중을 알맞게 대하는 문제이다"라고 하였다. 중국의 한족漢族은 주로 불교, 도교, 천주교, 기독교 그리고 다른 민간신앙을 믿고, 중국의 많은 형제 민족은 불교, 이슬람교를 믿고 천주교와 기독교를 믿기도 한다.[58] 이 외에도 많은 민족이 원시종교와 자기 민족의 종교를 믿고, 많은 민족의 종교 신앙은 민족감정과 서로 교차하며 하나로 융합된다. 어떤 종교의 기념일이나 종교의식은 동시에 또한 민족의 전통 기념일이 되기도 한다. 이러한 것이 곧 종교의 민족성을 말하는 것이다.

중국에서는 민족과 종교는 작은 일이 아니다. 중국에서 소수민족의 종교문제는 한민족의 종교문제에 비하여 한층 복잡하고 곤란한 성격을 가지고 있다. 민족과 종교가 밀접불가분의 관계에 있기 때문에 민족업무와 종교업무는 고도로 중시될 수 밖에 없다. 그리고 중국의 민족문제는 종교와 불가분이므로, 당과 국가의 이데올로기성과 모순 긴장관계에 있다. 이 모순 긴장관계의 해소를 위한 방법의 하나로 등장하는 것이 민족회유이고, 또 다른 방법의 하나가 민족억압이다. 민족회유와 민족 억압 중에서 구체적으로 어떻게 대응할 것인가는 그 때 그 때의 당과 정부의 정책적 의도에 따르게 된다.

종교의 국제성

중국의 종교 중에서 불교, 이슬람교, 기독교와 천주교는 세계적인 종교이다. 불교, 이슬람교, 기독교는 3대 세계종교라 일컬어지고, 그 신도 수는 세계 종교인구 수의 대부분을 차지한다. 기독교는 세계 5대양 6대주에 분포되어 있는데 주로 유럽, 미국, 오스트레일리아 3대주에 집중되어 있고, 이슬람교는 주로 서아시아, 중앙아시아, 북아프리카, 남아프리카 등 넓은 지역에 전파되어 있다. 불교는 주로 동북아와 동남아 일대에 분포되어 있고, 최근 유럽과 미국 등에서도 광범위하게 퍼지고 있다. 도교도 세계 각지에서 전파되어 있다. 중국의 신도들과 세계의 동일한 종교를 믿는 신도들 사이에 신앙상의 일치로 인해 동질감이 생기게 된다. 그리하여 각국의 신도들은 계속 서로 우호적인 교류를 하는 좋은 전통이 있다.[59] 근대에 들어와서 중국의 이민은 불교를 전세계에 전파하였다.

제2차 세계대전 이후 각국 종교계 인사들의 우호적인 관계는 날이 갈수록 발전하고 증대하였으며, '세계종교자평화회의', '세계불교도연맹', '세계종교도연합회', '아시아 종교평화회의' 등 다수의 세계적 종교조직이 창설되었다.[60] 세계 종교신도 사이의 우호적인 협력은 각국 인민들 사이의 우호적인 교류를 촉진하는 중요한 통로 중의 하나이다. 다수 국가에서 종교는 보편적인 존중을 받는다. 특히 어떤 국가는 그 나라의 국민이 무조건 어떠한 종교를 믿기를 요구하고 정부와 사회 각계 또한 종교를 너그럽게 받아들인다. 현대 국가 간 종교의 우호적인 교류는 세계평화를 지키는 중요한 힘이다.[61] 미국을 비롯한 자유민주진영 국가들은 중국 인민은 종교신앙의 자유가 없다고 중국을 비판하고 있는 것이 현실이지만, 중국공산당과 정부는 개혁개방과 경제발전을 촉진하고, 중국과 세계 각국 인민과의 우호적인 관계를 강화하여 아시아와 세계의 평화사업이 중요한 현실적 의의를 갖도록 노력하여여야 할 것이다.

종교의 복잡성

종교는 하나의 복잡한 사회현상으로서 언제나 일정한 사회의 정치, 경제, 문화, 민족 등의 문제와 교차해 있다.[62] 종교의 복잡성은 앞에서 언급한 종교의 장기성, 군중성, 민족성, 국제성이라는 4가지 특성이 이루는 종교의 복잡성 외에도, 이하에서 제시하는 여러 원인에 기인하는 것도 있다. 첫째, 종교의식과 종교사상은 수만 년 동안 전해져왔고, 2000여 년 동안 발전하고 변하여 왔다. 종교는 이전 사회의 각종 낙인이 찍혔고 또한 사회역사의 발전과 함께 새로운 영양소를 받아들여 충실해졌다. 종교의 교의, 교리, 의식과 감정 또한 시대의 발전과 함께 이치와 기회에 맞게 변화하여 왔다. 둘째, 종교를 믿는 사람들의 입장에서 보면, 같은 종교를 믿는 다른 계급이나 계층의 사람이 있고, 다른 종류의 종교를 믿는 같은 계급이나 계층의 사람이 있다. 각 민족 간, 계급과 계층 간의 종교의식, 신앙 정도, 종교 심리, 종교 감정 등은 이색적인 것이고 천차만별하며, 종교와 민족 습관 및 문화는 서로 교차되고 융합되며 복잡한 형태를 띤다. 셋째, 종교의 국제성에서, 세계의 각 국가와 지역은 지리환경, 문화전통, 정치제도, 경제발전, 과학기술 등의 각종 요인으로 천차만별하고 종교 또한 모두 각각이며 특색을 가지고 있다. 넷째, 지역적이며 오래되고 원시적인 각종의 민족종교는 차치하고 세계 3대종교만 보더라도, 모든 종교와 교파는 역사상에서 무수히 많은 종파를 형성하였고 각 종파는 또 각양각색의 종교조직을 구성하였으며, 각종 종교경전과 종교의식 등을 만들었다.[63] 다섯째, 종교의 교의, 교리, 규칙 등 각종 경전과 저술이 많아서, 어떤 종교나 교파의 학식이 풍부한 학자도 완전히 파악하고 이해할 수 없다. 종교와 철학, 문학, 예술, 법률, 교육, 과학기술 등 같은 각종 의식형태는 서로 교차되고 영향을 주며 작용하여 종교의 복잡성을 더해준다. 여섯째, 당대 종교와 각종 문화현상은 서로 충돌하고 융합되며, 그 내부 성분은 계속 분해되고 합쳐지고, 새로운 종교사조와 파벌이 계속해서 나타나고, 새로운 종교형식이 출현한다. 일곱째, 종교와 정치는 복잡한 관계를 맺고 있다. 종교는 정치와 같지 않고, 종교와 정치는 두 가지 다른 범주에 속하며 정치입장이 같은 사람들도 종종 몇 가지의 다른 종교를 믿고, 정치입장이 다른 사람들도 또한 종종 같은 종교를 믿기도 한다. 여덟째, 종교의 복잡성은 종교의 보편성에서 당연히 기인한다. 지금까지 종교는 사회형태, 국가, 민족, 종족, 계급과 계층에 존재하고, 모두 정도는 다르지만 존재하고 발전하였으며, 유일무이한 문화

계승성과 사회 적합성을 가지고 있다. 이 모든 것들에서 종교의 복잡성을 설명할 수 있다.

종교의 복잡성은 중국공산당과 정부에 유물변증법을 운용하여 종교문제를 처리할 것을 요구한다. 중국에서 종교 부문에서의 모순은 주로 인민 내부의 모순이지만, 또한 적아관계敵我關係의 모순이기도 하다. 따라서 모순의 격화를 방지하기 위하여, 모순을 대항성 모순과 비대항성 모순으로 구분하고, 종교문제와 다른 사회문제를 엄격히 구분하여 신중하게 처리할 것을 요구한다. 또한 종교의 복잡성은 법에 의한 종교사무의 관리의 강화를 필수적으로 요구한다. 종교는 국가이익, 사회공익과 연계되고, 사회공공활동은 종교와 연계되기 때문에, 종교에 대해서는 반드시 법에 의하여 관리되어야 한다.[64]

3. 종교의 사회주의 국가성

당과 국가 그리고 종교

마르크스주의는 종교에 대해서 무시하거나 방임하는 태도를 취하지 않는다. 왜냐하면 이러한 태도는 실제로 마르크스주의 사상의 진지를 포기하고, 프롤레타리아 사상이 침해받거나 프롤레타리아 계급의 혁명운동이 저지되고 파괴되는 것을 좌시하는 것이기 때문이다. 종교는 잘못된 세계관이며 소극적 의미를 갖는 이상, 종교를 찬양하고 신봉하는 태도는 취할 수 없다. 또한 마르크스주의는 종교신학과 경계를 긋고, 종교신학과 공산주의학설을 조화시키는 어떠한 방법도 이론상 지지할 수 없다. 마르크스주의는 과학적 진리이며 그것은 일체의 미신에 반대하여 조금도 신앙주의가 파급되는 것을 허용하지 않는다. 마르크스주의에 있어 종교는 공산당과 국가에 있어 다른 의미와 내용을 가지고 있다. 국가에서의 종교는 종교사사宗教私事를 원칙적으로 하는데, 이 원칙은 당黨에서의 종교에는 적용되지 않는다.

사회주의 이론에서 종교는 국가에 있어서는 사사私事이지만, 당에 있어서는 결코 사사가 아니다. 종교의 지양止揚을 주장하는 마르크스주의 정당에서의 종교는 본질적으로 소극적 성질의 것이고, 이것은 공산당과 종교의 관계에 적극 투영된다. 마르크스주의에 있어 종교신앙의 자유는 역사적 존재이다. 즉, 신교 자유의 사상이란 특정한 역사적 단계의 인간의 전반적 생활관계와 사회적 관계, 그들의 사회적 존재를 기초로 하는 의식 분야에서의 자유경쟁의 지배를 말하는 것에 지나지 않는다. 여기서 당의 신교의 자유에 대한 대응이 문제되는데,[65] 마르크스는 신교의 자유를 부정하지는 않았지만, 당은 종교를 필요로 하는 상태에서 사회를 근본적으로 해방하기 위해서 노력하지 않으면 안된다고 하였다. 여기에서 마르크스는 종교와의 투쟁을 말하는 것이 아니다. 아울러 마르크스는 종교에 대해서 체계적으로 말하지는 않았지만, 그의 종교론의 본질은 종교 그 자체의 비판이 아니라 종교의 '현실적 기초'에 대한 비판과 그 극복이다.

또한 엥겔스는 '에르푸르트강령Erfurter Programm' 속의 종교사사 조항에 대하여, 사회민주당이 종교를 사사로 간주하는 것은 결코 자기 자신이나 마르크스주의에 있어서가 아니며, 국가에 있어서라고 언명하였다. 그는 "프롤레타리아의 당은 국가를 향해서는 종교는 사사라고 선언하도록 요구하지만, 민중의 아편과의 전쟁, 종교적 미신과의 전쟁 등의 문제가 사사라고는 결코 생각하지 않는다. 기회주의자들은 사회민주당이 종교를 사사로 간주하고 있는 것처럼 문제를 왜곡하고 있다"고 하였다. 그 후 레닌이 당에 있어서의 종교는 사사가 아니라는 것, 나아가 종교는 투쟁의 대상이라는 것을 명확히 하였다.[66] 결국 당에 있어서는 종교에 대한 비판이 원칙이고, 당원도 무신론자이기를 요구받는다.

한편, 마르크스주의에 따르면 국가에 있어서 종교의 원칙은 종교 = 사사론私事論이다. 마르크스와 엥겔스는 국가와 교회의 완전한 분리를 논하면서, 종교는 국가에 있어 사사에 지나지 않는다는 원칙을 주장하였다. 마르크스와 엥겔스는 프롤레타리아와 인민군중을 단결시키고 이 계급의 철저한 해방과 사회정치, 민주권리 및 경제이익을 쟁취하기 위해 투쟁하였으며, 종교신앙 자유의 정책을 정립하였다. 그리고 종교 사사론은 1875년의 '독일사회주의노동당 강령고타 강령(Gothaer Programms)' 및 1891년의 '독일사회민주당 강령에르푸르트 강령'에 규정되었다.[67] 마르크스는 '고타 강령비판'[68]에서 "모든 사람은 경찰의 간섭 없이 자신의 육체적인 욕구를 만족하는 것과 같이 종교적인 욕구를 만족할 수 있어야 한다"고 하였다.

국가에서의 종교사사의 원칙에 따라, 당의 종교비판에는 다음과 같은 제약이 따른다. 첫째, 당은 국가에 있어서의 종교사사 원칙을 침해하지 않도록 하여야 한다. 예를 들면 당의 종교비판은 단지 종교의 세계관을 비판할 뿐이지, 종교직을 맡고 있는 종교인을 비판하는 것이 되어서는 아니 되며, 더더욱 종교를 신앙하는 대중을 비판하는 것이어서는 안 된다. 둘째, 종교비판에 강제적 방법을 동원해서는 아니 된다. 사회주의 사회에서 종교문제는 이미 원칙적으로 인민 내부의 모순[69]으로 되었기 때문에 강제적 방법은 효과가 없을 뿐더러 오히려 유해하기까지 하다는 것이다.

중국종교의 사회주의 국가성

마르크스주의에 따르면 국가에 있어서 종교의 원칙은 종교사사론宗教私事論이며, 중국도 이 원칙을 채택하고 있다. 건국 후 최초의 정식헌법인 1954년 헌법도 종교는 공민의 자유선택의 문제라는 이념에 기초하고 있었다.[70] 그 후 문화대혁명의 기간 동안에는 종교가 철저하게 탄압되었지만, 문화대혁명 이후 개혁개방 정책에 의해 종교에 대한 규제가 완화되고 자유가 회복되면서, 종교사사의 원칙은 재확인되었다. 현행 82년 헌법에서는 종교를 신앙하는가, 신앙하지 않는가는 개인의 일이라는 것과 종교자유 정책의 실질은 종교와 신앙은 공민 개인의 자유선택의 문제라는 것, 즉 종교사사의 원칙이 건국 이후 가장 잘 유지되고 있다. 그러나 중국에서의 종교사사의 원칙은 국가와 종교의 절대적 분리 또는 국가와 종교의 완전한 상호불간섭을 의미하는 것이 아니다. 이 점은 중국이라는 국가의 사회주의적 성격에 기인하는데, 중국의 사회주의 국가성은 헌법 서언과 총강에서 확인할 수 있다.

중국 현행의 82년 헌법 서언은 "중국 각 민족 인민은 장차 계속하여 중국공산당의 영도 아래 마르크스-레닌주의, 모택동사상, 등소평鄧小平이론, 3개 대표 중요사상의 영도 아래, 인민민주전정을 고수하고, 사회주의 노선을 고수하며, 개혁개방을 지속시켜 사회주의 각종 제도를 부단히 완성시키고 …"라고 선언하고 있다. 또한 제1조는 "중화인민공화국은 노동자계급이 영도하며, 공농연맹을 기초로 하는 인민민주전정의 사회주의 국가이다. 사회주의 제도는 중화인민공화국의 근본제도이다. 어떠한 조직 또는 개인의 사회주의 제도의 파괴를 금지한다"라고 규정하고 있다. 또한 헌법의 서언에서 선언하고 있는 중국공산당의 영도, 마르크스-레닌주의와 모택동사상, 인민민주전정, 사회주의 각종 제도를 '4항 기본원칙'이라 한다. 이 4항 기본원칙은 중국헌법의 총강적 원칙이고 중국 건국의 근본이며 강국으로 가는 길이라고 한다. 여기서 공산당이 4항 기본원칙을 견지하는 것과 공민이 종교신앙의 자유를 가진다는 것의 관계가 문제된다. 이에 대하여 중국공산당 중앙위원회黨中央는 "4항 기본원칙을 견지하는 것은 신도들이 그들의 종교신앙을 포기하는 것을 요구하는 것이 아니고, 그들이 마르크스-레닌주의와 모택동사상의 선전에 반대하지 않고 종교가 정치와 교육에 간섭하지 않는 것을 요구하는 것"이라고 하였다. 중국의 당과 정부는 4항 기본원칙의 내용에 종교신앙의 자유 정책이 포함되어 있다고 한다. 결론적으로 4항 기본원칙을 견지하는 것과 당의 종교신앙의 자유 정책을 관철하는 것은 일치한다는 것이다.[71]

이같이 중국이 사회주의 국가라는 원칙에는 종교와 관련하여 다음과 같은 의미가 내포되어 있다.

첫째, 중국의 사회주의 국가성은 종교에 일정한 의무를 부과한다. 다시 말해 종교영역에서의 활동에는 일정한 사회주의 국가성에 바탕한 내재적 제약이 있다. 종교신앙자, 종교단체는 종교를 이용하여 당의 통솔적 영도와 사회주의제도에 반대하거나, 국가의 통일과 국내 각 민족의 단결을 결코 파괴하여서는 아니 된다. 그리고 구체적으로 어느 것이 허용되고 허용되지 않는 활동인가에 대한 인가권은 국가와 당이 가지고 있다. 또한 '정상적인 종교활동' 이외의 활동은 금지되는데, 이 정상적인 종교활동 자체의 헌법상 의미도 명확하지 않을 뿐 아니라, 어떠한 활동이 이에 해당하는가는 실제적으로 헌법 아래에 있는 법령이나 공산당의 정책에 의하여 결정된다. 이러한 구조 아래에 있기 때문에 신교의 자유의 내용은 국가와 당에 의하여 자의적으로 재단될 가능성도 크다.

둘째, 중국의 사회주의 국가성은 국가에 대하여 사회주의 정신문명의 건설이라는 임무를 부여한다. 사회주의 국가성에서 유래하는 이 권한에 관하여 헌법 제24조는 "국가는 이상교육, 도덕교육, 문화교육, 기율과 법제교육의 보급과 성省, 향鄕 각 범위의 군중이 제정한 각종 수칙, 공약의 집행을 통하여 사회주의 정신문명건설을 강화한다. 국가는 조국을 사랑하고, 인민을 사랑하며, 노동을 사랑하고, 사회주의를 사랑하는 공덕을 제창하고 인민에 대하여 애국주의, 집체주의와 국제주의, 공산주의의 교육을 진행하고 변증유물주의와 역사유물주의의 교육을 통하여 자본주의, 봉건주의와 기타의 부패사항을 배척한다"라고 규정하고 있다. 헌법 제24조 제1단에서 말하는 '사회주의 정신문명'은 사상성과 분리될 수 없는 것이다. 마르크스-레닌주의, 모택동사상이 지도하는 것을 고수한다는 것은 중국의 사회주의적 현대화사업의 근본이고, 또한 사회주의적 정신문화건설의 근본이다. 노동자계급의 과학적 세계관과 전 인류의 정신문명의 위대한 성과로서의 마르크스주의는 사회주의 사업과 당의 통솔적 지휘의 이론적 기초이고, 사회주의 이데올로기의 가장 중요한 구성부분이며, 정신문명건설 전체에 대하여 중대한 지도적 작용을 하고 있다.[72] 이러한 사상적 구조를 갖는 사회주의 정신문명의 건설은 양 측면의 내용을 가지고 있다. 첫째는 교육, 과학, 문화, 예술, 위생, 체육사업 및 과학기술지식의 보급교육을 발전시키는 것이다. 둘째는 사회 정치사상과 윤리도덕 측면에서의 사상교육을 진흥하는 것이다. 전자는 문화건설을 말하고, 후자는 사상건설을 말한다.[73]

이러한 내용을 포함하는 사회주의적 정신문명은 일반적으로 공산주의 사상교육으로 통칭되며, 헌법 제24조 제2단에 말하는 조국, 인민, 노동, 과학, 사회주의 공중도덕의 사랑 이른바 '5애愛 공덕公德'과 애국주의, 집체주의, 국제주의, 공산주의, 변증유물주의와 역사유물주의의 교육 이른바 '5개주의5個主義'의 교육과 중복된다. 아무튼 헌법 제24조가 공산주의, 변증법적 유물론, 사적 유물론의 교육을 인정하고 있으므로, 당연히 무신론교육도 헌법적으로 승인되어 있는 것이다. 국가에 의한 무신론교육은 주로 학교교육 과정에서 행하여지고, 이 교육은 종교활동에 직접적으로 간섭하는 것은 아니지만, 특히 청소년에게 종교의 영향을 억제하거나 제한하는 작용을 하는 것은 부정할 수 없다.

결론적으로 중국이라는 국가에서의 종교의 원칙은 종교사사론 곧 신교의 자유라고 할 수 있지만, 그 내부구조에 있어서는 중국의 사회주의 국가성으로부터 국가권력과 종교 간에는 일정한 긴장관계에 있게 된다. 국가권력과 종교 사이의 긴장관계는 1983년의 '정신오염 일소精神汚染 一掃' 캠페인 기간[74]과 1989년의 천안문 사건 시기에 강하게 표출되었지만, 그 후에는 개혁개방 정책 하에서 비교적 완화되고 있다. 긴장이 완화되면서 "유신론을 말하는 사람은 있지만, 무신론을 말하는 사람은 없다"는 기이한 현상이 지적되기도 하지만, 그렇다고 무신론교육이 포기된 것은 아니다. 1999년 7월 이른바 법륜공法輪功이 비합법화된 이후, 과학교육, 무신론교육의 강화의 필요성이 역설되고 있다.[75]

중국종교의 사회기능적 특성

중국에서 종교는 사회주의의 조건 아래서 여전히 장기적으로 존재할 것이고, 앞으로도 계속하여 사회주의 사업에 중요하게 작용하고 영향을 끼칠 것이다. 따라서 종교문제를 정확히 대처하는 것은 중국 사회주의 건설사업의 중요한 과제이며 중국적 특징의 사회주의를 건설하는 중요한 내용이기도 하다. 이에 중공중앙의 1982년 19호 문건은 현대 중국에서 종교는 다음과 같은 사회적 기능을 갖는다고 하면서, 그 중요성을 강조하였다.[76]

첫째, 현대 중국에서 종교는 군중을 연계·교육하는 가교기능을 하여야 한다. 당과 정부는 종교조직의 가교와 연결고리 역할을 통해 종교를 믿는 광대한 군중과 성직자, 종교계 상층인사와 함께 광범위한 연계를 구축함으로써 이해를 증진하며, 감정을 소통하고, 협력을 증진하며, 단결을 강화한다. 그리고 애국통일전선의 확대와 국가의 안위, 강화, 발전을 위해 정치국면을 안정시키고 단결시키는 적극적인 작용을 발휘한다. 종교단체 및 종교조직이 가교와 연결고리 역할을 함으로써 종교를 믿는 광대한 군중과 성직자를 단결, 교육, 고무하는 것은 곧 중국 특색을 지닌 사회주의 현대화 건설사업이라 할 수 있다.[77]

둘째, 현대 중국에서 종교는 사회도덕의 촉진기능을 하여야 한다. 사회 공공도덕은 계급성과 시대성을 가지고 있으면서, 동시에 사회보편성과 역사계승성도 가지고 있다. 종교의 교의나 계율 속에는 오랜 역사를 통해 정립된 인류의 발전, 사회의 화해, 민족의 화목, 세계의 평화를 위한 가치 있는 보편적인 도덕 준칙이 내포되어 있다. 종교의 교의, 계율은 신도에 대해 품성을 도야하고 사상을 정화하는 작용을 한다.[78] 중국의 사회주의 초급단계에서 종교가 제창한 도덕규범은 사회질서를 조정하며 사회의 안정을 유지하고 사회진보를 촉진하는 추동력이 될 수 있으며, 집단주의를 핵심으로 하는 공산주의 도덕의 중요한 보충요소가 될 수 있다. 종교를 믿는 군중과 종교조직은 이런 종교도덕의 지도 아래 사회공익사업의 발전을 위해 공헌하게 된다.[79]

셋째, 현대 중국에서 종교는 국제교류를 증진시키는 기능을 하여야 한다. 범 종교계와 개별 종교는 국제 우호교류를 통해 국외 종교계 인사 및 종교 신도들과 더불어 우호적으로 연계하고 이해를 증진하며, 협력을 강화하고 평화를 유지하여 더불어 발전할 수 있다. 중국 종교계는 국제교류가 나날이 증가하는 가운데 중국 인민과 세계 각국 인민들의 우호를 증진하는 데 공헌하고 있다. 이는 중국의 화평굴기和平崛起의 발전전략과 개혁개방 정책을 선전하며, 국가의 경제건설을 촉진하고 세계 평화를 유지하며, 과학과 문화의 교류를 촉진하는 데 있어 적극적인 작용을 한다.[80]

넷째, 현대 중국에서 종교는 민족의 전통문화를 개발하고 민족관계를 조절하는 기능을 하여야 한다. 원래 종교와 민족은 다른 범주에 속하지만, 종교는 민족과 밀접한 관련이 있다. 대부분의 민족은 일종의 종교문제를 가지고 있으며, 종교와 무관한 민족은 거의 없다고 할 수 있기 때문이다. 종교는 이처럼 민족과 뒤섞여 매우 강력한 민족성을 갖게 되기도 한다. 이에 종교는 수많은 민족 문화의 기초인 동시에 필수적인 구성요소라 할 수 있다. 중국은 다민족 다종교 국가로 종교와 민족의 관계가 복잡하며, 중국내 각 민족의 인민이 종교를 믿고 있는 정황이 서로 다르다.[81] 종교는 민족의 전통문화를 계발하고, 민족관계를 조절하고 협조시키는 중심추의 역할을 한다.[82]

다섯째, 현대 중국에서 종교는 사회를 조직하는 기능을 하여야 한다.

종교는 인간이 우주와 사회, 인생을 인식하는 일종의 의식형태일 뿐 아니라 종교를 믿는 군중, 성직자, 종교조직과 종교활동장소를 포함하는 일종의 사회적 실체이기도 하다. 장구한 역사적 변화를 거치며 각종 종교는 모두 비교적 튼튼한 조직체계, 전장제도, 경전교의, 계율규범과 활동방식을 형성하였고, 전문적 성직자들을 형성하였다. 각급 종교조직 시스템을 통해 종교를 믿는 광대한 군중과 연계하여 매우 강한 사회응집 기능과 조직 기능을 갖추었다. 중국의 사회주의 초급단계에서는 종교가 이러한 조직기능을 통해 사회를 안정시키는 데 기여하여야 한다. 이런 사회역량은 일찍이 여러 차례 타격을 받기는 하였으나,[83] 당과 정부의 종교정책이 회복된 이후 종교조직은 계속하여 군중을 단결시키고, 군중과 연계하며, 사회를 응집시키고, 사회를 안정시키는 기능을 발휘하고 있다.[84]

여섯째 현대 중국에서 종교는 사회주의 시기에도 여전히 도덕규범으로서 사회적 기능을 갖는다. 종교의 도덕규범은 거대한 신앙의 힘으로써 지탱되며 종교를 믿는 군중에 대해 강력한 교화 기능과 작용을 가지고 있어 심리적으로 자아를 단속하는 역할을 한다. 각종 종교는 모두 신도들에게 훌륭한 도덕을 제창해 도덕의 존엄과 신성함을 보호하며, 도덕사상이 언제나 융성하고 쇠퇴하지 않게 하는 신조와 계율, 방법을 유지하고 있다.[85] 이러한 종교의 계율은 그 내용에 있어 사회주의 사회의 오강五講(문명을 강함, 예모를 강함, 도덕을 강함, 기율을 강함, 위생을 강함)과 4유四有(이상을 가짐, 도덕을 가짐, 문화를 가짐, 기율을 가짐), 3열애三熱愛(조국 사랑, 인민 사랑, 사회주의 사랑)의 도덕규범과 서로 일치한다. 그리고 2001년 10월 24일 국가에서 공포한 '공민도덕건설실시요강公民道德建設實施要綱'을 보완하고 실현하는 작용을 한다.[86]

중국종교와 사회주의 간의 상호적응과 화해

등소평을 이어 등장한 중국공산당 제3세대와 제4세대 지도자들은 시대의 새로운 요구를 수용하여 종교와 사회주의 사회에 관한 신이론을 제기하여 발전시키고 있는데, 그것이 바로 '종교와 사회주의 사회의 상호적응과 화해'이다.

중국종교와 사회주의 사회의 상호적응

강택민江澤民을 핵심으로 하는 중국공산당 제3세대 지도자들은 "종교와 사회주의사회의 상호적응을 적극적으로 인도한다積極引導宗教與社會主義社會相適應"라고 하여, 종교와 사회주의 사회의 상호적응이론을 제기하여 발전시켰다. 여기서 종교와 사회주의사회의 상응은 종교단체와 조직, 종교관련 종사자와 신도들 및 사회주의사회의 정치제도, 경제제도 그리고 법률제도의 상응을 말한다. 종교와 사회주의 사회의 상호적응의 이론적 근거는 역사유물주의이다. 종교는 상부구조이고, 상부구조는 경제기초의 영향을 받으며, 필연적으로 경제기초의 변화에 따라 자신을 적응해야 하는 것처럼, 종교도 사회주의 사회에 조정하며 적응해야 한다. 종교와 사회주의 사회의 상호적응 이론은 종교의 발전역사에서 이미 증명되었다.

또한 종교와 사회주의 사회의 상호적응이 가능한 근거로는 중국의 종교문화의 특색에서 찾을 수 있다. 중화민족의 민족구성은 다원일체적이고, 그 문화는 다원융합적이다. 중국문화는 탄생에서 발전에 이르기까지 다원성, 화합성, 주체성, 개방성을 포함하고 있다. 또한 중국의 전통신앙은 그 문화의 종합적 요인으로 인해 외래종교를 쉽게 받아들이는 본연적 개방성을 가지고 있다.[87] 중국공산당은 역사유물론적 종교와 사회의 상호적응이론을 중국 종교와 사회주의 사회의 관계문제에 적용하여, 중국 사회의 종교문제를 해결하려 한다. 중국공산당은 종교를 사회라는 큰 계통系統에 속하는 하나의 아들계통[子系統]으로 생각한다.[88]

여기서 종교와 사회주의가 상응한다는 것의 의미와 내용은 다음과 같다. 첫째, 종교신도와 비신도가 당의 영도 아래 광범위한 통일전선을 구축하고, 점진적으로 국가의 농업, 공업, 국방과 과학기술의 현대화를 실현하며, 중국을 고도로 부유하고 문명적이며 민주적인 사회주의 국가로 건설하는 데 공동으로 노력한다. 둘째, 종교계가 애국주의, 사회주의의 공동기초 위에 일부 종교사상, 신앙, 도덕, 행위를 새로운 사회의 요구에 부합되며, 종교 신도가 일상생활에서 애국하고 법을 준수하며, 봉사한다. 셋째, 종교계가 종교 학술연구와 국제 교류 등 영역에서 자기의 장점과 특징을 발휘하여, 민족문화유산의 계승과 사회주의 문화를 풍부하게 하고, 세계 각국의 사람들과 우정을 증진시키고, 세계평화를 수호하는 일에 공헌한다. 넷째, 당과 국가와 전체 사회는 정확하게 종교문제를 직시하여, 법적, 정책적 그리고 실제 생활 가운데 공민의 종교신앙의 자유를 존중하고 보호 한다.[89]

사회주의 초급단계에 있는 중국에서 종교와 사회주의 사회의 상호적응은 사회역사 발전의 필연적 추세로서, 반드시 해야 하고, 또한 가능한 일이다. 공산당은 중국에서의 종교와 사회주의사회의 상호적응은 다음의 조건들에 의해 가능하다고 한다.

첫째, 사회주의 제도 성립 이후, 중국공산당과 정부는 종교사무에 관한 영도권을 획득한 점이다. 중국공산당과 정부는 종교를 피착취계급을 착취계급이 통제하고 이용하는 상태로부터 구출하였고 종교와 제국주의의 관계를 청산하였다. 그럼으로써 중국 인민이 종교사업을 자영하게 되었고 종교업무는 외국세력의 통제를 받지 않게 되었다. 또한 종교계는 국가를 사랑하고 종교를 사랑하며 단결하여 진보하고 사회에 봉사하고 당과 정부의 영도를 받아들이며 사회주의 제도를 따른다. 이것이 중국 종교와 사회주의 사회가 서로 상응하는 정치적 기초이다.

둘째, 해방 이후, 사회경제와 종교 제도의 대대적인 개혁을 통해 중국

의 종교 상황은 사회주의 사회와 서로 상응하도록 변화된 점이다. 종교
문제에서의 충돌은 이미 인민 내부의 갈등에 속한다. 현 단계에서 종교
를 믿는 군중과 믿지 않는 군중의 신앙사상 면에서의 차이는 부차적인
것이고, 정치와 경제에서의 근본적인 이익은 일치한다. 이것은 중국에서
종교와 사회주의 사회가 상응하는 사회적 조건이다.

셋째, 중국의 헌법과 법률이 종교신앙의 자유와 정교분리의 원칙를 보
장하고 있다는 점이다. 공민은 종교신앙의 자유가 있고, 국가는 공민의
종교신앙의 자유, 종교계의 합법적인 권익과 공민의 종교활동을 보호하
여 모든 신도들로 하여금 정치와 경제 방면에서 종교신앙의 자유를 누리
게 한다. 종교신앙은 공민 개인의 자유선택과 사적인 일이 되었다. 이것
은 중국에서 종교와 사회주의 사회가 상응하는 법률과 정책의 보장이다.
그리고 국가는 중국식 정교분리의 원칙을 실행한다. 종교조직과 단체는
국가의 입법권·사법권 그리고 행정권에 간섭할 수 없고, 국민교육에 간
섭할 수 없다. 이것은 중국 종교와 사회주의 사회가 서로 상응하는 근본
원칙이다.

넷째, 애국 종교계 인사는 국가의 주인이며, 중국공산당 영도하의 다
당합작과 정치협상체제에서 중국공산당과 종교계 인사는 광범위한 애국
통일전선과 애국정치연맹을 이룬다는 점이다. 종교계 인사는 각급의 인
민대회, 정협회의에 참가하고 정치에 참여하여 정무를 논의하며, 국가를
관리하는 권리를 행사하고 헌법과 법률의 보호를 받는다. 종교계는 단체
교육의 대상일 뿐만 아니라 정치에 참여하고 정무를 논의하는 중요한 영
향력이다. 이것은 중국에서 종교와 사회주의 사회가 서로 상응하는 것을
구체적으로 보여준다.

다섯째, 종교계는 국가를 사랑하고 종교를 사랑하며 종교문화와 도덕
가운데 적극적인 정신을 발굴하여 사회주의 사업의 물질문명, 정치문명
과 정신문명을 위해 일한다는 점이다. 종교는 응집력과 감정의 유대관계

를 발휘하여 민족단결, 사회 안정, 조국통일, 세계평화와 사회주의 정신문명과 물질문명의 건설에 이바지한다. 중국을 부흥시키고 중류 수준의 사회를 건설하고 사회주의 협력사회를 만들기 위해 일한다. 이것은 중국에서 종교와 사회주의 사회가 상응하는 필요조건이다.

중국종교와 사회주의 사회의 화해

국무원은 공민의 종교신앙의 자유를 보장하고, 종교적 화목과 사회적 화해를 수호함을 목적으로 2004년 12월 18일 종합적인 종교행정법규 국무원 제426호 령인 '종교사무조례宗敎事務條例'를 제정하였다. 호금도胡錦濤는 2006년 7월 10일 전국통일전선공작회의 강화에서 사회주의 화해사회의 건설을 강조하였다. 그리고 국가종교국 당조이론학습중심조黨組理論學習中心組는 2010년 '종교화해: 종교사업의 신경계新境界'라는 문건을 발표하였다. 아래에서는 이 문건을 중심으로 종교와 사회주의 사회의 화해에 관하여 살펴보고자 한다.[90]

종교는 역사적으로 신권전제로부터 신앙자유로 발전하였다. 종교신앙의 자유는 유럽 자본주의의 흥기로 인한 산물이다. 종교의 포기와 박해를 버리고 종교의 평등과 자유를 실현함에 있어서 중요한 역사적 작용을 하였다. 하지만 종교신앙의 자유는 종교의 화목까지 담보하지는 못하였다. 종교상의 차이로 인한 충돌은 부단히 발생하였고 종교의 다원화는 적대적으로 변하였다. 종교 간 대화를 통한 상호 이해를 촉진하였지만, 그 작용 또한 유한하여 깊은 문제를 해결하지 못하였다. 이에 종교신앙의 자유를 충분히 보장하는 동시에 종교적 모순을 해결하는 새로운 경로로 종교와 사회주의 사회의 화해가 요청된다.[91]

화해는 중국 전통문화의 중요한 특징이다.[92] 종교화해는 종교신앙의 자유를 전제와 기초로 하고, 종교대화와 교류를 중요 경로로 하는 종교관계의 다방면, 다양한 형식의 총집합이다. 종교신앙 자유의 보장으로부터 종교화해의 발전은 자유와 권리의 보장으로부터 자유와 책임의 실현, 권리와 의무의 통일의 역사적 진보이다. 종교화해는 종교대화를 전개함에 있어서 정확한 사로思路와 명확한 목표를 제공하여 당대 사회의 종교적 모순과 충돌에 새 희망을 제공하였다. 구체적으로 말하면, 종교화해는 첫째, 그 전제로서의 종교 내부의 화해, 둘째, 그 기초로서의 종교 간의 화해, 셋째, 그 근본으로서의 종교와 사회의 화해 그리고 넷째, 그 관건으로서의 종교관계의 화해라는 4가지 기본층면을 포함하고 있다.

첫째, 종교내부의 화해는 전제이다. 종교내부의 화해가 없으면 종교화해는 논의할 가치가 없게 된다. 종교 자체는 화해를 추구하며, 오늘날 세계의 종교는 독특한 화해 이론을 가지고 있다. 종교화해를 실천하려면 각 종교의 사상 중의 화해이론을 충분히 발양하고, 각 종교법칙이 충분히 작용을 발휘하도록 하여야 한다. 둘째, 종교 간의 화해는 기초이다. 종교 간의 화해가 없다면 민족 간의 화해도 없을 것이고, 또한 국가관계와 사회와 세계의 화해도 없을 것이다. 상이한 종교 간에 상호 존중하고 포용하며, 상이한 종교문화는 평등하게 대화하고 교류하여 서로 간의 다원병존, 공생의 화해로운 국면을 형성해야 한다. 셋째, 종교와 사회의 화해는 근본이다. 종교와 사회의 화해가 없다면 종교 자체도 건전하게 발전할 수 없고 사회도 안정적일 수 없다. 종교는 사회에 순응하고 사회와 융합되며 사회에 복무하여 사회의 화해를 촉진하는 적극적인 요소가 되어야 한다.[93] 넷째, 종교관계의 화해는 관건이다. 종교관계의 각 측면에서 정교관계가 가장 중요하다. 이것은 종교관계의 다른 방면에도 영향을 주고 제약한다. 정교관계가 없는 화해는 종교화해를 보장할 수 없다. 현대사회는 종교신앙 자유의 보호를 전제로 하고 정교분리의 실행을 기초로 하여 정교화해의 가치적 목표를 실현하여 상호존중과 단결합작의 화해관계를 형성해야 된다.

위에서 살펴본 각 층면의 종교화해의 핵심은 인간을 중심으로 하는 것이다. 종교화해의 이념을 창도하고 종교화해를 촉진하여 신교 군중과 불신교 군중, 신앙이 부동한 종교군중 그리고 종교와 사회 간에도 화목한 관계를 실현해야 한다.

종교화해를 실현하기 위하여, 당과 정부는 과학적 발전관을 통령統領으로 하여 종교문제를 고도로 중시하고, 종교공작기본방침을 전면 관철하고 '종교사무조례'를 깊이 실천하며, 종교신앙의 자유를 충분히 보장하여 종교화해를 위한 유리한 조건을 제공해야 한다. 또한 종교계에서는 시대의 조류에 순응하고 당과 정부의 호소에 호응하며 나라와 종교를 사랑하는 것을 견지하고 법과 규율을 준수하여 종교화해의 유지와 촉진을 자신의 책임과 의무로 삼아야 할 것이다. 현재 특히 당과 정부 그리고 종교계는 아래 열거한 것에 적극적으로 노력할 것이 요구된다.

첫째, 종교적 열광주의와 극단주의를 반대한다. 각 종교는 평화를 추구하고 폭력을 반대하고 인인향선引人向善하고 화해를 제창하는 교리와 사상을 가지고 있다. 이러한 교리와 사상은 종교화해의 실현을 위해 이론적 기초를 제공한다. 그러나 진리와 오류 사이에는 때때로 일보지차一步之差일 때가 많다. 종교신앙이 만약 바른 길과 정신을 벗어나면 열광에로 쉽게 나아가 극단주의에 빠지게 된다.[94]

둘째, 종교를 이용하여 불량목적을 달성하려는 것을 반대한다. 어떤 일이든 종교의 깃발을 내세우기만 하면 때때로 동정과 이해를 획득하게 된다. 일부 달리 속셈이 있는 조직과 개인은 마침 이 틈을 타 부단히 종교의 명의로 각종 불량한 목적을 달성하려고 한다. 한 국가가 종교를 이용하여 다른 국가의 내정을 간섭하고 지역충돌을 일으킬 수 있다. 한 조직은 종교를 이용하여 민족의 단결을 파괴하고 조국을 분열하는 활동에 종사할 수 있다. 한 개인은 종교를 내세워 타인과 사회에 위해를 끼칠 수도 있다.[95]

셋째, 각 종교 간의 대화와 교류를 활성화한다. 최근 몇 년간 종교대화를 전개하고 종교분쟁을 제거할 것에 대한 국민의 여론이 날로 급상승하고 있다. 종교대화는 상이한 형식의 교류와 의사소통을 통해 다양성 속에서 통일성을 모색하고 차이성 속에서 일치성을 달성하여 상이한 종교 전통상 형성된 다른 견해와 오해를 감소하여 각 종교사이의 평화적 공존을 위하여 공동기초를 확립하는 데 목적이 있다. 종교대화는 특효약이 아니므로 단번에 이루어질 수 없다. 지속 부단한 노력이 필요하다.[96]

넷째, 각 종교가 공동으로 화해로운 정원庭園(미호가원美好家園)을 건설한다. 현재 인류사회는 일련의 전세계적인 문제에 직면하고 있다. 각 종교는 부빈구재扶貧救災, 환경보호, 반전반공反戰反恐 등 영역에서 적극적인 작용을 발휘하여 세계평화와 인류의 정의를 수호할 수 있다. 중국 각 종교는 마땅히 책임의식이 있어야 한다.[97]

4. 종교문제에 대한 기본관점과 정책

공산당과 정부의 종교문제에 대한 기본관점과 기본정책은 중국 종교의 5가지 특성과 사회기능적 특성 그리고 종교와 사회주의 사회의 상호 적응과 화해에 기초하여 형성된다. 2001년 12월 개최된 전국종교공작회의는 당과 정부의 종교문제에 대한 기본관점과 기본정책을 10가지로 정리한 바 있다.[98]

첫째, 종교는 탄생과 발전, 소멸의 과정을 가지며 사회주의 사회에서 장기 존재할 것이기 때문에 행정력으로 종교를 소멸시키거나 발전시킬 수 없다. 둘째, 종교신앙의 자유는 헌법의 보호를 받으며 공민은 종교를 믿을 자유를 가지며 또 종교를 믿지 않을 자유도 가진다. 셋째, 무신론을 선전하더라도 간단히 유신론과 무신론의 구별을 정치상으로 대립시킬 수 없다. 정치적으로는 단결 협력을 견지하고 신앙은 서로 존중해야한다. 넷째, 국가는 종교사무에 대하여 법에 따라 관리하고 정상적인 종교활동과 종교계의 합법적 권익을 보호하고, 종교를 이용하여 진행하는 위법 범죄활동을 제지하고 처벌하여야 한다. 다섯째, 중국에서 종교 관련의 모순은 주로 인민 내부의 모순이다. 하지만 특정 조건 아래서는 또 적대적 성격의 문제도 나타날 수 있으니 두 종류의 서로 다른 성격의 모순을 엄격히 구분하고 적절히 처리해야 한다. 여섯째, 자전自傳, 자양自養, 자판自辦의 3자원칙三自原則을 견지하고 평등의 기초 위에서 종교의 대외 우호교류를 전개하며 국외의 적대세력이 종교를 이용해 침투하는 것을 저지해야 한다. 국외의 어떤 종교조직이나 단체, 개인도 중국의 종교사무에 간섭하는 것을 허락하지 않는다. 일곱째, 애국 종교단체는 당과 정부로 하여금 종교를 믿는 군중과 연계하게 하는 교량역할을 하기 때문에, 그들의 자체 건설 강화와 자주적 활동 전개가 충분히 발휘되도록 지지해야 한다. 여덟째, 애국 종교계 인사는 종교를 믿는 군중을 단결시키고 사회의 안정을 수호하는 중요한 역량이다. 계획적이고 조직적으로 애국 종교조직 인원의 대오를 배양해야 한다. 아홉째, 종교와 사회주의 사회의 상호적응을 적극 이끌어야 한다. 종교계 인사와 종교를 믿는 군중은 공민의식을 확립하여야 하고, 애국과 애교를 결합시켜 법률, 법규, 정책이 허락하는 범위 안에서 활동하여야 한다. 열째, 모든 종교단체와 종교계 인사는 반드시 법률의 존엄과 인민의 이익 그리고 민족의 단결과 조국의 통일을 수호하여야 한다.

주

1 박만준, 「공산권 종교자유개념의 이념적 특징에 관한 연구」, 169 면.

2 모종감/박성숙 역, 「중국종교문화의 유형」, 『종교와 문화』, 서울대종교연구소, 2007, 56 면, 盧云峰, 「현대 중국종교의 발전」, 『한국과 중국의 사회변동 비교연구』, 나남, 2013, 300 면.

3 현대 각국 헌법에서 자유와 제도로서의 종교는 영어 religion이나 독일어 Religion 을 번역한 서구적이고 근대적인 개념이다. 동아시아 3국 중에서 근대 서구적인 종교 개념을 가장 먼저 정립시킨 나라는 일본이었다. 일본에서는 1869년 독일북부 연방(Norddeutscher Bund)과 체결한 조약상의 Religionsübung를 처음으로 종교로 번역하여 사용하였다(장석만, 「개항기 한국사회의 "종교" 개념형성에 관한 연구」, 38 면).

4 양계초는 유럽이 중국보다 정치가 진보한 것은 유럽 인민의 품성에 기인한다고 보았고, 그 품성의 하나로 종교혁명의 엄정한 정신을 이어받은 인민 공동의 군건한 신앙을 들었다(蕭公權 著/崔明・孫文鎬 譯, 『中國政治思想史』, 서울대학교출판부, 1998, 1225 면).

5 고래로 중국은 종(宗)과 교(敎)를 함께 사용하였다. 중국에서 종교라는 용어는 불교에서 유래하였다고 한다. 불교에서는 佛(부처)이 가르친 것을 교라 하고, 불제자(佛弟子)가 말한 것을 종이라 하며, 종은 교에서 나온 것이라 한다. 종이나 교는 중국 고대부터 사용되었는데, 특히 남북조 말기에서 수와 당나라 시대까지 불교의 천태종(天台宗)과 화엄종(華嚴宗) 학자들이 경전의 중심 내용을 해석할 때 명(名), 체(體), 종(宗), 용(用), 교(敎) 등 5가지로 설명하였다. 얼마 지나지 않아 이 가운데 종과 교가 종교(宗敎)라는 단어로 연결되어 사용되었다고 한다(徐玉成, 『宗敎政策法律知識答問(增訂本)』, 中國社會科學出版社, 2005, 1~2 면).

6 강준영, 「개혁개방과 종교의 부활」, 전성홍 편, 『전환기의 중국사회 I』, 오름, 2004, 266~7 면 재인용.

7 여론조사 전문기관 윈-갤럽 인터내셔널은 2014년 전 세계 65개국 6만 3,900명을

대상으로 '당신은 종교적인가, 비종교적인가, 무신론자인가'라는 설문조사를 하였다. 그 결과 가장 비종교적인 국가로 중국이 뽑혔다. 중국인 10명 중 9명이 종교가 없거나 무신론자라고 생각하고 있고, 종교가 있다고 대답한 중국인은 6%에 불과했다. 이 결과에 대하여 워싱턴 포스트는 중국은 오래 전부터 다양한 종교전통을 갖고 있지만 공산 중국 건립 이후 사회주의 문화 때문에 무신론이 급격히 퍼졌다고 분석하였다(중앙일보, 2015. 4.17).

8 중국공산당은 "우리가 종교문제를 적절히 처리할 수 있는가 여부는 국가의 안정과 민족의 단결을 위해, 국제교섭의 발전과 국외 적대세력의 침투 억제를 위해, 사회주의 물질문명과 정신문명의 건설을 위해, 여전히 무시할 수 없는 중요한 의의를 갖는다"라고 강조하고 있다(徐玉成, 『宗教政策法律知識答問(增訂本)』, 72 면).

9 土屋英雄, 『現代中國の信教の自由』, 尙學社, 2009, 69~70 면.

10 모종감/박성숙 역, 「중국종교문화의 유형」, 61~2 면.

11 류성민, 「중국종교의 현재와 미래」, 『종교문화비평』 18, 종교문화비평학회 청년사, 2010, 291 면.

12 김태용, 「중국 특색의 사회주의 종교이론에 대한 고찰」, 『中國學報 제63집』, 한국중국학회, 457 면.

13 김태용, 「중국 특색의 사회주의 종교이론에 대한 고찰」, 461 면.

14 徐玉成, 『宗教政策法律知識答問(增訂本)』, 2~3 면.

15 김태용, 「중국 특색의 사회주의 종교이론에 대한 고찰」, 458 면.

16 김태용, 「중국 특색의 사회주의 종교이론에 대한 고찰」, 459 면.

17 土屋英雄, 『現代中國の信教の自由』, 14~18 면.

18 土屋英雄, 『現代中國の信教の自由』, 18~21 면.

19 환언하면 의식은 의식된 존재 이외의 어떤 것일 수 없고, 그리고 인간들의 존재란 그들의 현실적 생활과정의 일이다. 다시 말해 의식이 생활을 규정하는 것이 아니라 생활이 의식을 규정하는 것이다.

20 土屋英雄, 『現代中國の信敎の自由』, 21~24 면.

21 土屋英雄, 『現代中國の信敎の自由』, 25~26 면.

22 土屋英雄, 『現代中國の信敎の自由』, 26~27 면.

23 레닌은 마르크스의 『헤겔법철학비판서설』에 대해서, 그것은 마르크스주의 종교론의 이념적 기초를 이루고 오늘에도 여전히 진리의 빛을 발하고 있다고 하였다. 또한 민중의 아편론에 대해서도 그것은 일종의 비유적 표현이며 종교의 정의라 할 수는 없지만, 이런 류의 비유방식은 결코 종교의 어떤 측면의 속성이 아니라, 종교의 가장 근본적인 속성을 설명하고 종교의 본질 및 사회적 작용을 반영하고 있다고 하였다(土屋英雄, 『現代中國の信敎の自由』, 17~18 면).

24 레닌에 의해서 아편론은 마르크스-레닌주의의 종교문제 상의 중심적 관점이 되기에 이르렀다. 레닌은 "종교는 민중의 아편이다. 이 마르크스의 격언은 종교문제에 있어서의 마르크스주의의 세계관 전체의 중심이다. 마르크스주의는 현대의 모든 종교와 교회, 모든 종교단체는 노동자 계급의 착취를 옹호하였고 그들을 마취시키는 역할을 한다"라고 하였다.

25 김성민, 「사회주의 중국에서의 종교집단의 특징과 역할에 관한 연구」, 한국외국어대학교 대학원 석사학위논문, 2008, 6~8 면 참조.

26 제임스 왕/금희연 역, 『현대중국정치론』, 도서출판 그린, 1999, 68~71 면.

27 徐玉成, 『宗敎政策法律知識答問(增証本)』, 9~10 면.

28 마르크스주의는 자본주의의 자유, 평등, 민주주의, 인도주의 등 우량한 전통과 사상을 흡수한 것이었다. 이에 마르크스의 『공산당선언(共産黨宣言)』은 "각 개인의 자유로운 발전이 모든 인간의 자유로운 발전의 조건이다"라는 것을 기본명제로 한다.

29 여기서 호적(胡適)은 주의나 이론은 중국의 당면문제를 해결하는 보편적 진리의 역할을 할 수 없다고 보고, 구체적이고 개별적인 문제에 대한 연구나 해결이 우선되어야 한다고 주장하였다. 이에 이대교(李大釗)는 문제와 주의는 불가분의 관계에 있기 때문에, 이 중 하나만 논하는 것은 옳지 않고, 주의는 오히려 개별적인

문제를 총체적인 시각에서 이해할 수 있도록 해주기 때문에 더욱 중요하다고 반박하였다 (서진영, 『중국혁명사』, 한울, 2012, 72~73 면).

30 여기서 단계적 발전론자인 장동손(張東孫)은 중국 사회가 당면한 가장 절박한 문제는 빈곤이며, 이를 해결하기 위해서는 무엇보다 산업발전에 힘을 기울여야 한다고 주장하였다. 이에 마르크스주의자인 진독수(陳獨秀)는 빈곤문제의 해결과 급속한 경제발전이 중국의 최대 당면과제라는 점에 동의하면서도, 사회주의만이 이 문제를 해결할 수 있는 유일한 길이라고 반박하였다(서진영, 『중국혁명사』, 74~6 면).

31 구성백(區聲白) 등 무정부주의자들은 인간의 순수한 속성을 억압하고 왜곡하는 모든 권위와 국가권력은 부정되어야 하고, 모든 사회조직에서 개인의 자유를 제한하는 기율과 장치는 부당하다고 주장하였다. 이에 반해 진독수 등 마르크스주의자들은 자본가계급의 부활을 방지하고, 노동자와 민중계급의 자유를 보호발전시키기 위하여 프롤레타리아 독재 국가는 필요하고, 무산계급혁명을 성공시키기 위해서는 반드시 무산계급의 조직과 기율이 강화되고, 영도력이 집중되어야 한다고 주장하였다(서진영, 『중국혁명사』, 76~8 면).

32 서진영, 『중국혁명사』, 82 면.

33 이와 같이 북경대학은 중국대학 중에서 마르크스 사상을 가장 빨리 흡수한 곳이다. 당시 북경대학은 진독수가 문과대학장이었고, 이대교가 도서관장이었던 곳이다. 모택동도 한 때 이 대학 도서관 사서로 근무한 바 있다. 이러한 역사적 이유 때문에 러시아 국가원수가 중국대학을 방문할 때에는 북경대학을 선호한다. (중앙일보, 2015.2.23. 15 면).

34 서진영, 『중국혁명사』, 85 면.

35 리쩌허우(李澤厚)/김형종 역, 『중국현대사상사론』, 한길사, 2013, 258~269 면.

36 리쩌허우(李澤厚)/김형종 역, 『중국현대사상사론』, 190~191 면.

37 모택동은 초년부터 말년에까지 여러 차례 진독수를 긍정하였다. 모택동은 진독수를 5·4운동의 총사령관이며, 전체 운동을 이끌었던 지도자로 평가하였다(리쩌허우(李澤厚)/김형종 역, 『중국현대사상사론』, 100 면).

38 김태용, 「중국 특색의 사회주의 종교이론에 대한 고찰」, 461면.

39 청년 모택동의 사상의 특색은 그 당시 상하고금의 일종의 혼합물이었다(리쩌허우(李澤厚)/김형종 역, 『중국현대사상사론』, 241~3면).

40 徐玉成, 『宗敎政策法律知識答問(增訂本)』, 448면.

41 徐玉成, 『宗敎政策法律知識答問(增訂本)』, 453면.

42 徐玉成, 『宗敎政策法律知識答問(增訂本)』, 450면.

43 徐玉成, 『宗敎政策法律知識答問(增訂本)』, 458면.

44 김태용, 「중국 특색의 사회주의 종교이론에 대한 고찰」, 461면.

45 徐玉成, 『宗敎政策法律知識答問(增訂本)』, 453면.

46 徐玉成, 『宗敎政策法律知識答問(增訂本)』, 456면.

47 윤경숙, 「중국 사회주의 국가에서의 기독교 교회의 발전과 특성 – 개신교 삼자(三自) 교회를 중심으로(1949~1958)」, 서울대학교 대학원 박사학위논문, 2003, 126면.

48 그의 주장의 요지는 다음과 같다. 첫째, 아편은 종교가 계급사회에 있어 일정의 조건 하에서 소극적 작용을 일으키는 것에 대한 구체적인 비유이다. 마르크스가 아편론을 말하기 전에 포이에르바하 등이 먼저 이 용어를 사용하였다. 마르크스의 아편론은 계급사회, 무엇보다 종교와 반동지배가 밀접하게 결부되어 있던 독일과 러시아 사회에서의 종교상황에 대하여 말한 것이므로, 종교 일반에 대한 것으로 확대할 수 없다. 둘째, 역사상 종교는 시대나 사회적 조건이 다르면 다르게 작용하는 바, 일률적으로 아편으로 개괄할 수 없다. 계급사회에 있어서는 종교가 혁명에 대하여 소극적으로 작용하기도 하지만, 일정한 조건 하에서는 피억압계급이 종교를 반항의 사상적 무기로 삼았다는 것은 엄연한 역사적 사실이다. 또한 종교의 사회적 작용을 정치적 각도에서만 볼 수 없다. 종교는 각 민족의 역사, 문화의 불가분의 일부분이고, 그 민족의 문학, 미술건축 등이 정도의 차이는 있지만 종교의 영향을 받아 왔다. 종교적 형태의 문화적 유산은 계승할 것이지, 아편이라 하여 전면적으로 부정할 것은 아니다. 셋째, 종교가 사회주의 사회와 협조

할 수 있는 이상, 종교가 행하는 작용을 모두 아편으로 말할 수 없다. 계급사회에 있어서는 종교의 이중적 아편작용, 즉 현실의 고난으로부터 도피하기 위하여 종교에 정신적 위자(慰藉)를 구하여 고통을 진정하는 작용과 지배계급이 종교를 이용하여 인민을 마비시켜 피억압의 경우를 감수하도록 하는 작용이 의의가 있었다. 그러나 이러한 종교의 아편작용의 이중적 의의는 사회주의의 조건 하에서는 존재하지 않는다. 사회주의 사회에서도 인민 내부의 모순과 사회문제는 존재하고, 종교도 소극적 작용을 한다. 그러나 우리가 종교문제에 대하여 정확한 방침과 정책을 실행하면, 종교의 소극적 작용을 최소의 범위 내에서 제한할 수 있다 (土屋英雄, 『現代中國の信敎の自由』, 19~20 면).

49 徐玉成, 『宗敎政策法律知識答問(增訂本)』, 87~88 면.

50 土屋英雄, 『現代中國の信敎の自由』, 19~20 면.

51 설령 중국 사회주의 사회에서 사회생산력이 고도의 발전을 이루고 인민의 물질 생활이 크게 개선되며, 인간의 자연정복의 능력이 크게 진보하더라도, 사회의 물질재산은 결코 최대한으로 풍족하지 않을 것이며, 사람 사이의 관계는 절대 완전 무결하지 않을 것이고, 자연을 정복하고 지배하는 인간의 능력은 또한 한정적일 뿐이다.

52 김태용, 「중국 특색의 사회주의 종교이론에 대한 고찰」, 470 면.

53 주은래 총리는 "종교를 믿는 사람은 현재 사회주의의 국가 안에 있을 뿐, 종교가 미래 공산주의에 들어갔을 때 완전히 사라질지는 현재는 아무도 말할 수 없다"고 하였다. 강택민 총리도 "종교는 일종의 사회현상으로서 긴 역사를 가지고 있고 사회주의 사회에서도 오랜 기간 존재한다. 종교가 최종 소멸에 가까워지는 것은 하나의 긴 역사 과정이기 때문에, 종교의 소멸은 계급과 국가의 소멸보다 더 오래 걸릴 수 있다"고 하였다(徐玉成, 『宗敎政策法律知識答問(增訂本)』, 25 면).

54 다윈(C. Darwin)은 초기에 진화론을 주장해서 진화론의 창시자로 칭송받았는데, 말년에는 잘못을 깨달아 회개하고 열렬한 기독교 신자가 되었다. 구소련의 생리학자 파블로프(I. P. Pavlov) 역시 경건하고 정성스런 신도였다. 뉴톤(I. Newton)은 경전 물리학의 창시자이고, 그는 말년을 신학의 탐구에 몰두하였다. 그는 과학이 아마추어의 일이며, 신이 사물을 만든 것의 위대함을 증명해야 한다고 여

겠다. 상대성이론을 세워 현대 물리학에 시대를 넘는 공헌을 한 이인슈타인(A. Einstein)도 신앙심이 깊었다.

55 모택동은 군중의 종교신앙 문제에 대하여 "신도들이 많으므로 우리는 군중업무를 해야 한다. 우리는 종교를 잘 모르기 때문에, 전문적이지 않으면 안 된다. 인민군중이 성당에 가는 이상, 군중과 가까워지고 단결하기 위해 우리도 성당에 가야 한다"고 하였다(徐玉成,『宗敎政策法律知識答問(增訂本)』, 28~29 면).

56 김태용,「중국 특색의 사회주의 종교이론에 대한 고찰」, 470 면.

57 정재남,『중국의 소수민족』, 살림, 2013, 21~23 면.

58 중국의 회족(回族), 위구르족 등 10개의 형제민족은 이슬람교를 믿고 있다. 한족(漢族), 백족(白族), 만족(滿族) 등 17개 형제민족들은 한전불교(漢傳佛敎)를 믿고, 장족(藏族), 몽고족(蒙古族) 등 16개 형제민족 전체나 부분은 장전불교(藏傳佛敎)를 믿고, 태족 등 6개 형제민족 전체나 부분은 상좌부불교(上座部佛敎)를 믿고 있다. 그리고 한족, 묘족 등 다수 민족 중에서 상당수의 군중이 천주교나 기독교를 믿고, 도교는 한족과 몇몇 소수민족에서 또한 널리 전파되어 있다(徐玉成,『宗敎政策法律知識答問(增訂本)』, 29 면).

59 역사에서 많은 인도 승려들이 중국에 불교를 전파하였고 또한 중국의 많은 고승들이 법을 배우고 경전을 얻고자 인도에 갔었다. 감진(鑒眞) 같은 중국 승려는 조선과 일본에 불교를 전파하였고 조선과 일본의 승려 또한 중국에 와서 불교와 중국문화를 배웠다(徐玉成,『宗敎政策法律知識答問(增訂本)』, 30~31 면).

60 徐玉成,『宗敎政策法律知識答問(增訂本)』, 31 면.

61 중국은 독립적이고 자주적인 평화 외교정책을 시행한다. 헌법 서언은 "중국은 독립자주 대외정책을 유지하고 상호주권의 존중과 영토보전, 상호불가침, 상호내정불간섭, 호혜평등, 평화공존의 5항 원칙을 고수하고, 각 나라와의 외교관계와 경제·문화의 교류를 발전시키며, 제국주의·패권주의·식민지주의에 반대하며, 세계 각국 인민과의 단결을 강화하고, 피압박민족과 발전 중인 국가의 민족독립의 쟁취와 수호 및 민족경제발전을 위한 정의로운 투쟁을 지지하며, 세계평화와 인류 진보사업의 촉진을 수호하기 위하여 노력한다"라고 하여 세계주의, 국제평화를 표방하고 있다.

62 김태용, 「중국 특색의 사회주의 종교이론에 대한 고찰」, 471 면.

63 각 종교의 교의, 교리, 규칙 등 각종 경전과 저술이 많아서, 어떤 종교나 교파의 학식의 풍부한 학자도 완전히 파악하고 이해할 수 없다. 종교사상 내용의 풍부성, 종교의 교리, 교의와 사상은 장기간의 역사발전을 통하여 하나의 신이나 많은 신으로부터 어떠한 신, 심지어는 신이 없다는 요소를 포함하고 있다. 종교와 철학, 문학, 예술, 법률, 교육, 과학기술 등 같은 각종 의식형태는 서로 교차되고 영향을 주며 작용하여 종교의 복잡성을 더해준다. 당대 종교와 각종 문화현상은 서로 충돌하고 융합되며, 그 내부 성분은 계속 분해되고 합쳐지고, 새로운 종교 사조와 파벌이 계속해서 나타나고, 새로운 종교형식이 출현한다.

64 徐玉成, 『宗敎政策法律知識答問(增訂本)』, 32~34 면.

65 이에 대해 마르크스는 '고타강령(Gothaer Programms)초안' 속에 신교의 자유가 규정되었던 것에 대해서, "노동자당은 이 기회에 부르주아적인 신교의 자유라는 모든 종류의 종교적인 신념을 관대하게 인정하는 것이지만, 당은 오히려 신념을 종교적 유령으로부터 해방하기 위해서 노력한다는 것을 표명해야 했다"라고 하였다.

66 土屋英雄, 『現代中國の信敎の自由』, 32 면.

67 독일 사회민주당(SPD)은 1891년 "종교는 개인적인 일(私人的 事情)이다"라는 규정을 내용으로 하는 에르푸르트강령을 통과시켰다. 이를 계기로 종교신앙은 인민의 자유선택의 문제로서 당의 강령에 포함되었다.

68 고타 강령비판(Kritik des Gothaer Programms)은 1875년 5월 마르크스가 독일의 사회민주주의 운동 중에 아이제나흐파(派)에 쓴 편지를 중심으로 한 문서이다. 고타 강령비판은 마르크스 사후에 1891년 독일 사회민주당이 새로운 강령인 에르푸르트 강령 채택 의향을 선언했을 때 이를 비판한 엥겔스가 공개 출판하였다. 또한 프리드리히 엥겔스는 '에르푸르트 강령비판'을 써서 출판하였다.

69 상황에 따라서는 종교문제가 인민 내부의 모순의 틀 외의 성질의 것이 된다. 즉 종교에 반대하는 투쟁 속에는 사상투쟁이 있음과 동시에 사상투쟁과 정치투쟁의 결합이 있으며, 인민 내부의 모순이 있음과 동시에 적·아군의 모순이 있다는 것이다. 종교문제에 대해서는 반드시 사적(史的) 유물론의 태도로서 구체적으로 분석

하고 구별하여 대처해야 한다. 여기에서 우리들은 투쟁의 성질과 모순의 성질을 분석한 후에 필요한 투쟁형식과 모순을 해결하는 방식 · 방법을 결정해야 한다.

70 韓大元 編著, 『1954年憲法與新中國憲政』, 湖南人民出版社, 2004, 442 면.

71 예를 들어 사회주의를 견지하는 것에는 애국 종교계 인사들과 단결하여 중국 특색의 사회주의 강국을 건설하는 내용을 담고 있다. 인민민주전정(人民民主專政)을 견지하는 것에는 인민 내부에서 광범위한 민주를 실현하고 국가의 법률로 국민의 종교신앙의 자유, 종교활동, 종교계 인사의 합법적인 권익을 보호하며, 종교계 인사가 정치에 참여하여 정무를 논하는 것 등의 민주권리(民主權利)를 견지하는 것이 포함되어 있다. 마르크스–레닌주의와 모택동사상을 견지하는 것에는 마르크스–레닌주의와 모택동사상의 종교관의 과학적인 체계를 견지하고 종교 생성과 발전의 객관적인 규율을 제대로 인식하며, 종교업무를 마르크스주의의 과학적인 궤도에 올려놓는 것이다(徐玉成, 『宗敎政策法律知識答問(增訂本)』, 19~21 면).

72 중국의 이상건설, 도덕건설, 문화건설, 민주법제의 관념의 건설은 어떤 경우에도 마르크스주의의 지도와 마르크스주의의 이론건설과 분리될 수 없다는 것을 의미한다(中共中央, 「關於社會主義精神文明建設指導方針的決議」).

73 구체적으로 이 가운데에는 사회주의 · 공산주의사상, 변증법적 유물론과 사적 유물론, 도덕적 풍습, 근로태도, 사상적 정조, 생활방식과 심미관념, 준법관념과 조직성 · 규율성의 배양, 애국주의 · 국제주의 정신의 확립, 개인 간의 동지적 상호관계의 건립 등이 포함된다.

74 이 캠페인은 종교계에도 관계가 있다. 이 기간 중에 당중앙은 1983년 12월 31일 '정신오염일소(精神汚染一掃) 가운데 종교문제를 정확하게 처리하는 것에 관한 지시'를 내린 바 있다.

75 土屋英雄, 『現代中國の信敎の自由』, 39~43 면 참조.

76 "우리가 종교문제를 적절히 처리할 수 있는가 여부는 국가의 안정과 민족의 단결을 위해, 국제교섭의 발전과 국외 적대세력 침투 억제를 위해, 사회주의 물질문명과 정신문명의 건설을 위해 여전히 무시할 수 없는 중요한 의의를 갖는다"(徐玉成, 『宗敎政策法律知識答問(增訂本)』, 72 면).

77 중공중앙의 1982년 19호 문건은 "각급 애국종교조직의 기본임무는 당과 정부가 종교신앙의 자유 정책을 관철 집행하는 것에 협력하고, 종교를 믿는 광대한 군중과 종교계 인사가 애국주의와 사회주의의 각오를 부단히 제고하는 것을 돕고, 종교계의 합법적인 권익을 대표하고 정상적 종교활동을 조직하며 교무를 적절히 처리하는 것이다." 종교단체로 하여금 "진정 적극적 영향을 가진 종교단체가 되고, 당과 정부가 종교계 인사들을 쟁취, 단결, 교육시키는 데 있어 가교"가 되게 한다고 하였다. 그리고 중공중앙과 국무원은 1991년의 6호 문건에서도 "애국종교단체는 당과 정부가 종교계인사를 단결, 교육시키는 가교(架橋)이다. 애국종교단체의 역할을 충분히 발휘하는 것은 당의 종교정책을 관철 집행하고 종교활동을 정상화시키는 주요한 담보이다"라고 하였다(徐玉成, 『宗教政策法律知識答問(增訂本)』, 77 면).

78 다수의 종교를 믿는 신자들은 정직하고 선량하며, 깨끗한 생활을 하며, 공공복리를 추구하며, 사회공공도덕을 준수하며, 노인공경과 아동보호에 힘쓰며, 상부상조의 우애를 구현하고 있다.

79 강택민 총서기는 "종교의 교의와 교규, 종교도덕 중의 일부 적극적인 요소를 이용해 사회주의를 위해 복무한다"라고 말하였다(徐玉成, 『宗教政策法律知識答問(增訂本)』, 77~79 면).

80 徐玉成, 『宗教政策法律知識答問(增訂本)』, 79~80 면.

81 어떤 민족은 전 구성원이 한 종교를 믿고 있으며, 어떤 민족은 일부 구성원이 한 종교를 믿고 있으며, 어떤 민족은 구성원들이 서로 다른 종교를 믿기도 한다. 종교는 이들 민족의 풍속과 관습, 사상과 정서, 도덕관념, 문학과 예술, 정치와 사상에 대해 광범위하고 깊은 영향을 끼쳤다.

82 이를 위해 사회주의 초급단계에서 당과 정부는 소수민족 지구에서 종교신앙의 자유 정책을 전면적으로 관철해 각 민족 성직자와 종교를 믿는 군중이 단결하도록 해야 한다. 동시에 찬란한 민족전통문화를 계승 발전시키기 위하여 각 민족의 종교문헌을 발굴, 정리, 출판하고 각 민족의 종교문물을 수집 보호하며, 인원을 조직해 각 민족의 종교저작을 편집, 저술시키는 노력을 기울여야 한다(徐玉成, 『宗教政策法律知識答問(增訂本)』, 80~82 면).

83 예컨대 문화대혁명 중에는 종교활동이 엄격히 금지되어 종교조직의 기능이 약화
　　되었다.

84 徐玉成, 『宗敎政策法律知識答問(增訂本)』, 82~83 면.

85 예컨대 불교는 악을 행하지 말고 선을 따라 행하며, 스스로 그 뜻을 맑게 한다(제
　　악막작[諸惡莫作], 종선봉행[從善奉行], 자정기의[自淨其意])를 근본 교의로 삼으
　　며, 기독교는 네 이웃을 네 몸과 같이 사랑하라를 최고의 계명으로 삼는다. 또한
　　여러 종교는 보편적으로 도둑질 하지 말라, 강도짓 하지 말라, 음란하지 말라, 욕
　　심부리지 말라, 망령된 말 하지 말라 등을 제창한다.

86 徐玉成, 『宗敎政策法律知識答問(增訂本)』, 84~85 면.

87 김태용, 「중국 특색의 사회주의 종교이론에 대한 고찰」, 474~475 면.

88 김태용, 「중국 특색의 사회주의 종교이론에 대한 고찰」, 467~468 면.

89 羅竹豊 主編, 『中國社會主義時期宗敎問題』, 上海社會科學院出版社, 1987, 126 면.

90 宗敎和諧: 宗敎工作的新境界(2010), 國家宗敎局黨組理論學習中心組, 國家宗
　　敎事務局政策法規司 編, 『宗敎政 策法規文件選編』, 宗敎文化出版社, 2012,
　　388~392 면.

91 오늘날 중국은 개혁발전의 중요한 시기에 처해 있다. 사회구조가 변동하고 사상
　　관념도 변하고 있으며, 각종 모순, 도전과 기회가 병존하고 있다. 종교영역은 비
　　교적 단결되어 있지만 국내외 형세의 변화와 발전의 영향을 받아 종교신앙인의
　　수가 부단히 늘어나고 있고, 종교의 사회에 대한 영향력 또한 커지고 있다. 종교
　　요소로 인한 모순이 부단히 늘어남에 따라 종교 관련 문제가 복잡해지고 있으며,
　　해결방법도 어려워지고 있다. 이러한 새로운 형세는 과학적 발전을 추동하고 화
　　해사회(和諧社會)를 촉진하는 가운데 종교문제를 중시하고 종교사업의 힘을 강
　　화하며, 종교 관련 문제를 타당하게 처리하여 종교로 하여금 사회주의 화해사회
　　의 건설에 기여할 수 있도록 하는 것이 요구된다.

92 화해는 특이성과 다양성의 통일이고, 모순 대립의 각종 사물이 상호작용과 교감
　　을 통하여 형성한 일종의 규칙적이고 이상적인 경지이다. 종교는 중요한 사회현
　　상과 가치체계로서, 내외 각종 관계의 화해는 사회 전체의 화해에 없어서는 안되

는 존재이다. 종교화해는 종교의 다양성, 평등성, 평화성을 토대로 하여 "萬物竝
育而不傷害, 道竝行而不相悖(만물은 함께 자라도 서로 상해하지 아니하고, 도는
함께 행하여져도 서로 거스르지 않는다)"라는 화합의 경계를 추구하며, 다원공존
(多元共存), 화이부동(和而不同)이라는 화해의 상태에 도달하는 것이다. 다시 말
해 종교화해는 이인위본(以人爲本) 즉, "인간을 근본으로 한다"를 핵심으로 한다.

93 뿐만아니라 종교활동은 종교교의를 체현하고 정책에 부합되며 공공질서와 좋은
풍습의 형성을 촉진해야 한다. 종교의 발전은 장기적으로 형성된 우수한 전통을
발양해야 될 뿐만 아니라, 사회의 발걸음에 맞춰 시대발전에 적응되는 새로운 요
구를 제기해야 한다.

94 중국의 각 종교는 종교교의 중의 자애비민(慈愛悲憫), 숭선상미(崇善尙美)의 교
의 사상을 발굴하고 발양하며 공동으로 종교극단주의를 배격해야 할 것이다.

95 중국 각 종교는 마땅히 함께 움직여 신앙의 순결성을 유지하고 종교의 이름으로
각종 위법 범죄활동에 종사하는 것을 반대하며 어떠한 조직이나 개인이든 종교
를 이용하여 불량한 목적을 달성하는 것을 반대해야 한다.

96 중국에서 종교 사이의 대화교류를 전개하는 데에는 당과 정부의 고려와 지지가
필요할 뿐만 아니라 학술계의 적극적인 배합이 필요하며 종교계 자신의 부단한
노력이 더더욱 필요하다. 정계, 교계, 학계가 동심협력하고 단결 합작하여야 종
교대화가 부단히 성과를 거둘 수 있다.

97 적극적으로 가난을 돕고 장애인을 도우며 노인을 봉양하고 교육을 지원하고 자
선치료를 하는 등 사회 공익자선에 참여하여 화해사회와 경제발전의 촉진, 민족
단결의 수호와 조국통일 등 방면에서 적극적인 작용을 발휘하기 위해 노력해야
한다.

98 徐玉成,『宗敎政策法律知識答問(增訂本)』, 360~362 면.

3장

근대중국의 헌정과 종교정책

헌정과 헌법의 역사적 전개를 세로축으로 하여 시대를 구획하고, 그 시대에 전개되었던 국가의 종교관련 문제와 그에 대처한 종교정책 그리고 각 시기별 종교적 현상 등에 관하여 살펴본다. 이 장은 헌법과 종교를 다루기에 1949년 중화인민공화국의 건국을 기준으로, 그 이전의 혁명기와 그 이후 신중국건설기로 나누어 살펴본다.

Ⅰ. 5·4운동 이전 시기의 정치와 종교

1. 중국 혁명기의 종교상황

아편전쟁과 기독교 선교의 공인

중국에서 기독교[3]는 가장 늦게 전래된 외래종교의 하나이지만 오늘날 대표적인 주류 종교로서 중요한 의미를 갖기 때문에, 종교문제를 다룸에 있어서는 청말 기독교의 동점東漸과 아편전쟁 전후기의 기독교상황에 대한 이해는 중요한 의미를 갖는다.

청의 왕법과 기독교의 동점

청조는 만주족이 수립한 왕조로서, 한족의 우위를 부정하는 정책을 추진하면서도, 이전 왕조의 지배체제를 계승하였다. 유교를 통치이념으로 하는 등 한문화의 수용에도 적극적이었다. 그 결과 과거 어느 왕조보다 광대한 영역을 갖는 대제국으로 발전할 수 있었다. 청나라는 왕법국가王法國家로서, 황제는 천의天意를 대신하는 존재로서 천명에 응하여 왕법을 발하였고, 그 결과 왕법은 천하를 다스리는 공기公器로서 어떠한 제한이나 구속도 허용되지 않았다. 그러나 건륭제乾隆帝 중기 이후 이전의 태평성세에 정치적, 사회적으로 이완현상을 드러내기 시작하였다. 이러한 현상의 원인으로는 정치적, 행정적 체제의 침체, 관료 · 향신 등 지배계급의 도덕성 상실과 민중계급에 대한 탄압심화, 인구의 폭발적 증가와 그에 따른 백성의 극심한 궁핍, 민족감정의 대립 그리고 서구 제국주의 세력의 침투 등을 들 수 있다.

천주교의 중국내 선교활동은 1580년대 이탈리아의 예수회 선교사 마테오 리치M. Ricci의 중국입국이 이루어지면서 본격화되고, 이어 다른 선교단의 선교사들이 합류하면서 선교활동이 활성화되었다. 초기 선교사들은 중국문화에 대하여 관용적인 태도를 취하였으나, 예수회와 도미니코회 선교사들 사이에 제기된 이른바 전례논쟁典禮論爭을 계기로[4] 선교활동이 공식적으로 금지되었다. 마테오 리치에 이어 아담 샬A. Schall 등 예수회 선교사들은 기독교를 중국문화와 관습에 조화시키려 하여 중국 신자들의 조상숭배와 제천의식을 종교성이 없다고 하여 용인하였다.[5] 그러나 뒤에 진출한 도미니코회 선교사들은 개종자에게 조상숭배를 허용한 것을 비판하였다. 예수회 측에서도 마테오 리치 사후에 이 문제를 논의하였으나, 결론을 내리지 못한 가운데 이 전례논쟁은 가열되었고 결국 로마교황이 개입하게 되었다. 1704년 로마교황 클레멘스Clement 11세는 유교적 전례에 신자들이 참가하는 것을 금함과 동시에 중국 성당에 걸려 있던 강희제가 친제親題한 경천敬天 편액의 철거를 명하였다. 결국 전례논쟁은 로마교황과 중국황제의 대립으로 발전하였고, 그 과정에서 1773년 로마교황청은 예수회를 해산하기에 이르렀다.

당시 청국은 왕법국가로서 천주교와 개신교를 통틀어 선교사들의 선교활동의 허용 여부는 전적으로 정부의 입장에 달려 있었다. 1662년부터 1722년까지 통치하였던 강희제康熙帝는 처음에는 천주교 선교사들에게 각별한 호의를 보였다.[6] 그는 1692년 선교사들의 선교활동을 허용하는 칙령上諭을 내리기도 하였으나 전례논쟁을 거치면서 중국 정부의 입장은 급선회하기 시작하였다. 중국에서 천주교는 중국문화를 수용하지 아니하는 외국사조의 양교洋教 혹은 왕조의 안정을 위협하는 비밀결사와 다를 바 없는 이단으로 규정하였다. 강희제는 전례논쟁과 그 후 교황이 취한 조치를 중국황제의 권위에 도전하는 것으로 간주하고, 기독교를 탄압하기 시작하였다.[7] 이러한 청 정부의 기독교 탄압은 아편전쟁 개시 이전까지 지속되었다.

한편, 개신교改新敎의 중국내 선교활동은 1807년 런던 선교회 소속의 로버트 모리슨R. Morrison의 입국과 함께 시작된다. 이것은 18세기 말까지 개신교는 국외 선교에 별다른 관심을 갖지 않았으나, 영국의 복음부흥회와 미국의 대각성회가 적극적으로 해외선교에 나선 결과였다. 그러나 당시 청 정부는 여전히 금교정책禁敎政策을 시행하고 있었으므로, 초기 선교사들은 적극적인 선교활동을 펴지 못하고, 세속적인 업무에 종사해야 했다. 또한 중국인들의 냉담한 반응으로 개신교의 선교사업은 입교자의 확보보다 기독교문헌을 중국어로 번역하거나 병원을 운영하거나 서양문화를 소개하는 교육사업을 하는 등 미래 활동을 위한 기초를 마련하는 데 치중할 수밖에 없었다.[8] 아편전쟁 전야의 중국에서 기독교의 상황은 천주교와 개신교 모두 암울한 상황이었다.

아편전쟁과 조약상 종교의 자유 인정

중국 근대사는 치욕을 안겨준 아편전쟁과 굴욕스러운 남경조약南京條約으로부터 시작되었다. 영국이 1840년 아편문제를 내세워 중국을 침략한 이래, 미국 · 프랑스 · 독일 등 유럽 열강들도 대포와 성경을 앞세워 중국을 침략하였다. 이 과정에서 서구의 천주교와 개신교는 식민주의와 제국주의에 이용당하여 침략의 도구로 변질되고, 일부 선교사들은 불명예스러운 역할도 하였다.[9] 중국은 아편전쟁의 패배와 그 후 서구 자본주의 진출로 이전의 자기완결적인 세계로서 초연하게 존립하는 것이 불가능하게 되었다. 전쟁패배로 청국은 정치적으로는 천조체제天朝體制가 와해되었고, 경제적으로 자급자족적 봉건경제체제가 붕괴되어 세계 자본주의

체제의 일환으로 편입되었다. 이와 동시에 중국은 관세자주권을 상실하고, 열강에 영사재판권을 승인함으로써 반식민지화 되었다. 1842년 8월 영국과 체결한 남경조약은 중국을 서구 열강의 반식민지상태로 전락하게 만든 최초의 법적 근거가 되는 조약이다.

아편전쟁은 기독교에 있어서도 역사적인 전환점이 되었다. 열강들이 중국을 침략한 주된 목적은 무역통상이라는 경제적 목적과 함께 종교선교라는 문화적 목적도 있었기 때문이다. 아편전쟁 이전의 기독교 선교활동은 외국의 무력에 의한 지원 없이 이루어졌으나, 이 시기의 기독교 전파는 개별 선교사의 주관적 의도와 관계없이, 영국, 프랑스 등 서구 각국의 침략정책 및 식민지정책의 일환으로 이루어졌다는 점에서 그 성격을 달리하였다. 남경조약은 홍콩의 할양, 광주 등 5개항의 개방과 영사주재를 포함하여 13개 조항의 비교적 간단한 조약으로서 특별히 기독교의 선교에 관한 조항이 포함되어 있지 않았다. 이어 1843년에 영사재판권과 최혜국대우를 인정하는 남경조약을 보완하는 조약이 추가로 체결되었다. 이로써 선교사들도 외국인으로서 거류지 안에서 교회를 건립하거나 치외법권을 주장할 수 있게 되었다. 일찍부터 무역 등 경제활동보다 가톨릭의 포교자유에 보다 주력해온 프랑스는 청국 정부를 압박하여 1844년 12월에는 진심으로 기독교에 귀화한 것으로 판단되는 중국인의 형벌을 면제하는 상유上諭를 얻어냈다. 이어 1846년 2월에는 강희제 시대 이래 다른 용도로 쓰이지 않고 그대로 남아 있던 구 교회건물을 교회소유로 반환토록 하는 천자天子의 재가上諭를 얻어냈다.[10]

남경조약의 체결에 이어, 1844년 7월에는 미국과는 망하조약望厦條約이, 동년 10월에는 프랑스와는 황포조약黃埔條約이 체결되었다. 그리고 1858년 6월에는 영국, 미국, 프랑스, 러시아 4개국과 차례로 이른바 천진조약天津條約들이 체결되었고, 1860년 10월에는 영국, 프랑스와 각각 북경조약北京條約이 체결되었다. 북경조약으로 중국의 개국은 완료되었고, 비로소 서구 국제사회에 완전히 편입되었다. 그러나 불평등한 편입으로 중국은 서구 열강의 반식민지가 되었다.[11] 아편전쟁 패배 후 서양 열강과 체결한 일련의 개국조약과 황제가 발한 칙령에 의하여 종교의 자유의 성격이 근본적으로 바뀌게 되었다. 종래 황제가 칙령을 통하여 허용함으로써 인정되던 종교의 자유는 북경조약의 체결로 비로소 국제규범하에 권리를 인정받았다. 또한 이러한 분위기에 힘입어 1840년대 후반과 1850년대에 신구교의 활동이 크게 촉진되었다.

태평천국의 반유교 혁명운동

태평천국의 혁명운동

청조가 성세에서 쇠퇴로 전환되는 분기점을 이룬 것은 빈번한 민중반란이었는데, 이를 주도한 것은 교문敎門과 회당이라는 민간 비밀결사였다.[12] 18세기 교문과 회당의 반란은 청조에 심각한 타격을 주었다. 교문계를 대표하는 결사가 백련교白蓮敎이고, 회당會黨을 대표하는 결사가 천지회天地會였다. 미륵불이 구세주로 나타난다는 백련교의 반란은 1796년 말단 관리의 수탈에 대한 항의로부터 시작되었다는 점에서 관핍민반官逼民反의 성격을 가지고 있다. 반란군들은 한 때 화북 지방의 5개 성에 걸쳐 봉기하기도 하였으나, 기본적인 지휘체계를 갖추지 못하였고, 관핍민반을 내세우는 외에는 뚜렷한 정치적 강령이나 구호도 결여하였다. 이러한 약점에도 불구하고 백련교의 반란은 1805년까지 거의 10년간 계속되었다. 회당계의 대표적인 민중단체인 천리교도들은 1813년 화북지방을 중심으로 반란을 일으키기로 계획하였으나, 사전에 누설되어 그 주동자가 체포됨으로써 실패하였다. 그러나 그 과정에 환관과 서리가 동조하여, 반란군이 북경에 진입하여 궁중에 까지 난입하는 사태가 발생하였다. 이후 회당은 민중반란의 중심이 되었다. 특히 태평천국의 난에 적극적으로 참여했으며,[13] 그 후로 신해혁명에 이르는 혁명운동과정에

도 기여하였다.[14]

태평천국 혁명운동은 아편전쟁 이후 반봉건적·반유교적 종교운동으로 민중 중심의 중국 근대사에 첫 기폭제가 되었다. 광동성 화현의 객가 출신인 홍수전洪秀全[15]은 우연한 기회에 기독교 중국어 입문서인 『권세양언勸世良言』을 읽고, 배상제회拜上帝會라는 신종교를 창설하였다.[16] 배상제회는 계속된 기근과 비적의 약탈, 지주·고리대금업자 등의 압박에 시달리던 광서성廣西省의 산촌 농민과 일부 소지주·광부·실업자 층으로 그 조직을 넓혀나갔다. 배상제회의 우상파괴 운동과 신도의 단결로 인하여 청조의 전통적인 촌락질서가 파괴될 위험성이 있다고 본 향신과 관헌의 박해가 심해지고 이에 대항하는 무장투쟁이 빈발하자 홍수전은 광동성 계평현桂平縣 금전金田에 신도들을 결집시켜 1851년 초 남녀노소 약 1만 명을 거느리고 봉기하여 천경을 수도로 하는 태평천국太平天國을 건립하였다. 태평천국 정부는 그들의 이상향을 천조전무제도天朝田畝制度로서 구체화하여 발표하였다. 그것은 중국의 전통적이고 특수한 평등사상으로서의 대동大同의 이념에 입각하여 토지 공유와 남녀 균등한 할당, 전체 잉여물자를 공유하여 노유고과老幼孤寡를 부양하는 등 차별과 대립이 없는 세계를 실현하고자 하였다. 또한 이 운동의 말기에 홍수전의 조카 홍인간洪仁玕이 『자정신편資政新篇』을 지어 개혁을 시도하였다. 여기서 그는 중앙집권의 강화, 서양기술과 문물의 도입, 서구열강과의 우호적 외교와 교역관계 증진에 의한 부의 축적 등 개량적인 근대화를 추구하였다. 그러나 이러한 근대적 개혁안은 개혁을 실현시킬 만한 경제적 근거지의 확보 내지 정권의 안정성을 획득하지 못한 상태에서 태평천국 운동이 1864년 7월 19일 천경의 함락과 더불어 몰락함으로써 좌절되고 말았다.[17]

혁명운동의 친기독교 · 반유교성

홍수전과 태평천국의 지도자들은 서구에서 전래된 기독교의 교리를 수용하여, 이것을 중국 현실의 농민운동에 적용시켰으며, 이러한 실천을 기준으로 그 교리를 개조하고 변화시켰다. 즉 기독교 교리의 중국화를 시도하였으며, 그 특징으로는 다음을 들 수 있다.[18] 첫째, 민족혁명적 성격을 가지고 있었다. 홍수전과 태평천국의 지도자들은 "하늘의 뜻을 받들어 오랑캐를 토벌한다奉天討胡檄"라고 하여, 봉기의 명분으로 반청복명反淸復明을 내세웠다. 둘째, 만인의 평등주의를 강조하였다. 비록 실천하지는 못했지만 천조전무제도天朝田畝制度는 중국의 전통적이고 특수한 평등사상으로서의 대동大同의 이념에 입각하여 토지를 공유하고 남녀 균등히 할당하며 전체 잉여물자를 공유하는 구상이었다.[19] 셋째, 반유교적, 반전통적 경향을 강하게 띠었다. 홍수전과 태평천국의 지도자들은 유교적 전통에 대한 적개심을 노골적으로 표현하였고, 이것은 당시 지배계층에게 심각한 충격을 주었다. 넷째, 이상주의적 유토피아를 상정하였다. 기독교의 신은 사후 천당을 설정하고 있지만, 홍수전의 상제는 지상에 천국을 건립한다고 하였다. 그는 사유재산이 부정되고, 빈부차별이 존재하지 않는, 새로운 인간의 새로운 세계를 건설하고자 하였다.

보수 집권층의 유교적 개혁운동

아편전쟁과 태평천국 운동 이후 중국에서는 서세동점西勢東漸에 의한 전통문화와 전통질서의 개혁 방향과 서양문명의 수용 여부와 정도를 둘러싸고 두 흐름이 등장하였는데, 양무운동洋務運動과 변법운동變法運動이 바로 그것이다.[20]

양무자강운동과 변법운동

　아편전쟁에서 영국 해군의 압도적 위력을 실감하였고, 태평천국 운동에서 반전통, 반유교의 위협을 강하게 받았던 증국번曾國藩, 이홍장李鴻章, 좌종당左宗棠 등 이른바 양무파洋務派들은 전통질서의 개혁과 군사개혁과 경제개혁을 통하여 부국자강을 실현하고자 하였다. 이를 양무자강운동洋務自彊運動이라 한다.[21] 양무운동은 어디까지나 청조의 전제정치체제 아래 서양의 문물, 특히 군사, 과학, 기술 등을 도입하여 군비를 보강함으로써, 중국을 서양세력으로부터 방어하자는 자강운동이었다. 양무파의 중심노선인 '中學爲體 西學爲用중학을 본체로 하고 서학을 응용으로 삼는다'은 이른바 중체서용론이다. 중국의 학, 즉 중학을 체로 하고, 서학을 용으로 한다는 중체서용론은 결국 청 왕조를 유지하고, 삼강오륜의 윤리, 성인의 진리 등 유학과 봉건적 신분질서를 수호하려는 논리였다. 이와 같이 양무파들은 정신면에서의 중화문명의 전통적 우수성과 청조의 전제 지배체제의 존속을 대전제로 하는 것이었다.[22] 그 결과 양무파들은 서학에 관심을 가지면서도 청의 체제에 화란禍亂을 초래할 수 있는 민권, 인권의 사상·이론은 배제할 수밖에 없었다.

　그러나 양무파가 주도하는 개혁으로는 국가의 안정도 보장할 수 없고, 서구 열강을 이길 수도 없다는 판단 하에, 보다 근본적인 정치개혁을 주장하는 강유위康有爲·담사동譚嗣同·양계초梁啓超·엄복嚴復·양도楊度 등 변법개량파變法改良派가 등장하였다. 이들은 무술변법 시기에 기본적으로 같은 정치적 입장을 가지고 있었으나, 각기 다양한 사상체계를 가지고 있었다. 그러나 변법개량파의 공통된 사상적 기초를 이루고 있는 것으로 담사동의 동도서기론東道西器論을 들 수 있다. 담사동은 변법개량파로서 그릇된 현재의 청나라 령법今法을 개혁함에 있어 전래의 고법古法은 현실적 대안이 될 수 없으므로, 서양의 서법西法, 즉 서양의 문물을 적극 수용하여야 한다고 주장하였다.[23]

변법운동은 단순한 서구의 기계 기술의 도입, 모방단계를 넘어 부국강병을 포괄적인 국가목표로 하였다. 그것은 입헌군주제의 실현을 정치적 목표로 하는 능동적인 자강운동이었다. 당시 서구의 입헌정치제도가 소개되었고 그 우수성과 진보성이 지적되기도 하였다. 강유위와 그의 제자 양계초는 망국멸종亡國滅種의 위기 속에서 사대부 층을 변법유신운동으로 결집시켰다. 이 운동은 일본의 명치유신明治維新을 본떠 정치제도의 개혁, 즉 변법을 통하여 청국의 부국강병을 시도한 것이었다. 이 변법은 무술년1898년 6월 광서제光緒帝가 '시국시조定國是詔'를 공포함으로써 개시되었다. 이후 광서제와 강유위 등 변법파는 전면적인 개혁을 추진하고자 하였으나,[24] 수구파의 역쿠데타로 인하여 광서제는 연금되고 강유위 등의 체포령이 내려지면서 무술의 변법운동은 100일 유신으로 끝나고 말았다. 이와 함께 변법유신운동의 전후부터 진행된 서구의 정치, 사회사상의 도입은 유신의 좌절로 중단되고 말았다.[25]

강유위의 공교운동

강유위는 무술변법운동의 목표를 입헌군주제의 실현과 부국강병에 두고, 이를 공교적孔敎的 전통이념의 틀 안에서 추구하고자 하였다. 그는 변법운동이 본격화되기 이전에 공자를 중심으로 하는 유교사상을 근대적 관점에서 재해석함으로써,[26] 변법운동의 논리적 사상적 근거를 마련하였다. 그는 서양이 강해진 것은 기독교 때문이라는 생각으로, 공자를 그리스도와 같은 위치에 올려놓으려고 갖가지 참위설讖緯說을 끌어 들여 사실화함으로써 공자를 신비화하였다. 그 배경에는 유럽 문명의 정신적 지주인 기독교에 대한 의식, 나아가 외압에 고통 받는 중국의 민족적 정체성 확립에 대한 의구가 깔려 있었다.[27] 강유위는 자신의 저서『공자개제고孔子改制考』에서 6경의 조술자 내지 집성자라는 종래의 공자상을 유교의 창교자이자 만세의 교주이며 탁고개제托古改制, 즉 옛 성인을 빌려 개혁을 했던 소왕素王으로 크게 바꾸었다.[28] 그리고 참된 경전은 모두 공자가 고대에 가탁假託하여 지은 것으로, 유교야말로 가장 우수한 가르침이라고 주장하였다.[29] 강유위 등은 공교회孔敎會를 설립하고, 『불인不忍』이라는 잡지를 만들어 공교의 국교화를 이어 갔다. 그러나 공자탄생 기년의 채용을 주장하는 등 교주 공자의 지위를 높이고자 한 강유위의 공교운동 내지 공자교운동에 대하여 체제 유교를 신봉하는 많은 관료들과 사대부들은 강력하게 반발하였다.[30]

의화단의 구교운동

반기독교 민중운동

19세기 말은 제국주의 열강이 중국을 집중적으로 침략하던 시기였다. 제국주의적 침략에 의하여 국내의 농민층은 분해되고 소규모 수공업자는 전락하였으며, 민족자본은 외국자본에 종속되는 경향이 나타났다. 이에 중국은 여러 가지 개량주의적 근대화를 시도하였으나, 어느 것도 반봉건, 반제운동으로서 역사적 역할을 다하지 못하였다. 이에 더하여 서방에서 전래된 천주교와 기독교가 조약에 의해 선교의 자유는 물론이고 치외법권까지 누리게 되면서, 중국 민중들 사이에 선교사와 이들의 추종자들에 대한 두려움과 분노가 일기 시작하였다.

중국은 서구 열강과 체결한 조약에 따라 외국인의 선교의 자유는 물론이고 선교사와 교회의 재산까지 보호해야 할 의무를 부담하게 되었다. 서구 열강은 치외법권의 논리를 주장하여 자국 선교사를 보호하였고, 일부 서방 선교사들은 제국주의의 세력을 방패삼아 중국 내륙으로 들어와 교구를 설립하고 밭과 수확물을 차지하고 관료와 민중을 농락하였다. 이런 가운데 중국의 관리들은 중국인보다 선교사와 교회를 과잉보호하였고, 선교사들도 교민들이 억울한 일이 있을 때, 그들을 보호한다는 명분하에 소송에 간섭하거나 각급 정부에 압력을 행사하였다. 그 과정에서 일부 전도사들은 불평등조약을 발판삼아 약탈을 일삼고 민중의 분노를 사 중국 민중과 전도사 간의 충돌과 다툼이 일어났는데, 이를 교안敎案이라 한다.[31] 민중운동의 성향을 보인 의화단운동義和團運動은 이러한 배경 하에서 반기독교 정서가 최고위에 도달한 1898년 산동, 직예성直隸省의 경계지역에서 일어났다.

초기 의화단운동은 반양교운동反洋敎運動, 구교운동仇敎運動으로서 출발하였다. 그것은 선교사의 활동이 중국의 전통적 관념, 관습에 위배되었을 뿐만 아니라 종교적 활동의 범위를 넘어서 자국의 식민정책을 보완하는 역할을 담당하였고 자국의 강한 국가권력의 보호 하에 중국 민중을 압박하였기 때문이다. 이 구교운동은 그 후 부청멸양扶淸滅洋의 슬로건 하에 농민, 몰락한 수공업층 이외에 향신, 궁리까지도 포함시키면서 그 세력을 확대해 나갔다. 촌락에 있는 교회에 대한 적대와 반대운동이 보다 확대되어 반제국주의 운동으로 발전되었다. 이러한 운동은 더욱 심화되어서 제국주의에 의한 조계설정, 영토침략, 조차지설정, 불평등조약 체결의 부당성에 주목하는 데까지 발전하고, 이어 제국주의에 대한 전면적 선전포고에까지 이르게 되었다.

의화단은 청나라 정부가 지지하자 그 힘을 믿고 열국에 선전포고를 하면서, 관군과 합세하여 북경을 점령하여 열국의 공사관을 공격하고 외교관과 교인을 살해하는 등 그 위세가 대단하였다.[32] 이러한 긴박한 상황에 영국 · 미국 등 8개국은 연합군을 조직하여 공동작전을 펴 의화단을 격파하였고, 자희태후慈禧太后, 서태후西太后는 광서제를 데리고 서안으로 피신하여 위기를 모면하였다. 의화단운동은 1900년 제국주의 연합군에 의해 진압되었고, 다음 해 9월 7일 신축조약辛丑條約(北京議定書)의 체결로 마무리되었다. 미국 등 8개 연합국은 이 조약에서 무려 4억 5,000만 냥의 배상금지급[33]과 함께 각 지방에 파괴된 교회와 교우의 집들을 그 지방관의 책임 아래 보상해줄 것 등 12개 항목을 요구하였다. 이 전쟁에서도 전도사들은 연합군의 길잡이, 통역, 정보관 등을 도맡았고, 평민들을 도살하고 재산을 빼앗는 데 참여하였다.

의화단 운동의 영향

의화단운동은 기독교계나 청 정부에 적지 않은 영향을 미쳤다. 교계敎界에서는 반기독교적 분위기를 완화하기 위한 일련의 조치, 예컨대 대학설립이나 자선사업에 관심을 보이는가 하면, 중국인 신부를 전면에 내세우면서 외국선교사는 막후에서 조종하는 이른바 교회敎會의 본색화本色化 내지 중국화中國化를 추진하는 계기가 되었다. 또한 국가로서의 중국은 이러한 굴욕적인 조건을 받아들임으로써 급속히 반식민지상태로 전락하였고, 이에 보수적인 관료들은 정치제도, 군사제도 및 교육제도 등의 제도개혁을 추진하지 않을 수 없게 되었다. 이에 따라 과거제 폐지, 신군의 편성, 근대적 교육제도, 해외유학생의 파견 등의 조치가 취해지고, 마침내 1905년에는 예비입헌豫備立憲을 선포하기에 이르렀다. 중국은 해방 이후 오늘에 이르기까지 의화단운동을 대체로 반제애국운동으로 긍정적인 평가하지만, 혁명 전과 후 혹은 문화대혁명 전과 후와 같은 각 시대의 정치적 분위기에 따라 그 평가도 사뭇 다르다.[34]

예비입헌의 선포와 위로부터의 개혁

정변으로 재집권한 자희태후의 청조는 1901년 1월 29일 신정상유新政上諭를 통해 새로운 정치를 펼칠 것을 공표하였다.[35] 그러나 신정은 강유위 등이 추진하고자 하였던 입헌군주제적 목표는 유보한 채, 교육·군사·재정 등에 걸친 개혁이었다. 이러한 개혁은 궁극적으로는 청조의 보위라는 측면에 기울었다. 또한 과거의 반동정책에서 방향을 바꾸는 것이 너무 느렸기 때문에 급진파들은 만족할 수 없었다. 이에 국면 타개를 위해 청 정부는 1905년 헌정시행의 기치를 올리고,[36] 1906년 7월에는 "오늘에 이르러 시대에 맞추어 서양을 분석하고 연구하여 헌정을 실행할 수밖에 없다. 대권은 조정에서 통괄하고, 서정庶政은 여론에 공개하여 국가만년대계의 기초를 세울 수 있을 것이다"라는 내용의 예비입헌을 선포하였다宣示豫備立憲諭. 이 예비입헌의 선포는 일본을 모방하여, 헌법반포 및 의회개설 이전에 황제권의 위상을 강화하는 것이었다. 이 개혁은 혁명을 회피하여, 왕조를 보전하고 부국강병을 실현하여 굴욕을 극복하고자 하였던 위로부터의 개혁이었다.[37] 상황이 이렇게 전개되자 혁명파는 말할 것도 없고 종래 개혁을 주장하던 개혁파 지식인들까지 청조에 더 이상 기대할 것이 없음을 깨닫고, 손중산孫中山을 중심으로 하는 혁명운동에 적극 가담하게 되었다.

2. 신해혁명과 공교국교화 운동

청 정부의 위로부터의 개혁운동은 실패하였다. 이에 새로운 혁명운동이 요청되었다. 이를 추진할 새로운 지식인그룹이 등장하고, 이들은 1911년의 신해혁명辛亥革命을 시발로 일련의 혁명운동을 전개하였다.

신해혁명과 중화민국의 성립

신해혁명은 제국주의 열강의 침략에 의한 중국의 위기를 극복하여 독립적이고 자주적인 부강한 국가체제를 수립하고자 하는 국민적 각성에서 발생하였다. 1911년 10월 10일 장지동張之洞이 창설한 호남 신군 내에서 중국동맹회 소속의 혁명파[38]가 장악하고 있던 일부 무장병력이 봉기하였다.[39] 신해혁명의 목적은 만주족의 청조를 몰아내고 한족에 의한 통일국가를 재건하는 것과 근대적 중앙집권적 국민국가를 건설하는 것이었다. 혁명주도세력은 각성도독대표연합회各省都督代表聯合會를 소집하여 진통 끝에 12월 3일 미국을 모델로 하여 국가형태를 공화국으로 하고,

정부형태를 대통령제로 하는 3권분립형의 신국가의 구상을 내용으로 하는 중화민국 임시정부조직대강臨時政府組織大綱을 공포하였다. 이어 12월 29일 미국에서 급거 귀국한 손중산이 임시정부조직대강에 의거하여 실시된 임시대총통선거에서 당선되었다. 손중산은 1912년 1월 1일 남경에서 임시대총통에 취임하면서 중화민국 임시정부의 성립을 정식으로 선포하였다.

이리하여 중국에 아시아 최초의 민주공화국이 탄생하였고, 중국 역사상 최초의 민주공화 정부인 남경임시정부의 시대가 열렸다.[40] 그러나 남경임시정부는 형식상으로는 전국을 대표하는 정부였으나, 현실은 중국 서남부 다수의 성으로 구성된 연합정권에 불과하였다.[41] 또한 북경에는 최대 군사집단 북양군벌의 총수인 원세개袁世凱가 청조의 내각총리대신으로 버티고 있었기 때문에 남경임시정부는 무력한 정권일 수밖에 없었다. 이에 손중산은 임시대총통에 취임하면서 청제淸帝의 폐위요구와 동시에 원세개가 공화주의를 지지한다면, 그에게 대총통의 자리를 양보할 용의가 있음을 선언하였다. 결국 원세개는 이 제의를 받아들이면서 단기서段祺瑞 등 북양군 부하장수들로 하여금 청조에 공화제를 선포할 것을 요청토록 하는 등 황실에 압력을 가하였다. 이에 융유태후隆裕太后는 황제의 퇴위와 공화국 수립을 선언하는 조서詔書를 공포하였고, 이어 1912년 2월 12일 선통제宣統帝가 퇴위를 선포함으로써, 청조는 12대 297년 만에 멸망하였다.

신해혁명은 만청왕조의 이민족 지배와 2천여 년에 걸친 전통적 황제 지배체제를 무너뜨리고 중화민국을 성립시켰다.[42] 그 중심에 무장봉기에 의한 청조타도라는 반청혁명운동의 선구자라 평가받는 손중산이 있었다. 현대 중국에서는 신해혁명을 20세기 중국 천지를 변혁한 역사적인 4대 사건 중 첫 번째 사건으로 높이 평가하고 있다.[43] 이러한 평가는 일찍이 모택동이 '신민주주의론'에서 "중국의 반제, 반봉건적 부르주아 민주주의혁명은 엄밀히 말하면 손중산 선생으로부터 시작되었다"라고 규정하였고, 이에 영향을 받아 현행 중화인민공화국헌법 서언도 "1911년 손중산 선생이 영도한 신해혁명은 봉건제도를 일소하고 중화민국을 수립하였다"라고 확인하고 있다. 그러나 신해혁명은 제국주의와 봉건주의의 압박과 착취를 전복시키는 역사적 임무를 완성하지 못한 미완의 혁명이었다. 현행 중화인민공화국헌법 서언에서도 "그러나 중국인민의 제국주의와 봉건주의에 대한 반대의 역사적 임무는 아직 완성되지 못하였다"고 하여 이를 인정하고 있다. 신해혁명이 실패한 역사적 임무를 완수한 것이 바로 모택동 주석을 영수로 한 중국공산당이 달성한 신민주주의혁명이며, 그 결과가 1949년의 중화인민공화국의 수립이다.

　신해혁명의 결과로서 황제정치의 붕괴는 이를 떠받들고 있던 유교주의의 붕괴이며 쇠퇴라고 할 수 있다. 다시 말해 신해혁명은 공자와 유교의 독존적 지위에 타격을 가하였다. 신해혁명 이후 출간된 신문이나 잡지들도 전통적인 유교 중심적 가치체계에 대하여 비판하였다. 신해혁명 이후 부르주아 민주주의 사상은 정치적으로 남경임시정부가 수립되고 법률적으로 임시약법臨時約法이 제정됨으로써, 유교이념을 대체하여 국가의 지도사상으로 되었다. 1912년 7월부터 8월 사이에 개최된 전국임시교육회의는 학교관리규정에서 공자숭배와 관련이 있는 조항을 삭제하였다. 이로써 유교이념이 학교교육에서 갖고 있던 독점적 지위가 종식되었다.[44]

원세개의 홍헌제제 운동

　손중산은 2월 3일 참의원에 사직서를 제출하면서, 합의한 대로 후임 임시대총통에 원세개를 추천하였다. 원세개는 이어 14일 실시된 참의원 선거에서 17표 만장일치로 임시대총통으로 당선되었고, 3월 10일 제2대 임시대총통으로 취임하였다. 이로써 중화민국 남경임시정부는 3개월 만에 종말을 고하였고, 이어 북경임시정부 시대의 막이 올랐다.[45] 만청滿清 정부에 이어 손중산까지 물러난 상황에서 임시대총통이 된 원세개는 정치의 민주화보다는 자신의 정치세력 확장에 전념하였다. 이에 국민당을 주축으로 하는 참의원은 원세개의 야망을 견제하기 위한 법적·제도적 장치로서, 한시적인 임시헌법의 제정에 착수하였다. 드디어 참의원은 1912년 3월 8일 근대 서구 헌법과 비교하여 손색이 없고, 일본의 명치헌법을 능가하는 진보적 헌법이라고 평가받는 '중화민국임시약법中華民國臨時約法'을 통과시키고, 3월 11일 정식으로 공포하였다. 그러나 임시약법은 원세개에게는 가장 혐오스러운 악법이었다.

당시 임시약법은 임시대총통이 약법 시행 후 10개월 이내에 국회를 소집하도록 되어 있었다.[46] 이에 따라 1913년 2월 국회의원선거가 실시되었다. 이 선거에서 송교인宋教仁이 이끄는 국민당이 원세개가 조직한 어용정당인 공화당을 누르고 대승을 거두었다. 이 선거결과에 위협을 느낀 원세개는 송교인을 암살하고 국민당에 대한 탄압을 강화하였다. 이에 국민당 세력은 원세개 타도를 목표로 이른바 제2혁명을 일으켰으나, 국내와 해외의 지지를 얻지 못하고, 원세개의 군벌정부에 의해 진압당하였다. 이런 가운데 1913년 10월 4일 대총통선거법이 제정 공포되었고, 이어 10월 6일 실시된 선거에서 원세개가 중화민국의 초대 정식 대총통으로 당선되었다.

이리하여 임시정부 시대는 종말을 고하고, 정식 중화민국 시대가 열리게 되었다. 당시 가장 시급히 해결해야 할 과제는 중화민국헌법의 제정이었다. 이에 국회는 곧 헌법의 제정에 착수하여 1913년 10월 31일 중화민국헌법초안을 통과시켰다. 중화민국헌법초안은 천단기년전天壇祈年殿을 회의장으로 삼았다 하여 천단헌초天壇憲草라고 한다. 천단헌초가 국회를 통과하자, 의원전제議院專制를 극도로 혐오하는 원세개는 11월 4일 국민당을 해산하고, 다음해 1월 14일에는 국회마저 해산하였다. 이로써 북경정부 시기의 제1부 헌법초안에 해당하는 천단헌초는 공포도 되지 못한 채 폐기되고 말았다. 국회를 해산한 원세개는 자신의 친위대를 중심으로 의회의 기능을 대신할 기관으로 중앙정치회의를 구성하고, 약법회의約法會議를 내세워 근본법의 제정을 주도하였다. 약법회의는 원세개가 제출한 증수임시약법대강增修臨時約法大綱 7조條를 중심으로 약법의 제정에 착수하여 '중화민국약법中華民國約法'으로 의결하였고,[47] 이를 원세개가 5월 1일 정식으로 공포하였다. 근대의 기형적 산물로서 헌정사상 전형적인 악법으로 평가받는 이 신약법新約法을 발판으로 삼아 원세개는 시대 역행적인 제제帝制의 회복을 시도하였다.[48]

마침내 참의원은 1915년 9월 20일 국민대표회의를 소집하여, 제제帝制문제를 결정하도록 총통에게 요구하는 동시에 국민대표대회조직법을 통과시켰다. 이에 따라 소집된 국민대표대회는 이른바 국체표결에서 만장일치로 제제를 찬성하였고, 이어 참의원은 국체를 변경하여 원세개를 황제로 추대하고, 1916년을 홍헌원년洪憲元年으로 고쳐 부르기로 의결하였다. 원세개는 동년 12월 12일 황제에 즉위하면서, 국체를 중화제국으로 바꿀 것을 선언하였다. 1916년 원단부터 연호를 홍헌洪憲이라 하였기 때문에 이 시기를 홍헌체제라 한다. 그러나 제제부활을 목표로 하는 홍헌체제는 내외의 거센 저항에 봉착하였다. 영국·러시아·일본 등 주변 강대국들이 황제제도의 취소를 권고하였고, 국내에서도 무엇보다 친원적인 진보당의 양계초와 제휴한 서남군벌 일파가 이른바 제3혁명을 부르짖으며, 호법護法(임시약법臨時約法), 반원反袁, 반제反帝의 기치를 올렸다. 상황이 이에 이르자 원세개는 1916년 3월 2일 제제유지를 단념하고, 다시 중화민국을 부활하여 대총통으로 복귀할 것을 선언하였다. 이로써 홍헌체제는 88일 천하로 끝나게 되었고, 원세개는 이후에도 계속된 반원운동의 소용돌이 속에서 6월 6일 병사하였다.

공교의 국교화 운동

무술변법의 개혁운동이 실패로 끝나자, 교육계와 언론계는 강유위의 공교화운동을 강하게 비판하였다. 그러나 강유위는 그 후에도 허군공화론虛君共和論 내지 입헌군주제를 주장하면서 동시에 유교를 국가종교로 규정하여 전국적으로 보급하여야 한다고 공교회운동孔教會運動을 지속적으로 전개하였다. 특히 그는 서구와 아시아 제국을 널리 편력하면서 각 민족의 종교와 문화를 접하고, 공교전도에 대한 사명감을 더욱 강화하였다. 이러한 배경 아래 중화민국이 1912년 성립된 이후 종교운동으로서 일시 정체되어 있던 공교문제가 그에 의하여 다시금 부상하게 되었다. 청조의 몰락을 정치권력의 공동화로 이해한 강유위는 미국 유학에서 돌아온 진환장陳煥章 등과 상해에서 공교회孔教會를 설립하고 공교의 국교화를 향해 활발한 선전과 청원활동을 벌였다. 공교를 국교로 인정하라는 이들의 청원은 진행 중이던 중화민국헌법의 기초 작업과 맞물려 큰 정치문제로 비화되었다. 그것이 바로 이른바 공교안孔教案이다.

강유위와 그 일파는 인격에 치명적인 결함이 있는 원세개와 그 후계자 군벌들을 이용하여 공교국교화를 시도하였다. 원세개는 존공독경尊孔讀經을 황제 제도의 부활에 이용하고자 하였다. 그는 정식 대총통에 취임 후 사상통제를 위해 공자존숭운동孔子尊崇運動을 추진하여, 학교에서도 유교에 입각한 도덕교육이 부활하였다. 원세개는 1913년 천단헌법초안天壇憲法草案에 "국민교육은 공자의 도로써 수신의 근본을 삼는다"라는 내용이 포함되게 하였다. 그러나 천단헌초天壇憲草는 공포도 되지 못하고 폐기되고 말았다. 이어 원세개는 제제에 유리한 여론을 조성하기 위하여, 1914년 9월 25일 '사공령祀孔令'을 공포하였고, 다음 해에는 3월과 9월 두 차례 사공전례祀孔典禮를 거행하였다. 1916년 원세개 사후 군벌세력으로 대표되는 보수주의자들도 유교를 적극 활용하려고 하였고, 강유위는 그들과 결탁하였다. 1917년 장훈張勳은 강유위와 협력하여 폐위된 선통제를 복

위시켜 청조의 부활을 기도하였는데, 이를 청제복벽사건淸帝復辟事件이라한다. 장훈, 강유위, 청조 황실의 황족 및 청조의 유신들은 부의溥儀를 황위에 복위復位시키고 대청국의 회복을 선언하였다. 장훈이 내각의정대신에 봉해지고, 강유위는 필덕원弼德院의 부원장에 임명되었다. 장훈과 강유위의 복벽復辟은 단기서段祺瑞에 의해 12일 만에 실패하였다. 강유위가 내부적으로 깊이 관여하였던 청제복벽사건이 실패하자, 공교운동 역시 결정적으로 실추하게 되었다.

이를 계기로 승리한 단기서의 안휘파安徽派 군벌시대가 도래되었으나, 1920년 직예파의 오패부吳佩孚가 영·미의 지원 하에 안휘파를 공격하자, 봉천군벌 장작림張作霖이 직예파를 돕고 나서, 마침내 안직전쟁安直戰爭이 발발하였다. 이 전쟁에서 직예파가 승리하여 북경 천하는 직예파의 것으로 바뀌었다. 이 직예파는 국회와 임시약법을 회복하여 합법적인 통치를 할 것을 내세워 민심을 얻고자 하였다. 그러나 이 직예파의 선배격인 조곤曹錕은 1923년 10월 5일 국회의원들을 매수하는 방법으로 법정 정족수를 채워 스스로 대총통에 당선되었다. 이에 분노한 국민들이 국회를 저자국회猪仔國會, 조곤을 뇌선총통賂選總統이라 비난하며 궐기하자, 이를 진정시키고 당선을 합법화하기 위하여 다년간 현안이었던 정식헌법의 제정에 착수하였다. 국회는 이전의 천단헌초를 기본으로 하고 원기약법袁記約法의 일부를 수용하여 서둘러 '중화민국헌법'을 통과시켰다. 이를 뇌선헌법賂選憲法 또는 조곤헌법曹錕憲法이라고도 한다.[49] 역사상 최초의 정식헌법이라 할 수 있는 중화민국헌법 제12조는 "중화민국의 인민은 공자를 존숭하고 또한 종교를 신앙할 자유를 가진다"라고 하여, 공자교와 종교신앙의 자유를 절충하여 애매하게 보장하였다.

한편, 진독수陳獨秀·노신魯迅 등의 신세대 지식인들은 공자사상은 구시대 봉건통치의 이념적 근간으로서 중국을 세계에서 가장 낙후한 나라로 만들었고, 신해혁명 이후 새로이 채택한 공화국 체제에도 맞지 않는다고 보았다. 이에 그들은 전면적인 유교 비판을 전개하였는데, 이것이 바로 신문화운동이다. 이에 강유위도 1918년 복벽사건에 책임을 지고 공교회 회장직을 사임하지 않을 수 없었고, 동시에 공교화운동도 실질적으로 막을 내리게 되었다.[50]

Ⅱ. 중화인민공화국 건국 이전 시기의 정치와 종교

1. 5·4 신문화운동과 반종교운동

신해혁명 이후에도 황제권의 부활을 주장하거나 여전히 공자를 존숭하고 경서를 읽자는 보수세력들이 건재하였다. 위에서 살펴본 중화민국 초기 원세개 총통 지배하의 독재정치와 제제운동, 장훈의 청제복벽운동 그리고 강유위가 중심이 된 공교 국교화운동 등이 바로 그 예이다. 이에 크게 실망한 진보적 지식인들은 중국을 근본적으로 변혁시킬 방도를 강구하게 되었고, 이러한 배경 하에 등장한 것이 신문화운동이다. 신문화운동은 지금까지 추진되었던 정치계의 양무, 변법, 신해 등 3차례의 혁명운동의 한계를 지적하면서, 그보다 더욱 근본적인 정신계의 개혁과 혁명을 주장하였다. 청년 학생들은 신문화운동과 병행하여 1918년 애국구망단체愛國救亡團體를 조직하기 시작하였고, 이들은 1919년 5월 4일 구망救亡을 위한 반제 애국운동을 일으켰으며, 두 운동은 곧바로 합류하였다.[51]

신문화운동과 5 · 4운동

신문화운동은 당시대를 대표하는 진보적 지식인 계층이 중심이 되어 중국의 전통문명과 전통문화를 통렬히 비판하면서, 정신혁명 · 윤리혁명·문화혁명을 통하여 새로운 중국을 건설하려고 한 지식인운동을 말한다.[52] 신문화운동은 진독수가 1915년『신청년新青年』(창간호는『청년靑年』, 2호부터 개칭)이라는 잡지를 창간하면서 시작되었고, 호적胡適은 이 운동을 중국의 르네상스에 비유하기도 하였다. 신문화운동의 중심무대는 진독수가『신청년』을 발간한 상해와 채원배蔡元培가 총장으로 있었던 북경대[53]라 할 수 있다.『신청년』에는 창간인 진독수 이외에도 호적胡適·노신魯迅·이대교李大釗·오우吳虞·전현동錢玄同·유반농劉半農 등이 주요 집필진으로 참여하였다. 신문화운동의 목적은 낡은 전통의 타파를 통한 국민성의 개조였다. 진독수는 근본적인 구망救亡을 위해서는 국민정신의 개조가 필요하고, 국민정신의 개조를 위해서는 먼저 전통에 대한 비판에서 출발하여야 한다고 보았다. 그는『청년』창간호에 실린「청년에게 고함敬告靑年」이라는 글에서 중국과 서구문화를 대비하는 방식으로 중국적 전통관념을 공격하였다.[54] 그는 중국의 전통문화와 전통질서를 기본적으로 노예적, 보수적, 은둔적, 쇄국적, 허식적, 공상적이라고 단정짓고, 이러한 낡은 가지와 문화를 철저히 타파하지 않으면, 신중국을 건설할 수 없다고 하였다. 그들은 이전과 같은 개혁이나 혁명으로는 이를 달성할 수 없다고 판단하고, 다수의 국민이 출현하여 중국 전래의 관념인 유교의 삼강학설三綱學說을 버리고, 서구의 자유·평등·독립의 학설을 전면적으로 수용하여야 한다고 주장하였다.[55] 그러면서 특히 중국이 서구로부터 배워 수용해야 할 것으로 민주주의democracy와 과학science을 강조하였다.

요컨대 신문화운동은 사상혁명, 유교의 타도 그리고 계몽사상의 도입이라는 3단계 구조로 이해할 수 있다. 첫째, 중국을 전통 사회로부터 근대 사회로 변혁하기 위해서는, 정치변혁만으로는 성공할 수 없고, 정치변혁을 지지해 줄 국민의식의 변혁이 수반되어야 한다. 둘째, 그러나 중국의 국민의식은 황제전제 체제에 알맞은 전통적인 유교사상에 중독되어 있어, 근대사회의 창출에 필요한 개인의 주체성이 확립되지 못하였다. 셋째, 그러므로 국민의식을 유교적 속박으로부터 해방하기 위해서는 민주주의와 과학에 기초한 서구 계몽사상을 도입하여, 개인주의적 민주사상으로 봉건사상을 타파하여야 한다.[56] 진독수는 서구의 개인주의로 전통의 봉건적 집단주의를 대체하려고 하였다.[57]

신문화운동의 중심 내용은 신사상운동과 신문학운동이라 할 수 있다. 여기서 신사상운동은 곧 사상혁신운동으로서, 그 중심과제는 민주주의와 과학 그리고 유교에 대한 전면적 부정과 그 전통에 묶인 개인의 해방이었다. 또한 신문학운동은 문학 활동에 생활언어인 구어, 즉 백화白話를 사용하자는 운동이었다. 신문학운동은 문학작품 속에 도道가 담겨 있어야 하고, 그 문장에는 문법, 운율, 문체가 있어야 한다는 구문학을 극복하자는 운동이었다. 신문화운동을 계기로 지식인들은 기존 가치에 대한 회의와 비판을 제기하는 가치의 전도를 경험하게 되었다. 그 대표적인 예로 모택동을 들 수 있다. 또한 신문화운동은 젊은 지식인들로 하여금, 비판적인 서구의 급진사상에 대한 관심을 갖게 하고, 각종 사상운동단체를 조직하게 하였다. 따라서 5·4운동과 중국공산당의 창당은 신문화운동의 연장선에 있다.[58] 그러나 신문화운동은 중국 사대부의 고유한 전통에서 여전히 벗어나지 못하였고, 중국근대의 구망救亡의 주된 흐름에서도 벗어나지 못하였다는 한계를 가지고 있다. 그리고 공자의 의의를 강조하는 논자들, 예컨대 청말 개혁주의자 엄복嚴復, 반청혁명가였던 장병린章炳麟, 무정부주의자 유사배劉師培 등은 신문화운동에 비판적이다.[59]

5·4운동은 신문화운동의 정신을 계승 발전시킨 운동이지만, 어느 정도 차별성을 가지고 있다. 제1차 세계대전이 끝나고 파리 평화회의가 열렸을 때, 지식인들과 학생들은 '공리公理가 강권强權을 싸워 이겼으므로' 중국이 장차 기세를 펼칠 수 있을 것이라 생각하였다. 그러나 미국, 영

국, 프랑스, 일본 등 4대강국이 패전국 독일이 보유하고 있던 산동성에 대한 권익을 일본에 양도하기로 결정하는 전혀 예상하지 못하였던 상황이 전개되었다. 이에 학생들은 1919년 5월 4일 '外爭國權 外抗强權 內出國賊밖으로는 강권에 대항하여 국권을 쟁취하고, 안으로는 매국노를 제거하자'는 구호 아래, 천안문 광장에서 시위를 일으켰고, 이 시위가 곧 전국적으로 확산되면서, 도시상인과 노동자까지 이에 참가하게 되었다. 5·4운동은 일본을 비롯한 제국주의 세력의 중국침략에 대한 저항운동이었고, 주권국가로서 중국의 권익을 확보하려는 자주운동이었으며, 제국주의 세력의 하수인인 매국적 세력을 일소하고 민주주의적 정치를 실현하고자 한 반제·반봉건 운동이었다.[60] 또한 5·4운동은 학생·상인·노동자 등 광범위한 민중이 단결하여 투쟁에 궐기한 대규모 민중운동으로서, 이를 거치면서 반봉건주의 반제국주의라는 중국혁명의 과제가 명확하게 되었다.[61]

　5·4운동을 겪으면서 개인주의·합리주의·민주주의·사회주의가 새로운 권위·가치로서 탐구되었고, 자유연애와 유교적 가족제도의 비판도 구체화되었다. 또한 5·4세대 신청년들은 개인적인 항거에 그치지 않고, 자발적으로 서로 연계하여 소규모 단체를 결성하여, 진리를 추구하고 이상을 실천하려는 경향을 보였다.[62] 5·4운동 이후 절대 다수의 지식인들은 두 갈래의 상이한 길을 걸었다. 하나는 진독수나 이대교와 같이 마르크스–레닌주의를 받아들여, 공산혁명에 참여하는 길이었고, 다른 하나는 호적과 국민당 정권 아래 봉사하는 길이었다.[63] 5·4운동은 곧 이은 일본의 항의와 압력 그리고 군벌정권의 탄압으로 별다른 성과없이 끝났으나, 이후 1920년대에 국공합작 하에 추진되는 국민혁명운동의 사상적 기초를 마련했을 뿐만 아니라, 국민혁명을 주도해갈 새로운 엘리트층을 산출하였다는 점에서 그 역사적 의의가 크다.

신문화운동기의 반종교운동

5·4신문화운동기를 전후하여 과학만능적 사고를 가지고 있는 지식인들은 종교의 존재 의미를 부정하는 특징을 보여주었다. 그들은 과학적 검정을 거치지 아니하고는 어떠한 것도 신앙하거나 존경할 수 없다고 보았다. 반종교와 반미신은 5·4신문화운동기 중국 지식인을 지배한 시대정신이었다.[64]

반유교운동

신지식인들은 특히 중국의 전통사상 중에서도 유교사상에 대하여 맹렬한 공격을 퍼부었다. 그들은 유교야말로 2000년 전제정치의 정신적 지주이며 인간의 자주와 독립을 방해하는 근원이라고 격렬히 비판하였다. 오우吳虞는 "유교의 해독은 진실로 홍수와 맹수보다 더하다"고 하면서, 유교적 전통문화의 타파를 역설하였다. 진독수는 공부자를 매도하고 '孔家店打倒공씨네 가게를 타도하자'를 외치며, 공자를 전면적으로 비판하였다. 유교와 공자비판에서 진독수의 특징으로는 첫째, 공자의 존숭을 주장하는 사람들의 변명을 막기 위하여, 원시유학孔孟思想과 후세의 유학宋明理學을 구분하여, 후자에게 허물을 돌리는 것에 반대하였다. 둘째, 중국 고전의 민본주의와 근대 서구의 민주주의가 혼동되어 주장되는 것을 막기 위하여, 공교·유학의 민본주의와 근대 서구의 민주주의가 근본적으로 다르다는 것을 강조하였다.[65] 호적胡適은 5·4운동 전야에 출판한 『중국철학사대강中國哲學史大綱』 상권上卷에서 당시 봉건학자가 경학에 대하여 지금까지 논의하지 못하던 금기를 타파하였다. 경經은 성현聖賢, 즉 요堯-순舜-우禹-탕湯-문文-무武-주공周公-공자孔子가 교훈을 내린 전적으로서, 봉건시대에는 어느 누구도 이를 믿고 따를 뿐, 그것을 의심하거나 논하거나 비판하지 못하였다. 그러나 호적은 공자를 제자와 같은 지위에 놓고 사람들로 하여금 논평하게 하였다.[66] 노신은 1918년에는 『광인일기狂人

日記를, 1921년에는『아큐정전阿Q正傳』을 발표하는 등 연이어 소설과 수필을 발표하면서, 낡은 도덕과 문학을 맹렬히 비판하였다. 그는『광인일기』에서 '유교야말로 사람을 잡아먹는 것'이라 하여, 유교의 해독으로부터 젊은 세대를 구하여야 한다고 역설하였다.[67]

반기독교운동

5·4운동기 이래 과학적 합리주의와 반제국주의 및 민족주의의 영향으로 반기독교적 열기가 날로 뜨거워져 갔다. 당시 반기독교의 주된 이유는, 기독교 교리가 비과학적이고 기독교가 제국주의의 앞잡이라는 것이었다. 그리고 이 시기 반기독교운동을 주도한 것은 공산당이었다. 특히 중국에 마르크스주의를 처음 소개한 것으로 알려진 주집신朱執信은 강력하게 기독교를 비판하였다.[68] 이러한 반기독교운동은 소년중국학회의 논쟁에서 시작되었다.[69] 이 학회 북경집행위원회가 종교신앙자에게 회원자격을 인정하지 않는 규정을 통과시키자, 이에 종교신앙자들이 크게 분노하였다. 결국 1920년과 그 이듬 해에 걸쳐 '종교가 현대사회에 유익한 것인가'를 둘러싸고 수차례에 걸쳐 토론회와 강연회가 열리고, 이에 참여한 자들은 반기독교적인 주장을 펼쳤다.[70]

이와 같이 반기독교적 열기가 고조되자, 이를 우려한 국제기독교조직은 제11차 세계기독교학생동맹 총회를 1922년 4월 북경 청화대학에서 개최하기로 결정하고, 이 사실을 대대적으로 선전하였다. 이에 '비기독교동맹', '비종교동맹' 등이 기독교에 대한 비판과 공격하는 일련의 운동이 일어나게 되었다. 상해의 '비기독교학생동맹'이 3월 9일 기독교를 반대한다는 선언을 발표하였는데, 그 내용은 마르크스주의의 색채가 농후한 것이었다.[71] 이어 3월 21일 북경에서 '비종교대동맹'은 기독교가 아닌 종교 전반을 비판대상으로 삼아 "종교와 인류는 양립할 수 없다"고 하면서, 그 폐해를 비판하는 선언을 발표하였는데,[72] 이 선언문에는 이대교, 채원배

등 당대의 교육자, 지식인 등 79명이 서명하였다.[73] 이 '비종교대동맹'의
선언에 이어 이에 영향을 받은 학생들이 중심이 되어 북경 대학 등 여러
대학에서 종교반대를 주제로 한 강연회와 반기독교의 선언문이 발표되
었다. 이후에도 반종교운동은 확대 심화되어 교육권회수운동으로 발전
하였다. 교회 학교에 빼앗긴 교육권을 회수해야 한다는 주장을 한 자는
진독수이다.[74] 이에 영향을 받아 1923년 6월 중공 제3차 전국대표대회가
채택한 당강黨綱 제1조는 외국의 국가 또는 개인은 중국에서 교회와 학교
를 설립하는 것을 제한하고, 제12조는 "의무교육을 실시하며, 교육과 종
교는 절대 분리되어야 한다"고 규정하였다.[75] 이러한 '비기독교동맹', '비
종교동맹'의 반기독교운동에 대해서, 주작인周作人, 전현동錢玄同 등 비기
독교 지식인들이 반박하는 성명을 발표하기도 하였다.[76]

2. 국공합작의 국민혁명운동

  일반적으로 국민혁명은 국공합작을 기반으로 한 반제국주의, 반군벌
의 민족·민주혁명운동을 말한다. 중국혁명사에서 1924년 1월 국민당
제1차 전국대표대회는 중요한 의미를 갖는다. 이 국민당대회에서 제1차
국공합작을 성립시키고, 연소聯蘇·용공容共·노농원조勞農援助 등의 정책
을 채택함으로써, 국민혁명의 이념이 반군벌·반제국주의이며, 그 추진
세력은 국민당·공산당·노동자·농민이 될 것임을 분명히 하였다.[77]

국민혁명운동의 전개

국공의 합작과 결렬 그리고 북벌의 완성

  손중산을 중심으로 하는 혁명파는 민주공화를 유지하기 위하여 제2차
혁명과 일련의 호국·호법운동을 전개하였으나 모두 실패하였다. 손중
산은 5·4운동 당시 상해에서 대중운동의 역량을 경험하고 정당政黨의 중

요성을 깨닫게 되었고, 중국혁명의 방향을 모색하기 위해 서구 각국을 고찰하는 중에 각국의 사회주의 운동에도 관심과 주의를 기울이게 되었다. 그는 러시아 10월혁명이 성공하였을 때 레닌에게 새로운 소비에트 정권의 탄생을 축하하는 전문을 보내기도 하였다. 국민당은 1922년 공산당과 함께 모스크바에서 개최된 극동지역 공산당과 민족주의단체 대표대회에 참가하였고, 이 대회에서 레닌은 대표들에게 국공합작을 희망한다고 밝혔다. 그리고 레닌은 보이틴스키G. Voitinsky와 마링H. Maring을 코민테른의 대표로 중국에 파견하고, 한편으로 공산당의 창건을 지원하면서, 다른 한편으로 손중산을 만나 볼셰비키혁명에 대한 상황을 설명해주었다. 소련은 1923년 11월 손孫-요페Joffe 선언을 통하여 중국의 통일과 독립을 원조한다고 약속하였다. 이 선언 후 소련은 중국에 정치 및 군사 고문의 파견, 재정 지원 및 국민당의 군관학교 건립을 지원하였다. 이에 국민당은 소련과의 협력관계를 본격화하였고, 소련의 요구를 받아들여 1924년에는 국공합작을 이루게 되었다.[78]

　국공합작으로 공산당도 참가하는 반제·반봉건의 혁명정부가 탄생하자, 손중산과 국민당은 국민혁명을 본격적으로 시작하려 하였으나, 손중산이 1925년 3월 12일 사망함으로써,[79] 장개석蔣介石이 국민당의 새 지도자가 되었다. 장개석의 국민당은 1925년 7월 손중산 시대의 대원수 통치인 군정부를 해체하고, 국민당 중앙집행위원회가 지도하는 집단지도체제의 이른바 광주국민정부廣州國民政府를 수립하였다.[80] 광주국민정부는 동년 8월 황포군관학교의 군인을 기반으로 구성된 국민당의 군대를 확대하여 국민혁명군을 조직하였다. 그리고 1926년 3월 이른바 중산함中山艦 사건을 계기로 장개석은 국민혁명군에 대한 군권과 국민당의 권력을 동시에 장악하는 데 성공하였다. 군권과 당권을 장악한 장개석은 1926년 7월 1일 북벌을 선언하였고, 국민혁명군은 반군벌과 반제를 기치로 내세우며 북진통일에 나섰다. 국민군은 10월 무한武漢을 점령하고, 곧 국민정부를 광주에서 무한으로 옮겼는데, 이로써 무한국민정부武漢國民政府가 1927년 1월 탄생하였다. 그러나 공산당의 영향을 크게 받고 있던 무한국민정부가 군사독재의 경향이 강한 장개석을 비판하면서, 양자 사이에 대립이 심화되었다.[81]

장개석은 1927년 4월 18일 남경에 독자적인 남경국민정부南京國民政府를 수립하면서, 민국건립의 3단계, 즉 군정軍政·훈정訓政·헌정憲政 가운데 제2단계인 훈정訓政시기에 진입했다고 선포하였다. 이로써 무한국민정부와 남경국민정부가 대립하게 되었고, 이러한 상황에서 무한정부는 장개석 세력을 토벌하기에 앞서, 북벌을 먼저 단행하기로 결정하였다. 이 무렵 중국공산당은 국공합작의 유지를 놓고 선택의 기로에서 고심하였으나, 코민테른의 지시에 따라 일단 국공합작을 유지하기로 방침을 정하였다. 그러나 무한정부가 급속히 반공노선으로 선회하자, 7월 13일 공산당 지도부는 코민테른의 지시에 따라 국민정부에 참가하고 있던 공산당의 철수를 선언하였다. 이어 무한정부도 15일 공산당과 결별을 결정하면서, 국민혁명의 영도권은 국민당에 있다고 선언하였다. 이로써 제1차 국공합작은 3년 7개월 만에 끝나게 되었고, 이후 공산당은 코민테른의 지령에 따라 무장봉기노선으로 급선회하였다. 남경 국민정부의 설립으로 북벌전쟁은 일시 중단되었다가, 1928년 2월 국민당 제2기 4중전회는 국민정부를 개조하고, 북벌을 재개하기로 결정하였다. 장개석은 3월 초 국민정부 내에서 군사적 주도권뿐만 아니라 정치적 주도권까지 장악하였다. 국민당 군대는 1928년 6월 8일 북경에 입성하였고, 남경국민정부는 6월 15일 전국통일를 대내외에 선포하였다.[82]

국민당의 훈정과 헌정의 준비

이어 8월 8일부터 15일 사이에 남경에서 열린 제2기 5중전회에서 훈정訓政의 실시를 결의하였다. 그리고 10월 3일 '중국국민당훈정강령中國

國民黨訓政綱領(訓政綱領)이 통과되었고, 같은 날 장개석이 국민정부 주석에 취임하였다. 이어 10월 8일에는 손중산의 5원제五院制를 기본으로 하는 전문48조의 국민정부조직법을 제정하였다. 국민당은 1929년 3월 18일부터 27일까지 남경에서 3전 대회를 개최하고, 이 대회에서는 삼민주의, 건국대강 등 손중산의 유교遺敎를 훈정시기 중화민국의 최고 법으로 결의하였다. 이어 4월 20일에는 "세계 각국의 인권이 모두 법률의 보장을 받고 있다. 이제 훈정을 시작함에 있어 법치가 빨리 확보되어야 한다"라고 하면서, 이른바 인권보호령을 발표하였다.[83] 그리고 1930년 10월 3일에는 헌법 반포 이전 훈정기에 활용할 약법제정約法制定을 공포하였고,[84] 다음 해 5월 5일 중화민국訓政時期約法(訓政時期約法)을 제정하였고, 이 법은 6월 1일 공포와 동시에 시행되었다. 훈정시기약법이 제정됨으로써 당을 통해 국가를 세우고, 당을 통해 국가를 다스리며, 당은 국가 위에 있다는 '이당건국以黨建國, 이당치국以黨治國, 당재국상黨在國上'이라는 손중산의 사상이 구현되었다. 훈정시기의 민국은 당국일뿐만 아니라 군국이기도 하였다. 이 훈정시기약법은 국민당정부가 근본법의 형식으로 국민당 일당독재와 장개석 일당독재의 정치제도를 확인한 첫 번째 헌법성 문건이라 할 수 있다.[85] 훈정시기약법訓政時期約法은 제2장에서 근대 헌법유형의 인권목록을 열거하면서 동시에 국민생계제4장 및 국민교육제5장 등에 관하여 규정하였다. 그러나 종교신교의자유제11조, 청원권제20조을 제외한 모든 자유와 권리조항에 법률유보가부과되어 있었다. 그리고 이 법률유보를 최대한으로 활용한 인권억압입법이 다수 제정되었다.[86] 국민당 치하의 인권억압에 대항하여 호적·나륭기羅隆基 등은 『신월新月』이라는 잡지를 통해 인권운동을 전개하였고, 송경령宋慶齡·채원배·노신·임어당林語堂 등은 1932년 12월 '중국민권보장동맹'을 결성하였다.[87]

국민당 정부는 중화민국훈정시기약법에 따라 훈정을 실시하면서, 다른 한편으로 헌정憲政을 위하여 1932년 12월 5일에는 '1935년 3월 국민 대회를 소집하여 헌법을 제정할 것'을 공약하였다.[88] 국민정부는 1936 년 5월 5일 3년간에 걸쳐 8번이나 수정을 거친 중화민국헌법초안이른바 55헌초(五五憲草)을 공포하였다. 55헌초는 훈정을 마감하고, 헌정을 지향하 는 헌법안이었으나, 일반적인 민주국가의 헌법에 비하여 총통에게 권력 을 집중적으로 부여하는 총통독재의 헌법안이었다. 이에 이 초안이 공포 되자 중국공산당은 전국적인 반대 · 비판운동을 전개하였다. 55헌초는 1937년 헌법제정국민대회를 소집하여 정식헌법으로 채택할 예정이었으 나, 1936년 7월 7일 발발한 노구교盧溝橋 사건이 중일전쟁으로 확대됨으 로써, 국민대회의 소집이 불가능하여 자동 폐기된다.

국민혁명운동기의 종교정책

삼민주의의 유교적 해석

손중산은 오늘날까지도 대만은 물론 대륙에서도 중국혁명의 아버지 혹은 민국의 창시자로 추앙받고 있다. 중화민국 국민당 중앙상무위원회 는 1940년 3월 그를 국부國父라는 호칭을 부여하기로 의결하였다.[89] 중 국공산당은 국부로 규정한 적은 없지만, 모든 공식문서에 '민주혁명의 선구자'라는 말을 손문의 이름 앞에 반드시 붙인다.[90] 손중산의 헌정사 상은 중화민국 남경국민정부의 수립 이후 오늘에 이르기까지 양측 중국 의 헌법에 바탕을 이루고 있다. 그의 주요 헌정사상으로는 다음을 들 수 있다.

첫째, 손중산은 1905년 자신의 혁명구상을 표상하는 것으로 민족주 의, 민권주의, 민생주의의 삼민주의의 기치를 내걸었다. 당시 그는 삼민 주의, 국민혁명을 서구의 사상과 비교하여 독자적인 의의를 부여하였다. 여기서 삼민주의는 오권헌법五權憲法의 기초사상으로서 삼민은 상호 불가 분의 관계에 있다.[91] 그러나 손중산의 삼민주의는 구망도존救亡圖存, 즉 외적으로는 제국주의 열강과 내부적으로는 봉건군벌과의 치열한 투쟁을 거치면서, 그 내용면에서 변용을 겪게 된다. 특히 신해혁명 이후 혁명이 좌절되면서 삼민주의의 군체화群體化가 선명해졌다.[92]

둘째, 손중산은 서구의 입법권 · 행정권 · 사법권의 삼권분립 이론에 고시권과 감찰권을 추가한 중국 특색의 오권헌법五權憲法의 이론을 창안하였다. 그는 서구 헌법의 행정권 · 입법권 · 사법권의 삼권분립의 불완전함을 중국 독자의 고시권과 감찰권을 통해 보정할 필요가 있다고 보았다.[93]

셋째, 손중산은 정권政權의 권權과 치권治權의 능能을 구분하면서 동시에 양자가 균형을 이루는 권능분치權能分治의 이론을 주장하였다. 그에 의하면 국가권력 안에는 정권과 치권의 두 힘이 포함되어 있는데, 이 중 정권政權은 국민이 직접 국가의 중대사를 관리하는 역량, 즉 민권民權을 말한다. 선거권 · 파면권 · 창제권 · 복결권 등 4권은 국민에게 고유한 것이기 때문에 정부가 제한할 수 없다. 이에 반해 치권治權은 국가가 국민을 위해 봉사하는 역량, 즉 권한權限을 의미한다. 치권은 입법권 · 행정권 · 사법권 · 고시권과 감찰권의 5권으로 하여야 한다.[94]

넷째, 손중산은 중국혁명의 전개를 군정 · 훈정 · 헌정의 3단계론으로 설명한다. 그에 의하면 중국혁명은 군정 · 훈정 · 헌정의 3시기를 거쳐 완성된다. 첫째, 군정부軍政府가 국민을 통솔하여 낡고 오염된 시대를 청산하는 군정기軍法의 治이고, 둘째는 군정부가 민중에게 자치권을 부여하여 임시헌법을 제정하게 하고, 이 임시헌법에 따라 국정을 처리하는 훈정기約法의 治며, 셋째는 군정부가 권력을 내놓고 헌법에 규정된 국가기관이 국사를 처리하는 헌정기憲法의 治이다.[95]

다섯째, 손중산은 개인보다 집단을 우선시하는 군체론적群體論的 인권론을 전개하였다. 손중산은 초기에는 서구의 인권 · 권리 · 자유 등을 국민혁명을 통하여 중국에서도 실현 가능하다고 보았다. 그러나 그의 인권관은 신해혁명을 거치면서 내용면에서 큰 변화를 겪게 된다. 그는 신해혁명 후 임시약법에 집중적으로 규정된 문명의 자유들이 중국에서 서서히 실현될 것을 기대하였으나, 혁명 후 제국주의 열강의 침략이 확대되고 국내 군벌의 횡행이 날로 심해지는 가운데, 중국은 혼미의 도를 한층 더해 갔다. 좌절의 수렁에서 손중산은 군체주의群體主義를 기초로 하는 자유론을 수립하였다.[96] 손중산은 신해혁명 후 민국의 공동화空洞化, 중국의 인심이 흩어지고 민력이 뭉치지 못하는 '일반산사一盤散沙' 상태의 이유에 대하여 개개인의 자유가 지나치게 많기 때문이라고 하였다. 이러한 손문의 군체론은 당시 중국의 국내외의 구체적인 역사적 상황에서 구망구국求亡救國을 위한 최선의 결과라 할 수 있다.[97]

손중산의 서거 이후 장개석은 삼민주의, 건국대강 등 손중산의 유지를 중화민국의 최고법으로 하여 준수할 것을 맹약하였다. 먼저 장개석은 5·4운동 이후 중국 지식인들의 서구문화에 대한 치우침을 특히 자유주의와 공산주의의 수용에서 발견하고, 중국문화에 대한 주체성 상실을 개탄하였다. 장개석은 역사적, 문화적 관점에서 예교적이었고 민족적이었다.[98] 구국을 최대의 시대적 과제로 인식하는 장개석으로서는 한편으로 공산주의와 군벌과 싸워야 하고, 다른 한편으로 일본 침략자와 싸워야 하는 상황에서 강력한 지도자의 영도를 중시하였다. 그리하여 고대의 천자나 황제를 서방 민주국가의 대통령이나 총리로 생각하였다. 다음으로 장개석은 손중산의 삼민주의를 보수적으로 해석하여, 삼민주의가 중국 고유의 도덕과 문화의 결정이라고 해석하였다. 장개석은 공자사상과 손문주의의 유사성을 강조한 대계도戴季陶의 삼민주의유교화三民主義儒敎化이론[99]을 그대로 수용하여 손중산을 유가의 도통으로 연결시켰다. 손중산이 공자의 가치를 높이 평가하였고, 그의 삼민주의가 전통사상을 계승하고 있으니, 공자를 받들고 기념하는 것은 곧 손중산의 삼민주의를 실현시키는 것이 된다는 논리였다.[100] 그는 삼민주의를 받드는 것만이 근대

국가를 건립하고 국가독립을 유지할 수 있는 길이라고 하여, 삼민주의를 중국에서 최고의 구국이념으로 끌어올렸다. 이 삼민주의의 유일한 계승자는 장개석 자신이라고 하면서 그는 자유와 인권을 이해함에 있어서도 손중산의 군체론적 인권론을 그대로 수용하였다. 그는 자유와 인권을 집체적으로 이해하는 결과, 국가의 자유는 선양하면서 개인의 자유에는 반대하였다. 그는 인권을 천부적인 것이 아니라 시대의 산물로 보았다. 그는 개인의 자유를 과감하게 타파할 것을 주장하고, 민족적 국방체를 만들어야 한다고 생각하였다.

반기독교운동

5·4운동 시기 현대 중국의 신문화운동에는 두 문화의 길이 있었는데, 하나는 자본주의 문화의 길이고, 다른 하나는 사회주의 문화의 길이었다. 전자는 중국국민당의 문화정책이었고, 후자는 중국공산당의 문화정책으로서 전개되었다. 5·4신문화운동의 2대 임무는 민주와 과학의 옹호였다. 국민혁명운동기 중국에서의 반기독교운동은 공산당측이 주도권을 장악하고 있었고, 이에 고무되어 국민당과 국민정부도 같은 입장을 취하였다.[101] 국민당은 1926년 2전대회를 마치고 채택한 결의문에서, 기독교를 청년을 마취시키는 것으로 규정하면서, 교육권회수를 주장하였다. 그리고 동년 10월 국민당 중앙각성연석회의中央各省連席會議가 제정한 '최근정강最近政綱'에서는, 교회 및 외국인의 사립학교는 교육행정기관에 반드시 등록하여야 한다고 규정하였다. 또한 동년 말 국민혁명군 총정치부는 기독교를 유산계급의 위선적 공구이며, 제국주의 침략의 선봉이라고 규정하면서, 반기독교운동을 통하여 민중을 환기시켜 국민혁명의 완성을 촉진할 것을 주장하였다. 국공합작의 결렬로 공산당측이 공개적으로 반기독교운동을 전개하는 것이 불가능해지자, 국민당의 반기독교운동도 시들해지고 말았다.[102]

구전통과 미신의 폐지정책

5·4운동 시기 중국에서 구 전통은 모두 타파대상이었고, 종교는 구문화, 전통문화에서 중요한 위치를 점하고 있었다. 진독수, 노신 등은 구시대의 종교 · 윤리 · 공교 · 예법 등은 모두 민주적이지도 않고 과학적이지도 않기 때문에 타파되어야 한다고 열을 올렸다. 국민정부도 당시 5·4문화혁명의 사상을 이어받아 일련의 미신 및 종교에 대한 폐제廢除정책을 시행하였다.

국민당정부 내정부內政部는 1928년 9월 미신폐제에 관한 '폐제무성상무격감여변법廢除筮星相巫覡堪輿辦法'을 공포하였고,[103] 이어 동년 11월에는 '신사존폐표준神祠存廢標準'을 공포하고, 이를 각성에 통달하였다. 이 존폐표준이 공포된 직후 지방 국민당정부는 풍속개혁위원회를 구성하여 구체적인 민중운동을 전개하기도 하였다.[104] 신사의 존폐기준에 따르면 보존대상인 신사에는 선철류先哲類와 종교류宗敎類의 2종류가 있다.[105] 그리고 국민정부는 1928년 12월에는 '신역사용구력폐지안新曆使用舊曆廢止案'을 통과시켜, 다음 해 음력설, 즉 춘절春節을 폐지하면서, 정부기관의 정상근무를 명하였다. 음력설은 1912년 손중산 중화민국임시대총통이 음력을 폐지하고 양력사용을 선포하면서 중단되었었다. 그러나 1914년 원세개 총통에 의해 음력설은 춘절로 이름이 바뀌어 휴일로 정하였고, 장개석의 국민정부가 다시 춘절을 폐지하였다. 그러나 춘절을 갈망하는 민의를 이기지 못하여, 1934년 음력의 강제 폐지조치가 중단되었다.[106]

묘산흥학운동

청 말부터 사찰의 재산을 몰수하고, 사묘寺廟를 학교로 개변하여 사용하는 사례가 허다하였다. 그 후 민국시대에 들어와서 신문화운동의 구문화 배척, 사회주의의 종교부정 등을 배경으로 하여 1920년대 폐불廢佛 내지 배불 운동이 전국에 걸쳐 전개되었다. 이러한 반불교운동의 직접적인 원인이 된 것이 태상추(邰爽秋)의 묘산흥학운동(廟産興學運動)이다.[107] 남경 중앙 대학의 교수였던 태상추는 1928년 "특수계급이며, 온갖 죄악의 근본을 이루는 승벌(僧伐)을 타도하자, 이 승벌 밑에서 괴로워하는 승중을 해방하자, 승벌 소유의 묘산을 몰수하여, 이것으로 교육사업에 충당하자"라는 요지를 선언서를 통해 묘산흥학운동을 주창하였다. 그는 운동의 성공을 위하여 각지에 단체를 조직하였고, 전국교육회의에 건의하였으며, 중앙 정부에 관련 법령의 제정을 청원하였다. 이 운동은 당시 사회혁명사상과 맥을 같이 하는 것으로, 국민당정부를 움직여 1928년 10월에 '사묘등기조례(寺廟登記條例)'를 공포하고, 이듬해 1월에 '사묘관리조례'를 공포하는 결과를 초래하였다. 이들 조례에 따르면, 사묘승도(寺廟僧道)에 관하여 청규를 파괴하고, 당치(黨治)에 위반하여 선량한 풍속을 방해하면, 일련의 과정을 거쳐 폐지하거나 해산하도록 되어 있었다.[108]

국민당의 신생활운동

국민당은 1928년 북벌의 완성과 훈정(訓政)의 실시를 선언함으로써, 국민혁명은 일단락되어 국가건설이 당면 과제로 되었다. 당시 권력은 장악하였지만 여론에 의해 궁지에 몰린 장개석은 이를 극복하고 그의 통치를 지탱해줄 새로운 이데올로기를 확보할 필요가 절실하였다. 장개석이 그 방안으로 채택한 것이 신생활운동이었다. 신생활운동은 가치중립적인 운동이라기보다 밖으로는 서구 민주주의 사조에 대항하고, 안으로는 공산당에 대응하는 이데올로기로 제시되었다. 장개석은 서구문화를 배척하는 대신 전통문화를 강조하면서, 전통가치를 빌려 자신의 독재 권력을 강화하는 데 목적이 있었다. 장개석은 전통적 사상을 그의 정치사상의 토대로 삼음으로써, 전통윤리의 현대적 재건을 그의 국가건설의 중요한 부분으로 삼고자 하였다.[109] 신생활운동은 장개석이 1934년 2월 19일 '신생활운동지요의(新生活運動之要義)'를 발표하면서, 스스로 신생활촉진회의 회장이 되어 주도하면서 본격화되었다.

국민당 중앙집행위원회는 1934년 8월 27일을 공자탄신일을 국가기념일로 정하였다.[110] 장개석과 대계도戴季陶 등 보수적인 인물들은 공자의 사상을 국민교육과 연결시키려는 의도를 가지고 있었다.[111] 장개석은 유교도덕을 고취하는 신생활운동의 중심 내용으로 존공尊孔을 강조하였고, 그 연장선에서 8월 27일 공자탄신일을 국정기념일로 정하여 대대적인 기념행사를 거행하고,[112] 이어 1935년 1월 중국문화전통을 중심으로 문화를 건설하자는 '중국본위문화선언中國本位文化宣言'이 발표하였다. 이 선언은 북평北京, 상해, 남경의 교수 10인이 『문화월간文化月刊』에 발표한 것으로, 중국이 문화영역에서 일어서고, 중국의 정치, 사회, 사상영역에서 중국적 특징을 구비하려면, 반드시 중국 본위의 문화를 건설하여야 한다고 주장하였다.[113] 이러한 신생활운동에 대해서는 반대론도 제기되었다.[114]

3. 중국공산당의 창당

국내외적 배경과 중국공산당의 창당

1921년 7월 중국공산당이 창당되었는데, 그 배경에 관해서는 국내적인 것과 국제적인 것으로 나누어 살펴볼 수 있다.[115]

먼저 국내적 배경으로 첫째, 마르크스주의 지식인들의 등장을 들 수 있다. 러시아의 볼셰비키혁명 이후 중국에는 사회주의에 공감하는 지식인들이 늘어났다. 양무와 변법운동의 실패를 목격하고, 신해혁명의 좌절을 경험한 지식인들은 신문화운동을 전개하면서, 그동안 믿어왔던 서구 민주주의에 대한 배신감을 크게 느꼈다. 그들은 이를 대체할 수 있는 새로운 사상으로 마르크스주의를 수용하며, 이를 통하여 새로운 혁명방안을 모색하게 되었다.[116] 둘째, 현대적 노동자계급의 등장을 들 수 있다.

서구 제국주의의 중국침략이 1914년에 발발한 제1차 세계대전으로 일시 둔화되고, 이를 계기로 민족산업이 발전할 수 있었다. 그 결과 민족 부르주아계급과 근대적인 노동자계급이 등장할 수 있는 물적 토대가 마련되었다. 새로이 등장한 신지식인, 학생, 도시주민들이 중심이 되어 신중국 건설을 모색하는 운동을 전개하게 되었다.[117]

다음으로 국제적 배경으로는 소련과 코민테른의 지원을 들 수 있다.[118] 먼저 소련 정부는 동년 7월 과거 러시아제국이 중국과 체결하였던 불평등조약을 폐기한다는 이른바 카라한 선언Karakhan Declaration을 발표하였다. 코민테른 극동국은 1920년 3월 보이틴스키를 대표로 중국에 파견하여 공산당 창당을 지원하게 하였다. 중국공산당은 코민테른의 지원 하에 창당하였고, 그 후 코민테른에 가입하여 한 지부가 되었다. 코민테른은 1920년 제2차 대회에서 '민족 및 식민지문제에 대한 결의'를 채택하였다. 이 결의는 프롤레타리아 계급의 세력이 미약한 동안은 일시적으로 부르주아 민주세력과 제휴할 수 있다는 내용이었다. 중국공산당은 이 결의를 행동강령으로 하는 통일전선의 기본원칙으로 삼았다.[119]

보이틴스키는 1920년 8월 북경에서 이대교를 만나고 이어 상해에서 진독수를 만나, 중국혁명과 공산당의 창당을 위한 준비에 착수할 것을 권유하였다. 이에 진독수는 1920년 5월 상해에서 진보적인 지식인과 청년을 규합하여 중국 최초의 공산주의소조共産主義小組를 결성하였다.[120] 이와 같이 창당을 위한 준비가 활발하게 전개되는 가운데, 코민테른 극동서기국의 마링이 중국에 와서, 조속히 공산당을 창당할 것을 요구하였다. 이에 1921년 7월 상해 프랑스 조계 박문여고에서 각 지역의 공산주의소조를 대표하는 13인의 대의원들을 중심으로 중국공산당창당대회제1차 전국대표대회가 개최되었다.[121] 창당대회는 당의 명칭을 중국공산당으로 정하고, 프롤레타리아 독재국가의 수립을 목표로 하는 강령을 채택하였으며, 진독수를 총서기로 하는 당의 중앙영도조직을 구성하였다.

당의 강령은 첫째, 자본가계급정권의 타도, 둘째, 무산계급전정을 통한 사회계급제도 소멸, 셋째, 사유재산제의 폐지와 사회공유제 실시, 넷째, 코민테른과의 연합 등을 당의 목표로 정하였다. 그리고 1922년 7월 중국공산당 제2차 전국대표대회는 다음과 같은 점진적인 '5단계 국가수립방안'을 제시하였다. 첫째, 내란을 종식하고 군벌을 타도하며 국내화평을 이룬다. 둘째, 국제 제국주의세력으로부터의 압박을 배제하고, 중화민족의 완전한 독립을 달성한다. 셋째, 동삼성東三省을 포함하는 통일 중국본부를 진정한 민주공화국으로 만든다. 넷째, 몽고, 티베트, 회교도 지역에는 자치를 실행하면서, 민주자치부民主自治邦로 만든다. 다섯째, 자유연방제를 통해 통일중국본부, 몽고, 티베트, 회강을 아우르는 중화연방공화국을 건립한다.[122]

중국사회주의청년단의 반기독교운동

초기 중국공산당의 종교정책은 이대교, 진독수로 대표되는 마르크스주의 문화운동에 기초한다고 할 수 있다. 초기 공산주의자들은 앞으로 탄생할 공산당과 연결시켜 반기독교운동 등 사회주의적 근대화 사업을 구현할 세력으로 삼기 위하여 중국사회주의청년단을 발족시켰다. 중국사회주의청년단은 창당 이전인 1920년 8월에 발족되었고, 중국공산당의 지도 하에 1922년 5월 제1차 전국대표대회를 개최한 후 정식 기구로 되었다.[123] 이 대회에서 채택한 결의문은 기독교는 '자본주의의 호부護符'이며, '제국주의의 공구工具'라고 규정하면서, 반종교는 청년들의 사상을 자유롭게 하고 혁명의 길로 나아가게 하는 것이라고 하였다. 이것은 곧 반기독교운동은 반자본주의운동이고 반제국주의운동일뿐 아니라 청년들을 사회주의혁명으로 인도하는 운동이라는 것이다. 이후 중국사회주의청년단은 이대교, 진독수, 채화삼蔡和森 등 공산주의자들의 지원을 받으며, 반기독교운동을 전개하였다.

4. 신민주주의혁명운동

중국공산당은 1930년대를 거쳐 40년대 초반에 이르러서는 국민당이 주도하는 기존 질서에 대한 단순한 반대세력이 아니라, 지역적 자치수단, 즉 공산당 근거지, 소비에트 근거지, 혁명 근거지 혹은 해방지역 등을 운영할 수 있는 거대한 정치적 군사적 세력으로 성장하였다. 이러한 기초 위에서 1949년 신민주주의혁명을 통하여 새로운 중화인민공화국을 건국할 수 있었다.

강서소비에트 시기

중화소비에트정권의 수립

1927년 7월 국공합작이 결렬된 후 위기에 봉착한 공산당은 곧이어 8·7긴급회의를 소집하였다. 여기서 노동자와 농민을 무장화하고 무장봉기를 감행하여, 중국혁명을 심화·발전시키기로 방침을 정하였다.[124] 그러나 당의 방침에 따라 8월 남창봉기를 시작으로 여러 지방에서 시도되었던 무장봉기는 모두 실패하고 말았다. 모택동이 9월 호남에서 지휘한 추수폭동도 예외가 아니었다. 이런 가운데 중국공산당 제6차 전국대표대회가 1928년 7월부터 8월 사이 모스크바에서 개최되었다. 이 대회는 무장봉기의 실패에 대한 책임을 구추백瞿秋白의 좌경모험주의左傾冒險主義 노선으로 돌려 그를 퇴진시키고, 공산군의 강화, 소비에트화의 확대, 토지혁명의 시행 등을 주 내용으로 하는 '10대요구' 선언을 채택하였다.[125]

공산당은 국민당에 항거하며, 농촌혁명을 전개해 나간다는 방침을 세우고, 농촌지역으로 들어가 근거지를 확보하였는데, 대표적인 근거지가 모택동과 주덕朱德이 건설한 정강산井崗山 근거지였다. 남창봉기 이후 각종 무장봉기에 참여하였던 병력을 중심으로 편성되었던 공농혁명군工

農革命軍을 1928년 5월 모두 홍군紅軍으로 개편하였다. 홍군은 점차 인민의 군대로 성장하면서 농촌근거지를 확보하고, 그곳에 소비에트정권을 수립하는 데 크게 기여하였다. 그후 모택동은 농민들의 혁명적 에너지를 동원 · 조직하여 홍색정권紅色政權의 존립근거를 마련하기 위하여 동년 12월 정강산토지법井崗山土地法을 제정 · 집행하였는데, 이 법이 중국공산당이 토지혁명을 추진하기 위하여 만든 최초의 토지법이다. 공산당은 점차 혁명역량을 회복하면서, 국민당정부의 영향력이 미치지 않는 산간벽지와 농촌지역에서 홍군을 중심으로 농촌혁명 근거지의 수립을 확대하였다.

농촌혁명 근거지가 확대 발전하면서, 이들을 공산당이 통일적으로 지도하고 국민당정부에 대항할 수 있는 중앙정부의 수립이 요청되었다. 이에 1930년 5월 구−구역−중앙과의 연락을 원활히 하기 위하여, 상해에서 제1차 소비에트구역 대표회의가 개최되었고, 이 대회에서 10대정강大政綱, 소비에트조직법, 토지잠행법土地暫行法, 노동보호법 등이 의결되었다. 이어 공산당중앙은 1931년 11월 강서성江西省 서금현瑞金縣에서 610명의 소비에트구 대표자들이 모인 가운데 중화공노병中華工勞兵소비에트 제1차 대표회의를 개최하고, 중화소비에트공화국 헌법대강을 비롯하여, 노동법, 토지법, 정부위원 선거법 등을 통과시켰다. 또한 중앙집행위원회, 중앙인민위원회를 탄생시키고, 중화소비에트공화국 임시중앙정부의 수립을 정식으로 선포하였는데, 이로써 이른바 강서소비에트시대1931~34가 개막되었다.[126] 이 시기에 모택동은 대중들의 정치적 무관심과 냉소주의를 극복하고, 공산주의 운동의 대중적 지지를 확보하기 위하여, 정책의 결정과 집행과정에 대중이 참여할 수 있는 조직적 체계를 수립하고자 하였다. 이로써 모택동의 대중노선의 기본적인 개념과 초보적인 방식이 실시되기 시작하였다.[127] 이와 같이 강서소비에트시대는 대중노선을 개발하고 토지혁명을 실시함으로써 중국의 공산주의 운동에서 중요한 전환기가 되었다.

중화소비에트공화국 헌법대강

중화소비에트공화국 헌법대강은 전년도 상해의 제1차 소비에트구역 대표회의에서 결의한 10대정강의 내용을 대체로 승계한 것으로, 전문과 본문 17조로 구성되었다.[128] 헌법대강은 아직 미완성국가로 볼 수 있는 중화소비에트공화국 임시정부의 기본법으로서, 그 내용이 다분히 강령적이고 미래지향적이며, 중국공산당이 창안해낸 독창적인 헌법이라기보다는 1918년의 소련의 레닌헌법을 계승한 모방적 헌법이라는 한계를 가지고 있었다. 그러나 헌법대강은 중국 역사상 공산당의 영도 하에 인민대의기관에서 정식으로 공포 시행된 첫 번째 헌법적 문건으로서, 국민당정부가 이전에 제정한 모든 '약법約法'이나 '헌법憲法'과 본질적으로 구별된다는 점에서, 그 역사적 의의가 크다고 할 수 있다.[129]

강서소비에트 시기의 종교정책

강서소비에트 시기의 종교정책은 한편으로 종교신앙의 자유를 보장하고 정교분리의 원칙을 인정하면서, 다른 한편으로 반종교사상을 선전하는 자유를 인정하고, 제국주의 종교를 통제하며, 종교기관이나 사원을 봉건지주나 기타 특권층과 같은 토지몰수의 대상으로 보는 이중적인 것이었다. 헌법대강 제4조는 "중화소비에트정권 영역 안의 공인, 농민, 홍군, 모든 프롤레타리아계급, 남녀 불문, 모든 민족(한漢, 만滿, 몽蒙, 회回, 장藏, 묘苗 등) 및 종교는 소비에트법률 앞에 모두 평등하다"라고 하여, 종교의 평등을 규정하였다. 그리고 제13조는 "중화소비에트정권은 노동자, 농민, 민중의 신앙에 대한 자유를 보장하며, 절대적인 정교분리를 원칙으로 한다. 모든 종교는 소비에트 국가의 어떠한 보호와 경제적 지원을 획득할 수 없으며, 모든 소비에트의 공민은 반종교선전의 자유를 가진다.

제국주의의 종교는 소비에트의 법률을 준수할 때 비로소 그 존재를 허락한다"라고 규정하였다. 그리고 1931년의 중화소비에트공화국 토지법 제6조는 "종교기관, 사원 및 공공단체 혹은 공공조직에 소속된 모든 토지는 소비에트정부에 의해 예외 없이 농민에게 돌려주어야 한다"라고 규정하였다.

연안정부 시기

변구정권의 수립과 시정강령

국민정부는 공산당이 지배하고 있는 농촌혁명근거지에 대한 토벌을 더욱 강화하였다. 장개석은 1930년 말부터 거의 1년 사이 총 5차에 걸쳐 대대적인 위초圍剿(포위공격)작전을 전개함으로써, 신생 중화소비에트공화국의 생존을 위협하였다. 결국 공산당 지도부는 1934년 10월 강서소비에트의 수도인 강서를 포기하고, 국민당군의 포위망을 탈출하여 새로운 거점지역을 찾아 대장정에 올랐다. 대장정이 시작되면서 중국공산당이 홍군과 토지혁명을 바탕으로 농촌지역에 수립하였던 중화소비에트정권은 붕괴되고 말았다. 이후 협감녕지역陝甘寧地域과 그 중심도시 연안延安은 중국공산주의 운동의 중심부가 되면서, 이른바 연안시대延安時代가 시작되었다.[130]

중국공산당은 대장정을 통하여 여러 부문에서 새롭게 출발하였다. 먼저 대장정 도중 모택동이 당과 군에서 새로운 지도자로 등장하였다.[131] 둘째로 중국공산당이 과거와 달리 거국적인 항일통일전선의 형성을 강조하게 되었다. 공산당 지도부는 1936년 '핍장항일逼蔣抗日문제에 관한 지시'에서 모든 당원들은 내전정지內戰停止 일치항일一致抗日의 구호에 따라서, 국민당을 포함하여, 모든 정파와 모든 중국인민들이 참여하는 범민족적인통일전선을 구축하도록 노력하여야 한다고 강조하였다.[132] 셋째, 공산당은 1927년 제1차 국공합작의 결렬 이후 10년에 걸쳐 전개된 내전을 종식하고, 항일민족통일전선이라는 명분 아래 제2차 국공합작을 실현시켰다. 공산당은 국공합작 과정에서 국민당 중앙정부의 권위를 인정하면서, 독자적인 소비에트정부체제와 과격한 계급투쟁노선을 포기한다는 획기적인 양보안을 제시하였다.

제2차 국공합작이 성사됨에 따라 종래 중부지방의 산지를 본거지로 하는 중화소비에트공화국정부는 1937년 9월 국민정부 휘하의 협감녕변구정부陝甘寧邊口政府로 전환되었다.[133] 그리고 홍군도 국민혁명군 제8로군으로 개편되면서, 남경정부의 중앙정부와 군사위원회의 지도를 받게 되었다. 중국공산당은 적의 후방에 항일근거지를 창설하고, 각지의 항일 민주정부는 연이어 시정강령, 정권조직, 노동보호 등 경제 사회 부문 여러 법규를 제정하였다. 이 가운데 시정강령施政綱領은 헌법적 성격을 가지며, 그 대표적인 것으로 1939년 1월과 1941년 11월의 협감녕변구의 시정강령을 들 수 있다.[134]

연안정부의 신민주주의혁명군

1941년 태평양전쟁이 발발하면서, 중일전쟁이 교착상태에 빠지자, 국민당정부는 폭발적으로 성장한 공산당세력을 억제하고자 하였다. 따라서 국민당군과 홍군 사이에 무력충돌이 빈번하였고, 급기야 국공합작이 사실상 파기되고 내전으로 확전될 조짐마저 보였다. 이에 미국은 항일전선을 강화하기 위하여 장개석에게 국민당과 공산당이 협력할 것을 요구하였으나, 그는 완강하게 거절하였다. 이러한 상황에서 공산당은 국공합작의 복원에 호의적인 자세를 보이면서도, 모택동의 신민주주의론을 바탕으로 해방구解放區를 민주주의와 사회적 정의가 실현되는 신중국의 모델로 제시하면서, 홍군과 공산당의 세력증강에 주력하였다. 그 결과 공산당은 1945년 4월 연안에서 제7차 전당대회를 개최할 때에는 중국 전역에서 19개 지역에 해방구를 구축한 거대한 정치적 세력으로 성장하였다. 그리고 모택동은 명실상부한 당의 최고지도자로, 그리고 그의 사상은 당의 지도이념으로 공인되었다.

모택동은 1940년 1월 발표한 '신민주주의론'에서 중국혁명 후 수립될 국가를 신민주주의적 공화국으로 규정하면서,[135] 혁명과정에서 공산당이 수행하여야 할 주도적 역할과 임무를 강조하였다. 그의 신민주주의론은 마르크스-레닌주의를 수용하여 중국의 현실에 창조적으로 적용하여, 한 단계 발전시킨 이론이라 할 수 있다.[136] 그리고 중국공산당은 모택동의 신민주주의론을 앞으로 탄생할 신중국의 미래상으로 제시하면서, 해방구에서 정치 · 경제 · 문화영역에 걸쳐 혁명운동을 실천하였다.[137]

연안정부 시기의 종교정책

중국의 서북 변방지역은 대체로 소수민족이 거주하는 오지로서, 라마교나 이슬람교 등이 강한 지역이었다. 당시 공산당으로서는 일본에 항거하면서 국민당에 쫓기는 어려운 상황에 처해 있었기 때문에, 장정 대상 지역의 주민들의 지원이 절대적으로 요청되었다. 때문에 공산당은 마르크스 종교이론을 기본적으로 유지하면서 갈등을 최소화하여 지지를 끌어낼 수 있는 종교정책을 폈다. 중국공산당과 중앙소비에트공화국정부는 라마교에 대하여 "종교신앙의 자유를 실행한다, 사원 · 경당 · 경서를 보호한다, 정교분리를 실행한다, 종교계 지도자와 단결하고 그들을 교육시킨다, 라마교 개진회를 조직하여 종교를 개혁한다" 등을 종교정책으로 제시하였다. 그리고 서북 지방 이슬람교에 대해서도 "우리는 종교신앙의 자유라는 원칙에 근거해 청진사清眞寺와 이맘imam을 보호하고, 회민回民의 신앙에 대한 절대적 자유를 보장한다"라고 선언하면서,[138] 구체적 종교정책으로 이슬람 문화의 보호, 모든 종파의 종교의 자유보장, 이슬람 자치정부설립 지원, 부가세와 징병제의 폐지 등을 제시하여 그들의 지원을 얻어냈다. 그리고 기독교에 대한 공산당의 정책도 완화되었다. 공산당은

1936년 4월 교회가 '전국 각당, 각파의 항일인민전선선언'에 가입할 것을 요청하였고, 5월에는 통일전선단체 '중국학생구국연합회'의 대회선언을 통하여 "계층, 당파, 신앙, 지역을 나누지 말고, 구 원한을 헤아리지 말며, 모두 단결하여 항일하자"고 주장하였다.

협감녕변구의 시정강령은 종교와 관련하여 "민간신앙과 종교를 존중하고, 민주조항 아래 인민의 언론, 단체 조직의 자유를 보호한다. 중국인의 신교의 자유는 일반 공민의 자유와 정비례 한다"라고 규정하였다.[139] 그리고 1942년 2월 '협감녕변구보장인권재권조례陝甘寧邊口保障人權財權條例'가 공포되었는데, 이것은 실질적 헌법에 해당하는 소위 민권법民權法이라 할 수 있는 것으로서, 부당한 체포, 수색, 심문, 처벌로부터의 인권의 보장과 사법기관 이외의 기관에 의한 재판을 받지 아니할 권리 등을 규정하고 있었다.

신민주주의혁명과 국민당 정부의 붕괴

중화민국헌법의 제정

일본이 1945년 8월 14일 무조건 항복함으로써 8년에 걸친 대일항전은 끝났으나 중국의 승리는 엄청난 대가를 치른 참혹한 승리였다. 승리에도 불구하고 날로 내전의 위기가 확산되자 국내외에서 국민당과 공산당의 협상과 평화건국을 요구하는 압력이 제기되었다. 이에 1945년 8월부터 40여 일에 걸쳐 중경에서 장개석과 모택동의 중경회담重慶會談이 개최되었다.[140] 국공은 쌍십협정에서 "신속히 국민당의 훈정을 끝내고 정치민주화를 실현한다, 평화, 민주, 단결, 통일을 기초로 공동노력을 한다, 정치의 민주화를 위해 정치협상회의를 소집한다"고 합의하였다.[141] 이어 개최된 정치협상회의에서는[142] 국민대회를 소집하여 55헌초개정의 12개 원칙[143]에 의거하여 헌법을 제정한다는 것을 결의하였다. 그러나 정치협상회의에서의 결의사항은 국민당과 공산당 등의 내면적인 세력확대 전략에 밀려 준수될 수 있는 상황이 아니었다. 결국 국민당은 1946년 3월 1일부터 17일 사이 제6기 제2차 전국대표대회 중앙위원회를 개최하여 위 정치협상회의의 결의를 부정하면서 5권헌법五權憲法의 옹호를 결의하였고, 이에 공산당과 민주동맹이 크게 반발하였다.

국민당은 1946년 11월 일방적으로 국민대회를 개최하여 중화민국헌법을 통과시키고, 1947년 1월 1일 공포하였다. 이로써 국민당이 대륙을 통치하는 기간에 공포한 정식헌법으로서의 중화민국헌법이 제정되었다. 이어 4월에는 이 헌법에 따라 국민당정부의 개편을 단행하여 청년당, 민사당 그리고 무당파 인사들이 참여하는 형식적인 연립정부를 구성하였다.[144] 중화민국헌법은 전문과 본문 14장 175조로 구성되었으며, 기본적으로 55헌초의 내용을 이어받았다. 그 주요 내용으로는 첫째, 중화민국의 국가형태가 민주공화국임을 밝히고 있다. 전문에서 손중산 선생이 창립한 중화민국의 유교遺敎, 즉 삼민주의·5권분립에 의거하고 있음을 밝히고 있다. 둘째, 다양한 유형의 기본적인 권리와 의무를 규정하고 있다. 셋째, 중앙정치제도로 국민대회, 총통, 5원院, 즉 행정원·입법원·사법원·고시원·감찰원을 두었다. 국민대회는 전 국민을 대표해 정권을 행사하는 국가 최고의 정권기관이고, 총통은 국가원수로서 국민대회에서 선출하도록 하였다. 이는 이전의 어떠한 헌법(안)보다 풍부한 기본권의 목록을 규정하면서 동시에 타인의 자유와 권리를 침해하는 것을 방지하고, 긴급사태를 피하며, 사회질서와 공공이익을 증진시키기 위해 필요한 경우에는 법률로 제한할 수 있다는 기본권 제한의 법률유보를 규정하였다.

신민주주의혁명

다시 전면 내전으로 들어가자 공산당은 각지에 다수의 해방구를 확대 건립하였고, 협감녕陝甘寧과 진찰기晉察冀 양 변구에서는 시정강령 내지 헌법원칙이 공포되었다.[145] 모택동은 해방전쟁에서 승리하기 위해서는 국민당정권의 반인민적 성격을 폭로하면서, 동시에 해방구에서 토지혁명을 철저히 실시하고, 신민주주의혁명을 실현해야 한다고 주장하였다.[146] 모택동은 지속적으로 신민주주의혁명과 통일전선전략으로 대응하였는데, 당시 추진하였던 신민주주의혁명의 3대 경제정책은 첫째, 봉건계급의 토지를 몰수하여, 그것을 농민에게 돌려주고,[147] 둘째, 이른바 4대가족의 관료독점 자본주의를 타도하며,[148] 셋째, 민족자산계급의 상공업을 보호하는 것이었다.[149] 그리고 인민해방군 총사령 주덕朱德과 부총사령 팽덕회彭德懷는 1947년 10월 10일 『인민일보』에 종래의 시정강령과 헌법원칙에 바탕한 '중국인민해방군선언'을 자신들의 명의로 발표하였다.[150] 공산당은 이러한 신민주주의혁명의 경제정책으로 해방된 농민들의 에너지를 조직 동원하는 데 성공함으로써, 내전에서 승리할 수 있었다.

1948년부터 전세가 전환되어, 인민해방군은 9월부터 12월에 걸쳐 국민당과의 3차례 대전투에서 승리하여, 실질적으로 해방전쟁의 승패를 결정지었다. 공산군은 1949년 1월 31일 북경에 무혈입성하게 되었고, 종래 국민당정부를 지지해온 미국은 지지중단을 발표하였다. 국민당군이 대패하자 장개석은 1949년 1월 1일 국민당정부의 총통직을 사임하고, 총통대리인 이숭인李宗仁이 화평교섭을 제안하였다. 이어 4월 1일부터 개시된 국공화평교섭에서 공산당은 사실상 무조건 항복을 요구하는 '국공화평협정8개조'를 제시하였다. 여기서 공산당은 ① 장개석을 비롯한 주요 전범의 처단, ② 국민당 헌법과 정부의 폐지, ③ 공산당 체제하의 모든 국민당군의 개편, ④ 관료자본의 몰수, ⑤ 토지개혁, ⑥ 불평등조약의 폐기 등을 요구하였다. 국민당이 이를 거부하자, 인민해방군은 4월 20일 국민당정부의 수도 남경을 함락하고, 5월 27일에는 상해를 점령하였다. 드디어 10월 1일 아직도 각지에서 국민당군과의 전투가 계속되는 가운데 모택동은 30만 명의 시민과 군인이 모인 천안문광장에서 중화인민공화국의 성립을 선언하였다. 장개석은 12월 10일 50만의 국민당군을 이끌고 대만으로 도피하였다.

항일 · 해방전쟁 시기의 종교정책

중국공산당이 건설한 각 해방구에는 각종 종교와 종교신앙의 자유가 허용되었다. 공산당은 "종교신앙의 자유의 원칙에 근거해 중국의 해방구는 각파 종교의 존재를 허용한다. 기독교와 천주교, 이슬람교, 불교 및 기타 종교를 막론하고 신도들이 인민정부의 법률을 지키기만 한다면 인민정부는 보호를 제공할 것이다. 종교를 믿는 것과 종교를 믿지 않는 것은 각각 그들의 자유이며 강압하거나 경시하는 것을 허용치 아니 한다"는 정책을 취하였다.[151]

서구의 기독교계는 항일 · 해방전쟁 시기에도 서방 제국주의에 이용당하여 불명예스러운 역할을 함과 동시에 중국 교회를 조종하고 통제하여 중국 교회로 하여금 서구 교회의 꼭두각시가 되도록 하였다. 중국 국적의 성직자와 교구인원 그리고 신도 군중은 아무런 권한을 갖지 못한 지위에 놓여 있었다.[152] 특히 천주교계는 반파시즘 투쟁과 인민혁명을 반대하고 방해하기도 하였다. 일본이 중국 동북지역을 침략한 후, 로마교황청은 일본이 세운 만주국滿洲國을 인정하고, 종교대표를 파견하여 실질적으로 일본의 중국침략을 지지하였다. 항일전쟁이 끝나고 내전이 계속되던 시기에도 일부 서방 전도사들은 신도들을 선동하여 공산당이 주도하는 인민혁명을 반대하면서, 국민당을 지원하기도 하였다.

주

1 서언(序言)은 먼저 "중국은 세계에서 가장 유구한 역사를 가진 국가 중의 하나이다. 중국 각 민족의 인민은 공동으로 빛나는 문화를 창조하였고, 영광스러운 혁명 전통을 지니게 되었다"로 시작된다. 그리고 이어 "1840년 이후 봉건의 중국은 점차 반식민지, 반봉건국가로 변하였다. 중국인민은 국가독립, 민족해방과 자유민주를 위하여 희생을 아끼지 않고 분투하였다. 20세기 중국에서는 세상을 놀라게 한 위대한 역사변혁이 일어났다. 1911년 손중산(孫中山) 선생이 영도한 신해혁명은 봉건제도를 일소하고 중화민국을 수립하였다. 그러나 중국인민의 제국주의와 봉건주의에 대한 반대의 역사적 임무는 아직 완성되지 못하였다. 1949년 모택동 주석을 영수로 하는 중국공산당이 각 민족 인민을 영도하여 장기간의 험난한 무장 분투와 기타 형식의 투쟁 끝에, 마침내 제국주의, 봉건주의와 관료자본주의의 통치를 뒤엎고 신민주주의혁명의 위대한 승리를 취득하여 중화인민공화국을 수립하였다. 이리하여 중국인민은 국가권력을 장악하고 국가의 주인이 되었다"라고 하여 중국 헌정사를 요약하고 있다.

2 신중국의 건설이라는 국가적 과제는 중국공산당에 의해 추진되고, 당내에는 이를 주도하는 정치지도자 그룹이 있다. 중국에서의 정치지도자는 곧 중국공산당 내부의 지도적 인물이라 할 수 있고, 당내에서의 지도적 인물의 교체를 정치세대의 교체라고 한다. 제1세대는 1949년부터 1976년까지로, 모택동이 중심이 되어 혁명과 건국을 주도하던 시기이다. 제2세대는 1977년부터 1992년까지로, 모택동 사후 등소평(鄧小平)이 개혁개방으로 획기적인 전환을 이룬 시기이다. 제3세대는 1992년부터 2002년까지로, 강택민(江澤民)이 중심이 되어 시장경제체제로의 전면적 전환과 고도경제성장을 이룬 시기이다. 제4세대는 2002년부터 2012년까지로, 호금도(胡錦濤)가 중심이 되어 경제성장과 사회발전이 동시에 추구하는 전면적 소강상태의 건설이 추진되었던 시기이다. 제5세대는 2012년 11월 15일 중국공산당 제18차 전국대표대회에서 당서기로 선출된 시진핑(習近平)이 중화민족의 위대한 중흥이라는 중국몽(中國夢)의 실현을 위해 노력하고 있는 시기로서, 2022년까지 예정되어 있다.

3 이하에서 기독교는 때로는 천주교와 개신교를 포괄하는 넓은 의미로, 때로는 개신

교만을 의미하는 좁은 의미로 사용된다.

4 전례논쟁(典禮論爭)의 주요 주제는 선조의 위패에 대한 제사가 종교적 의식인가 아닌가, 공묘에 대한 제사가 공자에 대한 공경 내지 예의에 해당하는가 종교적 의미의 이단인가, 중국에서 상제(上帝)나 천(天)이 천지만물을 움직이는 진재(眞宰)로 보는 것이 합당한가 등이었다.

5 마테오 리치는 중국 고유의 문화와 풍속을 존숭하여, 하나님을 호칭할 때 유교경전에서 지상신의 개념으로 사용되는 천(天)과 상제(上帝)라는 용어도 사용하였다. 그는 천주교합유(天主敎合儒) → 천주교보유(天主敎補儒) → 천주교초유(天主敎超儒)의 단계를 거쳐 천주교를 중국에 정착시키려 하였다(윤경숙, 『중국 사회주의 국가에서의 기독교 교회의 발전과 특성』, 68 면 참조).

6 클로드 쇠텐스/김정옥 역, 『20세기 중국 가톨릭 교회사』, 분도출판사, 2008, 32~34 면.

7 그는 1706년 중국의 전통적인 전례를 인정하는 선교사에게만 '표'를 주어 거주를 허용하고, 이를 인정하지 않는 선교사는 국외로 추방하는 제도, 이른바 급표제도를 선포하였다. 강희제 이후에도 기독교는 계속해서 박해의 수난을 받아야 했다. 옹정제(雍正帝)는 1724년 기독교를 금하는 명령을 청율(淸律)에 규정하였다. 이후에도 중국 정부는 중국인 신도들에게 신앙을 포기할 것을 강요하였고, 흠천감(欽天監)에 종사하는 선교사를 제외하고, 모든 외국인 선교사들에게 중국을 떠날 것을 요구하였다. 또한 기독교 교회의 재산을 몰수하여 세속적인 목적으로 사용하기도 하였다.

8 이 시기 선교사들 중에는 서구 특히 영국과 미국의 정치제도를 소개함으로써 후일 입헌사상의 형성에 선구자적 역할을 한 사람도 있었다. 영국 선교사 메드허스트(W. H. Medhurst)는 1819년에 영국의 정치제도와 사법제도를 소개하는 『지리편종약전(地理便童略傳)』을 발표하였고, 독일계 선교사 귀츨라프(K. F. A. Gützlaff)는 1834년에 영국의 의회제도를 소개하는 『대영국통지(大英國統志)』를 발표하였으며, 미국인 선교사 브리지먼(E. C. Bridgman)은 1838년에 미국의 대통령제, 연방제도, 권력분립 등을 소개하는 『미리가합성국지략(美理哥合省國志略)』을 발표하였다(신우철, 『비교헌법사 -대한민국 입헌주의의 연원』, 법문사, 2008, 34 면).

9 영국인 선교사 모리슨과 독일인 선교사 귀츨라프는 동인도회사에 근무하면서 중국에 아편을 판매하는 일에 참여하였다. 그리고 또 다른 일부 선교사들은 서방 열강이 무력을 사용하여 청 정부가 항구를 개방하도록 강요하여야 한다고 주장하며, "전쟁만이 중국을 신께 다가가도록 개방할 수 있다"고 하며, 중국을 침략하는 군사 작전에 직접 참여하기도 하였다.

10 김용구, 『세계외교사』, 서울대출판부, 2000, 215 면.

11 일련의 조약 중에서 천진조약은 대표적인 불평등조약으로서 외교사절의 북경 상주 및 수시 왕래의 특권보장, 개항장의 확대, 세율의 조정, 배상금 지불 등을 규정하였다. 이로써 가톨릭교회가 이후 19세기의 나머지 기간 동안 합법적인 체제 하에서 활동할 수 있는 기본틀이 마련되었고, 이 틀은 최혜국대우 조항에 따라 영국과 미국 등의 개신교 선교사들에게도 확대 적용되었다.

12 여기서 교문(敎門)은 정통종교인 유교 · 도교 · 불교와 구분되는 민간종교인 동시에 주로 하층 민중이 중심이 된 불법적인 정치결사이기도 하였다. 교문의 기원은 원 말 백련교의 결성에 기원한다. 회당(會黨)은 하층 민중 사이에 성행한 세속적 상호부조 조직으로서, 평시에는 질병의 치유 · 상호부조 등을 주로 하다가 정치 사회적으로 어지러울 때에는 민중반란의 중심이 되었다. 이러한 회당은 18세기 청 말의 정치 사회적 쇠퇴기에 등장하였다(이은자, 『중국민간종교결사 ─전통과 현대의 만남』, 책세상, 2005, 19~26 면 참조).

13 민란은 아편전쟁과 태평천국의 혁명운동 이후에도 끊이지 않았다. 아편전쟁 이후 시기인 1856년부터 1865년 사이에 2,332건의 민란이 발생하였다(19세기 중국에서 발생한 민란의 횟수에 관해서는 서진영, 『중국혁명사』, 한울, 2012, 36면 참조).

14 손중산을 중심으로 하는 혁명파들까지 회당을 반청 민족주의에 이용하기 위하여 적극적인 관심을 갖기도 하였다(이은자, 『중국민간종교결사』, 50 면).

15 홍수전은 모택동이 서구로부터 진리를 탐구한 첫 번째 근대 인물로서 손중산과 함께 나란히 평가한 인물이다(리쩌허우/김형종 역, 『중국현대사상사론』, 한길사, 2013, 515 면).

16 홍수전은 하늘의 주재자인 상제(上帝)를 그리스도교의 여호와와 같은 위치에 놓

고, 모세 · 그리스도가 여호와로부터 구세의 사명을 받았듯이 온갖 악마의 유혹으로 타락의 극에 달한 중국을 구제하라는 명령을 상제로부터 받았다고 주장하였다. 또한 모세의 10계를 본떠서 제정한 금욕적인 계율을 지키고 유일신인 상제만을 신앙하면 질병이나 재해에서 벗어나고 나날의 의식이 보장된다고 역설하였다.

17 태평천국은 증국번(曾國藩)이 이끄는 의용군 상군(湘軍)과 이홍장(李鴻章)이 이끄는 의용군 회군(淮軍) 그리고 영국 등 외국군의 공격을 받고 1864년 붕괴되었으나, 태평천국의 운동은 이후 중국 근현대 혁명운동에 커다란 영향을 미쳤다. 손중산도 태평천국 운동을 민주혁명의 선구로 높이 평가하였고, 중국공산당도 1927년 이후 농촌에서 홍군을 건설하면서, 태평천국운동을 농민전쟁으로 평가하면서 그로부터 배우고자 하였다.

18 태평천국운동의 의미와 평가에 관해서는 서진영, 『중국혁명사』, 42~4 면: 리쩌허우/김형종 역, 『중국현대사상사론』, 515~22 면 참조.

19 즉 토지의 평등분배, 공동경작, 생산물의 공동분배를 내용으로 하는 제도로서, 여러 면에서 모택동의 인민공사운동과 유사점을 발견할 수 있다.

20 태평천국운동은 청 왕조의 존립을 크게 위태롭게 하였다. 이에 반전통과 반유교의 혁명운동으로부터 위협을 받고 있었던 통치집단 내부에서 중국이 당면한 혁명적 위기를 극복하기 위한 개혁운동을 전개하도록 자극하였다. 또한 아편전쟁 이후 중국 내부에서 열강제국이 강대국의 기초가 서학에 있는 것이 아닌가 하는 인식, 곧 '서양의 선진'과 '중국의 지체'라는 인식이 생겨나게 되었다. 여기서 중국도 서학(西學), 다시 말해 서구의 선진문물과 입헌 사상과 제도를 도입하자는 이른바 자강운동(自强運動)이 전개되었다.

21 한족 출신의 고위관료들인 양무파들은 태평천국운동이 진행하는 가운데 공친왕을 옹립하고 중국정치의 개혁을 시도하였는데, 이를 동치중흥(同治中興)이라 하며, 그 중심에 증국번이 있었다. 이들은 서구와 협력을 유지하면서, 전형적인 유교적 개혁정치를 단행하였으나, 증국번의 사망과 공친왕의 몰락으로 중단되고 말았다. 1870년대 이후 서구와 일본 등 열강들의 침략이 본격화되자, 이홍장 등 양무파들은 점진적인 정치개혁과 서양 기술의 도입을 통하여 부강한 중국을 만들자는 양무자강운동을 전개하였다.

22 이런 의미에서 이 시기의 중체서용(中體西用)은 화(華)와 이(夷)의 유지를 전제로 하는 것이라 할 수 있다. 그리고 당시의 화이관념(華夷觀念)은 세계로 향한 중국인의 이성적 인식에 있어 장애가 되었고, 위기의식을 희박하게 하였으며, 대외무역관념을 억제하였고, 외교의 근대화의 진전을 지연시키는 등 부정적으로 작용하였다고 할 수 있다.

23 담사동의 동도서기론에서는 중국적 윤리질서를 도(道)[東道]로, 서구문명의 과학기술을 기(器)[西器]로 보면서, 양자는 통일되어 있다고 본다. 그러나 '기체도용(器體道用)'(기가 본체이고 도가 응용이다)이라고 하여, 양자 중에서 우선성을 갖는 것은 기라고 한다. 그리고 기는 변화하는데, 여기에는 반드시 도의 변화를 수반한다는 것이다(김교빈 등 공저, 『중국의 종교와 사상』, 한국통신대학교출판부, 2008, 338~342 면).

24 이러한 개혁추진은 자희태후(慈禧太后)를 중심으로 하는 수구세력의 결집을 불러왔다. 이에 변법파는 이등박문(伊藤博文)의 중국 방문을 전후하여, 그를 기용하여 그의 위망과 일본의 국력을 등에 입고, 수구파에 대항하려 하였다. 그 후에도 변법파는 원세개(袁世凱)와 손잡고 수구파의 병권담당자인 영록(榮祿)을 죽이고, 자희태후를 포위하여 제거하고자 모의하였으나, 원(袁)이 영록에게 밀고하였다.

25 일본의 명치유신을 모방한 유신변법파의 백일천하의 입헌몽은 첫째, 권력적 배경의 부재, 둘째, 지나친 외세의존, 셋째, 조건의 미성숙 등으로 인해 실패하였다(신우철, 『비교헌법사』, 42 면).

26 강유위는 중국 역사상 네 번째 공자를 재해석한 인물이라 할 수 있다. 첫 번째는 전국시대 말의 맹자(孟子)와 순자(荀子)이고, 두 번째는 한 대의 동중서(董仲舒)와 공양학파(公羊學派)이며, 세 번째는 송대의 신유학파(新儒學派)라 할 수 있다(崔成哲, 『강유위의 정치사상』, 일지사, 1988, 133 면).

27 그는 유교의 공교화를 통해 왕공사서(王公士庶)가 한 가지로 신도가 되는 과정에서 국민을 창출하고자 하였다. 또한 그는 공교화를 통하여 궁극적으로 전세계의 대동적 평등사회를 이상향으로 제시하였다(尹惠英, 「變法運動과 立憲運動」, 서울대학교동양사학연구실 편, 『講座中國史』 VI, 지식산업사, 2005, 26 면).

28 蕭公權/최명·손문호 역, 『中國政治思想史』, 서울대학교출판부, 1998, 1111 면.

29 강유위의『공자개제고(孔子改制考)』의 유교신학에 관해서는 아사노 유이치/신정 근 등 역,『공자신화』, 태학사, 2008, 503 면 이하 참조.

30 그들은 이 운동을 청조의 정삭(正朔)을 부정하기 쉬운 위험한 사상으로 받아들였 고, 그 이단성으로 인해『공자개제고(孔子改制考)』가 청나라 정부로부터 발행금 지령을 받게 되었다. 엄복(嚴復)이나 황준헌(黃遵憲) 등 변법 유신에 공감하던 사 람들도 이에 비판적이었다. 결국 이것은 무술변법운동의 좌절을 초래한 하나의 원인이 되었다.

31 1840년부터 1900년, 중국 각지에서 일어난 교안은 400여 차례였다. 서방국가는 교안을 빌미로 중국정부에게 군사적 혹은 정치적 압박을 가하고 여러 종류의 무 리한 요구를 하고 보상을 요구하며, 무고한 사람들을 잡아들이고 처형하였다.

32 이 사건으로 천주교는 주교 5명, 신부 48명, 신도 18,000명의 희생자를 낳았고, 기독교도 목사와 선교사 180명과 신도 5,000여 명이 순교당하였다.

33 이것이 경자배상금(庚子賠償金)이다. 미국은 곧 이 배상의 무리함을 깨닫고, 배 상 대신 청국 학생의 미국유학 기금으로 활용하였다. 이로써 청화학당(靑華學堂) 이라는 미국유학을 위한 예비학교가 설립되었는데, 이것이 오늘날 청화대학(靑 華大學)의 전신이다. 이런 이유로 미국의 국가원수가 중국대학을 방문할 때 청화 대학을 자주 찾는다(중앙일보, 2015. 2.23. 15면).

34 金培喆,「敎案과 義和團」, 서울대학교 동양사연구실 편,『講座 中國史Ⅵ』, 지식산 업사, 2005, 82~92 면 참조.

35 '중서(中西)'의 정치를 참작하여 모든 조장국전(朝章國典), 이치민생(吏治民生), 학교과거(學校科擧), 군제재정(軍制財政)의 인혁성병(因革省倂)을 시행코자 한다 고 밝혔다(金衡鐘,「辛亥革命의 展開」,『講座 中國史Ⅵ』, 146 면).

36 1905년 헌정시행의 기치를 올리고, 재택(載澤)과 단방(端方) 등 5 대신을 구미와 일본에 파견하여 정치를 시찰하도록 하였다. 다음 해 귀국한 이들은 8월 자희태 후에게 군주입헌(君主立憲)을 내용으로 하는 "주청선포입헌밀절(奏淸宣布立憲 密折)'을 비밀리에 상주하였다. 여기서 그들은 군주입헌을 실행할 경우, 예상할 수 있는 3가지 이점으로, 첫째, 황위를 영구히 공고하게 할 수 있다(皇位永固), 둘 째, 외환을 점차 줄일 수 있다(外患漸輕), 셋째, 내란을 잠재울 수 있다(內亂可弭)

는 점"을 들었다(汪世榮 主編, 『中國法制史』, 北京大學出版社, 2002, 304 면).

37 이러한 청 말의 위로부터의 입헌운동은 진정한 의미에서 비롯된 것이라기보다는 장식적인 운동에 불과한 것이었다. 이 운동을 주도한 귀족관료들은 조제가법(祖制家法)을 신봉하던 완고한 수구파로서, 이들은 봉건주의적 통치질서를 확보하고 황실의 지위를 헌법적으로 보장받기 위한 수단으로 서구 입헌주의의 형식을 빌려 청조의 존속을 기도하였다고 할 수 있다(張晉藩 主編/한기종 외 역, 『中國法制史』, 소나무, 2006, 755 면).

38 중국동맹회(中國同盟會)는 1905년 8월 20일, 손중산이 일본 도쿄에서 조직한 저항운동 비밀결사로서, 흥중회(興中會), 화흥회(華興會) 등 이전의 반청, 반외세의 유사단체들을 합쳐 조직하였다. 1911년 청조가 타도되고 중화민국이 수립되자 1912년 8월 중국국민당(中國國民黨)으로 흡수 통합되었다.

39 이 무창봉기(武昌蜂起)에 이어 호남·강서·상해·광동 등지로 확산되면서, 독립을 선포하고 도독부를 설립하는 성이 계속 늘어나, 11월 하순에는 24개 성 가운데 14개 성이 청조의 지배로부터 이탈하였다. 신해혁명의 원인으로는 만주족과 한족의 민족적 반감대립, 청 말기 정치의 부패, 외세의 압박, 입헌정치의 실패 및 신흥세력의 대두 등을 들 수 있다(민경식, 「중화민국의 헌법사 연구」, 중앙대학교 법과대학, 『법정논총』 통권 제37집, 1983, 8 면).

40 손중산은 "세계의 조류는 신권에서 군권으로, 다시 군권에서 민권으로 흘러왔다. 지금은 민권에 이르렀으니, 이에 저항할 방법이 없다"고 천명하였다. 남경임시정부는 혁명시대의 정부로서 오색기를 국기로 정하고, 양력기원을 사용하며, 고문과 인신매매를 금하는 등 개혁적인 조치를 취하였다.

41 요코야마 히로아키/박종현 역, 『중화민국사』, 신서원, 2000, 47~49 면.

42 金衡鐘, 「辛亥革命의 展開」, 119 면 참조.

43 韓大元 編著/정이근 역, 『신중국헌법발전사』, 도서출판 오름, 2007, 242 면.

44 朴敬石, 「南京國民政府의 孔子誕辰紀念과 民族主義」, 『中國學研究』 第30輯, 中國史學會, 2004, 253 면.

45 원세개는 임시대총통의 취임에 앞서 남경이 아니라 북경에서 취임할 것을 고집하였다. 이에 참의원은 3월 6일 '임시편법6개조(臨時便法六個條)'를 의결하여 이를 허용하였다. 그 후 4월 1일 참의원은 손중산을 정식으로 해직하였고, 임시정부 소재지를 북경으로 의결하였다. 중국 역사에서 중화민국 북경정부 시기는 1912년 3월 10일 원세개가 북경에서 제2대 임시대총통에 취임한 후부터 1928년 장작림(張作霖)이 폭사한 뒤 동북지방을 장악하고 있던 장학량(張學良)이 남경의 국민당정부를 지원하여 중국 통일을 달성하기까지의 약 16년간을 말한다. 이 북경정부를 북양군벌정부(또는 북양정부)라고 한다. 그리고 북경정부 시기는 다시 원세개 통치시기(1912~1916)와 원세개 후계자 군벌통치시기(1916~1928)로 나누어진다.

46 이에 북경임시정부는 1912년 8월 10일 미국의 의회제도를 모방하여 양원제의 국회법, 즉 중화민국국회조직법, 참의원의원선거법 그리고 중의원의원선거법을 제정 공포하였다.

47 약법회의에서 약법의 제정과정에 원세개의 헌법고문이었던 미국인 행정학자 굳나우(Frank J. Goodnow)가 깊이 관여하였다. 그는 「공화(共和)와 군주론(君主論)」이라는 글에서, 중국은 수천 년 이래 군주독재 정치에 친숙해 있고, 대대수 인민 정치에 관심도 없을 뿐 아니라 정치지식도 부족하다. 그러므로 공화제를 시행하더라도 좋은 결과를 기대할 수 없는 상황이므로 군주제가 보다 효과적이라고 하였다(요코야마 히로아키/박종현 역, 『중화민국사』, 54~55 면).

48 일명 원세개의 신약법(新約法) 또는 원기약법(袁記約法)이라고도 하는 중화민국 약법은 형식상으로 보면 미국, 일본, 독일 등의 외국 헌법을 많이 모방하였으나, 실제로는 원세개에게 봉건 제왕의 권력을 부여하는 황제총통제(皇帝總統制) 헌법이었다.

49 조곤(曹錕)은 1923년 10월 10일 대총통에 취임하면서 중화민국헌법의 공포식을 가졌다. 그러나 공포 직후부터 뇌물로 당선된 총통과 헌법에 대한 성토가 전국에 걸쳐 전개되었다. 특히 손중산이 이끄는 국민당과 중국공산당은 직예파 군벌의 그간의 농간을 폭로하면서, 인민들에게 반대할 것을 적극 호소하였다. 이 기회를 이용하여 반직예파 군벌세력들도 병력을 동원하였고, 이어 1924년 9월 제2차 봉직전쟁(奉直戰爭)이 발발하였는데, 전쟁 중에 직예파 제3군 총사령 풍옥상(馮玉祥)이 북경정변을 일으켜 조곤 대총통을 연금하였다. 이에 조곤은 하야하고 직예

파 천하가 끝남과 동시에 중화민국헌법도 수명을 다하였다.

50 중국에서의 공교화 운동은 우리나라에도 영향을 미쳐, 특히 일제강점기 중국 등지로 망명생활을 하던 유학자들이 공교화 운동을 시도한 바 있다. 성리학자 이승희(李承熙)는 원세개·강유위 등에게 유교를 정치이념으로 삼아야 한다고 주장하는 편지를 보낸 바 있고, 1913년에는 '동삼성한인공교회(東三省韓人孔敎會)'를 창립하기도 하였다. 이 공교회는 북경으로부터 지부로 승인받았으며 그가 쓴 『공교교과론(孔敎敎科論)』은 중국인 공교회에서도 채택되었다. 이병헌(李炳憲)은 다섯 차례에 걸친 강유위와의 만남을 통해 공자교 운동에 대한 신념을 굳게 하였고, 『종교철학합일론(宗敎哲學合一論)』, 『유교복원론(儒敎復元論)』 등을 저술하였다. 그는 1923년 경남 산청군 단성면에 우리나라 최초의 공자교회인 배산서당(培山書堂)을 세우기도 하였다(이연승, 「이병헌의 유교론: 비미신적인 신묘한 종교」, 종교문화비평학회, 『종교문화비평』 통권27호, 청년사, 2015, 228~257 면).

51 리쩌허우(李澤厚)/김형종 역, 『중국현대사상사론』, 51 면.

52 서진영, 『중국혁명사』, 64 면.

53 1917년 1월 북경대 총장에 취임한 채원배가 진독수와 이대교 같은 진보적 지식인을 북경대학 교수로 초빙하고, 북경대의 학문적 분위기를 개혁하면서, 더욱 체계적으로 반전통·반유교적 운동으로 확산되었다.

54 그는 중국청년에게 과학과 인생을 아울러 중시하라고 권고하면서, 노예적이지 말고 자주적일 것, 보수적이지 말고 진보적일 것, 퇴영적이지 말고 진취적일 것, 쇄국적이지 말고 세계적일 것, 허식적이지 말고 실리적일 것, 공상적이지 말고 과학적일 것 등을 주장하였다(리쩌허우(李澤厚)/김형종 역, 『중국현대사상사론』, 43 면).

55 리쩌허우(李澤厚)/김형종 역, 『중국현대사상사론』, 48 면.

56 요코야마 히로아키(橫山宏章)/박종현 역, 『중화민국사』, 96~98 면.

57 서구 헌법에는 국가가 법률로도 박탈할 수 없는 인권이라는 개인의 자유와 권리가 기재되어 있다. 이것이 바로 순수한 개인주의 정신이다. 가족본위주의를 개인

본위주의로 바꾸어야 하고, 이를 위해서는 먼저 전통적 윤리인 효를 부정하여야 한다. 그런데 효는 바로 공자의 학설을 기점으로 하여 나온다. 공자가 말하는 수신(修身)은 개인으로 하여금 개성을 완성하게 하는 것이 아니라, 희생하게 하는 것이다. 효는 바로 개성희생의 첫걸음이다(리쩌허우(李澤厚)/김형종 역, 『중국현대사상사론』, 57~58 면).

58 서진영, 『중국혁명사』, 66~67 면.

59 그들은 『국고(國故)』지를 통하여, 서양문화를 배격하고 중국의 고대윤리와 문명에 복귀함으로써만 중국의 구원이 가능하다고 보았다(강명희, 「5·4運動」, 『講座 中國史』 Ⅵ, 198 면). 그들은 신문화운동을 주장하는 자들이 너무 경박하고 성급하게 외래문화에 매혹되어 전통문화를 너무 쉽게 폐기해버렸다고 주장하였다. 일본이 공자의 존왕양이(尊王攘夷)사상을 바탕으로 명치유신을 단행하여 근대화에 성공하였듯이, 중국의 고전문화도 시대에 따라 맞게 계승하면, 부강의 밑거름이 될 수 있다고 주장하였다(朴敬石, 「南京國民政府의 孔子誕辰紀念과 民族主義」, 244~5 면).

60 서진영, 『중국혁명사』, 67~69 면.

61 小島晉治 · 丸山松幸 著/박원호 譯, 『중국근현대사』, 지식산업사, 2004, 88~89 면.

62 모택동은 1918년 신민학회(新民學會)를, 1919년에는 경작하면서 독서하는 이상 사회를 지향하는 공독동지회(工讀同志會)를 결성하였고, 소년중국학회(少年中國學會)에서 활동하기도 하였다.

63 호적(胡適)은 1929년 「인권여약법(人權與約法)」, 「아문심마시후재유헌법(我們甚麼時候纔有憲法)」(우리는 언제 헌법을 갖게 되는가)을 발표하여 인권, 법치, 자유를 주장하는 등 국민당 통치를 비판하였다. 그는 서구의 각종 제도를 중국에 소개하여 근대국가를 건설하고자 하는 일관된 신념을 보였는데, 여기서 그는 보편적인 인권의 보장을 중시하였고, 법치와 헌정관념을 강조하였다. 그러나 호적은 1930년대 이후, 항일에서 안내(安內)[공산당토벌]로 입장이 바뀌면서 장개석의 국민당 정권으로 돌아섰다. 이와 동시에 청년들 사이에 그의 지위와 영향력이 크게 떨어졌고, 결국 어용 혹은 관방 학자라 불리게 되었다(김창규, 『20세기 초 중국의 민주정치론연구』, 경인문화사, 2004, 173 면).

64 호적은 "종교가 과학의 발전에 장애가 되었고, 종교와 과학의 충돌로 과학자가 피해를 받았다"고 보았다(吳在環, 「五四運動期 中國知識人의 反基督教論爭」, 『歷史學報』第111輯, 역사학회, 1986, 114~116 면).

65 리쩌허우(李澤厚)/김형종 역, 『중국현대사상사론』, 183~187 면.

66 리쩌허우(李澤厚)/김형종 역, 『중국현대사상사론』, 169 면.

67 서진영, 『중국혁명사』, 65 면.

68 그는 "예수는 하나의 사생자에 불과하다. 당시의 사제에게 반항하고, 사람들에게 잡혀 죽임을 당한 사람이다. 예수는 말과 마음이 다르다. 편협하고 이기적이며 노하기를 잘하고 복수하기 좋아하는 우상의 하나이다"라고 하였고, 이후 이 주장은 반기독교의 논거로 자주 인용되었다(吳在環, 「五・四運動期 前後 中國知識人의 反基督教論爭」, 123~4 면).

69 소년중국학회는 5·4운동기인 1919년 7월 왕광기(王光祈) 등 신흥중국의 건설을 서두르던 의욕적인 지식인들이 만든 사단으로서, 진작소년정신(振作少年精神), 연구진실학술(研究眞實學術), 발전사회사업(發展社會事業), 전이말세풍기(轉移末世風氣)를 종지로 하였다.

70 그들의 논지는 다음과 같다. 첫째, 종교는 이미 아무런 의의가 없는 존재로 변하였고, 기독교의 교의 역시 이미 과학에 의해 거짓으로 판명되었다. 둘째, 종교, 특히 기독교는 편협한 신앙으로서, 신사상을 질식시키고 개인 및 민족의 발전을 방해한다. 셋째, 기독교는 서방확장주의자들을 위해 봉사한다. 넷째, 서양에서 조차 기독교가 이미 과학에 의해 지난 시대의 미신적 공동품이라고 주장하고 있다(吳在環, 「五・四運動期 前後 中國知識人의 反基督教論爭」, 129~130 면).

71 吳在環, 「五四運動期 中國知識人의 反基督教論爭」, 131~132 면: 閔斗基, 「國民革命運動과 反基督教運動」, 『中國初期革命運動의 硏究』, 서울대학교출판부, 1997, 288 면.

72 종교가 인류 사회에 유해하기가 홍수나 맹수보다 십배, 천배 더함을 심히 통절하게 생각한다. 종교가 있고 인류가 없든지, 인류가 있으면 종교가 없든지 해야 한다. 종교와 인류는 양립할 수 없다. 중국은 세계 다른 나라와 비교하여 깨끗한 무

종교지국(無宗教之國)이다. 그런데 수십 년 이래 기독교 등이 중국에 전염되어왔다. 최근 수개월 동안 그 기세가 더욱 팽창하였는데, 이제 소위 기독교학생동맹(基督敎學生同盟)이라는 것이 백주에 공공연히 중국의 수도 북경에서 개최되려고 한다. 생각건대 우리 인류가 기독교로부터 받은 피해는 그 밖의 어떠한 종교로부터 받은 것보다 심대하다(吳在環, 「五四運動期 中國知識人의 反基督敎論爭」, 133~4면).

73 吳在環, 「五四運動期 中國知識人의 反基督敎論爭」, 135면: 閔斗基, 「國民革命運動과 反基督敎運動」, 289면.

74 그는 반기독교운동이 격렬하게 전개되고 있는 시기인 1922년 5월 22일 『廣東群報』에 실린 「비종교동맹(非宗敎同盟)에의 회의(懷疑) 및 비기독교학생동맹(非基督敎學生同盟)에의 경고」라는 글에서, 반기독교운동이 필요한 근거로서 기독교가 교육권을 농단하고 교회학교 학생에게 독경(讀經)을 강요하는 반자유교육을 비판하였다(閔斗基, 「國民革命運動과 反基督敎運動」, 293면).

75 閔斗基, 「國民革命運動과 反基督敎運動」, 297~298면.

76 기독교측은 반기독교운동자들에게 학문의 권위와 신앙의 자유 침해를 들어 반격하였으나, 그 입장은 수세적이었다. 기독교측은 기독교의 비과학적 교리, 기독교와 제국주의자의 관계 등 민감한 사안에 관해서는 언급하지 않았다. 그러면서 이 사건을 반성의 기회로 삼아, 중국 기독교의 진화를 도모하겠다고 하였다(吳在環, 「五四運動期 中國知識人의 反基督敎論爭」, 139면).

77 이 시기에 국민혁명운동(國民革命運動)의 3가지 조건이 성숙되었다. 첫째, 국민당과 공산당의 합작이 승인됨으로써, 폭넓은 국민전선을 형성할 수 있었다(국민전선의 형성). 둘째, 군벌통치를 종식시키고, 손중산의 이론에 기초하여 군정·훈정시기를 담당하는 개명적 독재정권으로서의 국민을 위한 정부의 수립을 명확히 하였다(국민정부 수립목표의 명확화). 셋째, 서구 열강의 제국주의를 타도하고, 국민주권을 회복하여, 독립된 국민국가의 수립에 국민적 기대가 응축되었다(국민국가로서의 국권회복 지향)(요코야마 히로아키/박종현 역, 『중화민국사』, 126~127면).

78 손중산의 국민당은 중국공산당을 적대시하지 않았다. 손중산은 1923년 3월 광

주에서 정식으로 대원수(大元帥) 대본영(大本營)을 개설하고, 제3차 광동군정부를 수립하였으며, 이것을 기반으로 하여 국공합작과 국민혁명을 추진하였다. 국민당은 코민테른의 원조를 받아 1924년 제1차 전국대회를 광동에서 개최하였고, 당의 개조에 착수하여 연소(聯蘇), 용공(容共), 공농부조(工農扶助)를 주 내용으로 하는 새로운 삼민주의(三民主義)를 채택하였다. 이에 공산당원이 국민당의 일원으로 참가하는 것이 허용되고, 민족주의에서 반제국주의를 명백히 하며, 민권주의와 민생주의에서는 노동자 농민의 생활보장 방침을 채택하였다. 당은 민주집중제의 원칙에 따라 중앙과 지방의 각 단계로 조직하고, 전국대표대회를 당의 최고기관으로 하였다.

79 손중산은 혁명거점으로 광동에 북벌혁명군을 조직하여, 북상함으로써 지방할거의 군벌세력을 축출하고, 최종적으로 전국을 통일하고, 남경에 국민당정권을 수립하는 것이었다. 그러나 손중산은 1925년 3월 12일 "뜻이 있으면 이루고야 만다. 혁명은 아직 끝나지 않았다. 동지들은 계속 분발하라"는 유교(遺敎)를 남기고 59세의 생을 마감하였다(요코야마 히로아키/박종현 역, 『중화민국사』, 136~137 면).

80 국민당은 중화민국국민정부조직법 10조를 제정 공포하면서 국민정부의 성립을 선언하였다. 이 조직법은 이당건국(以黨建國), 이당치국(以黨治國)의 원칙 하에, 국민당이 국민정부를 지도 · 감독한다는 것과 국민정부는 집단지도체제를 채택한다는 것을 규정하였다.

81 무한국민정부는 왕정위(汪精衛)를 불러 권력 강화를 시도하였고, 장개석은 이에 합류하지 않고 남창에 머물며 군사작전을 지휘하였다. 무한정부와 대립이 심화되자, 장개석은 1927년 4월 12일 상해에서 이른바 4·12정변이라는 반공쿠데타를 일으켜 공산당원과 노동자 다수를 학살하였다. 그러자 무한국민정부는 장개석의 공산당 탄압을 비난하면서, 17일 그의 당적을 박탈하고, 체포령까지 내렸다.

82 이 전국통일은 장학량이 지배하는 동북 4성을 제외한 통일이었지만, 12월 29일 그가 삼민주의 준수와 국민정부에의 복종을 공표하고, 각지에 국민당의 청천백일기를 게양함으로써, 남경 국민정부는 사실상 전국통일을 달성하게 되었다. 7월 6일 장개석은 풍옥산 · 염석산 · 이종인 등과 함께, 북경의 서산 벽운사에 있는 손중산의 영전에 북벌완성(北伐完成)을 보고하였다.

83 호적은『신월(新月)』이라는 잡지에 「인권여약법(人權與約法)」이라는 글을 발표하여, 인권보호령에 대하여, 첫째, 신체, 자유, 재산의 내용에 관한 명확한 규정이 없다. 둘째, 명령이 금지하고 있는 것은 개인 또는 단체만이지만, 오늘날 우리가 가장 고통을 느끼는 것은 정부와 당 소속기관에 의한 신체, 자유, 재산에 대한 침해이다. 이 방면에서 명령은 어떠한 보장도 하고 있지 않다. 셋째, '법에 의하여'라고 하고 있지만 이것은 어떠한 법인가, 우리는 인권을 보장하는 어떠한 법률이 있는지 모르고 있다고 하면서 통렬히 비판하였다. 동시에 그는 헌법, 최소한의 약법의 제정이라도 조속히 실시할 것을 촉구하였다(김창규,『20세기초 중국의 민주정치론 연구』, 경인문화사, 2004, 26~30 참조).

84 훈정 초기 국민당과 남경국민정부 내에서는 약법(約法)의 제정을 둘러싸고 호한민(胡漢民)과 장개석 사이에 논란이 있었다. 손중산 사후 국민당 내 문(文)과 무(武)를 대표하였던 두 사람이 추구하는 정치적 이상과 목적은 상당한 차이가 있었다. 호한민은 훈정시기에는 손중산이 남긴 모든 유교(遺敎)가 근본대법으로 따로 약법을 제정할 필요가 없다는 입장이었다. 그는 "당권이 모든 것에 우선해야 한다"는 당권지상주의 입장을 견지하였다. 반면 국민회의 소집과 약법제정을 주장한 장개석은 기본적으로 "권력은 총구에서 나온다"는 관념을 버리지 못하여 군권(軍權)을 바탕으로 당정대권(黨政大權)까지 노렸다. 그러나 국민당은 1929년 3월 남경에서 제3차 전국대표대회를 개최하여, 장개석의 지도권을 더욱 공고히 하고, 좌파배제의 결의를 더욱 강화하였다.

85 훈정시기약법(訓政時期約法)의 반민주적 내용으로는, 첫째, 국민당이 전국에서의 통치권과 장개석의 최고 독재자로서의 지위를 확인하였다, 둘째, 국민정부가 국민당에 예속관계에 있다는 것을 확인하였다는 점을 들 수 있다(許崇德 著/변상필 譯,『中國憲法』, 東玄出版社, 1996, 104면).

86 그 예로 반국민정부적인 활동이나 조직을 반혁명으로 처벌하는 '잠행반혁명치죄법(暫行反革命治罪法)', 반국민정부적인 출판을 검열 단속하는 '출판법(出版法)', 삼민주의에 반하는 활동이나 언론을 처벌하는 '민주위해긴급치죄법(民主危害緊急治罪法)', 기타 '도비처벌잠행조례(盜匪處罰暫行條例)', '공산당인자수법(共産黨人自首法)', '치안유지긴급변법(治安維持緊急弁法)' 등을 들 수 있다.

87 중국민권보장동맹(中國民權保障同盟)은 민권 = 인권의 보장을 촉구한 중국 최초의 인권옹호의 민간단체로서 그 역사적 의의가 있다. 이것은 ① 국내정치범의 석

방, 일체의 잔혹한 형벌과 민권을 유린하는 구금 · 살육의 폐지 · 제거를 위한 투쟁, ② 국내정치범을 법률 기타 방법으로 원조하고, 감옥의 실태를 조사하며, 세론을 환기하기 위해 국내 인권억압실상을 출판하는 것, ③ 집회 · 결사의 자유, 언론의 자유, 출판의 자유 등 여러 민권을 위한 투쟁에 협력 · 조력하는 것 등을 내세웠다. 그러나 이 동맹에 대한 국민당정부의 공격이 격화되어, 결국 1933년 6월 18일 총간사인 양행불(楊杏佛)이 국민당의 특무에게 암살당함으로써, 동맹의 활동은 사실상 정지당하고 말았다(김창규, 『20세기 초 중국의 민주정치론연구』, 81~83 면).

88 이 공약에 따라 1933년 입법원에 손과(孫科)를 위원장으로 하고 40여 명의 위원으로 구성되는 헌법기초위원회를 구성하였다. 입법원 헌법기초위원회는 헌법기초업무에 착수하여 1934년 10월 헌법초안초고를 통과시키고, 이 초고를 국민당 중앙의 심의에 회부하였다. 국민당은 1935년 10월 중앙전회를 열고 제헌5원칙(制憲5原則)을 채택하고, 이 원칙에 따라 헌법초안을 만들 것을 입법원에 요구하였다. 이어 입법원은 이 원칙을 지침으로 하여 초고에 대한 수정과 재수정의 과정을 거친 안을 국민정부에 제출하였다.

89 현행 중화민국 헌법 서언은 "중화민국 국민대회는 전체 국민의 위탁으로 손중산 선생의 중화민국 건국 이념에 근거하고 국권을 공고히 하며 민권을 보장하고 사회안녕을 수호하며 인민의 복지를 증진하기 위하여 이 헌법을 제정하며 전국에 공포 시행하고 영원히 준수한다"라고 밝히고 있다. 이에 그치지 아니하고 제1장 총칙 제1조도 "중화민국은 삼민주의에 기초한 민유(民有), 민치(民治), 민향(民享)의 민주공화국이다"라고 규정하고 있다.

90 일찍이 모택동은 손중산에 대하여 "한 마음 한 뜻으로 중국을 개조하기 위하여 필생의 정력을 바쳤으니 나라를 위해 온 힘을 다 바쳐 죽을 때까지 그치지 않았다"라고 한 바 있다(장국화 역음/임대희 외 역, 『중국법률사상사』, 아카넷, 2003, 779 면).

91 민족주의는 제국주의에 반대하여 외세를 몰아내고, 민족혁명을 통해 만주족의 청 정부를 타도하여, 중국의 국가적 통합과 문화적 통일을 회복함으로써 중국민족의 영원한 생존을 확보하자는 원리이다. 민권주의는 정치혁명을 통하여 민주주의 입헌정체를 수립하고 국민정부를 구성하자는 원리이다. 민생주의는 사회혁명을 통하여 사회문제, 특히 토지문제를 해결하여 경제적 불평등을 시정하자는

원리이다.

92 다시 말해 가족, 종족이라는 단체를 기초로 하는 민족주의, 서구적 천부인권론과 다른 중국적 민권주의, 합군(合群)이 상호 돕는 민생주의로 전환되었다. 그리하여 손중산은 민족·민권·민생의 삼민주의도 군책(群策), 군력(群力)에 의거하지 않으면 실현이 불가능하다고 단정하게 되었다.

93 그의 5권 헌법사상은 1924년의 건국대강을 거쳐 1928년 중화민국 남경국민정부의 국민정부조직법으로 실현되었고, 현행 중화민국 헌법은 5권 헌법사상에 의거하여, 행정(제5장), 입법(제6장), 사법(제7장), 감찰(제8장), 고시(제9장)로 구성되어 있다.

94 이러한 치권은 정부의 고유한 권능이 아니라 국민이 수여한 것이기 때문에 국민들은 이를 철회할 수 있다. 손중산은 권과 능의 단순한 구분에 그치지 않고 국민의 4권과 정부의 5권 사이에 형평조화를 주장하였다. 그는 이로써 국민 유권(有權)과 정부 유능(有能)의 만능정부의 실현이 가능하다고 보았다.

95 손중산은 전제(專制)로부터 군주입헌(君主立憲)을 거쳐 공화(共和)에 이른다는 순서를 밟지 않고, 군주입헌을 건너뛰어 최신의 공화를 실현하는 것을 생각하였다. 그리고 그는 양계초 등 개량파와 달리, 중국인은 혁명을 통하여 이 공화를 실현할 자질을 가지고 있다고 보았다.

96 신해혁명을 통하여 만주(滿洲)라는 하나의 전제를 제거하였더니, 이번에는 떼강도의 전제가 기다리고 있었다. 그리고 그 폐해는 그 이전보다 심하였다, 이에 다시 손중산의 고민이 시작되었다. 신해혁명의 성공으로 주적인 청조는 타도되었지만, 제국주의 열강과 국내 군벌이라는 또 다른 적이 부상하였다. 이 두 적과의 투쟁과정에서 손중산의 자유론은 새로운 전개를 맞게 되었다. 먼저 그는 양계초가 일찍이 갈파한 바 있는 "중국의 민중은 모래와 같다"는 생각에 공감하게 되었다. 중국인의 인심이 이산되고, 민력이 응고하지 못하여 중국이 부강해질 수 없다는 것, 역으로 말해 중국이 부강해지기 위해서는 인심의 단결, 군력의 발양이 절실히 필요하고, 이 단결과 발양의 전제로서 집회의 자유, 출판의 자유, 사상의 자유 등이 보장되어야 한다는 것이다. 이에 손중산은 앞서 말한 자유론의 연장선상에 있으면서도, 이 시기 중국의 부강화를 위한 인심의 단결, 군력의 규합, 합군이라는 군체이론(群體理論)을 제시하게 되었다. 그리고 그 후 이 군체적 이념을

기초로 하여 제국주의 열강의 침략과 국내군벌의 횡행이 한층 심화되는 가운데, 새로운 자유론을 펼치게 된다(土屋英雄, 『中國「人權」考』 -歷史と當代-, 日本評論社, 2012, 67~74 면).

97 중국혁명과 유럽혁명의 목적은 정반대이다. 유럽에서는 자유가 형편없어서 혁명하여 이를 쟁취하고자 하였다. 그러나 우리 중국은 자유가 너무 많아서, 단체도 없고 저항력도 없이 일편산사(一片散沙)처럼 되었다. 일편산사이기 때문에 외국 제국주의의 침략을 받고 열강의 경제적 억압을 받게 되었는데도, 우리는 지금 저항하지 못하고 있다. 앞으로 외국의 억압에 저항하기 위해서는 각인의 자유를 타파하고 시멘트를 모래에 섞어 강한 벽돌을 만들 듯이 견고한 단체를 결성하지 않으면 안된다. 우리나라의 자유를 회복하기 위해서는 자유를 집합하여 더욱 견고한 단체로 만들어야 한다. 우리의 혁명주의는 집합된 시멘트이고, 4억 인을 모두 혁명대열로 집합하게 해야만 거대한 단체로 된다(土屋英雄, 『中國「人權」考』, 27~28 면).

98 김창규, 『20세기 초 중국의 민주정치론연구』, 183 면.

99 대계도(戴季陶)는 손중산의 사망 직후인 1925년 6월과 7월 「손문주의지철학적기초(孫文主義之哲學的基礎)」와 「국민혁명과중국공산당(國民革命與中國共産黨)」이라는 논문을 발표하였다. 여기서 그는 유학을 삼민주의로 해석하면서, 손중산이 공자 이후 단절된 유교의 도통을 계승하였다고 주장하였다(朴敬石, 「南京國民政府의 孔子誕辰紀念과 民族主義」, 252 면).

100 장개석은 1933년 중앙정치학교에서 행한 훈화에서, 삼민주의의 연원은 요(堯)-순(舜)-우(禹)-탕(湯)-문(文)-무(武)-주공(周公)-공자(孔子)로 연면히 전해오는 도통이며, 삼민주의의 근본정신은 중화민족 고유의 정신으로서, 혁명을 지도하고 민족을 부흥시키는 것이라고 강조하였다(李丙仁, 「國民黨政權의 公民觀과 民族傳統」, 『中國近現代史研究』 第35輯, 2007, 43~45면).

101 국민당의 최고지도자 손중산은 개인적으로 기독교도이었으나, 혁명운동가로서 그는 기독교에 적극적으로 우호적인 태도를 취하지는 않았다. 장개석 역시 개인적으로는 세례 받은 기독교도로서 종교행사에 참여하여 간증까지도 하는 신자였으나, 국민정부의 지도자로서 그는 기독교에 대하여 우호적이지 않았으나, 국민당과 정부 요인 중에는 반기독교적 입장을 취하는 자로 호한민(胡漢民), 왕

정위(汪精衛), 대계도(戴季陶), 요중개(廖仲愷) 등 다수가 있었다.

102 閔斗基,「國民革命運動과 反基督敎運動」, 327~9 면

103 여기서 국민정부는 "산야향곡(山野鄕曲)에는 우귀사신(牛鬼蛇神)의 누속미신(陋
俗迷信)이 존재하고, 성시도회(城市都會)에는 음사불경(陰邪不經)의 사(祀)가 많
다. 문화가 날로 새로운 과학창명(科學昌明)의 시대에 이러한 누속(陋俗)을 개혁
하지 않는다면, 민지(民智)를 펼칠 수 없고 열국의 웃음거리가 될 것이다. 손중
산 선생이 민권주의를 주장한 만큼, 현재는 신권(神權)은 물론이고 군권(君權)도
이미 과거의 것이 되었다. 민권을 발전시켜 나가는 데 장애가 되는 것은 모두 제
거하여야 한다"라고 발표하였다(酒井忠夫,『近現代中國にわける宗敎結社の研
究』著作集6, 國書刊行會, 2002, 446~7 면).

104 酒井忠夫,『近現代中國にわける宗敎結社の研究』, 462~467 면.

105 여기서 선철(先哲)은 민족·국가·사회에 공적이 있고, 학술을 펼치고, 인류복
리에 기여한 인물이나 충렬호의(忠烈孝義)로서 인류의 모범이었던 인물을 말한
다. 종교(宗敎)는 종지(宗旨)가 순정하고 일반 민중의 신앙을 받고 있는 것으로
한정하였다. 폐제 대상인 신사에도 고신류(古神類)와 음사류(陰祀類)의 두 종류
가 있다. 고대 과학이 발달하지 않은 시대부터 숭배되어 온 고신은 현재에는 그
의의가 전혀 없다. 후자는 미신과 같은 신을 내세워 돈을 챙기는 것, 초목의 정
령 등을 신앙하는 것 등이다. 이 기준에 따르면 불교의 경우, 석가·보살·달마
는 문제 없으나, 세속의 불교는 부정되었고, 특히 승려가 거행하는 장식례(葬式
禮)는 문제시되었다. 도교의 경우, 신은 노자(老子)만 인정될 뿐 원시천존(元始
天尊) 이하 천사도관계(天師道關係)의 신은 부정하였다(酒井忠夫,『近現代中國
にわける宗敎結社の研究』, 448~461 면).

106 중앙일보, 2015. 2.18. 16 면 참조

107 그는 1930년 승벌의 타도, 승중의 해산, 묘산의 획발(劃撥), 교육의 진흥이라는
4항목을 목표로 하는「묘산흥학촉진회선언(廟産興學促進會宣言)」을 발표하였
고, 또 이듬 해에는 남경정부 국민대표대회에 이 안을 제출하여 법률화하고자
하였다(鎌田茂雄 著/鄭舜日 譯,『中國佛敎史』, 경서원, 1992, 268~270 면).

108 태상추의 묘산흥학운동에 대하여 경안(敬安)과 그의 제자 태허(太虛)는 불교진

흥과 사찰 재산보호를 위해 적극 노력하였다. 특히 태허는 남경에 중국불학회(中國佛學會)를 발흥하고, 이어 전국의 불교도의 단결을 촉구하고, 국민정부에 반대입장을 전달하는 등 불교개혁의 신운동을 적극 추진하였다. 특히 태허는 불교에 의해서만 삼민주의 문화가 건설되고, 중국혁명이 완성될 수 있다고 주장하면서, 불교인에게 구국과 호국을 강조하였다.

109 장개석은 국가와 민족의 부흥은 무력이 아니라 국민이 가지고 있는 도덕과 지식에 바탕하고 있다고 생각하였다. 중국이 빈곤하고 민족이 쇠퇴한 것은 무기가 서양에 뒤떨어져서가 아니라, 중국 고유의 정신과 덕성, 예의염치(禮義廉恥)라는 사유(四維)가 상실된 데 있다고 보았다. 그는 우리 민족을 부흥케 하고 우리의 혁명을 완성하기 위해서는 민족고유의 덕성인 예의염치를 익혀 혁명적 인격을 지녀야 한다고 주장하였다. 신생활운동의 중심 내용은 첫째, 전통의 예의염치를 인민들의 의식주행의 기본준칙으로 삼는다. 둘째, 정제(整齊)·청길(淸洁)·간단(簡單)·소박(素朴)·신속(迅速)·확실(確實)의 6조를 기본으로 하여 신생활에 이른다. 셋째, 신생활운동의 목표는 군사화, 생활화, 예술화, 즉 이른바 삼화(三化)를 달성하는 것이다. 넷째, 일반적인 생활규칙을 제정한다는 것이었다(김창규, 『20세기 초 중국의 민주정치론연구』, 경인문화사, 2004, 184~5 면).

110 국민당의 남경정부는 출범 초기에는 전통문화와 공자에 대하여 애매하고 유보적인 입장이었다. 공자의 존왕충군(尊王忠君) 이념이 현대 정치의 보편적 가치인 자유 평등의 이념에 위배되고, 손중산의 삼민주의와도 크게 다르다는 이유에서 였다.

111 朴敬石, 「南京國民政府의 孔子誕辰紀念과 民族主義」, 226 면.

112 정부는 공자탄신일을 공휴일로 지정하고, 깃발을 내걸어 경축하고, 당정군경과 각 학교와 단체로 하여금 기념집회를 갖도록 하였다. 이 행사는 16년 만에 부활된 것이다.

113 이 선언은 국민당정부의 입장을 지지하는 것으로, 중국 고유의 봉건 문화전통을 회복하는 것을 목적으로 하고, 서구문화의 부분적 수용은 허용하면서도, 전면적으로 받아들이는 것에는 반대하였다.

114 그 반대의 논거는 첫째, 기아에 허덕이는 민중에게 절실한 것은 경제여건을 개

선하는 것이지, 예의염치를 말하는 것은 아무런 도움도 되지 않는다. 둘째, 신생활운동의 내용이 대체로 시시콜콜한 사소한 행동의 개선을 요구하는 것으로서, 이것이 국가를 구하는 데 무슨 도움이 되겠는가. 셋째, 예의염치는 2000년 전 봉건사회의 예교로서, 20세기에 이를 다시 주장하는 것은 수레를 거꾸로 돌리는 복고운동으로 타당하지 않다(이병인, 「國民黨政權의 公民觀과 '民族傳統-革命과 民族傳統의 교환과 교류」, 45, 49 면).

115 서진영, 『중국혁명사』, 94~100 면.

116 10월혁명의 포성인 러시아 볼셰비키혁명의 성공은 신문화운동의 지도자들, 예컨대 진독수, 이대교, 채화삼(蔡和森), 주은래, 구추백(瞿秋白), 모택동 등에게 마르크스-레닌주의를 빠르게 받아들이는 원인이 되었다. 그들에게 마르크스-레닌주의는 모든 사회문제를 해결하고 공산주의적 이상사회의 모습을 제시해 주는 것이었다. 모택동은 1949년 「논인민민주전정(論人民民主專政)」(인민민주주의 독재를 논함)이라는 글에서 "러시아혁명의 포성은 우리에게 마르크스-레닌주의를 가져다 주었다"라고 하였다.

117 서진영, 『중국혁명사』, 64 면.

118 러시아는 1917년 러시아혁명이 발발하여 사회주의 소비에트가 수립되었다. 레닌은 혁명 후 동방 각국 특히 중국의 민족혁명운동에 지대한 관심을 가졌다. 중국혁명을 지원함으로써 중국을 자신들의 동조세력으로 끌어들여, 자본주의 세력으로부터의 공격을 완화하면서 사회주의혁명을 세계로 수출하고자 하는 전략을 수립하였다. 그는 이를 위해 1919년 모스크바에서 전 세계 노동자들의 국제적 조직으로 공산주의 인터내셔널(Communist International: 약칭 코민테른)을 조직하였다. 러시아혁명 이후 소련은 세계의 사회주의화를 위하여 국민당이나 공산당을 가리지 아니하고 중국 대륙에서 실권이 강한 정치단체와 끈질기게 접근을 시도하였고, 어느 정도 성공도 거두었다. 국민당은 실제로 소련으로부터 원조를 받아내기 위하여, 공산당은 신생정당으로서 견고하지 못한 정치적, 사회적 기반을 강화하여 궁극적으로 사회주의 국가의 건설이라는 목적을 달성하기 위하여 상호 이해가 일치하였기 때문이다.

119 이후에도 중국공산당이 정권을 탈취하는 행보마다 그 배후에는 소련이 있었다. 코민테른은 1924년 제1차 국공합작을 원조하였고, 1927년 7월 국공합작이 붕

괴한 후에는 무장봉기 노선으로 급선회할 것을 지령하였다. 중국공산당은 1928년에는 국민정부군의 추격을 받아 위기에 처하자 제6차 전체대표대회를 모스크바에서 열기도 하였다. 중국이 1949년 10월 1일을 중화인민공화국 건국일로 정한 것도, 1954년 최초의 헌법을 제정한 것도 소련의 요구에 따른 것이다. 1953년 스탈린 사후에 비로소 중국은 점차 소련으로부터 독립적인 관계를 취하게 되었다.

120 이에 영향을 받아 다음해 1월 까지 북경, 광동, 장사 등 국내뿐만 아니라 프랑스, 일본 등 해외에도 공산주의소조가 결성되기에 이르렀다. 그리고 1920년 상해에서 사회주의청년단(社會主義靑年團)도 조직되었다.

121 이 대회에 모택동은 호남지역의 대표자격으로 참가하였으나, 진독수와 이대교는 참석할 수 없었다. 창당 당시 총당원은 57명에 지나지 않았고, 그들 중 4명만이 노동자였고, 나머지는 지식인이거나 자유직업 종사자였다. 이와 같이 창당 초기 중국공산당은 소수의 급진적 지식인이 중심이 되어 만든 소규모의 비합법 정치결사였다. 그러나 공산당의 창당은 중국 현대사에서 획기적인 사건으로서, 창당 29년이 되는 1949년 10월 1일 천안문 광장에서 중화인민공화국의 건국을 선포하였다.

122 이병호, 「'중화인민공화국' 국호(國號) 작명 과정 고찰 —특히 연방제 채택문제와 관련해」, 『동북아역사논총 45호』, 2014, 264 면.

123 1925년에 중국공산주의청년당(中國共産主義靑年黨)으로 개명되면서, 공산당과의 관계를 "공청단은 공산당의 지도에 복종한다. 공청단의 정치활동은 당의 감독과 지도를 받는다"로 정리하였다.

124 이 긴급회의는 국공합작의 실패에 대한 책임을 진독수의 우경기회주의(右傾機會主義) 노선에 돌리고 그의 퇴진을 결의하였고, 구추백을 총서기로 하는 임시정치국을 선임하였다(서진영, 『중국혁명사』, 148~149 면).

125 그 내용의 골자는 ① 제국주의 지배타도, ② 외국자본의 기업과 은행의 몰수, ③ 중국의 통일과 민족자본의 육성 및 승인, ④ 군벌과 국민당정부의 타도, ⑤ 노농자와 병사를 대표하는 정부수립, ⑥ 8시간근로제 · 임금인상 · 실업자구제 · 사회보험의 실시, ⑦ 모든 지주의 토지몰수와 농민에의 분배, ⑧ 병사의 생

활개선과 토지분배와 일거리 부여, ⑨ 군국정부의 중세·잡세의 폐지와 통일누진세 시행, ⑩ 세계 프롤레타리아와 소련과의 제휴 등이었다.

126 중앙인민위원회는 모택동을 주석으로, 항영(項英)과 장국도(張國燾)를 부주석으로 하며, 주덕(朱德)을 혁명군사위원회 주석으로 하여 구성되었다. 이 임시정부의 수립은 중국공산당 결성 10년 후의 일로서, 중국안에 국민당정부를 부정하는 공산당정부가 최초로 등장하게 되었다. 이것은 중국공산당이 신해혁명 이후 성립된 중화민국 내부에, 그에 대항하는 또 다른 국가인 '국내국가(國內國家)' 혹은 '이중정권(二重政權)'의 수립을 통해, 새로운 계급공화국의 등장을 공식화한 것이다(朴尙洙,「階級과 共和—중국공산당의 共和國 구상의 변천」,『中國近現代史研究 第52輯』, 2011, 103면).

127 또한 모택동은 농민대중의 경제적 이익을 담보함으로써, 혁명근거지의 정치적·경제적 기반을 구축하기 위하여, 정강산토지법과 같이 그동안 지방적 특색에 따라 나름대로 실시되던 토지혁명을 종합하고자 하였는데, 이를 위한 법이 1931년 제정된 중화소비에트토지법이다(서영진,『중국혁명사』, 169~180면).

128 헌법대강의 주요 내용으로는 ① 노농독재정부의 수립과 전중공의 소비에트정권화, ② 노동법의 제정, 8시간 노동제, 최저임금제, 사회보장과 실업자 수당제도 등을 통한 노동자계급의 생활개선, ③ 토지법의 제정, 농지개혁을 통한 농민의 생활개선과 봉건적 착취제의 파기, ④ 사회주의적 경제정책, ⑤ 제국주의로부터의 해방, ⑥ 노농민의 혁명발전 보장과 전국적 승리, ⑦ 노농민의 언론·출판·집회·결사의 자유, 교육을 받을 권리, 주거의 자유보장, ⑧ 부인의 해방보장, ⑨ 민족자결주의, ⑩ 혁명가의 비호권, ⑪ 외국인의 권리, ⑫ 통일전선 결성과 소련과의 동맹체결 등을 들 수 있다(張晉藩,『中國憲法史』, 吉林人民出版社, 2004, 267~280면).

129 許崇德 著/卞相弼 譯,『中國憲法』, 110면.

130 중국공산군의 주력부대는 거의 1년에 걸쳐 중국대륙의 11개 성을 통과하고, 18개 산맥과 17개 강을 건너 2만 5천리(1만 2천 킬로미터)를 답파한 끝에 1935년 9월 섬서성(陝西省) 오기진(吳起鎭)에 도착하였다. 강서성을 탈출할 당시 10만이었던 홍군의 주력부대가 섬서성에 도착할 때에는 생존자 7천에 불과할 정도로, 대장정은 공산당에게 고난과 시련의 시기였다(서진영,『중국혁명사』, 198면).

131 대장정 도중 1935년 1월 귀주성 준의(遵義)에서 개최된 정치국 확대회의에서 소련파 지도부를 누르고 모택동의 군사노선이 당의 새로운 방침으로 채택됨으로써, 이후 모택동이 당권과 군권을 장악해가는 중요한 계기가 되었다(서영진, 『중국혁명사』, 119~205 면).

132 코민테른은 1935년 7월 제7차 대회에서 '반파시즘 국제통일전선'을 결의하면서, 소련과 코민테른 지도부가 부르주아계급을 포함하여 광범위한 반파시스트 연합전선의 결성을 강조하였다. 강서시대 중국공산당의 통일전선전략은 부르주아계급과 국민당을 배제한 '밑으로부터의 통일전선'을 강조함으로써 좌경적 편향성을 띠는 것이었다(서영진, 『중국혁명사』, 216 면).

133 여기서 협감녕변구정부는 중국 서북부의 섬서성·감숙성·영화성의 변경지역에 위치한 정부라는 의미이다. 당시 변구로는 협감녕(陝甘寧) 이외에도 진찰기(晉察冀), 진기로(晉冀魯) 등이 있었다. 국민정부도 여산(廬山)회담에서 협감녕(陝甘寧)변구를 승인하고, 10월 행정원회의에서 이를 통과시켰다. 이로써 협감녕변구는 국민정부 행정원 관할하의 특별행정구로 되었다(김세호, 「중국공산당의 중앙-지방관계에 대한 구상과 제도화 1921~1954」, 『中國近現代史硏究』第57輯, 2013, 99 면).

134 1941년 11월에 채택된 협감녕변구의 제2기 시정강령은 ① 무장력의 증진과 항일단결, ② 항일인민의 인권보장, ③ 공정한 사법제도, ④ 부정공직자의 처벌, ⑤ 농업 상공업의 발전과 근로조건의 개선, ⑥ 문맹퇴치와 과학 의학의 발전, ⑦ 남녀평등과 1부 1처의 가족제도, ⑧ 각 민족의 평등권 보장, ⑨ 해외화교의 내구환영, ⑩ 외국인의 지위 보장과 정치적 망명자의 보호 등을 그 주된 내용으로 한다.

135 모택동은 '신민주주의론'에서 새로 세워질 국가의 명칭을 '중화민주공화국(中華民主共和國)'으로 정하고, 그 성격을 신민주주의적 공화국이자 신삼민주의공화국으로 규정하였다(이병호, 「'중화인민공화국' 국호(國號) 작명 과정 고찰－특히 연방제 채택문제와 관련해」, 『동북아역사논총』 45호. 동북아 역사재단. 2014, 268 면.

136 그 주된 내용은 다음과 같다. ① 레닌과 스탈린에 의하여 정식화된 2단계 혁명론을 수용하여, 중국혁명을 민주주의혁명과 사회주의혁명으로 구분하였다. ②

중국의 민주주의혁명은 5·4운동을 전후하여, 구 민주주의혁명 단계와 신민주주의혁명 단계로 구분해야 한다. ③ 신민주주의혁명 단계에서 프롤레타리아계급은 부르주아계급이 실현하지 못한 역사적 임무인 민족국가의 독립과 민주주의의 쟁취를 실천하고, 사회주의로 이행할 수 있는 준비를 해야 한다. ④ 부르주아계급과 연합가능성을 배제하거나 파괴해서도 안되지만, 그렇다고 프롤레타리아계급과 공산당의 독자성과 영도권을 포기해서도 안된다. ⑤ 기본적인 혁명전략은 진보적 세력을 발전시키고 중간세력을 쟁취하는 것이며, 동시에 완고파를 고립시키는 것이다. ⑥ 정치 · 경제 · 문화영역의 전 영역에 걸쳐 신민주주의적 신질서를 창출하여야 한다.

137 신민주주의혁명운동의 구체적 내용은, 첫째, 협감녕변구와 해방구의 정권기구를 민주적 연합정권으로 구성하기 위하여 이른바 3·3제를 실시하였다. 둘째, 협감녕변구 정부는 사회경제적 불평등을 점진적으로 해소하면서도, 전반적인 경제발전을 이룩하기 위하여 감조감식운동과 통일적인 누진세제도 등 일련의 혼합경제정책(混合經濟政策)을 실시하였다. 셋째, 협감녕변구 정부는 민주적이고 과학적이며 대중적인 신민주주의문화를 건립하기 위하여, 신민주주의 문화운동도 동시에 추진하였다(서진영, 『중국혁명사』, 277~280 면).

138 「回族 인민에 대한 中華소비에트中央政府의 宣言」, 徐玉成, 『宗教政策法律知識答問(增訂本)』, 459 면.

139 안효열, 「현대 중국의 종교정책에 대한 연구」, 서울대학교 대학원 석사학위논문, 1994, 51~53 면.

140 공산당은 4월과 6월 사이 연안에서 개최된 제7차 전당대회에서 신민주주의혁명론과 항일민족통일전선의 정신에 입각하여 모든 당파와 모든 계층을 대변하는 민주적 연합정부를 수립하여, 독립, 자유, 민주, 통일, 부강의 신중국을 건설할 것을 당의 기본노선으로 채택하였다. 국민당도 5월 중경에서 제6차 전당대회를 개최하고, 항일전쟁으로 중단되었던 국민대회를 손중산 탄생 80주년이 되는 1945년 11월 12일에 소집하여 훈정기를 종식시키고 헌정기(憲政期)를 준비하는 작업에 착수할 것을 선언하였다. 양당은 각기 상반되는 정치적 의도와 구상을 가지고 있으면서도, 내전중지에 대한 압력과 평화건국에 대한 열망을 외면할 수 없어 협상에 나서게 되었다(서진영, 『중국혁명사』, 300~301 면).

141 장개석과 모택동은 신해혁명 기념일인 쌍십절(10월 10일), 국공쌍방대표회담기요(國共雙方代表會談紀要), 일명 쌍십협정(雙十協定)에 서명한다. 쌍십협정은 전문 12개조로 구성되고, 그 주된 내용은 ① 화평건국의 기본방침, ② 정치민주화 문제, ③ 국민대회 문제, ④ 인민의 자유 문제, ⑤ 당파의 합법화 문제, ⑥ 특무기관 문제, ⑦ 정치범 석방 문제, ⑧ 지방자치 문제, ⑨ 군대의 국가화 문제, ⑩ 해방구 지방정부 문제, ⑪ 한간(漢奸) 문제, ⑫ 수강(受降) 문제 등이었다.

142 정치협상회의는 국민당, 8명, 공산당 7명, 민주동맹, 9명, 중국청년당 5명, 무당파 9명으로 구성되었고, 전후 10여 차의 회의를 개최한 후 폐회하면서, 정부조직안, 국민대회안, 화평건국강령, 군사문제안, 헌법초안 등 역사적인 5대결의를 채택하였다.

143 55헌초개정(五五憲草改正)의 12개 원칙의 핵심내용은 다음과 같다. ① 국민대회(國民大會)는 전국에서 선출된 대표로 조직되고 4권(權)을 행사한다. ② 입법원(立法院)은 국가의 최고 입법기관으로서 민주국가의 의회에 해당하는 기관이다. ③ 감찰원(監察院)은 국가의 최고 감찰기관으로서 탄핵 · 감찰권을 행사한다. ④ 사법원(司法院)은 국가의 최고 법원으로서 약간 명의 대법관으로 조직한다. ⑤ 고시원(考試院)은 총통이 지명하는 위원으로 구성되며 공무원과 전문직업인의 고시를 주관한다. ⑥ 행정원(行政院)은 국가의 최고 행정기관으로서, 행정원장은 입법원의 동의를 얻어 총통이 임명한다. ⑦ 총통은 행정원의 결의를 거쳐, 긴급명령을 발포할 수 있다. ⑧ 중앙과 성의 권한은 균권(均權)주의에 의해 획정된다. ⑨ 인민은 민주국가의 국민과 같이 자유와 권리를 누리며, 헌법의 보호를 받는다. ⑩ 선거에 관해서는 독립된 장으로 규정하되, 피선거 연령은 23세 이상으로 한다. ⑪ 국방 · 외교 · 국민경제 · 문화 · 교육 등의 국가기본정책에 관하여 규정한다. ⑫ 헌법 개정은 입법 · 감찰 양원의 연석회의에서 의결한다.

144 서진영, 『중국혁명사』, 310~11 면.

145 진찰기변구(晉察冀邊口) 행정위원회는 1945년 9월 26일 전문 8개조로 구성된 진찰기변구 시정강령을 공포하고, 협감녕변구(陝甘寧邊口)참의회는 1946년 4월 23일 5장 26조로 구성된 협감녕변구 헌법원칙을 채택하였다.

146 서진영, 『중국혁명사』, 316~317 면.

147 중국공산당은 1946년 5월 4일 감조감식정책(減租減息政策)을 진일보 발전시켜, 경자유전(耕者有田)을 실천하는 단계로 전환할 것을 촉구하는 '토지문제에 관한 지시'(이른바 5·4지시)를 발표하였다. 그 후 내전이 격화되자 공산당은 1947년 10월 10일 5·4지시를 수정하여 한층 급진화된 '중국토지법대강(中國土地法大綱)'을 공표하였다. 이것은 모든 지주의 토지소유권을 폐지하고, 경자유전의 원칙에 입각하여 토지의 균등배분을 실현함으로써, 농촌사회의 봉건구조를 철저히 청산한다는 것이었다.

148 모택동은 장개석 국민당정권의 물적 토대는 장(蔣)·송(宋)·진(陳)·공(孔)으로 대표되는 4대가족의 관료독점자본주의라고 보고, 이들의 독점자본을 몰수하여 신민주주의국가에 반환하도록 하여야 한다고 주장하였다.

149 모택동은 내전의 승리 이후에도 상당 기간 민족자산계급의 협력이 필요하고, 국민경제의 테두리 안에서 자본주의경제와 사회주의경제의 공존이 필요하다고 역설하면서, 자본주의 일반을 일소하려는 좌익모험주의를 경계하였다(서진영, 『중국혁명사』, 317 면).

150 동 선언은 통상 정치강령 8개조라고 하며, ① 민족 통일전선의 결성, 장개석 정부의 타도, 민주연합정부의 수립, ② 전범자의 체포 재판 및 처벌, ③ 독재의 폐기와 민주실현 표현의 자유보장, ④ 청렴정치의 수립, ⑤ 장개석, 송자문(宋子文), 공상희(孔祥熙), 진입부(陳立夫)의 4대 가족 기타 주요 전범자의 재산 및 관료자본의 몰수, 민족상공업의 진흥, 사회복지의 실현, ⑥ 봉건적 착취제도의 폐지, 경자 위주의 토지제 실시, ⑦ 소수민족의 평등과 자치권 인정, ⑧ 장개석 정부의 매국외교 부정 매국조약 파기와 호혜평등조약의 체결, 장개석 정부의 외채 부인, 재 중국 미군의 철수와 장개석에의 내전원조 반대 등이 그 주된 내용이다(이병인, 「國民黨政權의 公民觀과 '民族傳統'」, 270 면).

151 徐玉成, 『宗教政策法律知識答問(增訂本)』, 449 면.

152 1940년대 중국 천주교에 속한 20명의 총주교(總主教) 가운데 외국 국적이 17명이고 중국 국적은 3명에 불과하였다. 143개의 교구 중 외국 국적의 주교는 110여 명이었고 중국 국적의 주교는 20여 명이었다.

4장

현대중국의 헌정과 종교정책

중국은 1949년 건국 이후 5세대의 지도부에 이르고 있으며, 중국 특색의 사회주의 국가건설이라는 임무를 수행해오고 있다. 중국의 헌정사는 1978년을 기준으로 모택동 중심의 제1세대 통치기의 전기와 등소평 이후 강택민, 호금도, 시진핑까지의 5세대로 대별할 수 있다. 세대별지도자들과 각 시기에 이루어진 헌정과 종교정책들을 살펴본다.

Ⅰ. 제1세대 통치기의 헌정과 종교정책

1. 건국 초기의 헌정과 종교정책

중화인민공화국의 건국과 공동강령의 제정

건국과 공동강령의 제정

중국공산당은 1949년 6월 국민당계를 제외하고 민주당파, 민간단체, 소수민족과 화교대표 등 134명으로 신정치협상회의 준비회를 구성하였다. 동 준비회는 신정치협상회의 조직조례를 통과시키고, 모택동을 중심으로 하는 상무위원회에 실무를 맡겼다. 이어 9월 소집된 준비회에서는 회의명칭을 중국인민정치협상회의로 바꾸었다. 인민정치협상회의는 1949년 9월 21일부터 30일까지 북경에서 공산당, 민주당파, 민간단체, 인민해방군, 각 지구, 각 민족, 화교 대표 총 662명이 모여 제1차 전체회의를 개최하였다. 이 회의에서 중국인민정치협상회의 공동강령과 중화인민공화국중앙인민정부 조직법, 중화인민정치협상회의 조직법 등을 의결하였다. 그리고 모택동을 중앙인민정부 주석으로 하고, 북경을 수도로 하며, 오성홍기를 국기로 하는 중화인민공화국의 수립을 의결하였다. 중앙인민정부 위원회는 이어 10월 1일 제1차 회의를 개최하여 공동강령을 중앙인민정부의 기본법으로 의결하면서, 북경의 천안문 광장에서 건국행사를 갖고 중화인민공화국 중앙인민정부의 수립을 선언하였다.[1] 중화인민공화국의 건국은 반제국주의와 반봉건주의를 해결한 역사적 사건이 었다는 점에서 중요한 의미를 가지며, 이를 기준으로 이전과 이후 사이에 엄청난 변화가 있었다.

일반적으로 신국가 건설은 새로운 법제의 구축으로부터 시작된다. 1949년 10월 1일 건국된 중화인민공화국도 국민당정부의 법률을 폐기한 기초 위에 성립되었다. 중국공산당 중앙중공중앙은 건국에 앞서 동년 2월 22일 '국민당의 육법전서六法典書를 폐기하고, 해방구解放區의 사법원칙을 확정하는 것에 관한 지시'를 내려 국민당정권의 구 법률을 폐기하였다.[2] 이 지시에 따라 국민당의 육법六法, 즉 국민정부의 모든 법령은 폐지되고, 그 대신 인민해방군 또는 인민정부의 강령 · 법령 · 조례 · 명령 · 결의 등이 법원法源으로 인정되었다. 이어 중국공산당은 신민주주의혁명의 특징을 결합하여 마르크스-레닌주의와 모택동 사상을 지침으로 외국의 법제건설 경험과 교훈을 참고로 하여 새로운 법을 제정하기로 하였다. 그리고 새로운 법령이 제정되기 이전의 과도기에는 신민주주의 정책의 법원성을 인정하였다.[3] 건국에 즈음하여 국가의 근본법인 헌법을 우선적으로 제정하여야 한다는 인식이 지배적이었으나, 당시 정치적 상황은 그럴 여유가 없었다. 이에 인민정치협상회의가 전국인민대표대회를 대신하여 헌법 제정권력을 행사하여, 1949년 9월 29일 임시헌법적인 공동강령을 제정하였다.

공동강령은 전술한 중화소비에트공화국 헌법대강, 변구 및 해방구의 헌법원칙과 시정강령을 계승하고, 모택동의 신민주주의론을 기반으로한 일종의 임시헌법으로서 1954년 9월 정식 헌법이 제정될 때까지 사실상 헌법으로서 기능하였다. 신민주주의론은 위에서 개관한 바와 같이 모택동이 이미 1940년에 새로운 중국의 건설이념으로 주장한 이론이다. 그는 중국혁명을 낡은 부르주아 민주주의혁명이나 사회주의혁명이 아닌 신민주주의혁명으로 규정하였다. 중국은 곧바로 사회주의로 나아가는 것이 아니라 10년 내지 15년 동안 신민주주의를 계속하고, 그 이후 사회주의로 이행한다는 것이었다. 이와 같이 공동강령은 모택동의 신민주주의를 신중국 건설의 이념으로 하고, 인민민주주의론, 연합정부론, 통일전선전술론 등에 입각하고 있기 때문에 '모택동 헌법'이라고 할 수 있다.[4]

공동강령은 전문과 7장 60조로 구성되었는데, 중화인민공화국은 노동계급이 인민민주독재를 행하는 인민민주주의 국가임을 분명히 하고 있다.[5] 중화인민공화국의 최고 정권기관은 전국인민대표회의이고, 전국인민대표대회가 폐회 중일 때에는 중앙인민정부가 그 권한을 대행하게 되어 있다. 그러나 54년 헌법이 공포되기까지 이 전국인민대표대회는 개최되지 않았다. 따라서 이 기간 중에는 중화인민정치협상 전체회의가 최고의 정권기관이었고, 이 전체회의가 폐회 중일 때는 중화인민정부위원회가 그 권한을 대행하였다. 공동강령은 권리와 의무의 원칙을 구현하여 인민에게 권리를 보장함과 동시에 기본적인 의무도 부과하였다. 경제에 관해서는 사회주의적 국영경제, 반사회주의적 합작경제, 농업 및 사적 자본주의의 개인경제가 혼합된 경제방식을 채택하였다. 외교정책으로는 국가의 독립, 자유와 영토의 보전, 상호존중, 국제적 평화와 우호협력, 제국주의적 침략과 전쟁에 반대하였다.

공동강령에서의 종교조항

공동강령은 종교신앙의 자유를 기본적 권리와 함께 같은 조항에서 보장하였다. 제5조는 "중화인민공화국 인민은 사상, 언론, 출판, 집회, 결사, 통신, 신체, 거주, 이주, 종교적 신앙 및 시위행진의 자유권을 가진다"라고 하여 종교신앙의 자유를 보장하고 있다. 그리고 소수민족의 평등과 관련하여 제9조는 "중화인민공화국 영내의 각 민족은 모두 평등한 권리와 의무를 가진다"고 하여 민족의 일률적 평등의 원칙을 확립하였다. 또한 소수민족의 종교와 관련하여 제53조는 "각 소수민족은 모두 자기 민족의 언어와 문자를 발전시키며, 고유의 풍속 습관과 자유를 유지하거나 개혁할 자유를 가진다"라고 하여 소수민족의 종교신앙의 자유를 보장하고 있다.

1954년 인민민주주의 헌법의 제정

1949년 신중국 성립에서 1954년까지 5년 동안 정치 · 경제 · 문화영역에 중대한 변화가 발생하였다. 첫째, 건국 후 대중운동이 승리함으로써, 공산당 정권의 기반이 강화되었다. 둘째, 정치적으로 프롤레타리아 독재체제가 중앙과 지방에 걸쳐 점차 공고화되었다.[6] 셋째, 이미 사회주의 목표에 따라 계획적인 경제건설의 시기에 접어들어, 사회경제관계가 급변하면서 복잡화되었다. 이러한 변화는 공동강령에 비해 보다 완비된 정식헌법의 제정을 필요로 하였고, 1953년에 이르러서는 정식헌법을 제정할 기반이 성숙되었다. 이에 중국공산당은 적당한 시기에 헌법을 제정하여 사회주의 전면건설의 새로운 시기에 진입토록 한다는 방침을 정하였다.[7]

헌법제정의 배경과 내용

공동강령의 제정으로 신민주주의의 건설이라는 신중국건설의 기본골격이 형성되었으나, 이 원칙은 모택동이 1953년 '과도기의 총노선'을 제기하면서, 대폭적으로 수정 조정될 수 밖에 없었다. 모택동은 건국에 의해 실질적으로 신민주주의가 종결되고 사회주의로의 이행이 시작되었다고 입장을 바꾸었다. 결국 중화인민공화국의 수립으로부터 사회주의적 개조가 기본적으로 완성될 때까지, 이것은 하나의 과도기라는 '과도기의 총노선'이 당의 공식 정책으로 되었다.[8] 이로써 중화인민공화국의 성립에 의하여 신민주주의혁명은 기본적으로 종결되고, 사회주의혁명이 시작되었다.[9] 건국 후 1953년까지 중국공산당이 주도하는 대규모 대중운동이 연속되었다. 첫째, 중국공산당은 1950년 6월 토지개혁법을 공포하고, 2년 반에서 3년에 걸쳐 전국에 걸쳐 토지개혁을 실시할 것을 결정하였다.[10] 1952년 말 티베트와 신장을 제외하고 전국에 토지개혁을 완성하였다. 토지개혁법의 시행으로 불교사원이나 도교도관이 철폐되고, 종교단체의 토지가 몰수당하였으며 종단 소속 소작농들이 해방되었다. 둘째, 1951년 말부터 당·정·군 간부의 부패와 낭비, 관료주의 그리고 국민당정부 시대의 잔재를 청산하기 위하여 삼반운동三反運動, 즉 독직 반대, 낭비 반대, 관료주의 반대 운동을 전개하였다. 1952년 1월부터 사영기업의 5가지 폐해, 즉, 뇌물수수, 탈세, 국가자재 절도, 부실공사, 국가경제정보의 누설에 반대하는 오반운동五反運動을 전개하였다. 셋째, 1950년 6월 한국전쟁이 발생하자, 중국은 국가의 존망을 걸고 참전하여 미국과 대결하였다. 전쟁 발발 직후 중국공산당은 전국적으로 미국에 대항하고 북한을 원조하며 고향과 국가를 보위하자는 항미원조보가국위抗美援朝保家國衛 이름의 군중운동을 전개하였다. 넷째, 1952년 2월 소련을 모방하여 국가계획위원회를 조직하고, 1953년부터 제1차 경제개발 5개년 계획을 추진하였다.[11]

중공중앙은 1952년 12월 24일 전국정치협상회의로 하여금 중앙인민정부위원회에 건의하여 1953년에 전국 및 지방 각급 인민대표대회를 개최하여 헌법을 제정할 것을 건의하도록 하였다. 이에 중앙인민정부위원회는 1953년 1월 13일 중화인민공화국 헌법기초위원회의 구성을 의결하고, 이어 2월 11일 중화인민공화국 전국인민대표대회 및 지방각급인민대표대회선거법을 통과시켰다.[12] 헌법기초위원회는 모택동을 주석으로 하여 33명의 위원으로 구성되었다.[13] 헌법기초위원회는 1954년 6월 11일 제7차 회의를 개최하고, 최종토론을 거쳐 헌법초안을 표결로 통과시키고, 이를 중앙인민정부위원회에 제출하였으며, 중앙인민정부위원회는 토론을 거쳐 6월 16일 헌법초안을 공포하였다. 공포된 헌법초안에 대해서는 공포일로부터 9월 11일까지 3개월 동안 전민토론全民討論이 전국에 걸쳐 진행되었다.[14] 헌법기초위원회는 헌법초안을 9월 15일부터 북경에서 열리는 제1기 전국인민대표대회 제1차 회의에 보고하기로 결의하였다. 중화인민공화국헌법은 9월 20일 1,197명의 대표가 출석한 제1기 전국인민대표대회 제1차 회의에서 만장일치로 통과되었고, 전국인민대표대회 주석단의 명의로 즉시 공포되었다.

1954년 헌법 또는 제1부 헌법은 서언과 4장 106개 조문으로 구성되었다.[15] 54년 헌법은 인민민주주의와 사회주의를 기본원칙으로 하고, 자산계급의 민주가 아니라 무산계급 영도의 노동자 농민연맹을 기초로 하는 인민민주전정헌법人民民主專政憲法이었다. 또한 54년 헌법은 사회주의 건설의 과도시기의 헌법으로서 착취제도의 점진적 소멸을 보증하고 사회주의를 건설하는 헌법이라는 과도기의 총노선을 선언하였다. 이 헌법은 사회주의형 헌법으로서 부르주아적 인권개념을 사용하고 있지 않지만, 거주 이전의 자유를 포함하여, 제법 풍부한 공민의 권리 자유의 항목을 담고 있다. 종교신앙의 자유에 관하여, 제88조는 "중화인민공화국의 공민은 종교신앙의 자유를 가진다"라고 규정하였다.

헌정사적 의의

1954년 헌법은 중국 역사상 최초로 인민이 자주적으로 제헌권을 행사하여 제정한 민주적 헌법이다. 헌법초안에 대한 전민토론이 1954년 6월 16일부터 9월 11일까지 3개월 동안 진행되었다. 이렇게 1954년 헌법은 중국인민이 갈망하였던 헌법으로 축하와 환영을 받았다. 그러나 모택동이 1954년 헌법의 설계와 제정에 있어 주도적인 역할을 하였다는 점에서, 그리고 그 제정 이후 헌법규범을 형해화하였다는 점에서 모택동 헌법이라 할 수 있다. 또한 중국의 고유한 특성을 반영하고 실정에 부합하는 헌법이라기보다, 소련의 헌법이론을 전면적으로 수용한 헌법이었다. 그 초안과정에 이전의 북양군벌정부의 몇몇 헌법과 헌법초안, 장개석 정부의 중화민국 훈정시기약법과 장개석 헌법, 동구 인민민주국가의 헌법을 다수 참고하였지만 중국이 사회주의로 나가는 데 소련헌법의 영향은 절대적인 것이었다. 그러나 1953년 스탈린의 사후 1956년 후르시쵸프가 스탈린 비판에 이르는 과정에서 모택동은 서서히 독자적인 사회주의 건설의 길을 걷게 된다.

1954년 헌법은 대체로 잘 정비된 헌법으로서 규범내용과 현실 면에서 비교적 이상적인 헌법이었다. 그러나 1975년 헌법이 등장하기까지 20년간은 중국에 있어서 건국 초기의 시행착오와 체제구축을 위한 권력투쟁, 정풍운동整風運動 등으로 점철된 시기였다. 따라서 1954년 헌법은 민주적이고 이상적인 헌법으로서의 본래의 기능을 다하지 못하고 명목적이고 장식적인 헌법이 되고 말았다.

건국 초기의 종교정책

중국공산당은 1949년 건국 이래 공동강령과 1954년 헌법에서 종교신앙의 자유 정책을 확립하였으나 종교정책에서는 종교의 영향력을 약화시키는 일련의 정책을 추진하였다. 건국 초기 중국공산당과 정부가 실시한 종교정책은 다음과 같은 특성을 가지고 있다. 첫째, 마르크스-레닌의 이론에 따라 종교를 가혹하게 억압하였던 소련과는 다른 온건한 종교정책을 추구하였다. 둘째, 종교는 신민주주의의 건설과 사회주의의 확립이라는 중국혁명 전략의 목적에 보완적이어야 한다는 통일전선의 원칙에 입각하였다.[16] 이에 국가는 종교단체에 대하여 제국주의적 요소를 척결하여야 한다는 반제국주의와 사회주의 건설에 적극 동참하여야 한다는 애국주의를 요구하였다. 셋째, 종교신앙의 자유에서 진정한 종교와 미신 그리고 진정한 종교신앙과 종교신앙에 연계된 제세력을 엄격히 구분하였다. 종교신앙의 자유는 적과 아의 경계가 명확해야 하며, 종교를 위장한 반혁명세력은 허용하지 않는다. 이 기간 동안 종교정책과 관련된 구체적 사례는 다음과 같다.

인민정치협상회의에의 종교계 인사 참여

1949년 6월 구성된 신정치협상회의 준비회에 기독교인 오요종吳耀宗과 등유지鄧裕志가 참여하였다. 그리고 9월 21일부터 30일까지 열린 인민정치협상회의에는 종교계 민주인사로 기독교 대표 5인, 불교 대표 2인, 회교 대표 1인이 참여하였다. 종교계 대표 중에 가톨릭과 유교 대표는 제외되었다. 그리고 오요종이 인민정치협상회의에 참가한 종교계 민주인사 수석대표로 선임되었다. 오요종은 회의 중 종교계의 부패한 전통과 과거의 봉건세력과 제국주의와의 관련을 근본적으로 제거하기 위하여 노력할 것을 주장하였다. 이어 그는 인민정부와의 유기적인 관계를 유지하기 위하여 전국적인 교회조직이 필요함을 강조하였다.[17]

주은래의 기독교 문제에 관한 담화

건국 전후기 종교정책 실행을 위한 실제 작업은 주로 정무원 총리 주은래가 주도하였다. 1950년 5월 2일부터 20일 사이에 4차례에 걸쳐 주은래와 기독교지도자 사이에 중국 기독교의 문제와 장래에 대한 회담이 있었다. 이 자리에서 주은래는 먼저 기독교의 전래와 그 이후 기독교가 끼친 공과 그리고 기독교에 대한 국민인식을 밝히고, 새로운 중국 상황에서 국가의 통일전선에 입각하여 기독교가 나아갈 바를 구체적으로 제시하였다.[18]

먼저 기독교의 전래와 그 이후 기독교가 끼친 공과 그리고 기독교에 대한 국민인식을 밝혔다. 첫째, 중국은 정교일치의 국가가 아니다. 중국에서는 종교와 정치가 항상 나누어졌기 때문에, 종교문제는 유럽의 정교일치 국가처럼 그렇게 심각하지 않다. 둘째, 약 100년 전에 기독교가 중국에 들어왔고 그것이 중국문화에 미친 영향은 제국주의가 중국을 침략한 것과 연계되어 있다.[19] 셋째, 1920년대에 대규모의 반기독교운동이 있었으나 5·4운동 이래로 기독교 안에는 진보분자도 있었다.[20] 넷째, 오늘날 미제국주의는 중국의 종교단체를 이용하여 중화인민공화국을 파괴하려는 활동을 여전히 기도하고 있다. 다음으로 새로운 중국 상황에서 교회 나아가 종교단체가 나아갈 바를 제시하였다. 첫째, 민족반제民族反帝의 결의를 견지하여 제국주의와의 연계를 단절하고 종교는 그 본래의 모습으로 돌아가야 한다. 둘째, 종교사상은 유심주의이고, 유심주의와 유물주의는 다르다는 것은 숨길 필요가 없다.[21] 셋째, 종교단체 자신이 독립자주, 자력갱생해야 하고 삼자, 즉 자치, 자양, 자전의 교회를 세워야 한다.

주은래는 국가의 통일전선에 입각하여 기독교가 나아갈 바를 구체적으로 제시하였다. 첫째, 중국 기독교회는 그 내부의 제국주의의 영향과 역량을 필연적으로 청산해야 하고, 삼자의 정신에 의거하여 민족의 자각을 제고하고, 종교단체의 본래 모습을 회복하여 스스로 건전해져야 한다. 둘째, 종교계는 자기의 역사임무를 완성해야 하고, 민주와 애국의 입장에서 스스로를 건전하게 하고, 종교활동이 신민주주의 사회에 유익하게 하도록 해야 한다. 셋째, 중국 인민은 종교와 신앙의 자유를 가진다. 그러나 오늘날 중국은 신민주주의 국가이지 결코 기독교국가가 아니다. 따라서 전교傳敎는 제약을 받는다. 넷째, 우리는 더 이상 외국 선교사들이 중국에 오도록 요청하지 않을 것이고,[22] 종교단체는 공동정치강령에 의거하여 보호할 것이다. 공동강령은 4계급이 협력하는 기초이고, 종교계도 협력자 가운데 하나이다. 우리는 공동강령을 철저히 실행하여 4계급 각자가 자기가 있을 자리에 있게 할 것이다.[23]

주은래의 종교원칙은 기독교문제 좌담회에서 자치, 자양, 자전의 삼자운동으로 구체화된다. 삼자운동에서 자치는 중국교회는 중국기독교인이 주체가 되어 스스로 다스려야 한다는 것을, 자양은 중국교회는 외국 선교단체로부터 받던 원조를 끊고, 경제적으로 완전히 자립하여야 한다는 것을, 자전은 중국인 스스로 중국 내의 전도를 담당한다는 것을 의미이다. 삼자운동은 일차적으로 중국의 기독교와 그 산하 종교단체에 관한 운동이라고 할 수 있으나, 이에 그치지 않고 사회주의 건설운동이기도 하였다.[24]

기독교선언의 채택과 삼자 혁신운동

건국 이후에도 기독교는 여전히 반기독교운동이 일어났던 1920년대와 마찬가지로 제국주의의 앞잡이로 인식되고 있었다. 건국이라는 새로운 시대에 중국 기독교는 제국주의적 요소를 제거하고, 사회주의 사회에 적응했다. 주은래와의 회담에 참여하였던 오요종 등 40여 명의 기독교계 지도자들은 1950년 5월 '기독교혁신선언'을 채택하였다.[25] 이 선언으로 중국공산당, 정부와 기독교계가 공존할 수 있는 기반이 조성되었고, 이를 시작으로 기독교 교회의 삼자혁신운동三自革新運動이 촉진되었다. 1950년 9월, 1527명의 기독교 책임자들이 서명을 통해 삼자선언을 옹호하였다. 그 후 3~4년간 삼자선언에 서명한 기독교인은 40여만 명에 달하였고, 이는 당시 기독교인의 3분의 1이었다. 그때부터 중국의 기독교는 삼자의 길을 걷기 시작하였다.

1949년 신중국 건립 후에도 로마교황청은 회칙과 명령을 발표하여, 중국 성직자와 신도들이 인민정부와 합작하는 것을 금하였고, 중국 신도들이 인민정부가 지지하는 어떠한 조직 및 관련 활동에 참가하는 것을 허락하지 않았다. 이러한 행위는 애국교직인원과 신도들의 분노를 자극하여, 1950년 11월 30일 사천성泗川省 광원현廣元縣 왕양좌王良佐 신부神父와 500여 명의 신도들이 '자립혁신선언自立革新宣言'을 발표하고, 중국 천주교의 제국주의와의 모든 관계의 단절을 주장하면서, 자치, 자양, 자전의 새 교회건립을 선언하였다. 삼자혁신의 주장은 전국의 천주교계에 강렬한 반향을 불러 일으켜 천주교인들의 많은 호응을 얻었으며, 중국 천주교의 반제국 애국운동은 전국 각지로 신속하게 확산되었다.[26]

반동회도문과 봉건미신의 탄압

중국 정부는 전통적인 중국교파들, 예컨대 일관도一貫道, 구궁도九宮道, 동선사同善社, 일심천도용화성교회一心天道龍華聖教會, 서건도西乾道, 노모도老母道, 도덕학사道德學社, 도법교통道法教統, 숭덕사崇德社 등을 반동회도문反動會道門이라는 딱지를 붙여 탄압하였다. 그 대표적인 교파가 일관도이다. 반동적 회도문의 상층 극악분자 중에는 토비土匪, 특무特務, 악질 지주가 많으며, 이들은 반동세력과 결탁하여 인민을 괴롭히므로, 인민의 합법적인 권익을 보장하고 인민민주정치를 강고히 하기 위하여 엄중히 진압한다는 것이 명분이었다. 그 결과 전통적인 중국교파들은 반혁명으로 탄압을 받아 중국대륙에서는 거의 소멸되고, 극소수 신도들이 대만과 홍콩 및 해외로 도주하여 그 맥을 이어가고 있다.[27] 또한 민간종교도 봉건미신으로 여겨져 금지와 타도의 대상으로 간주되었다.

티베트의 침공 복속과 망명정부의 수립

정권수립 이전의 종교정책이 소수민족 회유책으로서의 통일전선으로 제시된 종교신앙자유 정책이라면, 정권수립 이후 종교문제에도 계급투쟁방식을 적용하기 시작하였다. 1950년 12월 인민해방군이 티베트를 침공하였고, 다음 해 5월 티베트 정부와 '평화해방에 관한 17개조 합의'를 체결하였다. 여기서 티베트의 종교신앙의 자유와 현행의 정치제도 그리고 달라이 라마의 지위를 보장하는 대신에 티베트가 중국 영토에 귀속된다는 것을 규정하였다.[28] 14대 달라이 라마는 1959년 인도에 티베트의 망명정부를 수립하였다. 티베트 망명정부는 티베트에 있던 티베트정부의 연장선으로, 자신들이 티베트 내외에 거주하는 티베트인의 유일한 합법적 정부라고 주장하며 최근에는 유럽 국가를 중심으로 일부 국가들의 의회가 티베트 망명정부를 공식정부로 인정하고 있다.

종교관리기구의 창설과 전국단위 종교단체의 구성

중국공산당은 1951년 1월 1일 종교적 방침과 정책을 연구하기 위하여 당 내에 종교문제위원회를 조직하고, 선전부로 하여금 지도하도록 하였다. 그리고 정무원 문교위원회 아래 종교사무처를 설립하여 통일적인 종교정책을 연구 관리하도록 하였다. 신설된 종교사무처의 간부들은 당의 통전부와 선전부에서 파견된 자들로 충원되었다. 이렇게 설립된 종교사무처는 1954년에 종교사무국으로 개명되면서 동시에 그 소속도 중앙 통전부로 바뀌어 통전업무를 수행하게 되었다. 이후 종교사무국은 지방 조직까지 갖추었다. 종교사무국은 정부와 종교단체 간의 매개역할을 하면서, 정부정책을 설명해주고, 국가정책에 적극 동참할 것을 요구하였다.[29]

중국 정부는 불교, 도교, 기독교, 천주교와 이슬람교 등 5가지 종교만 인정하고, 이들을 엄격히 통제하였다.[30] 그리고 중국공산당은 1953년 11월 전국종교업무회의를 개최하고, 당의 종교에 대한 통일지도를 강화하고, 진보적 종교 인사를 중심으로 전국적인 종교단체를 결성하기로 결의하였다. 이러한 당의 정책에 따라 1950년대에 각 종교의 전국성 종교단체가 구성되었다. 1953년에 중국불교협회와 중국이슬람교협회가 설립되었고, 1954년에 중국기독교삼자애국운동위원회가 그리고 1957년에 중국도교협회가 설립되었다. 이어 1958년에 중국천주교 애국회가 설립되어 자주적으로 주교를 임명하여 일반 천주교회의 외부에 독립적으로 존재하였다.[31] 그러나 개별 종교의 교인 모두가 위 협회에 가입한 것은 아니다. 중국공산당의 종교정책에 반대하는 기독교인과 천주교인들은 공산당의 감시를 벗어나 지하교회 내지 가정교회의 형식으로 활동을 계속해 오고 있다.

항미원조운동

한국전쟁은 중국 종교계에도 적지 않은 영향을 미쳤다. 항미원조운동抗美援朝運動이 전국적으로 전개됨에 따라 기독교계도 한국전쟁의 발발과 미국의 개입은 미국의 침략적 야심이 드러난 것으로 보고, 정부의 항미원조정책을 지지하는 신앙집회를 열지 않을 수 없었다. 정무원은 1950년 12월 29일 '미국자금지원에 의해 관리되는 문화, 교육, 구제기관 및 종교단체를 접수하기 위한 방침에 대한 보고'를 발표하였다.[32] 이어 1951년 4월 21일 '미제국주의로부터 자금지원을 받는 기독교단체 처리방안'을 발표하고, 이에 따라 기독교계 대학과 기독교병원들을 국가 귀속으로 인수하였다. 한편 기독교계의 삼자혁신운동도 더욱 가속화되었다. 1951년 5월 '중국기독교 항미원조 삼자혁신운동위원회준비위원회三自準備委員會'가 설립되었고, 6월에는 교회가 성금을 모아 전투 비행기를 헌납하였다. 한국전쟁으로 미국에 대한 적대감정이 고조되면서, 많은 선교사들이 중국에서 배척당하였고, 외국으로부터 재정지원이 단절되자 수많은 외국 선교사들이 추방당하거나 중국을 떠났다.[33]

2. 1954년 헌법의 붕괴와 헌법개정

헌법의 정치유동화

1954년 헌법은 중국의 인민이 새로운 사회, 새로운 국가의 주인으로 변하였다는 것을 반영하는 국가의 근본법으로서 크게 부족함이 없었다. 그러나 제정 다음 해부터 국가 근본법으로서의 존재기반이 흔들리기 시작하였는데, 이러한 현상을 헌법의 정치유동화라 한다. 헌법의 정치유동화는 그 내용과 정도에 있어 다소간 차이가 있지만, 모든 나라의 헌법정치에 있어서 공통하는 현상이라 할 수 있다.

정치유동화의 요인

1954년 이후 1975년까지 중국에 있어서의 헌법유동화는 장기간에 걸쳐 진행되었고, 헌법의 모택동화毛澤東化라고 할 정도로 심각하였다. 중국에서 헌법의 정치유동화라 함은 첫째, 국가권력과 당권력이 헌법을 정책적으로 해석함으로써, 헌법의 규범력이 명목상으로만 유지되었고공권력에 의한 헌법해석의 정책적 변동, 둘째, 국가권력과 당권력이 헌법규범을 무시하고 준수하지 않았으며공권력에 의한 헌법의 소극적 침범, 셋째, 국가권력과 당권력이 헌법규범을 파괴하고 새로운 헌법사실을 정립하였던공권력에 의한 헌법의 적극적 침범 현상을 말한다.

1954년 헌법의 정치유동화의 요인으로는 당 영도의 절대성, 계급투쟁의 필수성, 대중운동의 항상성을 들 수 있다.[34] 첫째, 공산당 영도의 절대화는 당이 국가에 대하여 간접적 · 사상적 · 정치적 영도에 그치지 아니하고, 모든 국정에 대하여 포괄적 · 직접적 · 조직적으로 영도하며, 나아가 헌법규범의 구속을 받지 않는 실질적인 최고 권력성을 갖는다는 것을 말한다. 이러한 당 영도의 절대화는 구체적으로 정법공작政法工作에 있어 국가 법률헌법을 포함하여에 대한 공산당 정책의 절대적 우월로 드러났다. 즉 정책은 법률의 혼이고, 법률은 정책의 조문화 · 구체화로 되었다. 그리하여 국가 근본법인 헌법이 당의 정책 아래 있는 것으로 되고, 헌법규범의 해석은 전적으로 당의 지도에 의존하게 되었다. 그 결과 제도 면에서 당과 국가 기관의 유착癒着 · 대체현상이 보편화함과 동시에 사법에도 당의 직접적 지도가 우선되었다. 그리고 당 영도의 절대화는 당 간부와 인민의 의식에도 영향을 미쳐, 헌법에의 의지보다 당에의 의지, 헌법

에의 충성보다 당에의 충성이 우선시되는 현상을 초래하였다.[35]

둘째, 계급투쟁의 필수화와 함께 사회주의 법학은 계급투쟁의 과학으로서 당성黨性을 갖는 것이 강조되었고, 실무면에서도 법제는 공안 · 검찰 · 법원에서 계급투쟁 혹은 독재의 무기로서의 작용이 중시되게 되었다. 그리고 입법공작 상 2개 노선의 투쟁이 주장되고, 헌법규범의 제도적 보장을 위한 법제가 계급투쟁 혹은 독재의 수행에 있어 당과 대중을 구속하는 것으로 판단되는 경우에는, 이미 존재하는 법제는 무시되거나 예정되어 있는 법제의 제정은 구체화되지 않았다. 이렇게 하여 의식면에서도 혁명에의 의지와 충성이 헌법에의 의지와 충성보다 우월한 것으로 되었다. 이 계급투쟁의 심각성은 계급의 적으로 인정하는 기준이 지극히 애매모호해지고 있다는 점이다. 소유제의 사회주의적 개조 후의 계급투쟁에 있어 적의 인정기준은 주로 언동, 사상경향, 계급출신 등을 기준으로 하여 판단하였지만, 여기에서는 인정하는 자의 자의성이 개입할 가능성이 크고, 상황에 따라서는 적이 주관적으로 확대될 위험성을 내포하고 있었다.

셋째, 반우파 투쟁의 승리와 함께 법률은 대중에게 장악됨으로써 비로소 거대한 물질적 역량으로 전환될 수 있다고 하여, 대중운동에 의거하여 정법공작이 원칙화되고, 법률지고무상론法律至高無上論이나 법률신비관점法律神祕觀點이 강하게 비판되었다.[36] 건국 후의 모택동 시대는 광풍 같은 대중운동의 연속이었다. 이 대중운동에는 심각한 법적 문제가 있었다. 우선 중점이 이 운동의 승리와 목표완수에 주어지기 때문에, 운동의 전개를 방해하거나 운동을 속박하는 것으로 판단되는 법규범이나 제도는 무시되거나 파괴되었다. 그리고 운동 중에 파생하는 공민의 권리와 자유의 침해를 비롯하여 여러 가지 법을 침범하는 현상에 대해서도 이를 방치 · 은폐하는 경향이 강하였다. 둘째, 운동을 추진하는 방법으로 다종다양한 규모나 형태의 투쟁집회가 개최될 경우가 허다하였지만, 여기에서는 집단에 의한 일방적인 비판과 공격이 있을 뿐 개인의 헌법상의 권리나 자유는 전혀 고려되지 않았다. 결국 대중운동의 격화, 장기화와 함께 보다 급진적인 의견과 행동이 지배적으로 되고, 또 이것이 혁명적으로 정당화되는 경향이 있었다.

헌법의 초보적 실시 시기

이 시기1954~1956 공산당과 정부는 처음에는 국내 긴장을 완화하는 일련의 정책을 전개하였다. 모택동은 1956년 1월 '지식분자문제에 관한 회의'에서 '과학으로의 진군'을 호소하였고, 4월 말 지식인들의 자발적인 참여를 위한 사기진작책으로 소위 '백화제방百花齊放과 백가쟁명百家爭鳴'을 발표하였다.[37] 그리고 이어 중국공산당과 각 민주당파 간의 '장기공존·상호감독'의 방침을 제기하였다. 이러한 국내 긴장완화에는 동년 2월의 소련 공산당 제20회 대회에서의 스탈린 비판도 적지 않게 영향을 미쳤다. 긴장완화의 경향은 법학계와 실무 면에 그대로 파급되었다. 법학계에서는 헌법상 공민의 권리·자유특히 인신(人身)의 자유의 규정의 보장, 이를 위한 공안·검찰·재판을 담당하는 각 기관의 상호 제약, 법제의 준수와 완비화, 간부와 대중 사이의 견고한 법제 관념의 수립 등이 자주 논의되었다.[38]

1956년 9월 중국공산당의 제8회 전국대표대회8全大會에서도 공민의 권리·자유의 중시, 법제강화의 경향은 집중적으로 표출되었다. 이 대회는 농업·수공업과 자본주의 공업·상업의 사회주의적 개조가 기본적으로 완성된 후에 개최된 대회였는데,[39] 여기에서는 "국내의 주요모순은 계급모순에서 선진 사회주의제도와 후진 사회적 생산력의 모순으로 전화되었다"라고 선언되었다. 이 대회에서는 당원의 장정과 국가 법률의 준수의무가 강조되었고, 개인숭배와 교조주의가 비판되었다.[40] 모택동은 1957년 초부터 당의 정풍운동整風運動과 결합하여 명방운동鳴放運動을 확대

추진하도록 하였다.[41] 정풍운동이 정식으로 발동된 후 당 기관지 『인민일보』, 민주당파의 연합기관지 『광명일보光明日報』 등의 권위 있는 신문 및 그 밖의 신문·잡지가 대담한 방명放鳴이라고 하여, 지식분자와 상공업계 인사들의 발언내용을 그대로 게재하여 발표하였다. 그리고 공산당 측에서도 당에 대한 비판에 직접적으로 반론하지 않는 방침을 견지함으로써, 일부의 지식분자나 상공업계인사들은 당, 프롤레타리아독재, 사회주의를 격하게 비판하게 되었다. 이 운동에 비당원의 자발적인 참가가 환영되었고, 또 비판과 자기비판에 있어서는 "말하는 것은 죄가 되지 않는다"는 것이 원칙으로 되었다.[42] 비판과 공격의 대상에는 당의 지금까지의 정법공작도 포함되었다. 예를 들면, 법의 계승, 심판의 독립, 무죄의 추정, 당정분리 등에 대한 당의 무시와 경시가 비판대상이 되었다.

정부는 종교조직도 명방운동에 적극 참여할 것을 요구하였고, 이에 기독교 내부에서도 당시 정치적 상황의 영향을 받아, 종교계와 당의 종교정책에 대하여 토론하고 비판하는 분위기가 연출되었다.[43]

헌법규범력의 약화 시기

체제를 위협하는 명방운동과 8전대회의 결정 등에 불만이었던 모택동은 그에 대한 반격으로 반우파투쟁과 대약진운동으로 전환하였는데, 이로써 헌법의 규범력이 크게 약화되는 현상을 초래하였다1957~1965. 모택동은 자신이 집필한 『인민일보』의 사론을 통하여, 당을 격렬하게 비판 공격한 일부 지식분자·상공업계인사·학생들을 반공·반인민·반사회주의의 부르주아 우파분자로 몰아, 대중운동 형식으로 격렬하게 공격하였다. 반우파투쟁으로 전환한 후 우파에게는 언론에 있어서뿐만 아니라 행동에 있어서도 "말하는 것은 죄가 아니다"라는 원칙이 더 이상 적용되지 않았다. 우파공격의 가장 유력한 무기는 6월 19일의 『인민일보』에 정식으로 공표된 '인민내부의 모순을 바로 처리하는 문제에'에 내포된 '6

항목 기준'이었다. 6항목 기준은 첫째, 전국 각 민족 인민의 단결에 유리할 것, 둘째, 사회주의적 개조와 사회주의의 건설에 유리할 것, 셋째, 인민민주독재를 강고하게 하는데 유리할 것, 넷째, 민주집중제를 강고히 하는데 유리할 것, 다섯째, 공산당의 통솔적 영도를 공고히 하는데 유리할 것, 여섯째, 사회주의의 국제적 단결과 전 세계 평화애호 인민의 국제적 단결에 유리할 것 등이었다.[44] 지식인에게 배신을 당했다고 생각한 모택동은 독초毒草 내지 독사毒蛇의 오명을 씌워 지식인 약 80만 명을 숙청하였다.[45]

1958년 5월부터 본격적으로 대약진운동이 시작되었고, 이어 8월에는 인민공사운동이 시작되었다.[46] 대약진운동이나 인민공사운동의 실시는 심각한 헌법 왜곡현상을 초래하였다. 인민공사人民公社라는 기층의 국가제도가 헌법 개정도 거치지 아니하고 공연히 존재하게 됨으로써, 헌법규정의 농촌기층정권체제는 현실생활에서 철저히 포기되었다. 그리고 대약진운동이나 인민공사운동이 전국인민대표대회 및 그 상무위원회의 토론이나 제정을 거치지 아니하고 당내에서 결정됨으로써, 인민대표대회제도의 운영도 헌법질서를 이탈하였다. 나아가 국민경제와 사회발전계획 및 국가재정예산과 결산심의도 헌법규정대로 시행되지 않았다. 결국 대약진운동은 지나친 좌경화와 맹목적인 추진으로 시행착오를 거듭하였고, 결국 정치적 대혼란과 경제적 파탄만 초래하였다. 대약진운동과 인민공사의 정책수정을 의제로 하는 여산회의廬山會議가 1959년 8월 열렸다.[47] 여산회의를 계기로 중국은 극좌노선을 걷기 시작하였는데, 이것은 문화대혁명의 전주곡이라 할 수 있다. 모택동은 1960년부터 인민해방군 내에 새로운 권력기반을 구축하기 시작하였다. 임표는 모든 군대를 모택동사상을 가르치는 학교로 개조하였다.

당은 반우파투쟁 시기 종교조직에 대하여 반우파투쟁에 참가할 것을 촉구하였다. 이에 종교조직 내부에 우파분자를 고발하거나 폭로하는 대회가 개최되었고, 명방운동 기간 동안 당의 종교정책에 대하여 조금이라도 비판하였던 인사들은 우파로 몰아 숙청을 단행하였다. 대약진운동 시기의 좌경화정책은 종교계에도 많은 영향을 미쳤다. 모든 성직자들이 사회주의 교육과 학습 그리고 사상개조가 요구되었고, 생산에 동원도 강제되었다. 이에 더하여 종교조직을 대대적으로 축소하고 통합하는 조치를 강행하였다.[48]

헌법의 전면적 파괴기

대약진운동과 인민공사의 실패는 프롤레타리아 문화대혁명의 단초를 제공하였고, 모택동이 1976년 사망하면서 사실상 종결되었다. 문화대혁명에 대해서는 광의와 협의로 이해되기도 하지만,[49] 유소기劉少奇를 중심으로 한 주자파를 제거하고 모택동 노선을 확립하기 위한 창당 이래 최대 규모의 공산당 내 권력투쟁, 다시 말해 모택동이 약해지는 자신의 권력을 재장악하기 위해 도모한 친위쿠데타였다고 할 수 있다. 중국공산당 중앙위원회는 1966년 8월 8일 이른바 문혁文革 16조, 즉 '중국공산당 중앙위원회 무산계급 문화대혁명에 관한 결정'을 통과시켰다.[50] 문화대혁명은 공포와 의심 속에서 극단적인 개인숭배와 비대화한 군사독재, 나아가 사회의 군사화로 특징지어지고, 이로써 헌법은 현실을 이탈한 장식적 헌법이 되고 말았다. 문화대혁명은 사회전반의 기능을 마비시키고, 중국 사회를 송두리째 뒤흔들었던 운동이기 때문에 중국인은 이것을 10년대호겁十年大浩劫(10년에 걸친 거대한 겁난)으로 부른다. 1954년 헌법에 보장된 공민의 자유와 권리는 문화대혁명기의 좌익사상의 영향 하에 철저히 한편으로 밀려나고, 정치적 권리와 인신의 자유마저 보장되지 못하였다. 1981년 6월 중국공산당 제11기 제6차 전체회의가 개최되고, '건국 이후 역사문제에 관한 결의'가 채택되었다. 여기서 문화대혁명을 당과 국가에 대하여 커다란 재난을 초래한 내란으로 엄격히 비판하였다.[51]

1954년 헌법 체제의 붕괴

국가의 근본법으로서의 헌법의 권위는 당 영도의 절대성, 계급투쟁의 필수성, 대중운동의 항상성이 반우파투쟁 후 모택동의 사회주의 건설 전략의 방법적 핵심으로 확립됨과 동시에 급속히 저하되었다. 모택동은 공동강령, 과도기의 총노선에 이어 1954년 헌법까지 무시하였고, 그 결과 헌법의 의의와 존재형태도 인식과 실천의 양면에서 전환되었다. 즉 정치를 규제하는 국가의 근본법에서 정치, 당의 정책에 봉사하는 존재로 전환되었다. 이에 따라 헌법이 정책수행에 장애가 된다고 정치적으로 판단되면, 헌법의 해석은 변동되거나, 무시 혹은 파기되었다. 그리고 이러한 상황을 계속적으로 야기하는 요인이 체제 내에 구축됨으로써, 중국의 헌법체제는 붕괴로의 길을 걷게 되었다. 이와 동시에 1954년 헌법의 제3장에 규정된 공민의 기본적 권리의 보장도 형해화形骸化되었다. 특히 공민의 평등권제85조, 언론, 출판, 집회, 결사, 행진, 시위의 자유제90조, 종교신앙의 자유제88조, 인신의 자유제89조, 거주의 불가침, 통신의 비밀제90조 등의 규정은 공문화空文化의 정도가 가장 심각하였다. 이러한 상황 가운데 항일전쟁 시기에도 공산당지배 지역에서 인정되었던 인권개념이 점차 침잠화沈潛化하다가, 마침내 인권은 부르주아적 개념이라고 적대하는 의식이 보편화되어 갔다.

3. 1975년과 1978년의 헌법개정

1975년의 문화대혁명형 헌법

임표林彪는 문화대혁명을 주도하여 주자파를 실각시키고 모택동으로 하여금 당과 국가의 전권을 장악하게 하였고, 이로써 그의 직위는 크게 높아졌다. 임표는 1969년의 제9기 전국당대표자대회에서 자신을 모택동의 공식적 후계자로 규정한 공산당의 당장을 통과시키는 데 성공하였다.

그리고 이어 1970년 9월에는 임표를 모택동의 후계로 규정한 헌법초안
이 제9기 중국공산당 중앙위원회 제2차 전체회의를 통과하였다. 이 헌법
초안은 그동안 격렬한 투쟁을 벌여오던 후계자문제를 헌법적으로 해결
하려 한 것으로 유명하지만, 1971년 9월 모택동을 암살하려다 실패한 임
표 일당이 소련으로 망명하려다가 외몽고에서 추락하여 사망한 일이 있
은 후, 이 헌법초안은 폐기되고 말았다.

　이같이 임표 사건으로 1970년 헌법 개정초안이 폐기되자, 모택동은 자
신과 문화 혁명기에 큰 공을 세운 4인방을 위한 새로운 헌법을 만들기로
하였다.[52] 1975년 헌법의 개정은 전국인민대표대회가 완전히 외면당한
상태에서 모택동의 구체적인 지시에 따라 공산당이 은밀히 처리하였다.
이러한 경위를 거쳐 개정된 1975년 헌법은 일명 4인방헌법四人幇憲法이라
고도 한다. 1975년 헌법은 문혁 후기에 개정된 헌법으로 필연적으로 문
혁의 영향을 받았고, 문혁의 이론과 실천의 긍정과 총결산이었다.[53] 이
헌법은 전통공산주의 사상보다는 모택동의 사상을 강조하고, 모택동과
4인방, 즉 강청江青, 왕홍문王洪文, 장춘교張春橋, 요문원姚文元 등이 중국천
하를 전횡할 수 있도록 만들어진 문혁형文革型 헌법이었다.[54] 총체적으로
1975년 헌법은 중대한 결함을 가진 헌법으로서 중국헌법사상 큰 후퇴였
다. 헌법을 정치적인 목적달성과 정당의 정책실현의 도구로 이용하였을
뿐만 아니라 형식과 구성면에서, 조문이 조잡하고 표현이 불충분하며,
체제가 혼란스러웠다. 법제가 공공연히 부인되고 인치가 찬양되던 시대
에 1975년 헌법은 시행될 수 없었다.

1978년의 현대화 전환 모색형 헌법

　1975년 하반기부터 4인방의 반혁명집단은 당권찬탈 활동을 개시하
여, 1975년 헌법은 국가기구에 관한 새로운 규정이 많았으나, 이에 상응
하는 각종 조직법도 제정되지 않았다. 이런 상황 하에 1976년 1월 8일

주은래周恩來가 사망하자 그를 애도하는 인민 군중들의 자발적인 집회가 전국 각지에서 개최되었다. 이 추념활동사건을 중국현대사에서 제1차 천안문 사건 또는 4·5운동이라고 한다. 이 운동은 인민군중이 자발적으로 모여 각종 가능한 방식을 채택하여 자기의 의사를 표시하고 국가대사를 지적한 것으로서, 이는 1975년 헌법이 인정하는 공민의 권리행사였다.[55] 그러나 공산당은 이 사건을 반혁명사건으로 규정짓고, 4월 8일 민병 1만여 명과 공안 3천여 명 그리고 위수부대 5개 대대를 동원하여 강제로 진압하였다.[56] 동시에 모택동은 화국봉華國鋒을 주은래의 후계자로 선임하면서, 등소평을 중심으로 하는 실용주의파를 집중적으로 공격하고, 모든 공직에서 추방하였다. 4인방은 모택동의 사후 당과 국가최고 영도권을 찬탈하려 했으나, 모택동의 후계자로서 당주석과 수상직을 겸하고 있던 화국봉은 4인방을 체포하였고, 이듬해 7월에는 등소평이 복권되었다.

1975년 헌법은 문화대혁명의 산물로 1977년 중공중앙은 헌법을 개정하기로 방침을 정하였다. 화국봉이 1977년 10월 제4기 전인대 상무위원회에 제5기 전인대의 개최와 헌법 개정을 건의하였다. 이어 화국봉을 위시하여 공산당 중앙정치국원 전원을 위원으로 하는 헌법수정위원회가 구성되어 헌법개정안을 작성하였다. 이 개헌안은 1978년 3월 5일, 제5기 전국인민대표대회 제1차 회의에서 만장일치로 통과되었다.[57] 1978년 헌법은 화국봉과 등소평의 타협에 의해 만들어진 헌법이라 할 수 있으나, 등소평이 두 번째 복권에 성공하여 실력자로 등장함으로써, 현대화에의 정책전환을 모색한 헌법이라 할 수 있다. 1978년 헌법은 1954년 헌법을 기본으로 하고, 4인방에 의해 전도된 역사를 바로잡았다는 점에서 그리고 1975년 헌법에 비해 진보한 헌법이었다는 점에서 역사적 의미를 부여할 수 있다. 그러나 1978년 헌법은 첫째, 1975년 헌법개정과 마찬가지로 개정작업을 공산당이 주도하였고, 더욱 비밀리에 진행되었다. 둘째, 4인방을 부정하면서도 문화대혁명은 부정하지 않는 한계가 있었다. 셋째, 공산당의 일원적 영도를 지나치게 강조하였고, 경제체제의 기본을 1975년 헌법을 답습하였다는 점 등에서 과도적 헌법으로서의 한계성을 극복하지 못한 헌법이었다고 할 수 있다.

한편, 75년과 78년 양 헌법에서의 종교조항을 살펴보면 문화대혁명의 현실을 추인하고 계승하는 성격을 지니고 있다. 1975년 헌법은 신교(信敎)의 자유를 그 밖의 자유·권리와 나란히 동일 조항에서 규정하면서, 이전 1954년 헌법에 없었던 무신론 선전의 자유까지 규정하였다. 이 헌법 제28조는 "공민은 언론·통신·출판·집회·결사·행진·시위·스트라이크의 자유를 가지고, 종교를 신앙할 자유와 종교를 신앙하지 않고 무신론을 선전할 자유를 갖는다"라고 규정하였다. 이 규정은 당시 중국에서의 신교의 자유의 억압적 정치상황을 반영한다. 이 밖에 종교를 포함하여 이른바 상부구조에 있어서 계급적 독재를 관철한다고 규정하였다. 제12조는 "프롤레타리아 계급은 각 문화영역을 포함하는 상부구조에 있어서, 부르주아 계급에 대하여 전면적 독재를 실행하지 않으면 안된다"라고 하였다. 이것은 종교계에 있어 독재를 행할 수 있는 근거규정으로서, 문화대혁명 개시 이래 1975년까지 행하여졌던 현실을 헌법이 추인한 것이라 할 수 있다. 1978년 헌법은 문혁형의 75년 헌법을 계승하여, 제46조에서 "공민은 종교를 신앙할 자유와 종교를 신앙하지 않을 자유 그리고 무신론을 선전할 자유를 가진다"라고 규정하였다.

4. 문화대혁명기의 종교와 종교정책

이미 대약진운동 기간에는 종교까지 착취계급의 사상으로 간주하고 공격하는 극좌적 경향을 보였다. 이러한 배경 아래 공산당의 종교정책은 이전의 온건정책에서 소멸정책으로 강화되어 갔고, 문화대혁명기에 이르러 종래의 종교정책을 전면적으로 부정하게 되었다. 이로써 종교조직의 활동이 정지되고, 종교시설이 파괴되었으며, 일체의 종교활동이 금지되었다.

종교말살정책과 무종교지역

이 시기에는 "종교는 착취계급이 이용하는 도구로 반드시 계급투쟁을 중심으로 하여 종교문제를 처리한다"는 종교소멸정책을 전개하였다. 그 결과 더 이상 종교는 존재하지 않았고, 종교지도자와 신도들도 '우귀사신牛鬼蛇神',[58] 타도의 대상일 뿐이었다. 구체적으로는 종교활동장소는 파괴되거나 점거되고, 종교시설인 가옥이나 토지는 공유로 되었으며, 성상, 불상, 경전 등은 몰수되거나 소각되었다. 종교계인사들도 불공정한 대우를 받아 출가자가 환속하여 결혼하였다. 1975년 5월 30일에는 국무원 종교사무국도 폐쇄되었다.[59]

문화대혁명 시기의 종교정책은 과거 스탈린 시기 소련의 극좌적 종교정책처럼 무종교 현이나 무종교 촌의 건설과 같은 인위적인 종교말살정책을 중심으로 이행되었다. 통일선전부는 1958년 온주溫州 평양현평陽縣에 공작소조工作小組를 파견하여 종교소멸작업을 시행하였고, 그 결과 온주는 1959년 5월 무종교지역임을 선포하기까지 하였으나, 이 정책은 실패하였다.

비임비공과 모택동 우상화

문화대혁명은 모택동에 의해 시작되었고 그 최대의 피해자는 공자였다. 공산당 고위층의 극심한 권력투쟁에 공자가 이용되었다. 한 때 모택동의 후계자로까지 승격되었다가 결국 권력투쟁에서 패배한 임표를 타도하는 과정에서 공자와 임표를 한데 묶어 비임비공批林批孔이라는 구호가 등장하였다. 이 구호는 모택동이 자신과 4인방의 정치권력에 위협이 되는 존재를 제거하기 위한 수단으로 악용되었다. 이러한 분위기 속에서 홍위병은 봉건잔재라 하여 공자의 사당과 공자상을 파괴하였고, 공자와 유학 관련 문물을 파괴 훼손하였다.

문혁시기 모택동 주석 숭배는 전국적으로 흥기하였고, 점차 열광적으로 되어, 민중의 종교적 정서를 분출하는 주요한 통로가 되었다. 이 시기 전통종교가 전면적으로 금지된 반면, 모 주석 숭배는 하늘을 찔렀다.[60] 문화대혁명 시기에는 중국 모든 가정이 모택동의 사진을 의무적으로 걸어야만 하였다. 이후 모택동이 재물과 행운을 부르는 존재로 신격화되면서 그의 초상화 달력이나 연화도 농촌지역을 중심으로 꾸준히 사랑을 받아왔다. 그러나 이러한 경향은 우상숭배 혹은 모택동 좌파사상의 부활로 모택동 이후에는 중국 지도부들이 경계하였다.

Ⅱ. 제2세대 이후 통치기의 헌정과 종교정책

1. 등소평 시대의 헌정과 종교정책

등소평 시대의 개혁개방노선

제2세대는 모택동 사후 등소평이 개혁개방으로 획기적인 전환을 이룬 시기를 말한다. 등소평 시대는 모택동 시대와 크게 다른 개혁개방의 시대를 열었기 때문에 제2혁명기라고도 한다. 이른바 등소평이론鄧小平理論이 1975년 제15차 중국공산당 전국대표대회에서 중국공산당 장정章程에 당의 지도사상으로 추가됨으로써, 마르크스–레닌주의, 모택동사상과 함께 중국공산당의 주요 지도사상의 반열에 오르게 되었다. 1949년 중화인민공화국이 성립된 후 1978년 12월의 중국공산당 제11기 3중전회에서 개혁개방정책이 주장되기까지 약 30년간의 중국은 정치지상의 국가였으나, 개혁개방노선이 채택된 이후 중국은 경제지상의 국가로 변하였다. 중국공산당 제11기 중앙위원회 제3차 전체회의, 이른바 11기 3중전회[61]는 모택동의 계급투쟁노선을 폐기하고, 농업·공업·국방·과학기술 4개 부문의 사회주의 현대화 건설을 위한 개혁개방노선을 새로운 노선으로 공식 채택하였다. 여기서 개혁개방노선은 '하나의 중심과 두 개의 기본'일개중심(一個中心) 양개기본점(兩個基本點), 즉 경제발전을 중심으로 하고, 이를 위해 개혁개방정책과 '4항 기본원칙'을 견지한다[62]는 것을 기본전제로 한다.

등소평 시기의 이데올로기 핵심은 사회주의 전체 시기에서 볼 때, 현재 중국은 낙후된 생산력에 기반한 초급단계에 처해 있다는 사회주의 초급단계론이다.[63] 개혁개방노선은 대내적으로 건국 이후 유지해온 사회주의 계획경제시스템을 사회주의 시장경제체제로 전환하는 것을 포함하여 정치, 사회, 문화 등 전반의 개혁을 의미하며, 대외적으로 폐쇄적이고 자급자족적인 국가에서 국제사회의 일원으로 편입하였음을 의미한다. 1987년 공산당 제13기 전국대표대회13기 전대에서는 소위 삼보발전三步發展 목표가 제시되었다. 여기서 삼보발전이란 온포溫飽(기아문제가 해결된 사회)에서 소강小康(기초 복지가 보장된 사회)을 거쳐 대동大同(모두가 잘사는 사회)의 3단계 발전단계를 말한다. '두 개의 백년百年'이라는 개념도 이때 나왔다. 등소평은 소강사회의 완성을 공산당 창건 100주년인 2021년까지로 잡았으며, 중국 건국 100주년인 2049년까지 전면적 소강사회로 진입하겠다는 목표를 제시하였다. 그는 "국가정책은 100년 주기로 관리해야 한다"며 이후 당이 목표를 바꾸어서는 안 된다고 못 박았다.

1982년의 헌법개정

1978년의 중국공산당 제11기 3중전회의 개최 이래 중국 사회는 정치·경제·문화 등 모든 영역에서 새로운 역사의 시기에 접어들었다. 그동안 등소평을 중심으로 하여 중국의 객관적 상황에 부합하는 마르크스주의 노선이 확립되기 시작하였고, 당과 국가의 업무중점이 계급투쟁에서 사회주의 현대화건설로 변화하기 시작하였다.

1979년과 1980년의 부분 개헌

1978년의 전면적인 개헌에도 불구하고 현대화를 달성하기 위해서는, 국내외적인 기존의 기본노선의 변화와 아울러 그 변화를 뒷받침할만한 각종 제도적 개편이 더욱 요청되었다. 이러한 시대적 요청에 따라 1979년 6월 18일부터 7월 1일까지 제5기 전국인민대표대회 제2차 회의가 열렸다. 화국봉은 이 회의에 정부사업보고를 하면서 헌법의 일부개정의 불가피성을 설명하였고, 6월 26일 전국인민대표대회 상무위원회는 이 회의에 헌법의 일부개정안을 제출하였다. 이 개헌안은 질의를 거쳐 7월 1일 가결·공포되었고 1980년 1월 1일부터 시행되었다. 1979년 헌법개정안은 국가기구제2장 제3절의 강화를 위한 것으로, 개정대상은 모두 7개 조항에 불과하였다.[64]

1979년 헌법은 제45조에서 이른바 4대자유, 즉 대명大鳴·대방大放·대변론大辯論·대자보大字報를 보장하고 있었다.[65] 그리고 개혁개방의 시대를 맞이하여 체제를 비판하는 대자보가 북경의 '민주의 벽'에 나붙는가 하면, 반체제 잡지가 나오고, 대도시에 연좌데모가 연이어 일어나는 등 사회가 혼란스러웠다. 이에 등소평은 1980년 1월 6일 '현재의 형세와 임무'라는 담화에서, 더 이상 4대 자유를 허용하지 않는다고 밝혔다. 이어 2월에 열린 11기 제5중전회에서 중국공산당은 종래 모택동의 말이라면 모두 진리라고 떠받들던 소위 범시파凡是派들을 실각시키는 한편, 이 4대 자유를 폐지하기로 결의하였다. 등소평의 제의에 따라 같은 해 9월 10일에 열린 제5기 전국인민대표대회 제3차 회의에서 헌법 제45조를 삭제하는 개헌이 단행되었다.

이전의 75년 헌법과 78년 헌법이 모두 구헌법을 폐지하고 신헌법을 반포하는 전면개정의 형식을 취하였음에 반해, 79년 헌법과 80년 헌법은 헌법사상 최초의 부분적 헌법개정이었다는 점이 특징이다.

1982년 헌법의 개정 경위와 주요내용

1979년과 1980년에 부분적인 헌법 개정이 이루어졌으나, 이 헌법과 개혁개방의 현실 사이에는 괴리가 현저하여, 전면적인 헌법 개정이 불가피하였다. 이러한 요청에 따라 중국공산당 중앙위원회는 1980년 9월 제5기 전국인민대표대회 제3회 회의에 '헌법개정 및 헌법개정위원회 설립에 관한 건의'를 제출하였고, 이 회의에서 헌법개정작업을 책임질 헌법개정위원회의 설치를 결정하였다.[66] 헌법개정위원회는 당 중앙의 각 부문, 국무원, 최고인민법원, 최고인민검찰원, 각 민주당파, 각 성, 자치구, 직할시 및 각 방면의 광범한 의견을 청취하고 연구한 후, 1982년 2월 '중화인민공화국헌법개정초안토론고(討論稿)'을 제출하였다. 이 초안은 헌법개정위원회 전체회의의 토의를 거친 후 1982년 4월 12일 헌법개정초안으로 확정되었고, 전인대 상무위원회는 토의를 거쳐 4월 26일 가결하였다. 이어 5월부터 8월 말까지 4개월간 전국에 걸쳐 헌법개정초안에 대한 전민토론全民討論이 전개되었다. 1982년 12월 4일 제5기 전국인민대표대회 제5회 회의는 총회를 개최하고, 중화인민공화국헌법을 표결·채택하였고,[67] 이렇게 탄생한 1982년 헌법은 동일자로 공포·시행되었다.

1982년 헌법은 개정과정에 문화대혁명의 교훈을 반영하였다는 점에서, 개방적으로 군중의 의견을 흡수하였다는 점에서, 또한 외국 헌법 중 유익한 경험을 흡수하였다는 점에서 건국 이래 가장 양호한 헌법이라는 평가를 받는다.

1982년 헌법은 그 구조와 절차면에서 다음의 같은 특징이 있다. 첫째, 조문의 수가 늘어났고, 체제도 크게 개선되었다. 82년 헌법은 전문과 4개 장 138개 조로 구성되어 비교적 짜임새 있는 구조를 갖추었다. 둘째,

헌법의 체계와 편별이 자유민주국가의 예에 따라, 공민의 기본권리와 의무를 국가기구 앞에 배치하였다. 중국에서 공민의 기본 권리와 의무를 국가기구 앞에 위치시킨 것은 중요한 의미가 있다. 또한 공민의 기본권이 종류도 늘어나고 내용도 풍부화되었다. 셋째, 종래의 개정방식과 상이한 과정을 거쳐 개정되었다. 이전 헌법의 경우에는 공산당이 헌법개정초안을 준비하여, 직접 전국인민대표대회에 제시하는 개정방법을 택하였다. 그러나 82년 헌법은 중국공산당 중앙위원회가 전인대에 헌법개정을 건의하고, 전인대가 이를 받아들여, 헌법개정위원회를 설치함으로써 이 개정위원회로 하여금 헌법개정안을 마련하는 방법을 택하였다. 이 방법은 종래 중국공산당이 직접 발안하던 방식을 개정한 것으로 주목된다.

1982년 헌법은 그 내용에 있어 다음의 특색을 가지고 있다. 첫째, 헌법의 최고규범성과 헌법준수의무를 선언하였다.[68] 둘째, 이전 헌법에서의 공산당 영도 강조 부분을 삭제함으로써,[69] 공산당의 영도권을 제한하였다.[70] 셋째, 국가체제 면에서 국가권력의 성질을 인민민주주의 독재라고 규정하였다. 인민민주주의 독재는 중국의 국정과 혁명전통에 적합한 프롤레타리아 독재의 형식이라고 한다.[71] 넷째, 경제제도 면에서 기본적으로 계획경제를 인정하면서도 시장경제의 중요성도 강조하였다.[72] 다섯째, 사회주의 정신문명 면에서 고도의 물질문명을 이룩하는 것을 중요시하면서, 동시에 문화건설과 사상건설을 충실히 함으로써 고도의 정신문명을 이룩하고자 하고 있다. 여섯째, 국가기구 면에서 ① 인민대표대회제를 강화하였고, 국가주석제를 부활하였으며, 전국의 무장력을 지도하는 국가중앙군사위원회를 설치하였다. ② 국무원에 있어 총리책임제를 실시하고 국가주석, 전인대 상무위원장, 국무원 총리, 최고인민법원장 등 국가 지도직의 연속 3선 이상을 금지하고 있다. ③ 중앙과 지방 간의 권한을 적절히 배분함으로써 지방권한의 강화를 꾀하였다. 일곱째, 대외정책 및 국내 민족정책에 있어 국가통일과 민족단결을 원칙으로 하고, 자치권을 가진 특별행정구의 설치와 현행 민족구역 자치권의 확대를 규정하고 있다. 그리고 자주·자립의 원칙 하에 대외 개방정책을 추구하고 있다.

82년 헌법에서의 종교조항

1982년 헌법은 문화대혁명에 대한 반성에서 신교의 자유를 독립의 조문에서 규정하면서, 과거 어느 헌법보다 상세하게 규정하였고, 무신론 선전의 자유를 삭제하였다. 82년 헌법의 개정과정에서 이전 78년 헌법상의 무신론 선전의 자유를 유지할 것인가, 삭제할 것인가를 놓고 견해가 첨예하게 대립하였다. 대체로 종교계에서는 삭제를, 종교사상·역사 학계에서는 유지를 주장하였으나,[73] 결국 삭제안이 채택되었다.[74] 82년 헌법에서 무신론 선전의 자유가 삭제된 것은 이전의 문혁형 헌법의 극복이 정치권력 내부에서 지배적인 입장이었음을 단적으로 보여주는 것이다.

1982년 헌법 제36조는 종교신앙의 자유에 관하여 "중화인민공화국의 공민은 종교신앙의 자유를 가진다. 어떠한 국가기관, 사회단체, 개인도 공민에게 종교의 신앙 또는 종교의 불신앙을 강제할 수 없으며, 종교를 가지고 있는 공민과 종교를 가지지 않은 공민을 차별해서는 안된다. 국가는 정상적인 종교활동을 보호한다. 어떠한 사람도 종교를 이용하여 사회질서를 파괴하거나 공민의 신체 건강의 침해, 국가 교육제도를 방해하는 활동을 해서는 안된다. 종교단체와 종교적 업무는 외국의 세력에 의한 지배를 받지 아니한다"라고 규정하고 있다. 이 82년 헌법에서의 신교의 자유는 형법 등 법률을 통하여 제도적으로 보호된다.

등소평 시대의 종교정책

개혁개방은 사회주의적 시장경제의 확대를 초래하였고, 사회주의적 시장경제의 확대는 빈부격차라는 소외구조의 확대를 초래하였으며, 이 소외구조의 확대는 자연히 종교문제의 대변화와 종교영역의 확대를 낳았다. 이에 중국공산당의 종교인식도 문혁시기의 그것으로부터 근본적으로 전환하지 않을 수 없었다.[75] 모택동의 사망과 문화대혁명 4인방의 숙청은 중국 정치사에서 역사적인 전환점이 되었다. 특히 등소평 등 문혁기간 동안 박해받았던 실용주의 지도자들이 대거 복권되면서, 모택동과 그 사상에 대한 광범위한 비판이 제기되었다. 1970년 말부터 모택동 주석에 대한 숭배열기가 차츰 힘을 잃어가면서, 종교는 다시 활기를 찾기 시작하였다. 마르크스주의 종교론과 통일전선전술이 입각한 종교정책이 부활되고, 이전의 종교억제 정책이 개혁개방 정책으로 완화되기 시작하였다. 종교가 나름대로 기여하는 측면이 있다는 인식 하에, 한편으로 통제하고 관리하면서, 다른 한편으로 종교신앙의 자유를 보장해주는 정책을 시행하기 시작하였다.

종교억제정책의 완화

중국공산당 중앙통전부는 1978년 10월 21일 '당면종교공작當面宗敎工作 가운데 시급히 해결을 요하는 문제에 관한 지시를 청하는 보고'를 배포하여, 종교정책을 정상화하였다. 등소평은 1978년 12월 11기 3중전회에서 과거 문화혁명시기는 "좌적 착오에 빠져 있었다"고 비판하였다. 이 말은 비단 생산력 저하라는 경제영역에서의 착오만을 비판한 것이 아니라, 종교영역에 있어서도 그 정책 수행상 좌적 착오가 있었음을 시인하는 말이다. 등소평은 종교문제의 처리에 있어 어떠한 좌경적 처리방식에도 반대하였다.[76] 이후 종교활동이 활성화되고 문혁기에 파괴되었던 사묘寺廟 · 교회당敎會堂의 보수자금이 국가로부터 지급되고, 종교조직도 점차 부활하였다.[77] 또한 중공중앙은 1979년 2월 3일정식으로는 3월 16일 문혁 중에 통일전선·민족·종교의 공작 부문에 회부되어 투항주의노선을 걸었던 자들의 명예를 회복하였다. 그리고 1980년을 기점으로 기독교협회, 기독교교무위원회, 천주교협회, 천주교주교단, 천주교교무위원회, 도교협회, 불교협회, 이슬람교협회 등 5개 종교 관련 8개 종교단체의 활동을 허가하였다.[78] 또한 각 지역의 사묘, 궁관宮觀, 교회와 하향시켰던 승려, 도사, 목사를 각각 불문과 도문, 교회로 복귀시켰다. 공산당은 1981년 6월 제11기 중앙위원회 제6회 총회에서 건국 이래의 사회주의혁명과 사회주의 건설의 경험과 교훈을, 특히 프롤레타리아 문화대혁명의 경험과 교훈을 전면적으로 총괄하여 '건국 이후 역사문제에 관한 결의'를 공표하였다. 여기서 문화대혁명을 당과 국가에 대하여 커다란 재난을 초래한 내란으로 엄격히 비판하였다.

당중앙 19호 문건과 삼정정책

중국공산당 중앙정치국은 1982년 3월 31일 당중앙 19호 문건으로 약칭되는 '아국사회주의 시기我國社會主義時期의 종교문제의 기본관점과 기본정책'을 발표하였다. 이 문건은 1980년 12월 중공중앙 서기처의 결정에 따라 기초하여 82년 헌법의 개정 직전에 채택 발표되었다. 이 문건은 개혁개방 정책의 실시 이후 중공중앙이 당과 정부의 종교정책의 기본방향을 제시한 최초의 종교관련 문건으로서, 82년 헌법 제36조는 그 기본정책의 반영이라 할 수 있다.[79] 이 문건은 오늘날에도 중국의 사회주의 시기의 종교업무의 강령적 문헌으로 평가되고 있다.

1982년 3월 29일 운남성 양회에서 통과시킨 '정상적 종교활동을 수호하기 위한 결정'과 위의 당중앙 19호 문건에서 정편定片, 정점定點, 정인定人의 3정정책三定政策을 채택하였다. 여기서 정편은 지정된 활동구역을 의미한다. 곧 교역자는 허용된 자기 구역 안에서만 종교활동을 할 수 있고,

자기 구역을 넘어선 종교활동이나 외부 방문자의 종교활동은 허용하지 않는다는 원칙을 말한다. 정점은 지정된 장소를 의미한다. 곧 모든 종교 집회 등 종교활동은 교회 안에서만 허용된다는 원칙을 말한다. 그리고 정인은 지정된 교역자를 의미한다. 곧 자격있는 종교인, 합법적인 목회자만 종교활동을 할 수 있다는 원칙을 말한다.

천안문 사건과 보수파의 승리

급진 개혁주의자였던 호요방胡耀邦이 1989년 4월 15일 사망하자, 전국의 대학생들과 시민들은 7주에 걸쳐 정치개혁을 요구하는 민주화 운동을 전개하였다. 이 민주화운동에 대하여 등소평은 일반적인 학생운동이 아니라 공산당의 영도와 사회주의를 부정하는 정치동란으로 규정하고 무력으로 진압하였다.[80] 이 천안문사건을 계기로 발생한 공산당내 권력투쟁에서 온건파의 기수였던 조자양趙紫陽이 퇴진하고 보수 강경파인 강택민이 승리하였다. 이에 그동안 등소평이 시도하였던 정치개혁과 관련한 본격적인 논의는 중단되었고, 1990년대 중반까지 침체국면에 빠져들게 되었다.

천안문 사건을 헌법적 관점에서 살펴보면, 몇 가지 특징을 발견할 수 있다. 첫째, 민주화운동 측과 당·국가 측 모두 호헌을 기치로 내세웠다. 양자는 같이 헌법을 원용하고 있지만, 학생·지식인·노동자·시민 측은 주로 헌법상의 권리에 관한 규정을 근거로 하고, 당과 정부 측은 국가체제의 유지에 관한 규정을 근거로 하였다.[81] 둘째, 양측의 주장 중 어느 측이 정당한가를 판정하는 기능이 마비된 상태였다. 양 측의 주장을 객관적으로 판정할 기관이 필요하며, 이에 관해서는 중국헌법도 규정하고 있다. 전국인민대표대회와 상무위원회가 그것이다헌법 제62, 67조.[82] 셋째, 인민법원은 객관적이고 신중한 심판기관으로서의 책무를 포기하였다.[83] 넷째, 개인의 주체적 측면을 무시하면서 국가와 사회집단

을 우선시하거나, 권리를 양적으로 인식하는 국가지도자의 권리론이 우세하였다.[84]

당중앙 6호 문건과 종교신앙의 자유 제한

1990년대 초 동유럽과 소련의 붕괴를 지켜보면서, 불안을 느낀 중국 공산당과 정부는 그 붕괴의 원인이 급성장한 종교에 있다고 판단하였다. 이에 중국은 종교신앙의 자유를 보장하면서 급속하게 확장되는 종교활동과 종교계의 대외교류가 확대되면서 강화되는 외부세력의 영향력에 대한 법적 대비책 마련이 요청되었고, 그 결과 중국의 종교정책은 경직된 내용으로 변화하였다. 중공중앙과 국무원은 1991년 2월 5일 '종교공작을 더욱 좋게 하기 위한 약간의 문제에 관한 통지', 약칭 당중앙 6호 문건을 채택하였다.[85] 이 문건에서 중국은 한편으로 해외 종교단체의 선교활동을 외국세력의 침투로 간주하여 이를 경계하면서, 다른 한편으로 종교활동과 신앙의 자유를 제한하는 문건을 채택하기로 하였다.

국무원 인권백서 발간

개방개혁정책이 추진되면서 인권문제에 대한 토론이 가능한 환경이 마련되었다. 그리고 1989년 천안문 사건 이후 국제사회의 인권탄압에 대한 비난과 제재가 이어지고,[86] 동구 사회주의권의 붕괴로 중국은 국제적 고립으로부터 탈피하기 위해서도 국제인권 문제에 관심을 갖지 않을 수 없게 되었다. 특히 미국은 1990년부터 오늘에 이르기까지 인권보고서를 통하여 중국의 인권상황을 강하게 비난하고 있다. 이에 국무원은 1991년 11월 1일 '중국적 인권상황'국무원신문판공실, 이른바 인권백서를 발간하여 인권문제에 관한 기본입장과 인권상황을 대외에 공개하였다. 이후 중국은 정기적으로 자국의 인권백서를 발간하면서, 2000년부터는 미국의 인권상황을 담은 보고서를 발간하여 미국의 공세에 맞서고 있다.

인권백서의 발간은 중국 정부가 인권개념을 공식적으로 용인한다는 것을 국내외에 최초로 표명한 것이다. 이 인권백서에 대해서 국제적 반응은 총체적으로 냉소적이었으나, 중국에서 이때까지 장기적으로 인권론은 출입금지구역으로 되어 있었기 때문에 인권개념을 체제적으로 공인한 점과 인권의 국내성만이 아니라 국제성의 측면을 한정적으로나마 인정한 점은 진일보한 것으로서 일정의 역사적 의의를 가지고 있다. 중국은 인권백서의 발간을 통해, ① 인권에 대한 주권의 우위성 강조, ② 인권의 상대성과 특수성 강조, ③ 생존권과 개발권의 강조, ④ 권리와 의무의 통일성 강조, ⑤ 자유권과 사회권의 상호 관계성 강조, ⑥ 개인적 권리와 집단적 권리의 조화 강조, ⑦ 인권문제에 있어서 국가 간의 상호존중과 평등한 대화 강조 등 이른바 중국 특색의 인권이론을 체계화하였다.[87]

2. 등소평 이후 시기의 헌정과 종교정책

2004년의 헌법개정

3차1988, 1993, 1999의 부분 헌법개정

1982년 헌법의 기본적 정신과 구조는 오늘까지 그대로 유지되고 있다. 그러나 개혁개방이 심화되고, 중국 사회의 변화가 급속히 진행되면서 부분적인 헌법 개정이 필요하였다. 이에 1988년, 1993년, 1999년 그리고 2004년 모두 4차례에 걸쳐 부분적 헌법개정이 단행되었다.

1982년 헌법은 사회주의 경제제도의 기초를 생산자료의 공유제, 즉 전민소유제全民所有制와 노동군중집체소유제勞動群衆集體所有制에 두고 있었다. 1987년부터 1989년까지 부동산 거래와 개발에 대한 활기가 일어나면서 토지매매의 합법적 인정이 요청되었다.[88] 이에 당중앙은 1988년 2월 헌법개정을 건의하였고, 제7기 전인대는 1988년 4월 12일 개최된 제1차

회의에서 사영기업을 보호하고, 토지사용권의 매매와 양도를 허용하는 2개 항의 헌법개정을 단행하였다. 이로써 사회주의 시장경제체제의 수립을 위한 법적 근거가 마련되었고, 토지사용권의 매매와 양도를 합법적으로 인정함으로써 토지사용권의 상품화가 허용되었다.

등소평은 1992년 초 이른바 남순담화南巡談話에서 사회주의 시장경제를 적극적으로 도입할 것을 강조하였다.[89] 1992년 10월 개최된 중국공산당 제14차 전국대표대회는 개혁개방 정책의 불변을 재확인하면서, 등소평이 1978년 이래 주장해온 이념들을 공산당 당정에 삽입하였다. 이어 공산당은 개혁을 심화하고 개방을 확대하며, 등소평 이후 세대에도 개혁개방을 지속적으로 추진하기 위한 헌법개정을 시작하였다. 제8기 전인대는 1993년 3월 28일 개최된 제1차 회의에서 모두 9개 항에 이르는 헌법개정안을 통과시켰다. 1993년 헌법개정안의 주요 특징으로는 등소평의 중국적 특색을 갖는 사회주의 이론을 헌법에 반영하였다는 점과 중국공산당의 영도체제를 고수하면서 다당합작제와 정치협상제도를 활용하였다는 점 등을 들 수 있다.[90]

1997년 9월 개최된 중국공산당 제15기 당대회에서 정치체제의 개혁문제[91]가 제기되었고, 이후 헌법학계를 비롯하여 사회 각계에서 헌법개정에 대한 검토와 토의가 있었다. 중공중앙은 1999년 1월 22일 전국인민대표대회 상무위원회에 헌법의 부분개정을 건의하였고, 제9기 전인대는 1999년 3월 15일 개최된 제2차 회의에서 6개 항에 걸친 헌법개정안을 통과시켰다. 1999년 헌법개정안의 주요 특징으로는, 등소평 이론에 헌법적 지위를 부여하였다는 점,[92] 의법치국依法治國의 국가방침이 추가되었다는 점[93] 그리고 여러 종류의 소유제경제와 분배방식을 인정하고, 개체경제와 사영경제를 중국경제의 주요 구성부분으로 인정하였다는 점 등을 들 수 있다.

2004년 헌법개정 경위와 주요내용

중공중앙정치국 상무위원회는 2002년 12월 제16차 당 대회에서 새로운 정세 아래 당과 국가의 사업의 발전을 요구하면서, 헌법개정에 착수할 것을 제기하였다. 이어 이듬 해 3월 초 당 총서기 호금도胡錦濤가 헌법개정 활동을 속히 개시할 것을 지시하였다. 3월 27일 중공중앙정치국 상무위원회 회의에서 헌법개정을 위한 조사와 조직을 정하고, 헌법개정의 총원칙을 확정하였다. 이것은 헌법개정의 전 과정에 걸쳐 당의 영도를 강화하고 민주를 충분히 발양하며, 각 방면의 의견을 광범하게 청취하고 엄격하게 의법 처리한다는 것이었다. 그리고 전인대 상무위원회 위원장 오방국吳邦國을 조장으로 하는 중앙헌법개정소조中央憲法改正小組를 구성하여, 당중앙 정치국상무위원회의 지도 아래 활동하도록 하였다. 이에 따라 4월 초 당중앙은 헌법 개정에 대한 의견을 널리 구하는 통지를 발송하여, 각 성, 자치구, 직할시의 인민대표대회 상무위원회의 당조직이 조사, 연구한 것을 중앙에 보고할 것을 지시하였다. 5월 하순부터 6월에 걸쳐, 중앙헌법개정소조는 각계의 의견을 청취하고,[94] 세계 주요국가 헌법의 관련규정을 조사하고 연구하였다.

이러한 결과를 토대로 하여 중앙헌법개정소조는 헌법의 일부 내용을 개정하는 초안의견수집고草案意見收集稿를 입안하였고, 중공중앙정치국 상무위원회는 이를 승인하였다.[95] 중앙헌법개정소조는 각 지방, 각 부문, 각 방면의 의견과 건의를 모아 조목별로 연구하여, 초안의견수집고에 대하여 수정과 보충을 가하였다. 9월 29일 중공중앙정치국 상무위원회의 의결을 거쳐 '헌법의 일부내용의 개정에 관한 중공중앙의 건의'초안토론고(草案討論稿)가 작성되었고, 제16기 중앙위원회 제3회 총회에 보고되었으며, 이 총회는 이를 채택하였다. 이러한 과정을 거쳐 10월 공산당 제16기 3중 전회에서 헌법개정안건의안을 토의하였고, 12월 27일 개최된 제10기 전인대 상임위원회에서 토의를 거쳐 헌법개정안초안을 확정하였다.[96] 2004년 3월 8일 제10기 전인대 제2회 회의를 열어 왕조국王兆國으로부터 헌법개정안초안에 대한 설명을 듣고, 3월 14일 3분의 2 이상의 다수로 헌법개정안을 표결 통과시켰다.[97]

2004년의 헌법개정 과정은 1982년 헌법에 대한 이전 3차례의 개정과 비교하여 다음과 같은 특징이 있다. 첫째, 이전의 개정에서는 먼저 개정 안을 작성하고, 그 후에 개정안에 대하여 각 방면의 의견을 구하였지만, 2004년의 개정은 먼저 광범위한 의견을 구한 후 개정안을 작성하였다. 둘째, 이전의 헌법개정 건의는 중공중앙정치국의 토론 후에 전인대 상무 위원회에 제출하였지만, 이번 건의는 당중앙정치국의 토론 후 당 중앙위 원회 총회의 심의를 거쳐, 전인대 상무위원회에 제출하였다. 셋째, 이전 의 헌법개정은 당중앙이 헌법개정건의를 제출한 후 전인대가 헌법개정 안을 채택할 때까지 한 자의 문언도 개정하지 않았지만, 2004년의 개정 의 전인대 회의의 심의에서는 중요부분은 아니지만, 대표들이 제출한 의 견에 따라 헌법개정안초안의 문언의 일부가 수정되었다.[98]

2004년 3월 14일 제10기 전인대 제2회 회의에서 채택된 중화인민공 화국헌법개정안의 주요 내용은 다음과 같다.[99] 첫째, 강택민의 3개대표 중요사상을 정치와 사회생활의 지도적 지위로 확립하였다. 서언이 '마르 크스–레닌주의, 모택동사상, 등소평이론과 3개 대표 중요사상의 지도하' 로 개정되었다. 둘째, 물질문명, 정치문명과 정신문명의 협조발전을 촉 진하는 내용을 추가하였다. 서언에 "공업, 농업, 국방과 과학기술의 현대 화를 점진적으로 실현한다. 물질문명, 정치문명과 정신문명의 협조발전 을 촉진한다"라는 규정이 추가되었다. 셋째, 통일전선의 기술에서 사회 주의사업의 건설자를 추가하였다. 서언이 "사회주의 건설사업은 반드시 노동자, 농민과 지식분자에 의지하며, 일체 가능한 역량을 결집시킨다. 장기간의 혁명과 건설과정에서 중국공산당이 영도하고, 각 민주당파와 각 인민단체가 참가하며, 전체사회주의 노동자, 사회주의사업의 건설자,

사회주의를 옹호하는 애국자와 조국통일을 옹호하는 애국자의 광범위한 애국통일전선이 결성되었고, 이 통일전선을 앞으로 계속하여 공고히 발전시킨다"로 개정되었다. 넷째, 토지수용제도를 완비하였다. 제10조가 "국가는 공공이익의 필요에 따라, 법률의 규정에 의하여, 토지에 대하여 징수 또는 징용할 수 있고 보상을 한다"로 개정되었다. 다섯째 사유재산 보호에 대한 규정을 완비하였다. 제11조가 "국가는 개체경제, 사영경제私營經濟 등 비공유경제의 합법적 권리와 이익을 보호한다"로 개정되었고, 제13조에 "공민의 합법적 사유재산은 침범받지 아니한다. 국가는 법률의 규정에 의하여 공민의 사유재산권과 상속권을 보호한다"가 추가되었다. 여섯째, 건전한 사회보장제도의 수립에 관한 규정을 추가하였다. 제14조에 "국가는 경제발전의 수준에 상응하는 사회보장제도를 수립 완비시킨다"가 추가되었다. 일곱째, 인권의 존중과 보장규정을 추가하였다. 제33조에 "국가는 인권을 존중하고 보장한다"가 추가되었다. 그밖에도 전국인민대표대회의 구성, 긴급상태, 국가주석의 직권 그리고 국가國歌에 관하여 개정이 이루어졌다. 제136조에 "중화인민공화국의 국가는 의용군행진곡이다"라는 규정이 추가되었다.

제3세대 통치기의 헌정과 종교정책

강택민은 천안문 사건에 대한 북경의 무력진압을 지지함으로써 당시 최고지도자인 등소평의 신임을 얻었다. 중국공산당 제13기 중앙위원회는 전체회의를 열어 '조자양趙紫陽이 범한 잘못에 관한 보고'를 채택하는 동시에 강택민을 총서기로 정식 선출하였다. 그는 등소평의 개혁개방정책을 지속적으로 추진하는 한편 공산당의 영도를 계속 유지하는 정책을 통해 자신의 권력을 공고히 할 수 있었다. 그는 등소평의 뒤를 이어 1989년 공산당 중앙군사위원회 주석이 되었고, 1993년에는 국가주석에 올라, 2003년까지 이붕李鵬, 주용기朱鎔基와 더불어 제3세대 지도부를 이끌었다.

강택민의 3개대표 중요사상

2000년 2월 당 총서기 강택민은 이른바 3개대표론을 광동 시찰 중 언급하여 11월 공산당 제16회 전국대표대회 보고에서도 "3개대표의 중요사상을 전면적으로 관철하자"고 역설하였다. 그가 주장한 3개대표론의 내용은 중국공산당이 첫째, 중국의 선진생산력의 발전요구, 둘째, 중국의 선진문화의 전진방향, 셋째, 중국의 광대한 인민의 근본이익이라는 3가지를 대표한다는 것이다.[100] 이 3개대표사상은 2002년 16차 당 대회에서 장정에 삽입되었고, 2003~2004 까지 2년 동안 전국적으로 3개대표 사상 학습활동이 전개되었다.

이 3개대표론은 내용적으로 마르크스주의의 전통적 이념에 따른 것은 아니지만, 그 발전적인 내용은 2004년 헌법개정추진의 중요 개념인 "시대와 함께 나아간다"는 것에 의해 정당화된다. 다시 말해 "3개 대표의 중요사상은 마르크스-레닌주의, 모택동사상, 등소평이론을 계승하면서, 시대와 더불어 진전하는 과학적 체계이고, 마르크스주의의 중국에서의 발전의 최신 성과이다. 그리고 또한 21세기에 대면하는 중국화된 마르크스주의이고, 전당 전국 각 민족 인민을 지도하는 새로운 세기의 새로운 단계에서의 발전목표와 장대한 구상을 실현하기 위하여 분투하는 근본 지침"이라는 것이다.[101] 이 3개대표론은 이후 공산당에 붉은 자본가계급을 입당시키는 근거가 되었고, 중국공산당이 혁명이 아니라 집권정당 또는 대중정당으로 나아가는 단초를 제공하였다.

종교와 사회주의사회의 상호적응 이론

제3세대 통치기의 종교정책은 강택민이 전국종교공작회의에서 행한 연설 '논종교문제論宗敎問題'에 잘 나타나 있다. 중공중앙과 국무원은 2001

년 12월 전국종교공작회의를 개최하였는데,[102] 당중앙 총서기이자 국가주석이며 중앙군사위원회 주석인 강택민이 중요한 발표를 하였다.[103]

첫째, 공산당과 정부는 공민의 종교신앙의 자유를 존중하고, 정상적인 종교활동을 보호하며, 종교계의 합법적 권익을 보호하고 시행하는 장기적이고 변함없는 기본정책을 관철하여야 한다. 더불어 다른 한편으로 종교계는 변함없이 중국공산당의 영도를 지지하고 사회주의를 지지해야 하며, 자치 · 자양 · 자전 교회의 원칙을 견지해야 하고, 헌법 · 법률 · 법규 · 정책규정의 범위 내에서 종교활동을 전개한다. 이러한 정치적 기초 위에 두 방면의 결합이 있어야 공산당이 영도하는 애국통일전선의 구성부분인 각 민족 종교계의 애국통일전선이 만들어져 끊임없는 발전을 얻게 될 것이다. 이는 공산당이 마르크스주의의 종교이론을 중국의 종교문제의 현실과 서로 결합해 얻은 중요한 경험이다. 이를 정리하면 당정과 종교계의 관계를 유지하는 원칙은 정치적으로는 단결 · 협력하는 것이고, 사상 · 신앙적으로는 상호 존중하는 것이며, 이 점은 영원히 변할 수 없는 것이다.

둘째, 종교신앙의 자유를 존중하고 보호하는 것은 공산당과 국가의 기본정책이다. 그것은 종교를 믿을 자유와 믿지 않을 자유라는 두 측면을 모두 포괄한다. 종교를 믿는 것과 믿지 않는 것은 모두 공민의 권리이기 때문에, 종교를 믿거나 믿지 않는 군중을 무시하는 어떤 행위도 확고히 반대한다. 공산당과 국가는 행정적인 역량으로 종교를 소멸시킬 수 없으며, 발전시킬 수도 없다. 공산당과 정부가 실행하는 종교신앙의 자유 정책이란 종교를 믿는 사람과 믿지 않는 사람, 이 종교를 믿는 사람과 저 종교를 믿는 사람을 모두 단결시켜 모두 존중하며, 그들의 의지와 역량을 중국적 특색을 가진 사회주의를 건설하는 사업에 집중시키는 것이다.

셋째, 군중의 신앙을 존중하는 것은 중국의 1억 여 명의 종교를 믿는 군중을 당과 정부의 주위로 긴밀히 단결시키는 전제조건이다. 만약 그들의 신앙을 존중하지 않고 이해하지 않는다면, 이것은 중대한 착오를 일으키는 행위이니 종교를 믿는 광대한 군중이 당과 정부를 의지할 수 없을 것이며, 그들의 마음이 당과 정부로부터 떠나게 될 것이다. 공산당원은 마르크스주의의 무신론을 견지해야 하지만 무신론과 유신론의 차이를 단순히 정치적으로 동등하게 대립시킬 수는 없다. 무신론자와 유신론자는 사상과 신앙이 비록 다르지만, 애국과 조국통일의 수호, 사회주의의 수호 등 정치입장에서는 서로 일치할 수 있다.

위의 '논종교문제'에서 강택민이 특히 강조한 것이 '종교와 사회주의사회의 상호적응'이론이다. 여기서 종교와 사회주의사회의 상응은 종교단체와 조직, 종교 관련 종사자와 신도들 및 사회주의사회의 정치·경제 그리고 법률 제도의 상응을 말한다. 종교와 사회주의사회의 상호적응이 처음 제기된 것은 1990년 중공중앙의 '통일전선공작 강화에 관한 통지'에서였다. 위 통지에서 "애국 종교단체와 인사는 애교와 애국을 결합하고, 종교활동을 헌법과 법률의 범위 내에서 하며, 사회주의제도와 상호 적응하도록 인도하여야 한다"라고 하였다. 강택민은 이것을 발전시켜 종교와 사회주의사회의 상호적응 이론으로 정립하였다. 그는 "사회주의의 조건 아래 종교에 존재하는 장기성과 행정역량으로 종교를 소멸시킬 수 없다는 것을 정확히 인식하고, 행정역량으로 종교를 발전시킬 수 없다는 것도 정확히 인식하며, 적극적으로 종교와 사회주의 사회의 상호적응을 이끌며 장기적 안목으로 현재를 바라보면서 종교사무처리를 게을리 하지 말아야 한다"라고 강조하였다.[104]

제3세대 통치기의 종교정책

강택민이 주도하던 제3세대 통치기에 시행된 종교 관련 정책으로 다음을 들 수 있다.

첫째, 강택민은 1993년 11월 전국통전공작회의에서 3구화三句話를 발언하였다. 즉 당의 종교정책에 대한 정확하고 철저한 관철, 법에 의한 종교사무관리 강화, 종교와 사회주의의 적극적인 상호적응 인도에 관하여 발언하였다.

둘째, 중국정부는 1997년 '종교백서 −중국적 종교신앙자유상황'을 발표하였다. 중국은 이 백서에서 개혁개방 정책 이후 약 20년 만에 중국의 종교신앙의 자유는 충분히 존중되고 보호받게 되었다고 자찬하였다.[105] 이렇게 하여 중국에서의 종교신앙의 자유는 표면적으로는 다른 외국과 유사한 모습을 띠게 되었다.

셋째, 중앙조직부, 중앙통일전선부, 국무원종교사무국은 1998년 1월 연명으로 '농촌기층조직에서 종교활동문제를 진지 · 적절하게 처리하는 것에 관한 통지'를 발령하였다. 1978년 말의 개혁개방 정책 채택 이후, 당에 있어서의 종교비판도 비교적 완화되어 왔다. 그러나 1990년대 이후 인구의 대다수가 생활하는 농촌에서 종교적 측면에서 새로운 상황과 새로운 문제가 출현하였는데, 특히 일부 지방에서 종교를 이용해서 위법활동을 하는 현상이 현저하였다. 국내외의 적대세력이 종교를 이용해 침투 · 파괴활동을 하고 농촌기층조직의 건설에 중대한 영향을 끼친 사실이 지적되어, 이에 대처하기 위해 위 통지를 발령하였다.

넷째, 1999년의 법륜공 사건을 계기로 중국의 종교정책은 더욱 긴장되게 되었다. 이 배경에는 법륜공 사건의 출현은 우연한 현상이 아니라, 가짜 과학이 장기간 범람한 결과 초래한 산물이라는 인식이 있었다. 특히 충격적인 것은 대중뿐만 아니라 일반 당원이나 지도 간부까지 포함되었다는 사실이다. 그들 중에는 법륜공이 비판받게 된 후에도 이를 변호하면서 "법륜대법法輪大法과 마르크스주의는 일치한다", "당원인 것과 법륜대법을 믿는 것은 모순되지 않는다"고 주장하는 당 지도간부 조차 있었다.

다섯째, '중국문화유대감촉진 프로젝트' 5개년 계획을 수립하고, 2001년 9월 '시민도덕건설실시요강'을 발표하였다.[106] 강택민은 사회주의 선진문화건설은 반드시 중화민족 5천 년의 우수한 전통문화를 계승 발전시키는 데 바탕을 두어야 한다는 인식 하에 1998년 국무원 산하 4개 기구와 중국사회과학원 등 중앙 8개 기구가 참여하여 '중국문화유대감촉진프로젝트' 5개년 계획을 수립하였다. 또한 강택민은 유가사상의 인치를 모방하여 국가통치방침으로 '의依'법치국과 '이以'법치국의 결합을 강조하였다.

제4세대 통치기의 헌정과 종교정책

호금도胡錦濤는 국가주석 강택민의 명실상부한 후계자로 부상하였고, 2002년 11월 중국공산당 총서기로서 그를 승계하였다. 2003년 3월에는 전국인민대표의회에서 국가주석으로 선출되어 2004년 9월 강택민의 사임 후 중앙군사위원회의 수장이 되었다. 호금도는 2002년부터 2012년까지 온가보溫家寶와 더불어 제4세대 지도부를 이끌었다.

호금도의 과학적 발전관과 화해사회론

호금도는 집권 초기부터 당내 민주의 확대, 집정능력의 강화 그리고 부패척결을 중심으로 중국공산당의 개혁을 추진하면서, 동시에 이전 시기의 경제성장 일변도에서 탈피하여 사회발전을 동시에 추구하는 전면적 소강사회小康社會의 건설을 추구하였다. 전면적 소강사회의 건설을 위한 지도이념이 되는 것이 바로 과학적 발전관과 화해사회의 건설이었다.[107]

과학적 발전관은 사람을 근본으로 한다는 이인위본以人爲本에 기초하여 전면적, 협조적, 지속가능한 발전을 추구하는 이데올로기이다. 호금도는 과학적 발전관이라는 이름 아래, 경제발전 방식의 전환을 경제개혁의 핵심정책으로 추진하였다. 즉 정부투자와 수출의존에서 민간투자와 내수위주로, 노동과 자원의존에서 자본과 기술의존으로, 양적 성장에서 질적 성장으로의 3대전환이 바로 그것이다. 과학적 발전관은 2007년 제17차 당대회에서 공산당 장정에 추가되었다. 또한 2008년부터 2010년까지 약 1년 6개월 동안 전국적으로 과학적 발전관의 학습 실천활동이 전개되었다. 2012년 11월 제18차 중국공산당 전국대표대회는 호금도의 과학적 발전관을 마르크스-레닌주의, 모택동사상, 등소평이론, 3개대표 중요사상과 함께 중국공산당이 견지해야할 당의 중요 지도이념으로 격상시켰다.

화해사회는 곧 화목하고 화합하며, 각계각층이 함께 협력하는 사회를 지향한다는 것으로, 호금도 정부는 2004년 국정이념으로 화해사회를 표방하였다. 이는 급속한 경제발전으로 인한 빈부격차와 상대적 박탈감에서 오는 사회불만과 사회계층간 반목을 해소하는 것을 목표로 한다. 이 화해사회의 이념은 중국 전통의 유교사상을 바탕으로 성립되었다. 중국은 당면한 사회문제에 대한 해답을 유교에서 찾다보니, 유교를 중심으로 하는 전통사상과 전통문화가 날로 그 중요성을 더해 가고 있다. 호금도 정부는 화해사회의 건설이라는 이름 아래 4대민생, 즉 취업·교육·의료·주택 문제의 해결을 중요한 국정과제로 추진하였다.

종교와 사회주의사회의 화해

호금도는 2006년 7월10일 전국통일전선공작회의 강화에서, "우리나라는 다종교국가이다. 종교신자들과 비종교신자, 신앙이 같지않은 종교신자들의 관계를 정확히 처리하고, 종교와 사회주의사회가 상호적응할 수 있게 하는 것은 사회주의 화해사회和諧社會의 중요한 사업이다. 우리는 종교문제를 고도로 중시하고, 종교사업에 대한 책임감과 사명감을 지녀야 하고 종교사업의 기본방침을 전면적으로 관철해야 하며, 종교와 사회가 화해를 이루고, 각 종교가 화목하게 지내며, 종교신자들과 비종교신자들, 서로 다른 종교신자들도 화목하게 지낼 수 있게 하여야 한다"라고, 사회주의 화해사회 건설을 강조하였다. 그리고 국가종교국 당조이론학습중심조黨組理論學習中心組는 2010년 '종교화해: 종교사업의 신경계新境界'라는 문건을 발표하였다. 이 문건의 주요 내용에 대해서는 이미 2장에서 고찰한 바가 있다.

종교사무조례의 시행

국무원은 공민의 종교신앙의 자유를 보장하고, 종교적 화목과 사회적 화해를 수호함을 목적으로 2004년 12월 18일 종합적인 종교행정법규인 '종교사무조례'를 제정하였다. 이 조례가 2005년 3월 1일부터 시행됨으로써, 1994년의 종교활동장소관리조례는 폐지되었다. 모두 48조로 구성된 이 조례는 국무원의 행정법규의 형식국무원 제426호 령으로 제정되었다. 이 조례는 종교정책 관련 종합성 법안으로 제4세대 종교정책의 핵심을 이룬다.[108] 1994년 제정의 구 조례에 비해, 종교단체를 포함하여 모든 종교영역에 대한 국가의 통제와 개입을 강화하였다. 신 조례의 내용 중에는 보다 상위의 법률형식으로 제정되어야 할 것도 포함되어 있다. 그리고 이 종교사무조례와 관련하여 2005년 4월 21일 국가종교사무국이 공표한 '종교활동장소설립의 심사 · 승인 및 등기변법'도 중요한 법규이다. 이 변법의 제정으로 1994년의 종교활동장소등기변법宗敎活動場所登記弁法은 폐지되었다.

민주와 인권의 08헌장

중국의 학자, 작가, 변호사 등 지식인 303인은 세계인권선언 채택 60주년을 기념하여, 연명으로 중국의 민주화를 요구하며, 2008년 12월 9일 인터넷을 통하여 이른바 08헌장을 발표하였다. 이 헌장은 권립분립, 정당활동의 자유, 언론의 자유, 중화연방공화국의 수립 등을 주장하였다. 중국 당국은 08헌장이 인터넷을 통하여 발표되기 전에 관계자를 억압하기 시작하여, 헌장 기초자의 한 사람인 류효파劉曉波를 발표 직전에 국가정권전복선동죄의 혐의로 구속하였다.[109] 2010년 10월 8일 노르웨이의 노벨상 위원회는 류효파를 2010년 노벨 평화상 수상자로 선정하면서,[110] 중국의 민주와 인권에 대한 국제사회의 관심이 높아졌다.[111]

08헌장은 미래를 좌우하는 전환기를 맞이하여 중국은 그동안 추진해 온 현대화 과정을 반성하면서, 재천명하여야 할 기본이념으로 자유, 인권, 평등, 공화, 민주, 입헌 등을 제시하였다. 그리고 동시에 정치제도, 공민의 권리 및 사회발전을 위하여 종교의 자유 보장 등 19개 항목의 실현을 요구하였다.[112] 종교의 자유 항목의 구체적 내용은 다음과 같다. "종교와 신앙의 자유를 보장하고, 정교를 분리하여 정부가 종교 및 신앙 활동을 간섭하지 못하게 하여야 한다. 공민의 종교의 자유를 제한하고 박탈하는 행정법규, 행정규정, 지방법규를 폐지하여야 한다. 행정입법기관에서 종교활동을 관리하는 것을 금지하여야 한다. 종교활동장소를 포함하여 종교단체는 등록 후 합법적인 지위를 부여받는 사전허가제를 신고제로 전환하여야 한다".

제5세대 통치기의 헌정과 종교정책

시진핑은 중국공산당 18차 전국대표대회가 폐막된 다음 날인 2012년 11월 15일 공산당 총서기로 선출되었다. 그는 당 총서기, 중앙군사위원회주석, 국가주석 등 중국공산당, 중국인민해방군, 중국정부의 3권을 장악하고, 이극강李克强 등과 함께 제5세대[113]를 이끌어가고 있다

시진핑의 중국몽과 의법치국

시진핑은 집권 초기부터 '부강하고 민주적이며 문명화된 사회주의 현대국가'를 수립하여, '중화민족의 위대한 중흥'을 달성하겠다는 꿈, 이른

바 중국몽中國夢을 강조하고 있다.[114] 그가 정책의 중심에 두고 있는 것은 중화민족, 중국인민, 중국공산당이다. 시진핑은 정치적으로 독실한 사회주의자로서 공산당영도를 굳건히 믿는다. 그는 공산당이 조국을 구원하였고, 공산당만이 중국을 세계강국으로 발전시킬 수 있다고 굳게 믿고 있다. 때문에 그는 서양의 정치사상과 정치제도에 대하여 강한 거부감을 가지고 있는 충실한 사회주의자라 할 수 있다. 그는 경제적으로는 시장주의자이다.[115] 그는 젊은 시절 개혁개방 정책을 적극 지지하였고, 등소평의 후계자 시중쉰習仲勛의 아들로서 개혁개방 정책을 지속적으로 추진할 것이다.[116] 또한 그는 외교적으로 실용적 민족주의자이다. 군사력 강화의 중요성과 필요성을 잘 알고 있고, 주권과 영토문제 등 중국의 핵심이익에 있어서는 단호하다. 요컨대 시진핑의 제5세대는 중국 특색의 사회주의 이론체계의 지도 아래, 중국 특색의 사회주의 기본제도를 고수하면서, 중국 특색의 사회주의 길을 갈 것이다.[117] 2022년 11월로 끝나는 시진핑 지도부의 숙제는 창당 100주년을 맞아 소강사회를 완성하고 대동사회에로의 진입을 선언하는 것이다. 나아가 공산당의 '2번째 백년'의 목표를 제시하는 것이다. 결국 이러한 중국 부흥을 실현하는 것이 바로 중국몽이다.

중국공산당 제18기 중앙위원회 제4차 전원회의는 2014년 10월 23일 '의법치국을 전면추진하는 약간의 중대문제에 관한 중공중앙의 결정'을 발표하였다.[118] 2015년 3월 15일부터 개최된 전국인민대표대회 제12기 3차회의에서도 전면적 의법치국이 전면적 소강사회, 전면적 개혁심화, 전면적 종엄치당從嚴治黨(엄격한 당 관리)과 함께 제5세대 지도부의 지도이념으로 공식화되었다.

2013 국제종교자유보고서와 2014년 중국인권사업의 촉진 백서

미국의 독립적 정부 자문기구인 국제종교자유위원회USCIRF는 중국과 북한을 비롯한 23개국을 '종교자유탄압특별관심국CPC'으로 지정할 것을

국무부에 권고하였다. 위원회는 2013년 5월 2일 발표한 『2013년례종교자유평가보고서2013年例宗敎自由評價報告書』에서 "지난 1년 동안 티베트 불교와 위구르족 무슬림의 종교자유가 심각하게 후퇴하였으며, 가톨릭 목사들이 구속되고 법륜궁 수련자들에 대한 가혹한 박해가 지속되었다"고 지적하였다. 또한 "종교 인사들의 권리를 위해 나서고 있는 인권변호사들은 위협, 감금을 당하거나 실종되고 있다"고 밝혔다.[119]

이에 국무원 신문판공실은 2015년 6월 8일 '2014년 중국인권사업의 진전' 백서를 발표하여 중국인권사업이 각 분야에서 거둔 성과를 포괄적으로 기술하였다. 이 백서는 2014년 중국공산당은 국가정부와 함께 전면적 소강사회 건설, 전면적 개혁심화, 전면적 의법치국, 전면적 종엄치당의 전략포석을 조율·추진하였고 중국인민은 국가발전과 진보과정에서 더 많은 실질적인 혜택을 누렸으며 중국인권사업 또한 새로운 성과를 거두었다고 기술하고 있다. 백서는 다량의 데이터와 사실을 바탕으로 총9개 분야, 즉 발전권리, 인신권리, 민주권리, 공정심판권, 소수민족권리, 부녀·아동 및 노인권리, 장애인권리, 환경권리, 대외교류와 협력 등에서 중국인권사업이 거둔 성과를 소개하고 있다.[120]

공자학원의 개설

중국은 2004년부터 중국의 언어와 문화 등을 세계에 전파할 목적으로 세계 각국의 대학을 중심으로 공자학원을 설치하는 데 열을 올리고 있다. 21세기 대국굴기大國堀起란 역사와 정치의 대국에서 문화의 대국에 있음을 알고 문화대국을 향하여 매진하고 있는 것이다. 이를 위하여 문화대혁명 이후 별다른 관심을 보이지 않던 공자를 전면에 내세운다. 한대漢代 이후 동아시아 봉건사회에 절대적인 영향을 주었던 공자의 유교사상이 중국이 추진하는 중화중심주의에 절대적으로 부합하는 사상이라고 판단하였기 때문일 것이다. 그리하여 전 세계에 400여 개의 공자학원을 개설하여, 막대한 재원을 투자하면서, 중화문화의 역사와 우수성을 알리는 데 집중하고 있다.

중국은 지금 경제성장을 바탕으로 하여 혁명의 열기 속에 있었던 과거를 되돌아보고 문화대국으로서의 미래 중국을 바라고 있다. 아편전쟁 이후 150년 동안 격동의 세월을 보내고 자기 문화를 다시 돌아보고 있는 것 같다. 1919년 5·4운동과 문혁기의 대약진운동 때 망국의 책임을 져야 했던 공자가 공자학원으로 다시 살아나고 있다. 근대 이후 중국에서 공자의 유교는 항시 논쟁의 핵심에 있었다. 그만큼 유교가 중국의 역사와 문화에서 큰 영향을 끼쳤다는 것을 반증하는 것이다. 하지만 기나긴 혁명과정에서 공자와 유교의 평가는 극히 상반된다. 국민을 통합하고 전통을 계승하려면 유교의 국교화가 반드시 필요하다는 주장과 봉건적 구습을 담보하는 망국의 종교로서 척결 대상이라는 주장이 서로 격하게 맞서곤 했다. 오늘날 중국은 문혁기의 모택동 숭배 열기를 덮고 다민족을 통합하려는 중화민족주의와 함께 공자를 중국 문화의 뿌리로 다시 인정하면서 중화문화를 대표하는 공자의 유교에 다시 시선을 집중시키고 있다. 공자의 유교사상이 세계 초강대국으로 가는 중국의 주요한 브랜드로서 다시 부활한 것이다. 2008년 베이징 올림픽 개막식에서는 전 세계에 중국문화를 알리는 최대 문화아이콘이 되었다. 더구나 5세대 지도자인 시진핑은 2012년 대국민 연설에서 중국공산당 창당 100주년 2021년에 소강사회를 완성한다는 목표를 두고 '중화민족의 위대한 중흥의 꿈' 즉 중국몽을 제시하였다. 이 같은 중국민족의 위대한 중흥의 꿈은 중화문화를 대표하는 공자에 대한 관심을 지속적으로 확산시킬 것으로 보인다.

주

1 이후 대륙에는 중화인민공화국이, 대만에는 중화민국이 각각 분리하여 통치하게 되었다. 중화인민공화국의 건국은 아편전쟁이 일어난 지 약 100년, 신해혁명이 발발한 지 38년, 장개석의 북벌이 완성되어 중국이 통일된 지 21년, 제2차 세계대전이 종결된 지 4년 만의 일이다(니시무라 시게오 · 고쿠분 료세이/이용빈 역, 『중국의 당과 국가 −정치체제의 궤적』, 한울, 2009, 165 면).

2 중국공산당 중앙은 1949년 1월 국민당의 모든 법률은 단지 지주와 매판관료 자산계급의 반동통치의 수단일 뿐이고, 많은 인민을 진압하고 속박하는 무기이기 때문에, 무산계급이 영도하고 노동자 농민연맹을 주체로 하는 인민민주전제 정권 하에서는 마땅히 국민당의 육법전서는 폐기되어야 한다고 지적하였다(韓大元 편저/정이근 역, 『신중국헌법발전사』, 20~1 면).

3 다카미자와 오사무 · 스즈키 겐/이용빈 역, 『중국법의 역사와 현재』, 한울, 2010, 73~4 면.

4 여기서 인민민주주의 내지 인민민주독재론은 노동자, 농민 등 인민에게는 민주가 보장되지만, 적에 대해서는 독재가 부과된다는 민주와 집중의 양면적 사고법으로서, 중국적 현실에 근거한 중국식 사회주의 건설전략을 말하고, 연합정부론은 모든 민주적인 여러 계급들을 연합시킨 통일전선 정치제도로서, 모택동이 이미 1945년 중국공산당 제7차 전국대표대회에서 신민주주의론을 기반으로 한 신국가 건설구상으로 제기한 이론을 말한다. 그리고 통일전선전술론은 보다 강한 적에 대항하기 위하여 공산당은 당분간 공산당 아닌 그러나 자기와 같은 적이 있는 단체와 연합하여 강적을 이기려고 하는 일종의 행동노선을 말한다(윤경숙, 「중국 사회주의 국가에서의 기독교 교회의 발전과 특성」, 106~107 면).

5 전문은 "중국인민정치협상회의는 신민주주의, 즉 인민민주주의를 중화인민공화국의 정치적 기초로 삼을 것을 … 일치해서 동의한다"라고 규정하였다. 제1조는 "중화인민공화국은 신민주주의, 즉 인민민주주의 국가이며, 노동자계급이 지도하고 노동동맹을 기초로 하며, 민주적인 여러 계급과 국내의 각 민족이 결집하여 인민민주독재를 실행하고, 제국주의, 봉건주의 및 관료 자본주의에 반대하며, 중국의

독립, 민주, 평화, 통일 및 부강을 위해 분투한다"고 규정하였다.

6 정치적으로 중국공산당의 목표는 노동자가 영도하고 노동자 농민연맹을 기초로 하는 인민민주전정(人民民主專政)의 정권을 수립하는 것인데, 인민민주전정은 5년 동안 전국 각지에서 그 수립이 보편화 공고화되었다. 그 결과 인민이 국가의 주인으로서 국가를 관리할 수 있는 지위로 변화되었다.

7 韓大元 편저/정이근 역, 『신중국헌법발전사』, 68 면.

8 그 내용은 다음과 같다. 중국공산당이 통솔적으로 영도하는 중국혁명의 전체는 신민주주의혁명과 사회주의혁명의 두 단계를 포함하지만, 중화인민공화국의 성립은 중국혁명의 제1단계의 기본적 종결과 중국혁명의 제2단계의 개시를 의미한다. 중국혁명의 제2단계의 임무는 중국에 있어서 사회주의 사회를 건립하고, 도시와 농촌에서 자본주의 요소를 완전히 소멸하는 것이다. 이 임무를 완수하는 데에는 3차례의 5개년 계획, 즉 15년 전후의 시간을 필요로 한다(土屋英雄, 『中國「人權」考』, 116~7 면).

9 공동강령을 초월한 이러한 급진적인 과도기의 총노선의 취지는 1954년 9월 건국 후 최초의 정식헌법의 서언에 규정되게 된다. 결국 비록 임시적이라 할지라도 헌법적 성격을 갖는 공동강령의 현실규범력은 모택동의 정책의지에 의해 크게 손상되었다고 할 수 있다(土屋英雄, 『中國「人權」考』, 117 면).

10 토지개혁은 국내문제 가운데 신중국의 최대 현안이었다. 당시 중국 농민들은 과거 2000년의 역사상 한 번도 제대로 실현된 바 없는 경자유전(耕者有田) 원칙 하의 토지 균등배분을 강하게 요구하고 있었다. 토지개혁의 목적은 지주계급의 봉건적 착취가 존재하는 모든 소유제 폐지, 농민토지소유제 실시, 농촌의 생산력 해방에 기반을 둔 농업생산발전, 신중국 공업화를 위한 길을 개척하는 데 있다고 하였다.

11 이러한 대중운동과 정책의 추진과정에서 토지개혁법(1950), 반혁명의 진압에 관한 지시(1950), 반혁명처벌조례(1951), 삼반·오반운동 중에 인민법정을 설립하는 것에 대한 규정(1952), 오직처벌조례(1952), 반혁명분자관제잠행변법(反革命分子管制暫行弁法)(1952) 등의 관련 법령과 지시가 내려졌다.

12 韓大元 편저/정이근 역, 『신중국헌법발전사』, 64 면

13 헌법기초위원회가 성립된 후 중공중앙은 내부적으로 헌법기초소조를 지정하였
는데, 이 소조는 모택동의 영도 하에 진백달(陳伯達), 호교목(胡橋木), 전가영(田
家英) 등이 참가하였다. 특히 전가영은 헌법기초과정에서 모택동을 도와 크게 공
헌하였다(韓大元 편저/정이근 역, 『신중국헌법발전사』, 73 면).

14 이 기간 중에 1,180,420 건의 수정 및 보충의견이 제시되었다(韓大元 편저/정이
근 역, 『신중국헌법발전사』, 81 면).

15 제1장 총장에서는 중화인민공화국은 국가의 모든 권력이 인민에게 있고 전국인
민대표회의와 각 지방인민대표회의가 권력을 행사하는 인민민주독재국가라고
규정하고 있다. 제2장 국가기관에서는 형식상 최고의 국가권력기관에 해당하는
전국인민대표회의(제1절), 대외적으로 국가를 대표하는 중화인민공화국 주석(제
2절), 국가최고행정기관인 국무원(제3절), 지방권력기관으로서의 지방각급 대표
회의와 지방각급 인민위원회(제4절), 민족자치지방의 자치기관(제5절) 및 사법
기관으로서의 인민법원과 인민검찰원(제6절) 등에 관하여 규정하고 있다. 제4장
은 국기 · 국장(國章) · 수도에 관하여 규정하고 있다. 제3장 공민의 기본적 권리
와 의무에서는 기본적 권리로 공민의 법 앞의 평등, 선거권과 피선거권의 향유,
언론 · 출판 · 집회 · 결사 · 시위의 자유, 종교 · 신앙의 자유, 인신의 자유, 거
주 · 이전의 자유, 노동의 권리, 물질적 원조를 받을 권리, 부녀 평등권의 보호,
고소 · 고발 및 비평의 권리 등을 보장하고 있다. 그리고 헌법 준수, 납세 및 병역
등의 기본적 의무에 관하여 규정하고 있다.

16 모택동은 신민주주의 단계에서는 종교활동에 대한 자유를 보장함과 동시에 불간
섭을 선언하고 가능한 통일전선의 범위 내에서 공산당의 통치와 국가이익에 저
촉되지 않도록 지도하는 것이 바람직하다고 보았다. 이를 위해 무신론자인 공산
당도 정치적인 면에서 유신론자들과 협력할 수 있다고 하였다(김성민, 「사회주의
중국에서의 종교집단의 특징과 역할에 관한 연구」, 한국외국어대학교 대학원 석
사학위논문, 2008, 10 면).

17 기독교 대표 5인은 오요종(吳耀宗), 등유지(鄧裕志), 유양모(劉良模), 조자신(趙紫
宸), 장설암(張雪岩)이었다(윤경숙, 「중국 사회주의 국가에서의 기독교 교회의 발
전과 특성」, 129~130 면).

18 주은래의 5월 2일, 5월 6일, 5월 13일, 5월 20일의 담화내용에 관해서는 徐玉成, 『宗教政策法律知識答問(增訂本)』, 462~468 면 참조.

19 기독교는 제국주의의 총과 대포의 위력을 의지하여, 중국 청조 정부에게 강압적으로 불평등조약을 체결하게 하여 전교(傳敎)와 기타 특권을 획득하였다. 따라서 중국인민은 기독교에 대해 아주 나쁜 인상을 받아, 기독교를 양교(洋敎)라 부르고, 기독교를 중국에 대한 제국주의 침략과 떼어 놓을 수 없다고 여겼기 때문에 기독교를 반대하게 된 것이다.

20 예컨대 해방전쟁 기간에도 많은 기독교 진보인사들이 반장개석, 반미투쟁, 반독재, 내전반대운동에 참가하였고, 이로 인해 국민당 반동정권의 박해를 받았다. 해방전쟁이 기본적으로 승리한 이후 열린 인민정치협상회의에서 종교계의 진보 민주인사들도 대표하여 출석하였다.

21 우리는 단지 종교단체가 제국주의의 통제를 벗어나고 제국주의 영향으로부터 숙청할 것을 요구할 뿐이다. 우리는 반종교운동을 일으키지 않는다. 우리는 교회에 가서 마르크스-레닌주의를 선전하지 않을 것을 약속한다. 종교계도 반드시 약속을 준수하여 거리에서 전도하지 말라.

22 기독교가 기왕에 제국주의와의 관계를 청산하고, 자력갱생으로 교회를 설립하려면 더 이상 외국에 모금을 하지 말아야 한다. 우리는 스스로 교회를 설립할 준비를 하고 있다.

23 정부와 기독교계는 공동정치강령의 기초 위에서, 공동정치강령이 확정한 정치 방침을 근거로 협력할 수 있다. 공동정치강령을 바탕으로 종교를 믿는 것과 믿지 않는 것은 공존할 수 있다.

24 기독교 교회와 단체의 업무를 종교업무와 일반업무로 구분하여, 종교업무에서는 기독교 본질을 인식하는 것을 중시하고, 일반업무에서는 반제국주의, 반봉건주의, 반관료주의의 교육을 중시하고, 노동생산성, 시대에 대한 인식, 문화레저활동, 문맹퇴치, 의료위생, 아동보육 등 인민을 위한 일을 중시하도록 요구되었다(김태용, 「중국 특색의 사회주의 종교이론에 대한 고찰」, 463 면).

25 기독교선언(신중국건설에 있어서 중국 기독교의 과제)은 전문과 일반적 과제, 기본적인 목표, 구체적 방법론의 3편으로 구성되어 있다. 중국 기독교의 기본적 목

표로, "첫째, 중국의 교회와 기독교단체는 최대한의 노력과 유효한 방법으로 교회 회중에게 제국주의가 중국에서 저지른 죄악을 철저하게 인식시켜야 한다. 둘째, 중국의 교회와 기독교단체는 효과적인 수단으로 일반 신자들이 애국심, 민주정신과 자존, 자립의 사고방식을 갖도록 교육해야 한다"를 제시하였다. 그리고 중국 기독교의 구체적 방법론으로, "첫째, 아직도 외국의 인원이나 자금의 원조에 의존하는 교회나 단체는 가까운 시일 내에 자양과 갱신의 과제를 실현할 구체적인 계획을 수립하고 실천해야 한다. 둘째, 앞으로 교회 및 기독교단체는 교회 자체에 관해서는 기독교 본질의 깊은 인식, 교파 간의 교류와 연합, 지도자양성과 교회제도의 개혁 등의 과제를 가지며, 일반적인 면에서는 반제, 반봉건, 반관료 자본주의적 교육의 강조, 생산적인 노동에의 참여를 통한 인민에의 봉사 등의 과제를 갖는다"를 제시하였다(전문 내용에 관해서는 윤경숙, 「중국 사회주의 국가에서의 기독교 교회의 발전과 특성」, 139~140 면 참조).

26 1957년 6월에서 8월까지 중국천주교 제1차 대표회의가 북경에서 개최되었는데, 이 회의에서 중국천주교우애국회의 성립을 결정하고(1962년 제2차 전국대표회의에서 중국천주교애국회로 개칭), 정치적, 경제적으로 로마교황청과의 관계를 단절함으로써 독립적·자주적 교회방안의 결의를 시행하였다. 이는 중국 천주교가 이 시점을 시작으로 독립적이고 자주적인 교회의 길로 들어섰음을 의미한다. 회의에서 피수석(皮漱石) 총주교가 초대 애국회 주석으로 선출되었다.

27 중국인민해방군 상해시 군사관제위원회(軍事管制委員會)가 1953년 5월 30일 반동적 회도문(會道門)에 대하여 발표한 포고에 대하여 자세한 것은 中濃敎篤, 『中國共産黨の宗敎政策 −變貌する中國宗敎』, 理想社, 123 면 이하 참조.

28 니시무라 시게오·고쿠분 료세이/이용빈 역, 『중국의 당과 국가─정치체제의 궤적』, 178 면.

29 윤경숙 「중국 사회주의 국가에서의 기독교 교회의 발전과 특성」, 119 면.

30 정부의 구체적인 통제책으로는 ① 종교내부에서의 정치운동을 통해 종교단체와 인사들을 개조한다. ② 새로운 대오를 건설하여 정치성을 띤 종교단체를 구성한다. ③ 종교적 공간의 성직자를 줄이고, 종교활동의 규모를 제한한다. ④ 종교가 문화, 교육, 자선 등 사회공공 영역에 진입하는 것을 금한다. ⑤ 종교단체와 해외 종교조직의 관계 및 국내외 종교의 교류를 단절시킨다.

31 이러한 각 종교협회도 당의 통제 아래 각 종교의 일상을 관리하였다. 성직자의 양성과 임용은 모두 당의 지도로 진행되었고, 종교의 재산은 전면적으로 엄격히 등록시켰다. 절대다수의 종교단체가 운영하는 병원, 학교와 공공서비스 시설은 최종적으로 정무의 관리를 받았다(盧云峰, 「현대 중국종교의 발전」, 302~3 면).

32 이 보고에서 중국의 기독교 교회와 기타 단체는 미국의 선교담당 부서와 관계를 청산해야 한다. 정부는 미국이 보조금을 지원하는 중국 종교단체를 접수하여 중국 교인들의 완전한 자치단체로 개조한다고 발표하였다. 동시에 정무원은 외국 자금 및 외자경영의 문화, 교육, 구제기관과 종교단체 등의 등기(登記)를 의무화함으로써, 이들을 통제하고자 하였다.

33 윤경숙, 「중국 사회주의 국가에서의 기독교 교회의 발전과 특성」 156~158 면; 김성민, 「사회주의 중국에서의 종교집단의 특징과 역할에 관한 연구」, 34 면.

34 이 3요인은 1957년의 반우파투쟁을 기점으로 하여 확립되었고, 이후 사회주의적 개조 후 사회주의 건설의 방법적 핵심이 되었다. 그리고 이 요인들은 헌법체제의 붕괴, 즉 헌법의 국가근본법으로의 특질이 제도, 기능, 의식의 모든 면에서 소멸되는 결과를 가져왔다(土屋英雄 編·著, 『現代中國の人權』, 132~133 면).

35 공산당의 영도의 절대화와 함께 국가의 정법기관에 대한 당의 영도는 단순히 정치·사상 면에 그치지 아니하고, 조직·업무 면에까지 미치게 되어, 당위원회에 보고하여 지시를 구하는 것이 강화되었다. 그리고 당의 영도에 장애가 되는 사법의 독립과 심판의 독립 등도 부정되었다. 그리고 공안·검찰·법원의 3기관 간의 상호협력과 상호제약의 제도도 '당위원회의 통일적인 지도 아래'라는 전제 하에 인정되었다(土屋英雄, 『中國「人權」考-歷史と唐代』, 132~133 면).

36 대중운동의 정당화 근거로서 "모든 국가기관은 반드시 인민대중에 의거하고, 항상 대중과 밀접한 연결을 유지하고, 대중의 의견에 귀기울이고, 대중의 감독을 받지 않으면 안된다"라는 헌법 제17조가 제시되었다.

37 백화제방은 예술분야의 발전, 백가쟁명은 사회과학분야의 발전을 위한 지식개방 운동이었다. 이를 합쳐 명방운동(鳴放運動), 쌍백운동, 양백운동이라 한다. 이 운동은 모든 영역에서 백 가지 꽃이 피게 하여 백 가지 사상과 학파가 서로 겨루게 해야 한다는 운동이었다. 그러나 이후 명방운동은 예상치 못한 방향으로 전개되어, 급기야 체제를 위협하는 단계에까지 이르렀다.

38 그리고 실무면에서도 1956년 3월부터 4월에 걸쳐 개최된 제3회 전국검찰공작회의는 "불법 체포, 불법 기소현상을 확실하게 방지·극복하고, 사회주의 건설과 사회주의적 개조사업의 순조로운 진행을 보장하며, 인민의 민주적 권리를 보장하는 것"을 당면 검찰공작의 중심임무의 하나로 삼았다. 그리고 제3기 전국사법공작회의도 "당면 인민사법기관의 임무는 국가의 정책·법률을 엄격히 준수"하고, "혁명법제를 강고"히 하는 데 있다는 것을 확정하였다. 그리고 전국 각지의 인민법원은 이 사법공작회의의 정신에 따라 과거의 사법공작을 검사하여, 이 과정에서 드러난 오판사건에 대하여 판결을 변경하는 방침을 취하였다

39 이 대회의 '정치보고에 관한 결의'에서는 "우리나라의 프롤레타리아 계급과 부르주와 계급사이의 모순이 기본적으로 해결되고, 수 천년 이래의 계급적 착취제도의 역사가 기본적으로 종결되고, 사회주의의 사회제도가 우리나라에서 기본적으로 확립되었다"라고 선언되었다.

40 등소평은 장정개정보고(章程改正報告)에서 "당원이 당장과 국가의 법률을 준수하는 것은 특히 중요한 의의를 갖는다. 혁명의 대중운동은 전적으로 법률에 의거하여 행해져야 한다"라고 보고하였다. 그리고 그의 제안으로 "모택동사상을 당의 최고 방침으로 한다", "모택동사상을 학습하는 것은 당원의 의무이다"라는 구절이 당장에서 삭제되었다.

41 당의 정풍(整風)운동은 당원의 관료주의, 섹타주의, 주관주의의 극복을 주된 목적으로 하는 운동으로서, 당 중앙이 1957년 4월 27일 '정풍운동에 있어서의 지시'를 내림으로써 정식으로 시작되었으나, 사실상은 그 이전에 시작되었다고 할 수 있다. 모택동은 1957년 2월 27일 최고국무회의에서 행한 "인민내부의 모순을 정확히 처리하자"라는 연설에서 백화제방, 백가쟁명 정책, 즉 쌍백방침을 제시하면서, 민주당파와 지식인이 당과 정부의 업무에 있어서의 문제들을 비판하라고 독려하였다. 이어 3월 6일에는 중국공산당 중앙 전국선전공작회의에서 당외 지식인의 공산당 집권에 대한 비판을 한층 더 정중하게 재촉하였다.

42 이러한 비판과 공격은 지식분자와 상공업계인사에 한정된 현상이 아니라, 1956년 하반기부터는 도시에서의 노동자와 학생의 데모, 농촌에서의 합작사로부터의 탈퇴, 식량소동 등의 현상과 연동되었다. 그리고 급기야 당원, 공산주의청년단원 중에도 당공격에 동조하는 자가 나타나게 되자, 당과 공청단(共靑團)의 하부조직이 동요하기 시작하였다. 일부 지식분자, 상공업인사, 학생 등이 공산당의 반격

을 두려워하면서도, 격렬하고 조직적으로 당을 비판 공격할 수 있었던 이유로는 첫째, 국내적 상황과 국제적 상황이 자신들에게 극히 유리하다고 판단하였다. 둘째, 정풍과 방명을 추진하는 당지도부, 특히 모택동의 실제 의도에 주의를 기울이면서도 최대한으로 경계하지 않았다. 셋째, 당의 정치적 조직적 역량 및 중국 인민 가운데의 위신을 과소평가하였다는 점 등을 들 수 있다.

43 삼자애국위원회 부주석이자 전국정협위원이었던 진숭계(陳崇桂)는 1957년 3월 정협 제3차 전체회의에서 "정부는 인민들에게 진정한 종교신앙의 자유를 허용하지 않고, 교회활동에 대해서도 지나치게 제한하고 있다"라는 요지의 비난발언을 하였다(김성민, 「사회주의 중국에서의 종교집단의 특징과 역할에 관한 연구」, 43면).

44 6항목 기준은 그 근거를 1954년헌법의 서언, 제1조, 제2조, 제4조 등에 두고 있다고 볼 여지도 있어, 이 기준을 곧 위헌이라고 단정짓기 어려운 점도 있지만, 당의 영도, 인민민주독재, 사회주의 건설을 헌법 이상으로 강하게 내세우고 있는 점이 무엇보다 큰 문제점이었다. 특히 6항목 기준 중에서도 언론 · 행동에 있어 그것이 올바른가 그른가, 향이 짙은 꽃인가 독초인가를 판별하는 기준으로 적용되었던 사회주의적 개조와 당의 통솔적 영도의 2 항목은 그 내용이 애매하고, 그 해석권을 전적으로 당이 장악하여 행사하였다는 점 등에서 심각한 문제점을 내포하고 있다고 할 수 있다.

45 6항목 기준에 따라 우파로 인정된 자의 일부는 반혁명처벌조례(1951), 반혁명분자관제잠행변법(1952), 노동개조조례(1954) 등의 적용을 받았지만, 다수에게는 반우파투쟁 중인 1957년 8월 1일 전인대상무위원회가 승인하고, 8월 3일 국무원 명령으로 공포된 '노동교화문제에 관한 결정'이 소급 적용되었다. '노동교화문제에 관한 결정'은 이 결정은 헌법 제100조 헌법 · 법률 · 노동규율 · 공안질서 · 사회질서의 존중 의무에 근거하여 제정된 것으로서, 형식적으로는 행정벌이지만, 사실상으로는 형사벌적 기능을 하였다.

46 대약진운동은 모든 사유재산을 국유화함으로써, 완전히 국가주도의 생산과 분배가 이루어지는 경제시스템을 만들고, 이를 통해 고속의 경제성장을 이루어 15년 이내에 공업생산력 측면에서 영국을 추월한다는 운동이었다. 동년 8월 인민공사 건설의 결의가 채택되었는데, 인민공사(人民公社)는 1향1사의 규모를 기본으로 하고 이전의 권력기구와 합작사를 일체화한 것이었다.

47 이 회의는 제8기 8중전회의 일환으로 열려 정치국 확대회의로 이어졌다. 이 회의
   에서 모택동은 대약진운동을 비판한 팽덕회(彭德會)를 퇴진시키고, 그 후임으로
   임표(林彪)를 군사위원회 제1부주석 겸 국방장관에 임명하였다.

48 대약진운동 시기 북경에서는 60여 교회가 4개 교회로, 상해에서는 200여 교회가
   15개 교회로 합병되었다 (김성민, 「사회주의 중국에서의 종교집단의 특징과 역
   할에 관한 연구」, 46 면).

49 광의로는 1965년부터 모택동이 사망한 1976년까지 있었던 모택동의 이념추구,
   경쟁자와의 권력다툼이라는 정치투쟁과 그것들의 영향을 강하게 받아 폭력, 파
   괴, 혼란이 폭풍우처럼 전 사회를 뒤흔들고 종래의 국가기능을 마비시키며, 많
   은 사람들에게 정치적, 경제적, 심리적 고통과 희생을 강요하였던 비극적인 현상
   을 총칭한다. 협의로는 1966년부터 1969년에 개최된 중국공산당 제9차 전국대
   회까지 진행된 중앙에서 말단까지 홍위병, 노동자, 농민들을 끌어넣었던 격렬한
   정치투쟁을 말한다(아마코 사토시/임상범 역, 『중화인민공화국 50년사』, 일조각,
   2006, 73 면).

50 이 결정은 "우리들의 당면한 목적은 자본주의의 길을 걷는 당권파를 타도하고,
   자산계급의 반동학술 권위를 비판하고, 자산계급과 모든 착취계급의 의식형태를
   비판하고, 교육을 개혁하고, 문예를 개혁하고, 모든 사회주의 경제기초에 부적합
   한 상층구조를 개혁해 사회주의 제도의 공고와 발전에 이롭게 한다"고 밝혔다(문
   혁 16조의 내용에 관해서는 백승욱, 『문화대혁명 —중국 현대사의 트라우마』, 살
   림, 2014, 부록 참조).

51 모택동에 대해서는 문화대혁명에서 중대한 오류를 범했지만, 그 일생을 보면 공
   적이 첫째고, 오류가 둘째라고 평가하였다. 이어 화국봉은 문화대혁명과 모택동
   과의 관계 때문에 비판받아 당주석에서 물러나고, 등소평의 시대가 도래 하였다.

52 1970년 3월 9일 중공중앙정치국은 모택동의 건의에 따라 개헌 준비 작업에 착수
   하여, 헌법개정소조를 구성하였고, 7월 20일 모택동을 주임으로 하는 중공중앙
   헌법개정기초위원회가 성립되었다. 새로운 개헌안이 1973년 8월 30일에 개최된
   제10기 중국공산당 중앙위원회 제1차 전체회의에서 채택되었다. 그리고 이 개
   헌안은 같은 해 가을부터 전국의 각 하급조직에 배부되어 대중토론을 거친 후,
   1975년 1월 13일부터 17일까지 5일간 개최된 제4기 전국인민대표대회 제1차 회

의에 상정되어 만장일치로 채택되었다.

53 1975년 헌법은 문혁기간 중에 만들어진 헌법으로, 문화대혁명의 합법성을 확인 해주었고, 문혁기간의 극좌사상이 헌법 전문에 침투되어 있었다. 1918년 소련헌 법이 채택하였던 순수한 사회주의 분배형식, "노동하지 않는 자는 먹을 수 없다", "각자 능력을 다하고 노동에 따라 분배 한다"를 규정하였다.

54 1975년 헌법은 전문과 본문 4장 30개조로 구성되었으며, 그 특색은 다음과 같 다. 첫째, 1954년 헌법이 사회주의 건설을 위한 과도기적 헌법이라면, 1975년 헌 법은 사회주의 완성기의 사회주의 헌법이라 할 수 있다. 둘째, 초대국의 패권주 의에 적극적으로 반대하면서 평화공존 5원칙(주권과 영토보존의 상호존중, 상호 불가침, 상호내정 불간섭, 평등호혜)을 강력히 주장하고 있다. 셋째, 정권체계상 당의 일원적 영도를 강화하고, 당정의 구분없이 당이 국가를 대표하고, 당이 정 부를 대표한다. 넷째, 생산수단 소유제로 전인민소유제와 사회주의의 근로대중 에 의한 집단소유제의 2종만을 인정함으로써 개인이나 자본가적 소유제를 전적 으로 배제하고 있다. 다섯째, 중소관계에 있어서의 중공의 태도 변화이다. 1954 년 헌법에서는 '위대한 소비에트사회주의공화국연방'과의 흔들리지 않는 우호를 고취 자랑하였으나, 1975년 헌법에서는 소련을 신제국주의라 단정함으로써 사 회제국주의 침략정책과 전쟁정책에 반대한다는 반소노선을 천명하였다.

55 1975년 헌법 제28조는 "공민은 언론·통신·출판·집회·결사·시위의 자유가 있다"고 규정하고 있다. 따라서 인민군중의 애국민주운동을 강제로 진압한 것과 헌법에 규정된 국무원인원의 전인대에 의한 임면규정을 무시하고, 등소평을 공 직에서 추방한 것은 모두 위헌적인 공권력의 행사라 할 수 있다(韓大元, 『新中國 憲法發展史』, 166~7 면).

56 4·5운동의 역사적 의의로는 첫째, 이 운동은 중화인민공화국의 역사에서 하나 의 전환점이다. 중국인민은 이날부터 모택동에게 '아니오'라고 말하기 시작하였 다. 둘째, 이 운동에서 중국의 신세대 젊은이들이 정치무대에 등장하였다. 이 운 동을 계기로 1989년 민주화운동이 일어났다. 셋째, 이 운동은 중국 현대 민주화 운동을 촉발시켰다. 이 운동은 중국 현대 정치운동사에서 선대를 계승하고, 후 대를 일깨우는 역할을 하였다(王丹/송인재 역, 『왕단의 중국현대사』, 동아시아, 2013, 262~263 면).

57 1978년 헌법은 전문과 본문 4장 60개조로 구성되었으며, 그 특색으로는 다음을 들 수 있다. 첫째, 1954년 헌법의 조항들을 대폭 부활시켰다. 둘째, 프롤레타리아 문화대혁명의 종결을 선언하고 이른바 '4개 현대화노선'을 명문화하였다. 셋째, 전국인민대표대회·국무원·인민법원·인민검찰원의 권한이 강화되었다. 그러나 중국공산당은 '전중국인민의 지도적 중핵'으로서 여전히 우월한 지위가 인정되었다. 넷째, 통일전선을 강화하였다. 다섯째, 공민의 기본적 권리 보장이 보다 강화되었다.

58 이 말은 소머리를 한 귀신과 뱀의 몸을 한 귀신이라는 뜻으로 문화대혁명기에 반대자들을 처단하기 위한 구호로도 사용되었다. 1966년 5월 31일 인민일보에 "모든 우귀사신을 쓸어버리자(橫掃一切牛鬼蛇神)"라는 사설이 게재되었고, 모든 전통적인 가치와 부르주아적인 것들, 거기에 속한 사람들이 이른바 우귀사신에 포함되어 수많은 무고한 사람들이 희생되었다.

59 문화대혁명 시기에 이르러 인위적인 종교말살정책으로 첫째, 종교 자연소멸론을 핵심으로 하는 마르크스-레닌주의 종교론의 원칙이 깨졌다. 둘째, 사회주의 건설을 위해 광범위한 인민연합 차원에서 국가는 종교집단과 결합할 수 있다는 통일전선전술의 원칙이 깨졌다. 그 결과 문화대혁명 시기의 종교정책에 대한 평가는 부정적일 수밖에 없다.

60 루원펑, 「중국현대 헌법의 변화 동향」, 303~4 면.

61 이 회의에서, 그때까지의 "계급투쟁을 가장 중요한 부분으로 하자"라는 슬로건의 사용을 정지하고, 활동의 중점을 사회주의적 현대화의 건설로 전환할 것을 결정하였다.

62 '4항 기본원칙'의 견지라는 것은 사회주의노선의 견지, 프롤레타리아 독재의 견지, 공산당 영도의 견지, 마르크스-레닌주의와 모택동사상의 견지를 말한다.

63 이에 등소평 시대의 중국은 온포(溫飽), 즉 등이 따뜻하고 배부르게 먹고 사는 문제가 최대의 관심사이다. 이 온포라는 구호 속에는 문화대혁명 시대의 굶주림을 극복하고자 하는 열망이 담겨있다(윤영덕, 「개혁개방 이후 중국의 정치체제개혁에 대한 고찰」, 『동북아 연구』, 2011, 164, 167 면).

64 개정대상은 국가기구(제2장 제3절)의 강화를 위한 것으로 모두 7개 조항이며, 그

주요 내용은 다음과 같다. 첫째, 현과 현급 이상의 지방 각급 인민대표대회에 상설기관인 상무위원회를 설치한다. 둘째, 지방 각급 혁명위원회를 지방 각급 인민정부로 개편한다. 셋째, 종래 간선제이던 현인민대표대회 대표의 선거방법을 선거민에 의한 직선제로 개편한다. 넷째, 상하급 인민검찰원의 관계를 종래의 감독관계에서 지도적 관계로 개편한다. 그리고 헌법의 일부개정과 동시에 7개의 헌법관계 부속법률의 개정도 동시에 이루어졌다.

65 여기서 4대 자유는 첫째, 주요 의견을 진술할 수 있는 대명(大鳴)의 자유, 둘째, 대담한 의견을 말할 수 있는 대방(大放)의 자유, 셋째, 변론을 할 수 있는 대변론(大辯論)의 자유, 넷째, 벽신문 즉 대자보(大字報)를 운용할 수 있는 자유를 말한다.

66 이에 전인대는 이 건의를 받아들여 전인대 상무위원장인 섭검영(葉劍英)을 주임위원으로 하고, 팽진(彭眞)을 부주임위원으로 하는 헌법개정위원회를 구성하였다. 헌법개정위원회는 같은 해 9월 15일 호교목(胡喬木)을 비서장으로 하는 비서처를 설립하고, 이로 하여금 개헌에 관한 실질적인 업무를 관장하게 하였다.

67 전민토론의 결과, 초안의 기본적 내용에 변동은 없었으나, 구체적 규정에는 많은 보완과 수정이 가해져, 단순한 자구의 수정을 제외하더라도 약 100개소에 달하였다. 1982년 12월 4일 오후 5시에 개시되어 5시 45분에 종료된 투표에서 개헌안은 출석대표자 3,040명(대표총수 3,421명) 중 찬성 3,037표, 반대 0표, 기권 3표로 채택되었다.

68 서언은 헌법을 국가의 기본제도 및 근본임무를 규정하는 국가의 근본법이며 최고법이라고 정의하면서, "전국 각 민족 인민, 모든 국가기관과 무장역량, 각 정당과 사회단체, 각 기업과 사업조직은 반드시 헌법을 근본적인 활동준칙으로 하고 아울러 헌법의 존엄을 수호하여야 한다"라고 강조하고 있다. 제5조는 "일체의 법률, 행정법규와 지방성법규는 헌법에 저촉될 수 없다. 모든 국가기관과 군대, 각 정당과 사회단체, 각 기업과 사업조직은 반드시 헌법과 법률을 준수하여야 한다. 일체의 헌법 및 법률위반의 행위는 반드시 책임을 추궁한다"라고 하여, 이를 재차 강조하고 있다.

69 1978년 헌법은 제2조에서 "중국공산당은 중국 인민의 영도핵심"이라고 하고, 제56조에서 "공민은 반드시 중국공산당의 영도를 옹호하여야 한다"라고 규정함으로써, 공산당의 영도를 지나치게 강조하였다.

70 1982년 9월 제12차 중국공산당 전국대표대회에서 채택된 중국공산당 당장에도 "당은 반드시 헌법과 법률의 범위 내에서 활동하여야 한다"라고 규정하였다. 서언에서 공산당의 영도를 포함하여 이른바 4항 기본원칙을 재확인하면서도, 공산당의 영도권이 헌법을 초월할 수 없음을 밝히고 있다. 서언은 "각 정당과 사회단체들은 모두 헌법을 기본적인 활동준칙으로 삼아야 하며, 헌법의 존엄성을 수호하고, 헌법의 시행을 보장할 책임을 진다"라고 규정하고 있다.

71 서언에는 "인민민주주의는 실질적으로 프롤레타리아 독재"라고 규정하고 있으므로, 프롤레타리아 독재와 인민민주주의 독재의 차이는 형식적인 것이라 할 수 있다. 그럼에도 불구하고 국가권력의 성질을 인민민주주의로 명시한 것은 종래 좌편향의 정치지도 하에서 생긴 프롤레타리아 독재에 대한 대중의 혐오심에 대한 배려가 작용한 것으로 보인다.

72 경제발전과 4개 현대화를 국가목표로 설정하면서, 국영경제 · 집단경제와 함께 개인경제의 존재를 인정하여, 이들 여러 형식의 경제가 국민경제에서 차지하는 위치를 명확하게 하고, 그 공존번영을 보장하고 있다.

73 종교계의 반단(班禪), 시여장(施如璋), 장가수(張家樹), 정광순(丁光訓), 조박초(趙朴初), 장걸(張傑) 등은 연명으로, 삭제를 주장하는 제139호 제안(提案)을 제출하였다. 이에 반해 종교사상 · 역사학계의 임계유(任繼愈), 유대연(劉大年), 담기양(譚其驤), 유불연(劉佛年) 등은 유지를 주장하는 제2091호 제안을 제출하였다(土屋英雄, 『現代中國の信敎の自由-研究と資料』, 尙學社, 2009. 5 면).

74 許崇德, 『中華人民共和國憲法史』, 福建人民出版社, 2003, 798 면 이하 참조.

75 박만준, 「중국의 개혁개방과 종교법규적용의 상관성에 관한 연구」, 『中國硏究』 제60권, 2012, 408 면.

76 박만준, 「개혁개방 이후 중국의 종교정책에서 본 對기독교정책의 발전방향과 전망」, 『東西硏究』, 제16권 제2호, 2004, 100 면.

77 이 과정에서 중요한 기능을 한 공적 문서로는, 종교사무국, 국가기본건설위원회, 외교부, 재정부, 도시건설총국의 '종교단체의 가옥 · 부동산정책 등을 실행하는 문제에 관한 보고'(1980.7.16), 최고인민법원과 국무원종교사무국이 반신(返信)한 상해시고급인민법원, 상해시종교사무국의 '사묘(寺廟) · 도관(道觀) 등의 가

옥 · 부동산의 권리의 귀속문제에 관한 지시를 청하는 보고'(1981.1.27), 국무원 종교사무국의 '한족(漢族)지구의 불교 · 도교의 전국중점사관(全國重點寺觀)을 확정하는 것에 관한 보고'(1983.4.1), 국무원, 중앙군사위원회의 '군대가 사용하고 있는 종교단체의 가옥 · 부동산의 권리 귀속문제를 정당하게 처리하는 것에 관하여'(1988.7.18) 등이 있다.

78 박만준, 「중국의 개혁개방과 종교법규적용의 상관성에 관한 연구」, 405 면.

79 당중앙 19호 문건의 전문은 國家宗敎事務局政策法規司 編, 『宗敎政策法規文件選編』, 宗敎文化出版社, 2012, 12~27 면 참조.

80 국무원 총리 이붕(李鵬)은 5월 20일 북경시에 계엄령을 선포하고, 중국공산당은 세계가 주시하는 가운데 6월 3일 밤 군을 동원하여 천안문 광장에서 시위 군중을 무력으로 진압하여 수천 명의 사상자를 낳는 유혈사태를 일으켰다. 이어 6월 29일 제7기 전국인민대표대회 제8회 상무위원회 회의는 이 진압을 추인하였다.

81 이전의 민주화운동에서는 헌법이 중요한 위치에 있지 않았다. 학생 · 지식인 · 노동자 · 시민은 진압될 때까지 민주와 법제, 애국호헌(愛國護憲)을 기치로 하여(일부에서는 개헌의 주장도 있었다), 언론의 자유, 집회, 결사의 자유, 출판의 자유, 데모행진의 자유 등의 헌법상의 제 권리의 보장과 실현을 요구하였다. 이에 대하여 당과 정부도 진압의 명분으로 형식상으로는 헌법을 내세웠다. 예를 들면 국무원은 헌법에 근거하고 헌법에 따라 계엄령을 발포하였고, 민주화운동을 동란(動亂)으로 단정한 인민일보 사설은 소수의 자가 "공연히 헌법에 위반하여 공산당의 영도와 사회주의제도에 반대할 것을 선동"하였다고 하면서, 모든 당과 인민은 동란에 반대하고 헌법을 옹호하고, 사회주의민주와 법제를 유지하지 않으면 안된다고 논하였다(土屋英雄, 「天安門事件と中國憲法」, 『現代中國の人權』, 信山社, 1996, 189 면).

82 그러나 이 헌법규정이 유효하게 기능할 수 있게 하기 위한 구체적 절차법이 결여되어 있고, 이들 판정기관이 당에 대한 두려움 때문에 이번 천안문사건에서 사실상 기능마비의 상태였다.

83 최고 사법기관인 최고인민법원은 당과 정부의 뜻에 따라 6월 20일 반혁명폭란분자(反革命暴亂分子)의 재판에서 전국의 각급인민법원에 신속하고 엄중한 처벌을 촉구함과 동시에 자수자에 대해서는 정상 참작할 것을 지시하는 통지를 발송하

여, 인민법원의 독립성(헌법 제126조)을 스스로 훼손하였다. 실제로 계엄부대진
주방해(戒嚴部隊進駐妨害) 사건은 6월 17일 1심 사형판결, 22일 공소기각, 그리
고 동일 사형집행(7명)으로 진행되었다. 상해열차방화사건은 6월 15일 1심에서
사형판결, 20일 공소기각, 다음날 사형집행(3명)이라는 초스피드로 진행되었다.

84 전국인민대표대회 상무위원회 위원장 만리(万里)는 진압을 추인하는 전인대 상
무위원회 회의에서 "국민이 자유와 권리를 행사할 때에는 국가나 사회, 집단의
이익과 기타 국민의 합법적인 자유와 권리를 손상하여서는 안 된다"라고 하였다.
그의 권리론은 사실은 모습을 달리한 의무론이라 할 수 있다. 또한 국가주석 양
상곤(楊尙昆)은 6월 4일 밤 "북경에서 만인이 죽더라도 큰 문제되지 않는다"라고
말한 것으로 알려져 있다. 권리의 주체인 개인은 각기 한 사람으로 존재할 뿐 양
적으로 존재하지 아니한다. 권리를 양적으로 인식하는 것은 권리에 대한 바른 이
해라고 할 수 없다(土屋英雄, 「天安門事件と中國憲法」, 189~191 면).

85 당중앙 6호 문건의 전문은 國家宗敎事務局政策法規司 編, 『宗敎政策法規文件選
編』, 28~34 면 참조.

86 천안문 사건은 중국 인권론의 중요한 전환점이 되었다. 국제사회의 이목이 집중
된 가운데 천안문사건의 충격은 심각한 것이었다. 이후 중국은 인권무시의 국가
로 되어 서구를 중심으로 하는 국제적 비판에 시달리게 되었다. 이러한 비판에
대항하기 위해 국가지도부(강택민 당총서기)는 국내전문가들에게 인권문제를 심
도있게 연구할 것을 지시하기도 하였다. 그러나 이 지시는 체제옹호를 위한 이론
무장을 목적으로 하는, 고도의 정치적 색채를 띤 것이었다.

87 土屋英雄, 「人權と主權」, 『現代中國の人權』, 信山社, 1996, 159~178 면.

88 1987년 10월 조자양이 사회주의 초급단계론을 주장하면서, 개혁파들 사이에 개
인들의 사적 경제활동을 보장하여야 한다는 공감대가 형성되었다.

89 "계획경제는 사회주의와 동일한 것이 아니고, 자본주의 역시 계획이 있다. 시장
경제는 자본주의와 같은 것이 아니고, 사회주의 역시 시장이 있다."

90 1993년 헌법개정안의 주요 내용으로는 ① 사회주의 초급단계론의 추가, ② 다당
합작제와 정치협상제도의 추가, ③ 국영경제에서 국유경제로의 전환, ④ 사회주
의 시장경제 원칙의 선언, ⑤ 국유기업의 경영주주권 보장, ⑥ 집체경제조직의

자주독립권 보장, ⑦ 국영기업의 국유기업으로의 표현 개정과 국유기업의 경영
자주권 보장 등을 들 수 있다.

91 제15기 당 대회에서 제시된 정치개혁의 의제는 인민대표대회제도 하의 민주주의
　발전, 제 민주당파와의 협력, 법치의 강화, 행정기구의 개혁 및 국가공무원제도
　개선, 민주적 감독체제의 건설 등이었다.

92 등소평이론을 마르크스–레닌주의, 모택동사상과 나란히 사회주의 현대화건설의
　진행을 지도하는 헌법원칙으로 명기하였다.

93 서언에 "중화인민공화국은 의법치국을 실시하여 사회주의 법치국가를 건설한다"
　라는 의법치국(依法治國)의 국가방침이 추가되었다. 공산당은 1997년 15차 당대
　회에서 사회주의 법치국가의 수립과 의법치국을 당 방침으로 정하였다.

94 중앙헌법개정소조는 상해, 성도(成都), 북경에서 6회의 좌담회를 개최하고, 각
　성, 자치구, 직할시의 인민대표대회 상무위원회의 당 조직책임자, 중앙당조직의
　각 부, 위원회와 국가기관의 각부, 위원회의책임자, 일부 대형 국유기업과 사영
　기업의책임자, 법학과 경제학 전문가의 의견을 청취하였다. 또한 전국인민대표
　대회 대표, 전국정치협상회의 위원 및 일부 이론활동 담당자의 헌법개정에 관한
　의견을 정리하였다.

95 8월 18일 중공중앙은 초안의견수집고(草案意見收集稿)를 각 성, 자치구, 직할시
　의 당위원회, 중앙당조직의 각부, 위원회, 국가기관 각 부, 위원회의 당 조직, 군
　사위원회총정치부, 각인민단체당조직에 발송하여 의견을 구하였다. 8월 28일 호
　금도는 각 민주당파중앙, 전국상공연합회의 책임자, 무당파인사와 좌담회를 갖
　고 의견을 구하였다. 9월 12일 중앙헌법개정소조는 일부의 이론활동담당자, 법
　학전문가, 경제학 전문가와 좌담회를 개최하고, 각각의 의견을 청취하였다.

96 회의에 출석한 153인의 상무위원회 위원은 만장일치로 헌법개정안(초안)을 채택
　하였고, 이를 제10기 전인대 제2회 회의의 심의에 제출할 것을 결정하였다.

97 무기명투표의 결과, 배포 2,903표, 회수 2,891표, 유효 2,890표, 이 가운데 찬성
　2,863표, 반대 10표, 기권 17표였다.

98 土屋英雄, 『中國「人權」考』, 日本評論社, 2012, 176 면.

99 韓大元 編著/정이근 역, 『신중국헌법발전사』, 오름, 2007, 319~327 면.

100 강택민의 3개 대표사상은 1995년 그가 제시한 이른바 3강(講) 즉 학습을 강하고, 정치를 강하고, 바른 기풍을 강하는 것에 한층 과학적인 사상 내용과 명확한 노력 방향을 더한 것이다.

101 土屋英雄, 『中國「人權」考』, 175 면.

102 이 회의는 중공중앙 정치국 상무위원이자 전국인민대표회의 상무위원회 위원장인 이붕이 1차 전체회의를 주관하였고, 중공중앙 정치국 상무위원이자 전국정협 주석인 이서환(李瑞環)이 2차 전체회의를 주관하였으며, 중공중앙 정치국 상무위원인 호금도도 이 회의에 출석하였다.

103 연설 내용에 관해서는 江澤民, 「論宗敎問題」, 國家宗敎事務局政策法規司 編, 『宗敎政策法規文件選編』, 2012, 35~55 면 참조.

104 徐玉成, 『宗敎政策法律知識答問(增訂本)』, 359 면

105 中華人民共和國國務院新聞弁公室, 『中國的宗敎信仰自由狀況』, 1997.10.16.

106 '시민도덕건설실시 요강'에 따르면 중국의 시민도덕 건설은 중국의 역사와 현실에서 출발하여야 한다. 사회주의도덕은 "인민을 위한 봉사를 핵심으로, 집단주의를 원칙으로, 조국·인민·노동·과학·사회주의에 대한 사랑을 기본요구로, 사회도덕, 직업도덕, 가정미덕을 역점"으로 수립해야 한다(조영남, 『중국의 꿈 —시진핑의 리더십과 중국의 미래』, 민음사, 2013, 139면).

107 조영남, 『중국의 꿈』, 27 면.

108 종교사무조례는 종교관련 기본법으로서의 지위에 있고, 2009년 4월 공표된 국무원 신문판공실, '국가인권행동계획(2009~2010)'에서도, 종교신앙의 자유 항목 중에 실행되는 구체적 법령으로 유일하게 종교사무조례를 들고 있다.

109 북경시 인민검찰원은 2009년 12월 10일 유효파(劉曉波)를 국가정권전복선동죄로 기소하였고, 북경시 제일중급인민법원은 그에게 징역 11년과 정치적 권리박탈 2년을 선고하였다. 상소심인 북경시 고급인민법원은 1심판결을 인정하여 상소를 기각하였다(土屋英雄, 『中國「人權」考』, 292 면).

110 노벨상위원회는 수상 이유로, 유효파가 장기간에 걸쳐 중국에서의 기본적 인권의 확립을 위해 비폭력활동을 하였다는 점, 1989년의 천안문 사건에 참여하였고 08헌장의 기초자라는 점 그리고 중국에서 인권확립을 위한 광범위한 투쟁에 있어 최고의 심볼이라는 점 등을 들었다(土屋英雄, 『中國「人權」考』, 293 면).

111 2010년 10월 1일 23명의 공산당 원로급 인사가 476명의 일반인 서명을 받아 중국의 언론자유 등을 촉구하는 공개서한을 전국인대에 제출한 바 있다(조영남, 『중국의 꿈』, 212 면).

112 그 밖의 항목 내용은 헌법개정, 분권견제, 입법민주, 사법독립, 공유자원, 인권보장, 공직선거, 도농평등, 결사의 자유, 집회의 자유, 언론의 자유, 종교의 자유, 공민교육, 재산권보호, 재정 및 세수개혁, 사회보장, 환경보호, 연방공화, 정의구현 등이다(80憲章의 자세한 내용에 관해서는 류샤오보 지음/김지은 역, 『류샤오보 중국을 말하다』, 지식갤러리, 2011, 325~335 면 참조).

113 시진핑과 5세대 지도자들은 50년대에 출생하여 사회주의혁명과 관련이 없는 세대로서, 이들은 진정한 탈혁명형(脱革命型, post revolutionary)의 지도자라 할 수 있다. 그리고 이들은 1970년대 말에 대학교육을 받고, 중간 당정간부로서 개혁개방 정책을 직접 추진한 경험이 있는 개혁 개방형 지도자들이며, 대학에서 인문사회 계열을 전공한 인문사회형 지도자라는 공통점을 가지고 있다(조영남, 『중국의 꿈』, 104~5 면).

114 그는 2012년 11월 29일 혁명박물관에서 행한 대국민 연설에서 "중국공산당 창당 100주년(2021년)에 소강사회의 완성이라는 목표가 꼭 실현될 것입니다. 중국건국 100주년(2049년)에는 부강하고 민주적이며 문명화된 조화로운 사회주의 현대화 국가라는 목표가 실현되어, 중화민족의 위대한 중흥의 꿈이 꼭 이루어질 것입니다"라고 강조하였다.

115 조영남, 『중국의 꿈』, 212 면

116 조영남, 『중국의 꿈』, 110 면.

117 2012년 18차 당대회는 '두 길을 가지 않을 것'을 국가발전전략의 기본방침을 정하였다. 여기서 두 길의 하나는 폐쇄적이고 경직된 옛길(老路), 즉 모택동 시대의 당 노선을 의미하고, 그 다음은 깃발을 바꾸는 잘못된 길(邪路), 즉 서구식 제

도를 의미한다(조영남, 『중국의 꿈』, 115~116 면).

118 중국에서 법에 의한 통치가 논의되기 시작한 것은 등소평 시대 이후이다. 건국 이래 중국은 대약진운동과 인민공사운동을 거치면서 법치가 아닌 인치 내지 당치로 국가를 운영하였다. 그러나 모택동 사후 집권에 성공한 등소평은 10년간 지속된 문화대혁명이 초래한 인치의 폐해를 극복하고, 극도로 피폐해진 국가경제를 재건하기 위하여 법치를 제도화하기 시작하였다. 이후 중국은 각종 법률과 법규를 제정하고 시행에 들어갔다. 강택민 시대에 의법치국이라는 용어를 본격적으로 사용하기 시작하였고, 호금도 시대에도 이 같은 기조는 계승 발전되었다.

119 연합뉴스 2013.05.02.

120 국무원신문판공실망참(国务院新闻办公室网站) www.scio.gov.cn: 人民網 2015.6.9.

5장

중국의 종교 현황과 종교법체계

중국은 사교와 민간신앙은 비정상적인 종교활동으로 보며, 주요 5대 종교인 도교, 불교, 이슬람교, 천주교, 기독교만을 법으로 인정하고 있다. 신중국 건국 이후 중국 특색의 사회주의 법체계가 성립되고 변화를 거쳐오면서 종교에 대한 법과 정책도 수립되어왔다. 그 구체적인 종교현황과 법체계를 살펴본다.

Ⅰ. 중국의 종교현황

1. 주요 5대 종교와 사교

중국에서는 전통적으로 사상적 통일과 정치적 안정을 위협하는 가르침과 행동을 사교邪敎, 좌도左道, 이단 등으로 부르며 부정시하였다. 따라서 정부의 정치적 통제 하에 있지 않는 종교를 '정正'과 반대되는 개념으로서 '사邪'로 규정하고,[1] 사교라는 명칭 아래 억압 · 통제하여 왔다. 이러한 현상은 현대 중국에서도 찾아볼 수가 있다. 신중국 건국 이후 오늘에 이르기까지 중국공산당과 정부는 도교, 불교, 이슬람교, 천주교, 기독교 등 5개 종교만을 공식적인 종교로 인정하고 있다. 이것이 이른바 '정'에 속하는 '5대종교'이다. 그리고 이 범주에 속하지 않는 무속巫俗 · 축귀逐鬼 · 점 · 관상 · 풍수 등의 민간신앙은 '미신迷信'으로, 법륜공法輪功 · 영영교靈靈敎 등의 신종교와 삼자교회의 원칙에 따르지 않고 독자적인 종교행사를 하는 가정교회들은 '사교'로 각각 규정하여 탄압하고 있다. 중국공산당과 정부는 '정상적인 종교활동'으로 인정하고 있는 주요 5대 종교와 '비정상적인 종교활동'으로 지목되어 탄압받고 있는 '미신' 및 '사교'를 구분하고 있는데, 그 현황을 살펴보면 다음과 같다.

주요 5대 종교

중국 당국이 공식적으로 인정하고 있는 종교는 도교, 불교, 이슬람교, 천주교, 기독교 등 5개의 종교이다. 이 5개의 종교는 현행 헌법 제36조의 "국가는 정상적인 종교활동을 보호한다"는 규정의 적용 대상으로서, 조직을 갖추고 자신의 종교와 관련된 문제를 신자들이 스스로 처리自立한다. 따라서 법률의 보호 아래 종교 내부의 문제에 대해서는 그 누구의 간섭도 받지 않는 것으로 되어 있지만 이 5개의 종교는 법률에 의해 모두 정부의 통제를 받는다.

도교

도교는 중국에서 기원한 자생종교로서 1700년 이상의 역사를 지니고 있다. 도교는 중국 고대의 귀신숭배 관념의 바탕 위에 춘추전국시대 이후의 신선神仙사상과 방술方術, 황노사상黃老思想 등이 결합되면서 점차 형성되었다. 도교의 내용을 보면, 노자老子를 받들고 『도덕경道德經』을 주요 경전으로 삼으며 교리와 교의는 '도道'의 추구를 근본으로 삼고 있다. 도는 포용하지 않는 것이 없는 것으로, 모든 것의 시작이며 동시에 어디에나 존재한다. 또한 도는 덕과 불가분의 관계에 있다. 즉 도가 있는 사람은 덕이 있으며, 덕은 도의 실천인 동시에 도의 실행이다. 그래서 도교 신도들은 도와 덕을 닦아야 하며 자연과 사회의 조화를 추구해야 한다고 여긴다. 요컨대 도와 덕은 도교의 기본적 교의라 할 수 있다. 이러한 교의를 지닌 도교는 오랫동안 중국인들에 의해 신앙되어 왔으며, 중국문화 전반에 걸쳐 심대한 영향을 끼쳤다.[2]

중국의 전통적 민간종교였던 도교는 아편전쟁을 계기로 중국이 반식민·반봉건의 시대로 들어서면서부터 쇠퇴하기 시작했다. 이때부터 20세기 중반에 이르기까지 도교는 중국 지식인들에 의해 중국의 발전을 가로막는 구시대적 악습이자 미신으로 낙인찍혔을 뿐 아니라 외래사상과 종교의 공격 및 제국주의적 억압에 무차별적으로 노출되었다. 그 결과 도교는 중국 5대 종교 중 세력과 정치적 영향력이 가장 약한 종교가 되기에 이르렀다. 그러나 신중국 성립 이후 도교는 정부의 지지 아래 중국도교협회라는 단체를 설립하고 이후로도 정부와 원만한 관계를 유지함으로써 중국정부가 공식적으로 인정한 5대 종교의 하나가 되어 오늘에 이르고 있다. 중국도교협회의 설립과정을 살펴보면, 심양瀋陽 태청관太淸宮의 방장方丈인 악숭대岳崇岱 도장道長의 제안에 따라 1957년 4월 북경에서 제1회 도교전국대표회의가 개최되었으며, 이 회의의 결과로 중국도교협회가 설립되었다. 이 단체는 자신의 설립 의의에 대해 "반동계급의 억압에서 벗어나 도교 내에서 오랫동안 존재하였던 봉건주의적 특권과 억압적인 제도를 없애고 애국애교의 단체를 설립하게 되었다"고 주장한다. 1992년 중국도교협회는 중국공산당이 작성한 도교궁관관리변법道教宮觀管理辦法을 통과시킴으로써 현재까지 궁관宮觀을 중심으로 활동을 계속하고 있다. 도교도道教徒의 종교활동장소를 일반적으로 궁관이라 하는데,[3] 중국에는 현재 도교궁관 9,000여 개가 있으며 신도는 약 5만여 명이 있는 것으로 알려져 있다. 도교는 오늘날 중국 본토 밖의 대만, 홍콩, 마카오 등지에서 더욱 보편적으로 신앙되고 있으며, 더 멀리 아시아, 유럽, 아메리카, 아프리카 등지에도 현지 화교들에 의해 궁관이 세워져 있는 곳이 많다.[4]

불교

불교는 외래종교로 분류되고 있으나 중국에서 2000여 년의 역사를 가진 오랜 종교이며, 5대 종교 중 비교적 큰 영향력을 가진 종교이다. 불교는 인도에서 중국으로 전래된 종교지만 그 성숙과 발전은 중국에서 이루어졌다고 할 수 있다. 불교가 중국에 전래된 정확한 연도에 관해서는 정론이 없으나, 후한後漢 초에 전래되었다는 설이 흔히 통용된다. 불교는 중국의 전통문화를 흡수하였을 뿐만 아니라 더욱 더 풍부하게 만들었다. 오늘날 중국에서는 불교를 어계語系를 기준으로 하여 한어계의 한전漢傳불교, 티베트어藏語계의 티베트불교 그리고 빨리어巴利語계의 남전南傳불교로 나누고 있다. 이 가운데 한전불교가 중국불교를 대표하는 것으로 인정되고 있다. 이 중 티베트불교는 생불生佛의 화신化身을 확인하는 방법으로 지도자 승계 문제를 해결하는 특이한 제도를 가지고 있는데, 중국정부는 티베트불교 문제를 영토 및 민족 문제와 관련하여 민감하게 다루고 있다. 이에 따라 중국의 국가종교사무국은 티베트불교에 관한 법률로 2007년 7월 18일 '장전불교활불전세관리변법藏傳佛敎活佛轉世管理辦法'을 제정 공포하였다.[5]

현대 중국불교는 전통 중국불교를 계승한 가운데, 정치·경제·사회·문화·사상 및 생활방식의 발전과 변화에 따라 발전·변화하고 있는 것으로 인정되고 있다. 중화인민공화국이 성립된 후, 불교계는 토지개혁법의 시행에 따라 사찰의 소유와 기타 각종 경제적 기득권을 포기하였다. 1953년에는, 5월 30일부터 6월 3일까지 중국불교협회의 창립회의가 원영圓瑛 법사의 주도로 북경 광제사에서 개최되었는데, 이 회의에서 모택동 주석의 재가를 받은 '중국불교협회장정'이 채택되었다.[6] 이로써 중국불교협회는 전국의 각 지역, 각 민족, 그리고 각 종파에 속하는 불교도의 연합조직으로 출범하여 현재까지 중국정부에서 인정하는 대표적인 불교단체로 존속하고 있다. 통계에 따르면 중국에는 3만 3,000여 개의 불교사원이 있고, 출가한 승려가 20만 명 정도 있다. 그 중에는 티베트불교의 라마승과 여승이 12만여 명, 활불이 1700여 명, 사원이 3,000여 곳 있으며, 남전불교는 비구와 장로가 1만여 명, 사원이 1,600여 곳 있는 것으로 파악되고 있다.[7]

이슬람교

이슬람교는 아랍인들의 종교로서 7세기 초 아라비아반도 중서부 상업
도시에서 처음 시작되었다. 그 후 아랍인들은 새로운 종교적 이념 아래
신속히 아라비아반도를 통일시켰고, 더 나아가 외부로 세력을 점차 확
장해 나아갔다. 이슬람교가 중국에 처음 전파된 것은 당나라 때인 7세기
중엽으로 중국에서 1300여 년의 역사를 가지고 있다. 이슬람교의 전파
와 세력 확장은 중앙아시아 지역의 세력판도와 밀접한 관계가 있는데,
신강지역에 이슬람교가 전파된 것은 10세기 초 5대五代 시대였다. 중국
정부는, 이슬람교가 원나라 때부터 중국에서 토착적인 종교로 발전하였
으며 이때부터 중국의 많은 지역에 무슬림 거주지가 생겨나고 스스로를
중국인으로 자각하는 '중국무슬림'이 형성되었다는 입장을 견지하고 있
다. 이슬람교는 다수파인 수니파와 소수파인 시아교파로 나누어지는데,
중국은 대부분 수니파에 속한다. 현재 이슬람교 문제는, 신강 위구르 자
치구를 중심으로 종교와 민족문제, 그리고 영토 및 자원개발 문제와 밀
접히 연관되어 있는 민감한 문제로서 중국정부에 큰 부담을 주고 있다.

신중국 성립 후 정부에 의해 공식적으로 인정된 최초의 이슬람교 단체
는 중국이슬람교협회이다. 이 단체는 1953년 5월 11일 북경에서 창립되
었으며, 포니한包你漢이 초대 주임으로 선출되었다. 이후 2001년 4월 23
일에 중국 이슬람교 교무지도위원회가 북경에서 개최되었고 2011년 9월
15일에 중국이슬람교협회 제9회 전국대표회의가 북경에서 개최되었다.
중국정부는 민족 및 영토 문제 해결의 일환으로 무슬림들의 종교생활의
자유를 보장하고 처우 개선에 힘써 왔으며, 최근에는 정부 차원에서 무
슬림들의 메카 참배를 지원[8]하는 등 다각도의 노력을 경주하고 있다. 하
지만 중국 내 이슬람 지역에서 여전히 민족갈등과 종교갈등이 심각한 것
이 사실이다. 현재 중국에서 이슬람교는 후이回족, 위구르維吾兒족, 오즈
비에커鳥孜別克孜족, 커얼커柯兒克孜족, 터지커塔吉克족, 타타르l쭴쭴兒족, 둥시앙

東鄕족, 바오안保安족, 처라撒拉족 등 10개 소수민족 사이에 신자가 있다. 이들의 총 인구수는 2,100만여 명이고, 현재 중국 전역에 이슬람 사원인 모스크淸眞寺는 3만 5,000여 개가 있고, 성직자인 이맘伊瑪目과 아쿤드阿訇는 4만 5,000여 명이 있는 것으로 조사되고 있다.[9]

천주교

중국에서 천주교는 공교公敎, 로마공교 혹은 로마천주교라고도 한다. 세계 대다수 국가에서는 크리스트교의 여러 분파들 곧 신교, 동방정교회 및 천주교를 기독교라 통칭하지만, 중국에서 기독교는 일반적으로 신교를 뜻하며, 정교회와 천주교를 포함하지 않는다.[10] 16세기 예수회 선교사가 중국에 들어와 선교를 시작한 후, 본래 중국에서 신앙의 최고 대상이었던 '천天'의 이름을 빌려 선교사들이 전파하는 로마가톨릭을 천주교라 하였다. 천주교가 중국에 전파되기 이전에 크리스트교 계통의 종교로서 처음 중국에 전파된 것은 경교景敎[11]다. 경교는 당나라 초에 중국에 전파되었고, 13세기에 다시금 전파되었으나, 원나라 붕괴 후에는 중국에서 거의 사라졌다. 그 후 1580년대에 이탈리아의 예수회 선교사 마테오 리치의 중국 입국이 이루어지면서 천주교가 최초로 중국에 전래되었다. 그리고 1840년 아편전쟁 이후 선교사들이 지속적으로 중국에 들어옴에 따라 천주교는 재차 세력을 확대하기 시작하였다. 선교사들은 중국 영토 내에서 자국 정부의 보호를 받았고, 곳곳에 교회와 수도원, 학교, 병원, 고아원을 설립하는 등 각종 방법으로 천주교의 교세를 확장하였다. 신해혁명 이후 세워진 중화민국과 바티칸 사이에 1942년 국교가 성립되었으며, 1946년 로마 교황청은 중국에 137개 교구를 설치하고 20명의 총주교로 하여금 관리하게 하였다. 그러나 이때 총주교와 주교는 외국인 선교사가 주로 담당하였고, 중국인 성직자들과 교구신자들은 아무런 권한을 갖지 못하는 상태였다.[12]

신중국 성립 이후 중국 천주교는 교황청과 단절되어 독립적인 교회로 존립하는 천주교 역사상 초유의 상황을 맞게 된다. 이는 1930~40년대 동안 지속된 중국공산당의 반제독립운동 및 인민혁명 과정에서 로마 교황청이 취한 태도와 관련이 있다. 로마 교황청은 처음부터 중국공산당의 반파시즘투쟁과 인민혁명에 반대를 표명하였으며, 일본이 중국의 동북지역을 침략한 후 세운 만주국을 인정하고 대표를 파견하여 중국을 침략한 일본의 입장을 지지하였다. 그리고 국공내전 중에도 일부 서양인 신부들과 전도사들이 공산당에 반대하고 국민당을 지지하도록 신도들을 선동하는 일이 빈발하였다. 이러한 배경으로 인해 신중국이 성립된 직후 중국 정부는 1950년에 로마 교황청의 주중국 초대 대리대사인 리베리 Antoine Riberi 주교를 추방하고 교황청과 단교를 선언하였다. 이런 가운데 1950년 11월 30일에 사천성四川省 광원현廣元縣 왕양좌王良佐 신부와 500여 명의 신도들이 '자립혁신선언'을 발표하여, '중국 천주교의 제국주의와의의 모든 관계의 단절'과 삼자 즉, 자치 · 자양 · 자전의 신교회건립을 선언하였다. 이후 1957년에는, 6월부터 8월에 걸쳐 중국 천주교 제1차 대표회의가 북경에서 개최되었는데, 이 회의의 결과로 중국천주교우애국회가 결성되었다. 이후 1962년에 제2차 전국대표회의에서 중국천주교애국회로 개칭되었다. 이것은 중국 천주교가 교황청에서 분리되어 독립적인 교회로 성립하였음을 의미한다. 그리고 개혁개방 이후 1980년 5월에는 중국천주교주교단이 정식으로 성립되었다. 이처럼 중국의 천주교는 현재까지 교황청과 단절되어 독립적인 교회로 존립하고 있는데, 최근 중국정부와 교황청 간의 관계 변화의 조짐이 나타나고 있는 사실[13]은 중국천주교의 미래와 관련하여 주목할 만한 일이라 할 수 있다. 현재 중국에는 천주교 신도가 550만여 명, 교직인원이 7,000여 명, 성당과 공소가 6,000여 곳이 있다.[14]

기독교

위에서 언급한 바와 같이 중국에서 기독교는 개신교를 특정하여 일컫는 용어이다. 기독교는 주요 5대 종교 중 가장 늦게 중국에 전래되었다. 기독교는 1807년 영국 출신의 선교사 모리슨Robert Morrison이 런던 교회의 위임을 받고 광주에 도착하면서 중국에 전래되었다. 그는 최초로 성경을 중국어로 번역하였고, 그의 신도였던 양발梁發은 중국인 최초의 선교사가 되어 선교 소책자인 『권세양언勸世良言』을 지었다. 1830년에는 미국 출신의 브릿지맨E. C. Bridgeman이 미국 공리회公理會의 위임을 받고 광주에 도착하였는데, 그는 중국 최초의 신문인 영자신문을 발간하였다. 그러나 많은 수의 서양 개신교 선교사들이 중국 내지에 들어와 전도하기 시작한 것은 1858년 천진조약天津條約이 체결된 이후이다. 그들은 불평등조약의 보호를 받으면서 병원, 학교, 자선기구 등을 설립하여 운영하였다. 그 과정에서 기독교는 중국의 전통과 충돌하는 일이 빈발하여 위기를 맞았고, 급기야 의화단義和團 사건을 초래하였다. 의화단 사건 이후 기독교 내부에서 자성하는 움직임이 일어 이전보다 유연한 선교활동을 전개하여 활기를 되찾기도 하였다.[15] 그러나 1920년 초 신문화운동과 5·4운동 기간 동안 종교를 미신으로 치부하는 풍조 속에서 기독교는 적지 않은 수난을 당하였고, 이어 중국공산당이 신중국을 건국하면서 심각한 위기에 처하게 되었다.

이런 가운데 1954년 정부의 비호를 받는 중국기독교 삼자애국운동위원회가 결성되었고, 중국 당국은 여기에 등록하지 않고 이른바 가정교회의 형식으로 신앙생활을 계속하는 기독교인을 탄압하였다. 1966년부터 문화대혁명이 일어나자 박해는 더욱 심해져 기독교를 포함하여 모든 종교와 신앙이 불법으로 규정되었으며, 종교관리 관련 통전부와 종교사무국도 폐쇄되었다. 그러나 1978년 개혁개방 정책의 채택으로 종교정책이 완화되기 시작하면서, 1979년 중국기독교 삼자애국운동위원회가 활동을 재개하였다.[16] 공산당 통제를 받는 기독교삼자교회에 따르면 2014년 현재 중국의 기독교 신자가 2천 300만~4천만 명에 이르는 것으로 추정된다.[17]

미신과 사교

중화인민공화국 건국 초기부터 공산당과 정부의 종교정책은 정상적인 종교적 행위와 비정상적인 종교행위를 구별하여 왔다. 현행 헌법 제36조는 "국가는 정상적인 종교활동을 보호한다"고 규정하고 있다. 문제는 여기서 국가의 보호를 받는 '정상적인 종교활동'과 보호로부터 배제되는 '비정상적인 종교활동'의 구별이다.[18] '비정상적인 종교활동'과 관련하여 이전에는 주로 '미신'과 관련된 것이 문제시되어 왔었지만, 최근에는 법륜공과 다수의 개신교 계통의 독자적 활동을 하는 교회들이 '사교'로 규정되어 보다 문제시되고 있다.

중국 정부는 미신과 사교를 포함하여 비정상적인 종교활동을 하는 종교조직의 문제점으로 두 가지 사항을 지적한다. 곧 첫째, 종교교의를 왜곡하고 거짓을 꾸미며 군중을 속이고 국가의 법률 실행을 거부하고 쿠데타를 선동하며, 둘째, 미신을 이용해 거짓으로 귀신을 내세우고 음란한 행위를 조장하며 금전적 재산을 갈취하고 국민의 정상적인 생활과 생산질서를 심각한 수준까지 뒤흔든다는 것이다. 따라서 이러한 사회와 공공의 이익에 크나큰 악영향을 미치는 범죄자들에게 법적으로 강경 대응을 하는 것은, 공공의 이익과 법률의 존엄성을 지키고 국민의 종교신앙의 자유와 정상적인 종교활동을 보호하기 위하여 당연하다고 주장한다.

미신

건국 이래 중국공산당과 정부의 종교정책은 합법적인 종교 행위를 한쪽에, 봉건적 미신행위와 일반적 미신행위를 다른 한 쪽에 두고 이

둘을 구별하는 데서부터 출발하였다. 봉건적 미신과 일반적 미신은 처음부터 종교에 포함되지 않았고, 오로지 금지와 탄압의 대상이었다.[19] 개혁개방 이후에는 변화의 조짐이 약간 나타나기도 했다. 1982년 현행 헌법의 개정을 논의할 때 '토론고討論稿' 단계의 초안에는 "종교의 범위에 속하지 않는 일체의 미신활동을 금한다"라는 문장이 들어 있었는데, 토론과정에서 이 규정은 지나치게 애매하다는 의견이 제기되어 결국 삭제된 일이 있었다.[20] 그러나 현재 중국공산당과 정부의 종교정책에 있어서도 여전히 봉건적 미신과 일반적 미신은 종교에 포함되지 않고 있으며, 헌법 제36조와 형법 제251조에서 보호하는 종교신앙 자유의 대상이 되지 않는다.

위에 언급된 것처럼 중국 정부의 종교정책의 관점에서 볼 때 미신에는 봉건적 미신과 일반적 미신의 두 유형이 있다. 봉건적 미신이란 무당, 성상星象, 점복占卜, 무의巫醫, 풍수風水, 명상命相, 부계扶乩 등을 믿는 행위를 말한다.[21] 봉건적 미신은 어떤 세계관의 문제가 아니라, 구시대로부터 전래되어 온 것이고 이를 이용하여 타인의 재물을 착취하면서 기생하는 비정상적인 수단에 불과한 것으로 본다. 그리고 이러한 종류의 행위는 본질적으로는 사람이 사람을 착취하는 행위이다. 이에 비해 일반적 미신은 운명을 믿고 귀신과 각종 신령神靈(가신家神이나 문신門神 등)의 존재를 믿으며 자발적으로 이와 관련된 활동을 행하는 일을 말한다.[22] 이러한 사람들은 어떠한 종교도 신앙하지 않고, 종교신자도 아니며, 또한 어떠한 봉건적 미신도 신봉하지 않고, 미신 직업자에게 의존하지도 않는다. 이러한 사람들은 단순한 유신론자, 숙명론자이고, 그들의 이 같은 미신사상과 미신활동은 순수하게 인식문제, 사상문제, 세계관의 문제에 속하는 종류이다.[23]

종교와 미신은 둘 다 유신론의 사상적 기초 위에서 생겨난 것으로, 귀신 등의 존재가 있다고 믿는 점에서는 양자가 공통점을 가지고 있다. 이를 근거로 하여 "미신과 종교는 같은 것이다"라거나 "모든 미신은 종교"라고 말하는 사람도 있으나, 이러한 인식은 오늘날 중국에서 일반적으로 받아들여지지 않고 있으며, 현행 중국의 법체계 또한 종교활동과 미신활동을 구별함으로써 미신을 종교의 범위에 포함시키지 않고 있다.[24] 여기서 미신과 종교의 구별기준이 문제가 된다. 현행 중국의 종교정책에 나타나는 미신과 종교의 구별 기준은 대체로 다음 몇 가지 내용으로 요약할 수 있는데, 여기서 미신은 특히 '봉건적 미신'을 대상으로 삼고 있다. 첫째, 종교활동은 일반적으로 유구한 역사가 있고, 해당 종교의 창립자 또는 교도들이 숭배하는 교주가 있다. 그리고 종교는 대체로 독자적인 성문경전成文經典과 체계적인 교리 및 규범, 그리고 고정적인 종교활동 장소가 있다. 그러나 미신은 교주와 성문경전이 없고 체계적인 교리 및 규범도 없으며 고정적인 활동장소도 없다. 박수, 무당, 풍수선생 등은 시간, 장소, 사람을 가려가면서 진행하는 비교적 원시적이고 저차원적인 무술巫術 활동이다. 둘째, 종교는 신자들로 조성된 종교조직과 종교단체가 있다. 종교단체와 종교조직에는 해당 종교의 전문가인 성직자가 있으며, 이들은 엄격한 계율을 지킨다. 또 대부분의 종교는 각종 형태의 종교학교宗敎院校를 운영한다. 그러나 미신은 체계도 없고 정부가 인정하는 단체와 조직도 없다. 미신 직업에 종사하는 자들은 엄격한 계율도 없으며, 종교학교를 운영하지도 못한다. 셋째, 종교는 많은 사람들이 신봉하는 일종의 세계관으로, 체계적인 교리, 교의와 철학적 이론을 갖추고 있다. 이에 비해 미신은 체계적인 철학이론을 갖춘 세계관의 일종이 아니라 일부 사람들이 금전을 취할 목적으로 이용하는 수단에 불과하다.[25] 넷째, 현재 중국에는 불교, 도교, 이슬람교, 천주교, 기독교 등 다섯 종류의 종교가 있다. 이들 종교는 모두 조직을 갖추고 자신의 종교와 관련된 문제를 신자들이 스스로 처리한다. 따라서 이들 종교는 법률적 보호를 받으며 종교 내부의 문제에 대해 그 누구도 간섭해서는 안된다. 그러나 미신활동에 속하는 제비뽑기, 점치기, 관상보기, 풍수보기, 귀신쫓기, 액막이춤을 추는 등의 활동은 인민대중을 속여 사기하는 것을 목적으로 하므로, 국가의 법률과 정책에 저촉될 뿐 아니라 마땅히 금지하고 단속해야 할 행위이다. 따라서 이런 행위는 국가 법률과 정책의 보호를 받지 못하는 것이 당연하다.

사교

이른바 법륜공 문제가 부상하기 이전에도 형법상으로는 사교에 관한 단속방침이 있었으나, 종교 현장에서는 크게 문제되지 않았다.[26] 그러나 1999년 4월 25일 법륜공의 대규모 침묵시위를 계기로 중국공산당과 정부가 법륜공을 사교로 단정지으면서 사교를 둘러싼 논의가 주목을 끌게 되었다. 이때부터 정교正敎와 다른 사교邪敎라는 것은 무엇을 의미하는가, 이홍지李洪志와 법륜공 측에서 법륜공은 종교가 아니라고 주장하는데 법륜공을 과연 사교로 규정할 수 있는가 하는 등의 논의가 활발히 일어났으며, 여기에 일부 종교계와 언론도 함께 가세함으로써 사교 논란은 21세기 벽두에 중국의 종교 문제에서 핵심적 사안의 하나가 되었다. 법륜공 이외에도 중국 정부로부터 사교로 지정된 종교 단체로는 영영교靈靈敎, 중생파重生派, 삼반복인三班僕人, 육신성도肉身成道, 문도회門徒會, 사도신심회使徒信心會, 다륜다지보多倫多之福, 피립왕被立王, 냉수교冷水敎 등이 있다.

사교는 다의적 개념으로서 한마디로 규정하기 어렵지만, 중국에서 통용되는 사교의 의미는 대체로 서구사회에서 말하는 컬트Cult나 신종교와 같은 것이라는 견해가 유력하다. 그러나 중국의 사교는 컬트와는 다르며 중대한 범죄성을 띠는 유사 종교조직을 지칭한다는 견해도 있다.[27] 또 보통 신종교란 기성종교에 대한 상대적 개념으로서 일반적으로는 역사가 짧고 신학·의례·교단조직 등이 체계화되지 못한 종교를 일반적으로 일컫는 말로 쓰이는 데 비해, 사교는 신종교 중에서 신도와 민중의 생명과 재산에 손실을 가져오고 사회질서를 심각하게 위협하며 인성人性을 파괴시키는 사건을 일으키는 극단적인 개별 종교집단을 특정하여 말하는 것이라는 주장도 있다.[28]

사교의 개념에 대해, 중국의 최고인민법원과 최고인민검찰원은 형법 제300조[29]에 의거, "사교조직이라 함은 종교, 기공氣功 또는 기타의 이름을 내세워 두목을 신격화하고, 미신·사교 등의 수단을 이용·살포하여 타인을 현혹·기망하며, 구성원을 지배하고 사회에 해를 끼치는 비합법조직을 지칭한다"고 유권해석을 내린 바 있다. 또 국가에서 편찬한 문헌에서는 종교와 구별되는 사교의 특징으로, 첫째, 반정통성 즉 교주를 신격화하는 성향, 둘째, 반현세성 즉 사설邪說을 퍼트리고 민심을 어지럽히는 성향, 셋째, 반사회성 즉 불법적이고 비인도적인 종교생활, 넷째, 반정부성 즉 정부전복기도 등을 들고 있다.[30] 한편 『인민일보』는 1999년 10월 28일 자에 게재된 논설 "'법륜공' 취시사교就是邪教'에서 법륜공은 사교가 가지는 중요한 특징을 모두 갖추고 있다고 주장하여 주목을 받았다. 여기서 『인민일보』 특약평론원特約評論員은 사교의 주된 특징으로, 첫째, 교주를 내세워 숭배한다교주숭배, 둘째, 교주는 자신의 지위를 유지하기 위하여 신도를 정신적으로 지배한다정신의 지배, 셋째, 사설邪說을 날조하여 대중을 기망한다사설의 날조, 넷째, 불법적인 방법으로 금전을 편취한다금전의 편취, 다섯째, 교주를 중심으로 한 비밀조직을 가지고 있다비밀결사, 여섯째, 극단적인 방법으로 사회질서에 위해를 가한다사회질서의 위해 등을 들고 있다.[31] 지적한 주요 특징들은 자유주의 국가에서 통상 사이비종교의 특성이라고 말하는 것과 유사한 내용들이다.

2. 종교관련 통계

종교인구

중국 국가통계국이 2013년 1월 18일 공포한 수치에 따르면, 2012년 12월 31일 현재 중국의 인구는 13억 5,404만 명이다.[32] 그리고 미국 국무성의 연례보고서인 『국제종교자유보고서 2014Intrnational Religious Fredoom Report 2014』에서는 중국 전체 인구를 2013년 7월 기준으로 13억 5,000만 명으로 추정하고 있다.[33] 이에 대해 중국 정부는 통상 13억 중국인이라 한다.[34]

중국의 종교인구에 대해서는 공식적인 발표가 거의 없고, 국무원이 1997년에 발표한 종교백서에서 밝힌 통계를 그대로 쓰고 있는 실정이다. 국무원은 산하 국가종교사무국 홈페이지에서 중국의 종교인구에 관하여 "불완전한 통계에 따르면 중국 현재 각종 종교의 신도는 약 1억 명"이라고 발표하였다.[35] 그러나 주은래 총리가 반세기도 전인 1956년 5월 30일에 발표한 "종교를 믿든 믿지 않든 상호 존중해야 한다"는 담화에서 이미 "중국에 1억여 명의 신자가 있다"고 말한 사실[36]에 비추어 볼 때, 이 발표의 내용을 그대로 믿기는 어려울 것이다. 그동안 이 문제에 관하여 조사 연구해온 민간 전문기관, 대학이나 종교연구소 등은 대체로 중국의 종교인구를 2억 내지 3억 명으로 추산하고 있다. 예를 들어 중국의 종교인구를 대략 2억 6,000만 명으로 발표한 영점회사零點會社의 조사 결과를 두고 북경대 노운봉盧云峰 교수는 "정확한 수치는 아니지만 그래도 대략적인 정보를 얻을 수 있다"고 하였으며,[37] 류성민 교수도 다소 무리한 추정일 수 있다는 전제 하에 중국의 종교인구를 적어도 2억 명으로 추산하고 있다.[38] 중국의 종교인구를 정확하게 조사하여 밝히는 것은 거의 불가능하기 때문에, 이처럼 추정에 가까운 수치를 제시할 수밖에 없다.[39]

종교 관련 물적 · 인적 통계

중국 정부가 주요 5대 종교를 중심으로 하여 공식적으로 제시한 자료를 소개하면 다음과 같다.[40]

중국에는 종교단체가 5,500여 개 있다. 종교단체는 당과 정부가 종교계 인사와 신도들을 연계 · 단결시키고 교육하는 매개체로서, 신도들을 단결시켜 중국식 종교자유의 정책을 실현하고 애국애교와 단결진보의 정신으로 사회에 기여하며 종교규범에 따라 종교업무를 처리한다. 현재 중국에는 전국 단위의 종교단체로 중국불교협회, 중국도교협회, 중국이슬람교협회, 중국천주교애국회, 중국천주교주교단, 중국기독교 삼자애국운동위원회, 중국기독교협회 등 7개가 있다. 그리고 각 지방에는 지방 단위의 종교단체가 있다. 각 종교단체는 독자적인 규약에 의거하여 선거를 통해 대표를 선출하고, 각기 대표기구를 구성한다.

중국에는 승인받은 종교활동장소가 13만 9,000여 곳 있다. 종교활동장소는 성직자와 신도들이 종교활동에 종사하고 종교수행을 진행하며 종교 감정을 표현해 종교적 심성을 배양하는 장소를 말한다. 구체적으로 예시하면, 절, 궁관道宮, 교회, 성당, 공소, 수도원 등을 말한다.

교직자教職者(종교교직인원)는 36만여 명이 있다. 교직자는 법에 의하여 등기된 종교단체 또는 사원, 궁관, 모스크, 교회당 등이 관리 · 조직 · 인정하는 인원으로서, 각 종교에서 일정한 직책을 담당하는 이들을 말한다. 구체적으로 예시하면, 불교의 비구 · 비구니 · 사미 · 사미니 · 활불 · 라마 · 장로, 도교의 도사道師 · 도모道姆, 이슬람교의 아쿤드 · 이맘, 천주교의 주교 · 신부 · 수녀, 기독교의 주교 · 목사 · 교사 · 장로 등을 말한다. 교직자는 종교활동을 주관하고 종교의식을 거행하며, 종교서적을 정리하고 종교문화연구 등의 활동을 한다. 젊은 교직자들은 모두 국가에서 양성한 이들인데, 이들 가운데 각급 인민대회 대표와 정치협상회의 위원으로 활동하는 인원만도 9천여 명에 달한다.

종교학교는 100여 군데가 있다. 종교학교는 종교단체에서 교직자들을 양성하는 곳으로, 각 종교의 필요에 따라 종교단체에서 설립하되 당과 정부의 영도領導 아래 성직자를 양성한다. 종교학교에는 전국 단위의 종교학교와 지방 단위의 종교학교가 있는데, 전국 단위의 종교학교로는 중국불학원中國佛學院, 도교도진수반道教徒進修班, 중국이슬람경교학원經教學院, 중국천주교신철학원中國天主教神哲學院, 금릉협화신학원金陵協和神學院 등이 있다.

종교단체나 종교조직에서 발행하는 간행물로는, 불교의 '법음法音', 도교의 '중국도교中國道教', 이슬람교의 '중국목사림中國穆斯林', 천주교의 '중국천주교中國天主教', 기독교의 '천풍天風' 등이 있다.

II. 중국 특색의 종교법체계

1. 중국 특색의 법체계 형성과 특성

중국 특색의 법체계의 형성

신중국 건국 이후 제정된 최초의 헌법은, 1954년 9월 20일 제1기 전국인민대표대회 제1차 회의에서 채택한 '54년 헌법'이다. 그러나 1957년 공산당이 반우파투쟁을 전개하면서, "인치人治가 필요하지 법치法治는 필요없다要人治不要法治"는 구호 아래 인치가 법치를 대신하게 되었고 공민의 기본적 권리도 심각하게 침해되었다. 이어 좌경사상의 영향 하에 문화대혁명이 진행되면서, 헌법이나 법률, 장정章程은 한낱 백지로 변하였다. 이 기간 동안 중국의 법제는 거의 기능을 하지 못하였으며, 전국인민대표대회까지 활동이 정지되는 등 헌법 자체가 사실상 붕괴되었다.[41]

1978년 문화대혁명이 종식되고 개혁개방 정책이 추진되면서 다시 법치가 강조되기 시작하였고, 그 결과 형성된 것이 '중국 특색의 사회주의 법체계'이다. 1978년 12월 18일부터 22일까지 개최된 중국공산당 제11기 중앙위원회 제3차 전체회의중국공산당 제11기 3중전회는 '사회주의 현대화 건설'을 당의 주요 임무로 선정하고, 등소평의 '사회주의 법제건설 16자 방침'을 사회주의 법제건설의 지도방침으로 채택하였다. 이 '16자방침'은, 의거할 법이 있고有法可依, 법이 있으면 반드시 준수하고有法必依, 법집행은 반드시 엄격히 하며執法必嚴, 위법에 대해서는 반드시 책임을 추궁한다違法必究는 방침을 말한다.[42] 이른바 '78년 헌법'이다. 그 후 1979년과 1980년에 부분적인 헌법개정이 이루어졌으며, 1982년에는 헌법과 개혁개방 정책의 괴리를 해소하기 위해 '78년 헌법'에 대한 전면적인 개정이 이루어졌다. 이것이 '82년 헌법'이다. '82년 헌법'은 '78년 헌법'을 규범화함으로써, 처음으로 중국 특유의 사회주의 입법 체제의 헌법적 근거를 확립하게 되었다. '82년 헌법'은 서언과 제5조에서 헌법의 최고규범성을 명확하게 밝히고 있다.

이후 중국공산당은 1992년 제14차 당 대회에서 사회주의 시장경제의 건설을 새로운 경제개혁 방침으로 확정하고, 새로운 경제개혁 방침을 성공적으로 수행하기 위한 정치개혁의 방침으로 '의법치국依法治國' 즉 '법에 의한 국가통치'의 원칙을 천명하였다. 이어 1997년 9월 제15차 당 대회에서는 '사회주의 법치국가의 수립'과 '의법치국'을 당의 새로운 기본방침으로 결정하였다. 이 방침은 공산당이 법률제도의 수립과 집행을 통해 통치구조와 통치과정을 합리적으로 규범화하고, 궁극적으로 이를 통해 공산당의 일당통치를 안정적으로 유지하는 것을 목적으로 한다. 다시 말해 중국의 '의법치국'은 권리의 보호와 권력의 통제라는 '법치rule of law'보다 사회와 개인에 대한 국가적 통제의 강화라는 '법제rule by law'의 성격이 강하다고 할 수 있다.[43] 이러한 의법치국과 사회주의 법제의 건설이라는 국가통치방침은, 1999년 3월 제9기 전국인민대표대회 제2차 회의에서 부분 개정된 헌법개정안에 반영됨으로써 헌법적 근거를 마련하게 된다. 곧 '99년 헌법개정안' 서언에는 "중화인민공화국은 의법치국을 실시하여, 사회주의 법치국가를 건설한다"는 문구가 추가되어, 의법치국과 사회주의 법제의 건설이 국가의 통치방침이자 정치개혁의 핵심목표인 동시에 헌법에 근거한 최고규범으로서의 지위를 확보하게 되었다.[44] 중국의 '법치주의' 건설은 21세기에도 계속 추진되어, 2000년 3월 15일에는 '입법법立法法'이 제정 · 공포되었다. "이 법은 입법활동을 규범화하고, 입법제도의 건실화를 이루며, 중국 특색의 사회주의 법률체계를 건립하고 제도화하며, 사회주의적 민주주의를 보장 · 발전시키고, 법치국가를 추진할 것을 목적으로 한다".[45] 나아가 2002년 제16차 전국대표대회는 '의법치국'을 당 개혁에 적용한 '의법집정依法執政' 즉 법률에 의거한 집정을 채택하였다. 이어 2004년 제10회 전국인민대표대회 제2차 회의에서 부분적인 헌법개정을 통해 국가의 인권존중과 사유재산권의 보호조항을 신설하였는데,[46] 이것은 실질적 법치주의의 구현을 위한 전제조건을 확인하고 있다는 점에서 그 의미가 크다.

2007년에는 호금도 총서기가 그해 10월에 열린 제17차 당 대회에서 "중국은 중국 특색의 민주주의 건설에서 공산당의 영도, 인민의 주인화, 의법치국의 유기적 통일이라는 세 가지의 유기적 통일을 견지한다"는 원칙을 제기하였다. 이어 2008년 2월에는 국무원이 '중국의 법치건설' 백서를 발표하였다. 이 백서는 그 동안 중국이 추진해온 법치 건설의 주요 내용을 모두 포함하고 있는데, "중국법체계의 기본은 헌법을 핵심으로 하는 중국 특색의 사회주의 법률체계"라고 규정하고 있다. 또한 전국인민대표대회 상무위원회 위원장 오방국吳邦國은 2011년 3월 10일 전국인민대의원대회이하 전인대에서 개혁개방 이후 중국 입법과정을 회고하면서, 그 과정은 중국적 특색의 사회주의 법률체계의 완성과정이었다고 요약하였다.[47] 그 결과가 2011년 10월 27일 국무원에서 발표한 '중국 특색의 사회주의 법률체계' 백서이다.[48] 이 백서는 "현재 중국의 법률체계가, 분야별로 완비되어 있고, 단계가 분명하며, 구조가 합리적이고, 체제가 과학적"이라고 주장한다.

이러한 과정을 거쳐 중국의 법체계는 '82년 헌법'을 근간으로 하면서 '중국 특색의 사회주의 법체계'로 정착되어 현재에 이르고 있다. 2011년 8월 현재 중국에는 법률 240편, 행정법규 706편, 지방성地方省 법규 8,600여 편이 있는 것으로 파악된다.[49]

중국 특색의 법체계의 특성

현행 중국의 법체계는 '중국 특색의 사회주의 법체계'로 요약되는 바, 그 성격은 다음 몇 가지로 정리할 수 있다.

첫째, 중국의 법체계는 기본적으로 사회주의 법체계이다. 이는 중국 법체계의 근간을 이루고 있는 현행 헌법이 서언에서 마르크스-레닌주의와 모택동사상의 지도를 명시하고 있으며 제1장 제1조에서 중국이 사회주의 국가임을 선언하고 있는 데서 명백히 드러난다. 그리고 이러한 사실은 헌법과 법률의 실제 내용 속에 자유주의적·자본주의적 내용이 포함되어 있다 하더라도 이것을 기본 이념으로 삼기 힘든 중국 법체계의 독특한 역사적·정치적 사정을 이해해야 함을 의미한다.

둘째, 공산당의 영도 원칙에 대한 강조 또한 현행 중국 법체계의 성격을 이해함에 있어 중요한 요소이다. 물론 현행 헌법에서는 어떤 조직 또는 개인도 헌법이나 법률을 넘어서는 특권을 가질 수 없음을 밝히고 있다. 그러나 당이 최고의 의사결정기구로 기능하는 현행 중국 정치제도에서 공산당의 영도는 가장 중요한 원칙으로 받아들여지고 있으며,[50] 이는 2007년에 호금도 총서기가 제기한 '중국 특색의 민주주의 건설을 위한 세 가지의 유기적 통일'에서 유기적으로 통일해야 할 대상을 '공산당의 영도, 인민의 주인화, 의법치국'의 순으로 나열하여 공산당의 영도가 다른 두 가지 목표에 앞서 제시되고 있는 데서도 분명히 확인할 수 있다.

셋째, 중국의 법체계 속에서 '법치국가'의 개념이 지닌 특수성을 들 수 가 있다. '의법치국'과 '의법집정'으로 표현되는 중국적 법치국가의 개념 은, 개인의 권리의 보호와 개인에 대한 국가권력의 통제라는 두 요소 가 운데 후자에 강조점이 있는 것으로, '법치'보다는 '법제'의 성격이 강하다 고 할 수 있다.

이러한 성격을 지닌 중국 특색의 사회주의 법체계의 특징으로는 다음 세 가지를 들 수 있다.

첫째, 헌법의 최고규범성을 천명하고 있다. 헌법은 최고의 효력을 가 지는 규범으로서 모든 개인과 단체 · 조직의 기본적 행위준칙의 기본이 된다. 둘째, 헌법을 정점으로 하는 7개 부문의 법률 분야를 주된 기둥으 로 삼는 체계를 취한다. 현재 중국의 법체계는 ① 헌법 및 헌법적 법률, ② 민상법, ③ 행정법, ④ 경제법, ⑤ 사회법, ⑥ 형법, ⑦ 소송 및 비송 절차법 등 7개의 법률 분야로 구성되어 있다. 셋째, 다양한 법률과 법규 들이 피라미드 단계 구조를 이루고 있다. 중국의 사회주의 법체계는 헌 법, 기본법률, 기타법률, 행정법규, 부문규장, 지방성법규, 자치조례, 지 방정부규장 등 8단계 계층으로 이루어진다. 이 가운데 중요한 것은 헌 법, 법률, 행정법규, 지방성법규라 할 수 있다.

요약하면, '중국 특색의 사회주의 법체계'로 표현되는 현행 중국의 법 체계는, 현대 중국의 독특한 역사적 · 정치적 상황 속에서 형성된 것으 로, 통일된 다민족의 단일성 사회주의 국가인 중화인민공화국의 유지를 목적으로 하는 통일성과 단계성을 가지는 입법체계를 갖추고 있다고 하 겠다.

2. 중국 특색의 종교법제

국가법규의 체계

종교 헌법

헌법은 최고규범인 동시에 근본규범으로서 중국 법체계의 통일성과 완전성을 위한 기초가 된다. 헌법은 일반 법률의 제정과 각종 법제도의 근거를 제공하기 때문에, 어떠한 법률과 법제도도 헌법의 원칙과 정신에 저촉되어서는 안된다. 그리고 헌법은 원칙성을 특징으로 하기 때문에 일반 법률을 통하여 구체화되지 않으면 시행되기 어렵다.

중국은 1949년 건국 이후 임시헌법인 중화인민정치협상회의 공동강령49년 헌법을 포함하여, 54년 헌법, 75년 헌법, 78년 헌법, 82년 헌법 등 5종류의 헌법을 제정·공포하였다. 현행 헌법은 서언, 총강, 공민의 기본적 권리와 의무, 국가기관, 국기, 국장, 수도 등 4장 총 138개 조항으로 구성되어 있다. 헌법은 서언序言의 마지막 단락에서 "본 헌법은 법률의 형식으로서 중국 각 민족 인민이 분투한 성과를 확인하고, 국가의 근본제도와 근본임무를 규정하며, 국가의 근본법이며 최고의 법률효력을 갖는다"고 규정하고 있다.[51] 현행헌법은 1988년 4월 제7기 전인대 제1차 회의, 1993년 3월 제8기 전인대 제2차 회의, 1999년 3월 제9기 전인대 제2차 회의, 2004년 3월 제10기 전인대 제2차 회의에서 전후 4차례에 걸쳐 부분 개정되었다.

건국 이후 오늘에 이르기까지 중국의 역대 헌법은 종교신앙의 자유를 규정해오고 있으나, 그 내용은 각기 다르다. 이러한 현상은 각 헌법이 당시의 정치적 상황을 반영하고 있는 데서 기인한 것인데, 특히 문화대혁명기에 개정된 75년 헌법과 문화대혁명의 잔재를 제거하기 위하여 개정된 82년 헌법을 비교해보면 그 차이점이 더욱 두드러지게 드러난다. 현행 1982년 헌법은 문화대혁명을 반성하는 가운데, 신교의 자유를 독립된 조항에서 다루면서 과거 어느 헌법보다 상세하게 규정하였고, 무신론 선전의 자유 조항도 삭제하였다. 이 삭제에 대해서는 헌법초안 단계에서부터 종교신앙의 자유 개념 속에는 종교를 신앙하지 않는 자유를 가지고 있다는 의미가 포함되어 있다고 설명되었다. 그러나 이러한 설명은 당시의 정치적 배려에 의한 것이고, 실제로 무신론 선전의 자유 조항 삭제는 단적으로 문혁기의 헌법으로부터의 이탈이 정치권력 내부에서 지배적인 입장이 되었음을 반영하는 것이다.

현행의 82년 헌법은 제2장 제36조에서 종교신앙의 자유에 관한 내용을 4개 항에 걸쳐 규정하고 있다. 이 가운데 제1항 "중화인민공화국의 공민은 종교신앙의 자유를 가진다"는 종교와 신앙에 대한 총체적 규정이다. 이하의 각 항은 종교와 신앙의 자유에 관한 구체적 정책규정이다. 제2항은 "어떠한 국가기관, 사회단체, 개인도 공민에게 종교를 믿거나 믿지 못하도록 강요할 수 없으며, 종교를 가지고 있는 공민과 종교를 가지지 않은 공민을 차별해서는 안된다"라고 규정하고 있다. 이 조항은 종교와 신앙의 자유는 공민 개인의 사생활이라는 특성에 의거한 규정이다. 제3항은 "국가는 정상적인 종교활동을 보호한다. 어떠한 사람도 종교를 이용하여 사회질서를 파괴하거나 공민의 신체 건강에 해를 끼치고 국가의 교육제도를 방해하는 활동을 해서는 안된다"라고 규정하고 있다. 이 조항은 종교활동의 한계에 관한 규정이다. 제4항은 "종교단체와 종교적 업무는 외국의 세력의 지배를 받지 아니한다"라고 규정하고 있다. 이 조항은 종교조직과 국외 종교기구의 관계에 관한 규정이다.

현행의 82년 헌법에 이르러 중국에서의 종교신앙의 자유는 표면적으로는 다른 외국과 유사한 모습을 띠게 되었다. 중국정부가 1997년 발표한 '종교백서'도 개혁개방 정책 이후 약 20년 만에 중국의 종교신앙의 자유는 충분히 존중되고 보호받게 되었다고 자찬하고 있다.[52] 그러나 제2항에서 선교의 자유를 인정하지 않고 있는 점, 제3항에서 판단 기준과 판단 주체를 명확히 규정하지 않은 채 '정상적인 종교활동'만 보호한다고 규정하고 있는 점, 제4항에서 종교단체의 활동이 외국의 종교단체와 연계되지 못하도록 원천적으로 제한하고 있는 점 등은 현행 중국헌법에 표현된 종교신앙의 자유가 여전히 제한적인 것임을 보여준다고 할 수 있다.

종교 법률

현행 중국 법체계에서 헌법의 바로 아래에 위치하는 것이 법률이다. 법률에는 기본법률과 기타법률, 그리고 홍콩·마카오기본법이 있다. 기본법률은 전인대가 제정하고, 기타법률은 전인대 상무위원회가 제정한다. 그리고 홍콩·마카오기본법은 전인대가 제정하였다.

기본법률

법률은 법체계상 헌법보다는 아래에 있으나, 행정법규, 지방 단위의 법규, 규정보다는 우월한 효력을 갖는 규범이다. 중국헌법은 법률을 제정과 개정의 주체를 기준으로, 기본법률과 기타법률로 구분하고 있다. 기본법률은 전인대가 제정·개정하는 것으로 형사·민사·국가기구와 관련된 기본적인 규범성 문건을 말한다헌법 제62조 제3호. 기본법률은 소헌법小憲法이라고도 하며, 형법, 민법통칙, 합동(계약)법, 혼인법, 상속법 등이 이에 속한다. 이 중 종교신앙과 관련 있는 기본법률로는 형법, 민족구역자치법, 민법통칙이 있다.

형법은 1979년 제5기 전인대 제2회 회의에서 채택되었고 2006년 6월 29일 개정되었다. 제정 당시 형법은 사회보호를 우선으로 하고, 개인의 권리와 자유는 억제하는 것이었다. 그 후 1997년 개정을 거치면서 죄형법정주의·형법평등원칙·죄형평형원칙이 채택되면서, 형법의 민주화에 진전이 있었다. 현행형법은 소수민족의 시민권 보호를 더욱 강화하였고, 종교신앙의 자유를 불법하게 박탈하는 죄를 규정하였고, 소수민족의 풍습과 습관을 침해하는 것을 범죄로 규정하였다. 현행 형법에서의 종교 관계 규정으로는 '공민의 인신人身의 권리, 민주적 권리 침해죄' 중 제251조와 '사회질서관리방해죄' 중 제300조가 있다. 제251조는 "국가기관근무원이 공민의 종교신앙의 자유를 불법적으로 박탈하거나, 특히 소수민족의 풍속·관습을 불법적으로 침해하여 정상이 중한 자는 2년 이하의 유기징역 또는 단기구류拘役에 처한다"라고 규정하고 있다. 제300조는 회도문會道門과 사교조직을 조직 또는 이용하거나, 미신을 이용하여 행하는 범죄행위를 처벌하고 있다.[53]

민족구역자치법은 1984년 제6기 전인대 제2회 회의에서 채택되었고, 2001년 2월 28일 개정되었다. 헌법상 신교信敎의 자유에 관한 규정은 당연히 소수민족에게도 적용된다. 민족구역자치법은 제11조와 제53조에서 종교신앙의 자유에 관하여 규정하고 있는데, 그 내용은 헌법 제36조와 제24조의 그것과 중복된다. 제11조는 "민족자치지방의 자치기관은 각 민족 공민이 종교신앙을 갖는 것을 보장한다. 어떠한 국가기관, 사회단체나 개인도 공민에게 종교를 신앙하거나 신앙하지 않도록 강제할 수 없고, 종교를 신앙하는 공민과 신앙하지 않는 공민을 차별할 수 없다. 국가는 정상적인 종교활동을 보호한다. 누구든지 종교를 이용하여 사회질서를 파괴할 수 없고, 공민의 신체건강을 해치거나 국가교육제도를 방해하는 활동을 할 수 없다. 종교단체와 종교사무는 외국세력의 지배를 받지 아니한다"라고 규정하고 있다. 제53조는 "민족자치지방의 자치기관은 조국을 사랑하고, 사회주의를 사랑하는 공덕을 제창하고 그 지방내부의 각 민족의 공민에 대하여 애국주의, 공산주의 및 민족정책에 관한 교육을 행한다. 상호 신뢰하고, 교육하며 협조하고, 언어·문자·풍속관습·종교신앙을 상호존중하고, 국가의 통일과 각 민족의 단결을 공동으로 유지하도록, 각 민족의 간부와 대중을 교육한다"라고 규정하고 있다.

민법통칙은 1986년 제6기 전인대 제4회 회의에서 채택되었다. 이 법 제77조는 "종교단체를 포함한 사회단체의 합법적 재산은 법률의 보호를 받는다"라고 규정하고 있다. 이 외에 종교신앙과 관련 있는 기본법률로 는 교육법 제9조, 노동법 제12조, 전국인민대표대회 및 지방각급인민대 표대회선거법 제3조 제1항, 민족구역자치법 제11조 및 제53조, 병역법 제3조 제1항, 도시주민위원회조직법 제9조 제2항, 촌민위원회조직법, 제9조 제2항 등이 있다.

기타법률

기타법률 또는 비기본법률은 전국인민대표대회 상무위원회가 제정 · 개정하는 규범성 문건을 말한다헌법 제67조 제3호. 기타 법률의 대표적인 예 로 회사법, 노동법, 특허법, 상표법, 대외무역법 등을 들 수 있다. 기타 법률은 기본법률보다 아래에 있고, 전인대 상무위원회가 제정한 의결, 결정, 규정, 조례 등과 갖은 효력을 갖는다. 그러나 헌법과 법률상 기본 법률과 기타법률의 구별하는 기준이 항상 명확한 것은 아니다. 종교신 앙과 관련 있는 기타 법률로는 치안관리처벌법과 사교조직의 단속, 사 교활동의 방지 · 징벌에 관한 전인대쑋人代 상무위원회의 결정을 들 수가 있다.

치안관리처벌법은 1986년 9월 5일 제정된 치안관리조례를 폐지하면 서, 그 대체법률로 2005년 8월 28일 제10기 전인대 상무위원회 제17회 회의에서 제정되었다. 치안관리처벌법 제27조는 "…다음 각 호의 행위 중 하나를 행한 자는 10일 이상 15일 이하의 구류를 과하고, 1,000위안 이하의 벌금을 병과할 수 있다. 정상이 비교적 가벼운 경우에는 5일 이 상 10일 이하의 구류를 과하고, 500위안 이하의 벌금을 병과할 수 있다. ① 타인이 사교 또는 회도문 활동에 종사하도록 조직, 교사, 협박, 유 도 · 기망, 특히 선동하는 행위, 또는 사교, 회도문 또는 미신활동을 이용하여 사회질서를 문란시키는 행위, 특히 타인의 신체 · 건강을 훼손하는 행위. ② 종교 내지 기공氣功의 이름을 이용하여 사회질서를 문란시키는 행위, 특히 타인의 신체 · 건강을 훼손하는 행위…"라고 규정하고 있다.

사교조직의 단속, 사교활동의 방지 · 징벌에 관한 전인대 상무위원회의 결정은 1999년 10월 30일 전인대 상무위원회가 법륜공을 단속하기 위해 채택한 것이다. 이 결정은 기타 법률과 같은 효력을 가지며, 전체 4개 항목으로 구성되어 있다. 그 주된 내용은 다음과 같이 요약할 수 있다. 첫째, 사회의 안녕과 인민의 이익보장, 개혁개방과 사회주의 현대화 건설의 순리적인 진행을 위해, 반드시 사교조직은 단속되어야 하며, 사교활동은 방지 · 처벌되어야 한다.[54] 둘째, 소수의 범죄분자들은 법에 의하여 엄격히 처벌하고, 무지몽매하게 사교조직에 현혹된 대다수 군중들은 교육시켜야 한다.[55] 셋째, 전체 공민에게 헌법과 법률의 내용과 일반적인 과학 · 문화 지식의 교육을 장기적으로 전개한다.[56] 넷째, 사교활동의 방지와 처벌은 사회 전체의 역량을 동원하고 조직하여 종합적인 방법으로 진행시킨다.[57] 특히 인민법원, 인민검찰원, 공안기관, 국가안전기관, 사법행정기관은 그 직무를 수행함에 공동으로 이 임무를 수행하여야 한다.

홍콩 · 마카오 기본법

중국은 홍콩 · 마카오 · 대만 문제를 이른바 일국양제론─國兩制論으로 다루고 있다. 일국양체제 하나의 국가 안에 성격이 다른 두 체제가 동시에 존재하는 상태를 말한다.[58] 이를 실현하기 위한 방안으로 도입된 것이 특별행정구라는 개념이다. 중국헌법은 서언에서 "대만은 중화인민공화국의 신성한 영토의 일부분이다. 통일조국 완성의 대업은 대만동포를 포함한 전 중국인민의 신성한 직무이다"라고 규정하면서, 제31조는 "국가

는 필요시 특별행정구를 설치할 수 있다. 특별행정구에서 실행하는 제도
는 구체적 상황에 따라, 전인대가 법률로 정한다"라고 규정하고 있다. 이
를 근거로 제정된 것이 특별행정구기본법으로, 홍콩기본법과 마카오기
본법의 두 종류의 법이 있다.

　전인대는 1990년 4월 4일에는 '중화인민공화국홍콩특별행정구기본법'
약칭 홍콩기본법을 제정·공포하고, 이어 1993년 3월 31일에는 '중화인민공
화국마카오특별행정구기본법'약칭 마카오기본법을 제정·공포하였다. 홍콩
기본법과 마카오기본법은 전인대에 직접 제정한 전국 단위의 기본법률
로서, 중국의 사회주의 법률체계 속에서 중화인민공화국헌법 바로 다음
의 효력순위를 갖는다. 따라서 홍콩과 마카오의 특별행정구입법기관이
제정한 어떠한 법률도 이에 저촉되어서는 아니 된다. 양 기본법이 제정
됨으로써 중국은 비로소 영토 일부의 피식민역사를 청산하고, 공식적으
로 주권을 회복하였다. 아울러 이로써 중국에는 하나의 국가 내에 두개
의 법역法域이 존재하는 일국양법제 현상이 초래되었다. 이에 따라 중국
내지에서는 사회주의법제를 시행하고, 전인대와 그 상무위원회가 제정
한 법률이 적용된다. 그리고 홍콩과 마카오에는 ① 기본법, ② 기존법률,
③ 특별행정구입법기관에서 제정한 법률, ④ 기본법부속서Ⅲ에 규정된
중국의 전국 단위 법률 등이 시행되며, 홍콩과 마카오특별행정구는 헌법
과 중화인민공화국의 특별행정구기본법에 저촉되지 않는 범위 내에서
독자적인 입법권을 가진다.

　요약하면 홍콩과 마카오 특별행정구에서 효력을 가지는 법률은, 특별
행정구기본법, 반환 이전의 홍콩과 마카오의 법률, 그리고 앞으로 특별
행정구입법기관이 제정할 법률이 된다.[59]

　홍콩·마카오기본법 중 종교관련 규정을 살펴보면 여러 조항에 걸쳐
종교신앙에 관하여 규정하고 있으며, 마카오기본법의 내용 또한 홍콩기
본법의 내용과 크게 다르지 않다.[60]

이를 살펴보면, 홍콩·마카오기본법의 종교관련 규정은 ① 신교信教의 자유뿐만 아니라 선교의 자유를 인정제32조하고, ② 교육기관과 복지시설의 자유로운 운영을 인정141조하며, ③ 종교단체가 국제적 관련 단체와 자유롭게 교류할 수 있게 허용149조하고 있는 점에서, 중국 내지에 적용되는 종교관련 규정에 비해, 종교의 자유가 훨씬 폭넓게 보장되고 있음을 확인할 수 있다.

종교 행정법규와 부문규장

현행 중국 법체계에서 법률의 바로 아래에 위치하는 법률문건이 행정법규이고, 행정법규 아래에 위치하는 법률문건이 부문규장部門規章이다. 행정법규는 국가최고행정기관인 국무원이 제정하고, 부문규장은 국무원 소속의 각부, 각 위원회가 제정한다.

종교 행정법규

행정법규는 국가최고행정기관인 국무원이 헌법과 법률에 근거하여 제정하는 규범성 법률문건을 말한다. 헌법 제89조에는 국무원에 헌법과 법률에 근거하여 행정법규를 제정하고, 결정과 명령을 발포할 권한을 부여하고 있다. 행정법규의 명칭은 조례, 규정, 결정, 변법辨法, 잠정조례暫定條例, 통지, 해석 등 다양하다. 행정법규의 효력은 헌법과 법률보다는 하위에 있으나, 지방 단위의 법규나 부문규장보다는 우위에 있다. 종교신앙과 관련된 행정법규로는 '중화인민공화국 내의 외국인의 종교활동관리규정'과 종교사무조례를 들 수 있다.

'중화인민공화국 내의 외국인의 종교활동관리규정'은 국무원이 1994년 1월 31일 공포하였다. 동 규정은 헌법에 의거하여 중화인민공화국내의 외국인의 종교신앙의 자유를 보장하고, 사회공공의 이익을 유지할 목적으로 제정되었다.

종교 관련 행정법규 중 가장 중요한 것은 종교사무조례이다. 종교사무조례는 국무원 제57회 상무회의가 2004년 7월 7일 행정법규의 형식으로 제정하였고, 2005년 3월 1일부터 시행되었다. 국무원은 공민의 종교신앙의 자유를 보장하고 종교 간의 화목과 사회적 화해를 유지하며, 종교사무 관리를 규범화할 목적으로 헌법과 관계 법률에 의거하여 이 조례를 제정하였다고 밝히고 있다. 모두 48조로 구성된 이 조례는 제1장 총칙, 제2장 종교단체, 제3장 종교활동장소, 제4장 종교교직자, 제5장 종교재산, 제6장 법적 책임, 제7장 부칙으로 구성되어 있다. 이 조례는 중국 최초의 종합적 종교법규로서, 그 중에는 보다 상위의 법률형식으로 제정되어야 할 것도 있다. 이 종교사무조례는 종교관련 기본법으로서 종교신앙과 관련된 핵심적 내용을 담고 있는 규범이라 할 수 있다.

종교 부문규장

부문규장은 국무원 소속의 각부, 각 위원회가 헌법과 법률, 국무원의 행정법규에 근거하여 본 부문의 권한범위 내에서 제정하는 규범성 법률문건을 말한다헌법 제90조. 부문규장의 명칭은 실시세칙, 잠행규정暫行規定, 설명, 의견, 통지, 해석 등이 있다. 종교신앙과 관련된 부문규장을 다음과 같이 몇 가지로 정리할 수 있는데, 이는 종교사무조례를 기반으로 보다 세밀한 부문을 규정한 것들이다.

첫째, 종교사회단체등기관리실시변법宗教社會團體登記管理實施弁法이 있다. 이 규장은 국무원 종교사무국 민정부가 1991년 5월 6일 공포한 것으로, 종교사회단체의 합법적 권익을 보장하고, 종교사회단체의 등기관리의 실시를 보증할 목적으로, 사회단체등기관리조례에 의거하여 제정되었다. 둘째, '중화인민공화국 내의 외국인의 종교활동관리규정의 실시세칙'이 있는데, 이는 국가종교사무국이 2000년 9월 26일 공포한 것으로, '중화인민공화국 내의 외국인의 종교활동관리규정'에 의거하여, 시행세칙을 규정한 것이다. 셋째, 종교활동장소년도검사변법이 있다. 동법은 국무원 종교사무국이 1996년 7월 29일 공포한 것으로, 종교활동장소의 합법적 권익을 보호하고 법에 의해 종교활동장소의 관리를 강화할 목적으로, '종교활동장소관리조례'와 '종교활동장소등기변법'의 관련 규정에 의거하여 제정되었다. 넷째, '종교학원외국국적전문가의 초빙임용변법'이 있다. 동법은 국가종교사무국, 국가외국전문가국 및 공안부가 1998년 11월 19일 공포하였다. 이 법은 중국 종교계가 국외와 종교문화학술 교류 활동을 촉진하고, 종교학교가 외국국적의 전문가를 초빙·임용하는 업무를 장려하기 위하여, '중화인민공화국 내의 외국인의 종교활동관리규정', '외국문교전문가공작시행조례外國文教專門家工作試行條例'에 의거해 제정되었다. 이 밖에도 국가종교사무국 국무회의가 '종교사무조례'의 관계 규정에 의거하여 제정한 법이 다수 있는데, 예를 들면 2005년 4월 14일 제정된 '종교활동장소설립의 심사·승인 및 등기변법', 2006년 12월 25일 제정된 종교교직자등록변법宗教教職者登錄弁法과 종교원교설립변법, 2007년 7월 13일 제정된 티벳트불교활불전생관리변법佛教活佛轉生管理弁法[61] 등이 있다.

종교 자치법규

중국에서 자치법규는 지방정부의 자치법규와 민족자치구역의 자치법규로 나누어진다. 헌법 제30조에 의하면 중국의 지방행정구역은 성급省級, 현급縣級, 향급鄕級의 3급체제로 구성되어 있다.[62] 지방자치법규에는 지방 단위 법규와 지방정부 명령이 있다. 지방 단위 법규는 지방 인민대표대회가 제정하는 자치법규로서, 헌법 제100조는 "성·직할시의 인민대표대회와 그 상무위원회는 해당 행정구역내의 구체적 상황과 실제 수요에 따라, 헌법·법률·행정법규와 저촉되지 않는 전제 하에, 지방성법규地方性法規를 제정할 수 있다"라고 규정하고 있다. 지방정부 명령은 지방

인민정부가 제정할 수 있는 자치법규로서, 헌법 제107조는 "현급 이상 지방 각급 인민정부는 법률규정의 권한에 의거하여, 해당 행정구역 내의 경제, 교육, 과학, 문화, 위생, 체육사업, 성향건설사업과 재정, 민정, 공안, 민족사무, 사법행정, 감찰, 산아제한 등 행정사무를 관리하고, 결정과 명령을 발포한다"라고 규정하고 있다. 현과 현급의 인민대표대회 및 자치주 인민대표대회는 법규제정권이 인정되지 않는다.

헌법 제112조에 의하면 민족자치지역은 자치구, 자치주, 자치현의 3단계로 구분할 수 있고, 이는 각각 성급省級, 지급地級, 현급縣級의 행정구역에 해당한다.[63] 자치구, 자치주, 자치현의 자치기관은 헌법 제3장 제5절이 규정한 지방 국가기관의 직권을 행사하고 동시에 헌법제115조, 민족자치구역법과 기타 법률이 규정한 권한에 의거하여 자치권을 행사하며, 해당 지방의 실제상황에 근거하여 국가의 법률과 정책을 관철하고 집행한다. 민족자치구역에는 헌법 및 입법법 제81조에 따라 각기 특수한 사정에 따라 법률의 규정을 융통성 있게 변경할 수 있는 입법변통권立法變通權이 인정된다. 소수민족의 자치구, 자치주, 자치현의 인민대표대회는 해당 지역 민족의 정치, 경제 및 문화적 특성에 근거하여 자치조례와 단행조례를 제정할 수 있다헌법 제116조. 자치구의 자치조례와 단행조례는 전국인민대표대회 상임위원회의 비준을 거친 후 효력을 발생한다. 헌법은 자치지역을 설립하기 어려운 소수민족에게는 민족향民族鄉을 설치하여 자신들의 내부 문제를 관리할 권리를 부여하였다. 민족향과 민족진은 민족자치지역이 아니기 때문에 민족자치권을 행사할 수는 없으나, 현지 소수민족의 특수한 사정을 주의하여 살핀다. 중국에는 현재 5개 자치구內蒙古, 신장위구르, 광시·좡족, 닝샤·후이족, 티베트, 30개 자치주州, 120개 자치현縣, 1,100여 개의 민족향이 있다.

중국 각 지방정부의 기본적인 종교정책은 중국공산당과 중앙인민정부의 종교정책의 연장선에 있다. 성省 정부는 국무원의 종교사무조례와 기타 관련 법률 그리고 행정법규에 근거하여 종교정책의 기본방향을 설정하고, 성 이하 지방정부는 성 정부의 종교정책을 거의 그대로 적용한다. 또한 성과 그 이하 지방정부의 종무행정도 중앙인민정부처럼 종교단체와 유관기관의 연계 속에 진행된다. 민족자치지역의 종교정책 역시 이와 유사한 모습을 보이고 있다. 길림성吉林省과 그 아래 행정단위인 연변조선족자치주의 예를 살펴보면 이러한 양상을 쉽게 확인할 수 있다.

　길림성 인구를 구성하는 민족을 보면, 한족漢族, 조선족朝鮮族, 만족滿族, 몽고족蒙古族, 회족回族, 석백족錫伯族 등 49개이다.[64] 중국의 조선족 인구는 55개 소수민족 중 13위로, 자치구를 가진 5개 민족에 비해서 상당히 적은 편이다. 중국의 조선족은 자치주 1개를 가지고 있는데, 지급地級 지방행정구역인 연변조선족자치주가 그것이다1952.9.3.설립. 그리고 백산시白山市 안에 3개의 소수민족 자치현 하나인 장백조선족자치현1958.9.15.설립이 있다. 길림성은 종교문제에 대한 조례로 1997년에 길림성종교사무조례를 제정하였다. 이 조례는 1997년 12월 19일 길림성 제8차 인민대표대회 상무위원회 제35회 회의에서 통과되어, 1998년 5월 1일부터 시행되었다. 이는 종교문제에 대한 성급省級 조례로는 비교적 조기에 제정된 것이라 할 수 있다. 길림성종교사무조례는 종교신앙의 자유의 보장, 헌법·법률·정책 범위 내의 종교활동 인정, 삼자원칙 고수 등의 주요 종교정책을 구체화하고 있다. 길림성종교사무조례는 2004년 6월 18일 일부 수정 개정 시행되고 있다.[65]

　연변조선족자치주 제8차 인민대표대회 제3차 회의는 1985년 4월 24일 연변조선족자치주자치조례를 통과시켰고, 동 조례는 2003년 1월 일부 개정되어 시행되고 있다. 연변조선족자치주자치조례는 종교신앙의 자유와 관련하여 ① 종교신앙의 자유, ② 신앙과 불신앙의 강제 금지, ③ 종교로 인한 차별 금지, ④ 자치기관의 정상적 종교활동의 보호, ⑤ 사회질서를 파괴하거나 신체건강을 해치는 종교활동의 금지, ⑥ 자치주 내

종교단체와 종교업무의 외국세력 지배 배제 등을 규정하고 있다. 장백조선족자치현자치조례의 종교신앙의 자유 관련 내용은 또한 연변조선족자치주자치조례의 내용과 유사한 것으로 파악된다.[66]

공산당의 당법과 정책

위에서 살펴 본 국가법규보다 현재 중국에서 중요한 위치를 점하고 있는 것이 중국공산당의 당법과 정책이다. 중국공산당의 당법에는, 공산당 중앙이 당규제정절차조례黨規制定節次條例에 의거하여 제정하는 장정과 공식 또는 비공식 절차에 의거하여 결정하고 공개 또는 비공개로 하달하는 각종 규정이 있다. 당 법은, 그 제정주체와 적용대상의 범위에 있어 헌법이나 법률 등 국가법과 다르기 때문에, 중국의 법체계에 공산당의 장정, 당규 등 당 법과 당 정책까지 포함시킬 수 있을까 하는 의문이 제기된다. 이론적으로 보면, 당 법은 국가기관이 아닌 하나의 정치조직에 불과한 공산당의 당 대회나 중앙위원회가 제정하고, 당 조직과 당원에게만 효력을 갖는다는 점에서, 헌법이나 법률 등 국내법과 명백히 다르다. 그러나 공산당과 국가가 인적으로나 조직 면에서 결합되어 있고, 실제 정치과정에서도 공산당이 국가를 대체하는 당-국가party-state체제인 중국에서는 당 법도 국가법체계의 중요한 단위로 보아야 한다.

중국에서의 의법치국은 공산당의 영도 하에 추진되는 법치정책이므로, 법 지상주의가 아니라 공산당 지상주의를 기본원칙으로 한다고 해도 과언이 아니다.[67] 헌정사를 개관하면 당의 정책이나 주장은 법에 정한 절차에 의해 국가의 헌법이나 법률로 전환되는 사실을 확인할 수 있다. 이에 중국헌법은 곧 중국공산당의 장정이나 기본정책의 법률화라고 할 수 있다. 또한 중국에서 공산당은 영도핵심領導核心으로서, 당 대회의 중요 결정과 정책은 모든 국가기관이 반드시 집행해야 하는 최고의 권위를 갖는다. 민법통칙 제6조는 "민사활동은 반드시 법률을 준수한다.

법률에 규정이 없는 경우, 국가정책을 준수하여야 한다"라고 규정하고 있다. 이것은 공산당의 당헌 · 강령 · 지침 · 정책 등이 사실상 헌법과 법률에 우선하는 규범적 효력을 지닌 구소련을 위시한 사회주의법계의 유산이라 할 수 있다.[68]

공산당 장정

위에서도 언급한 것처럼, 중국에서 중국공산당의 당법과 정책은 국가법규보다 중요한 위치를 점하고 있다. 이 원칙은 건국 후 지금까지 정도의 차이는 있지만 일관되게 유지되고 있으며, 또한 종교의 영역에서도 예외가 아니다. 종교관련 입법을 할 때에는 당의 종교정책을 경시하거나 무시할 수 없다. 어느 때나 어떠한 조건 하에서도 종교문제에 대처할 경우에는 당의 종교정책을 고려하여야 한다.[69] 중국공산당 장정의 총 강령은 모두에서 "중국공산당은 중국노동계급의 선봉대이며 동시에 중국인민과 중화민족의 선봉대이고 중국 특색이 있는 사회주의사업을 영도하는 핵심이다. 중국공산당은 중국선진생산력의 발전요구를 대표하고 중국선진문화의 전진방향을 대표하며 중국의 가장 광범한 인민의 근본이익을 대표한다. 당의 최고 이상과 최종 목표는 공산주의를 실현하는 것이다. 중국공산당은 마르크스–레닌주의, 모택동사상, 등소평이론과 3개 대표 중요사상을 자기 활동의 지침으로 삼는다"라고 선언하고 있다. 그리고 이어 "중국공산당은 평등, 단결, 협조, 조화의 사회주의 민족관계를 수호하고 발전시키며 소수민족 간부를 적극적으로 양성, 선발하며 소수민족과 민족 지구를 도와 경제, 문화 및 사회사업을 발전시킴으로써 여러 민족이 공동으로 단결분투하고 공동으로 번영 발전하도록 한다. 당의 종교사업 기본방침을 전면적으로 관철하고 신교대중信敎大衆들을 단합시켜 경제와 사회 발전을 위해 기여하도록 인도한다"라고 규정하고 있다.

공산당의 종교정책

중국공산당은 여러 차례 종교 관련 정책을 공식 또는 비공식적으로 발표해 오고 있다. 중국공산당 중앙은 1978년 10월 21일 중앙통전부中央統戰部 명의의 '당면한 종교관련 업무 가운데 시급히 해결해야 할 문제에 관해 지시를 청하는 보고'를 배포하여, 개혁개방 정책의 추진과 동시에 종교정책을 정상화하였다. 이어 1979년 2월 3일에는 문화혁명기 중에 통일전선·민족·종교의 업무 부문에 회부되어 투항주의노선을 걸었던 자들의 명예를 회복하였다.

중국공산당의 종교정책과 관련하여 특히 주목해야 할 문건은 1982년의 '당 중앙 19호 문건'과, 1991년의 '당 중앙 6호 문건'이다. '당 중앙 19호 문건'은 정식명칭이 '관어아국사회주의 시기종교 문제적기본관점급기본정책關於我國社會主義時期宗教問題的基本觀點及基本政策(우리나라의 사회주의 시기의 종교문제에 관한 기본관점 및 기본정책)'으로, 개혁개방 정책 실시 이후 중공공산당이 당과 정부의 종교정책의 기본방향을 제시한 최초의 종교 관련 문건이다. '당중앙 19호 문건'은 1980년 12월 중국공산당 중앙서기처의 결정에 의하여 기초가 시작되어, '82년 헌법'의 공포 직전인 1982년 3월에 채택, 발표되었다. 이 문건은 현재까지도 중국의 '사회주의 시기의 종교업무의 강령적 문헌'으로 평가되고 있다. '당 중앙 19호 문건'의 주요 내용은 다음과 같다.

첫째, 종교를 억지로 소멸시키려는 정책은 불가하다.[70] 둘째, 중국은 많은 종교가 존재하는 국가이다. 종교문제는 대단히 복잡하므로, 종교문제에 대해서는 '특별히 신중한', '대단히 엄격한', '주도면밀하게 사고하는' 태도를 취해야 한다. 셋째, 종교신앙의 자유 정책을 실시하는 것은 문화대혁명 기간에 잘못 실시된 종교정책을 수정하는 것이다.[71] 넷째, 통일전선이론을 전제로 종교신앙의 자유를 보장하라.[72] 다섯째, 국가와 당에 충성하도록 종교인을 교육하고, 종교인들을 잘 아울러라.[73] 여섯째, 종교활동을 할 수 있는 장소를 마련해 주어라.[74] 일곱째, 당과 국가에 충성하는 종교단체를 설립하고 관리하라.[75] 여덟째, 당과 국가에 충성하는 차세대 종교인을 양성하라.[76] 아홉째, 공산당원은 절대로 종교신앙을 가질 수 없다.[77] 열째, 국가와 인민의 생명·재산에 해를 끼치는 각종의 미신 활동은 철저히 금한다.[78] 열한째, 외국의 불순세력이 침투하지 못하도록 하여야 한다.[79] 열두째, 종교를 관리할 종교사무기구를 설립하라.[80]

'당 중앙 6호 문건'은 정식명칭이 '관우진일보주호종교공작약간문제적통지關于進一步做好宗教工作若問題的通知(종교공작을 더욱 좋게 하기 위한 약간의 문제에 관한 통지)'로서, 중국공산당 중앙과 국무원에 의해 1991년 2월 5일 채택되었다. 이 문건이 채택된 배경에는, 1990년대 초 동유럽과 소련의 붕괴를 지켜보면서 느낀 중국공산당과 정부의 불안이 깔려 있다. 곧 동유럽과 소련이 급격히 붕괴된 원인이 급성장한 종교에 있다고 판단한 중국은 한편으로 해외 종교단체의 선교활동을 외국세력의 침투로 간주하여 이를 경계하면서, 다른 한편으로 종교활동과 신앙의 자유를 제한하는 문건을 채택하기로 하였던 것이다. '당 중앙 6호 문건'의 주요 내용은 다음과 같다.

첫째, 종교신앙의 자유 정책을 전면적으로, 그리고 정확하게 관철·집행하라.[81] 둘째, 법에 의하여 종교사무를 관리하라.[82] 셋째, 애국적 종교단체의 역할을 충분히 활용하라. 정부시책에 따를 수 있는 영향력을 발휘하도록 경제적 뒷받침을 해주어야 한다. 넷째, 종교를 이용하여 행하여지는 범죄활동을 철저하게 응징하라. 다섯째, 종교공작 기구를 건전하게 하고, 종교공작 간부 대열의 건설을 강화하라. 공식적인 정부기구로 종교업무를 담당할 부서를 세우고, 종교업무를 위한 간부그룹의 양성을 강화하라. 여섯째, 당의 종교업무에 대한 통솔적 지도를 강화하라.[83]

국제법규

중화인민공화국은 1949년 건국 이후 문화대혁명 시기까지 국제적 인권법에 관하여 부정적으로 인식하고 있었다. 그러나 1971년 중화민국을 대신하여 유엔 안전보장이사회 상임이사국이 되면서 국제사회에서 그 위상이 제고되었고, 개혁개방 정책을 펴면서 인권보장의 국제화 경향에 부응하기 위하여 1980년대 초반부터 선택적으로나마 국제인권규범들을 받아들이기 시작하였다.[84] 중국헌법은 서언에서 "반제국주의 · 반패권주의 · 반식민지주의를 견지하며 … 세계평화와 인류의 진보를 촉진하기 위하여 노력한다"고 규정하고 있다. 그리고 2004년 헌법개정안 제33조 제3항에 "국가는 인권을 존중하고 보장한다"라는 규정을 추가하였다. 중국에서 국제조약은 중요한 법원法源의 하나로서, 전국인민대표대회 상무위원회가 국제조약의 비준권을 가지고 있다헌법 제62조 14항. 중국은 국제법 우선적용의 원칙을 민법통칙, 민사소송법, 행정소송법 등 기본법률에서 규정하고 있다.[85] 따라서 중국이 비준한 국제조약의 국내법상 효력 순위는 극소수의 기본법률을 제외하고 대다수의 기본법률보다 상위로 보고 있다.[86]

그러나 중국은 국제인권규약의 비준에 있어서는 소극적인 편이다. 전국인민대표대회 상무위원회는 1997년 10월 27일 '경제사회화문화권리국제공약經濟社會和文化權利國際公約(경제적 · 사회적 · 문화적 권리에 관한 국제규약: 사회권 (A)규약)에 서명하였고, 2001년 2월 28일 비준하였다. 이 사회권규약은 생존권과 발전권 등 집단적 인권개념의 형성과 발전에 많은 영향을 주었다. 그리고 1998년 10월 5일 '공민권리호정치권리국제공약公民權利和政治權利國際公約(시민적 · 정치적 권리에 관한 국제적 규약: 자유권 (B)규약)에 서명하였는데, 이 자유권규약은 제2조에서 종교를 이유로 한 차별을 금하면서, 제18조에서는 4개 항에 걸쳐 종교의 자유를 보장하고 있다. 그러나 자유권규약에 대해서는 현재까지 비준을 미루고 있는 실정이다. 이에 2013

년 2월 중국의 학자, 언론인, 법조인 등 지식인 120여 명이 3월 개최되는 전국인민대표대회와 전국인민정치협상회의를 앞두고, 자유권규약을 비준할 것을 촉구하는 서한을 정부에 보내기도 하였다.[87] 중국은 최근 높아지고 있는 국민들의 인권의식을 수용하여 자유권규약을 비준함으로써, 인권개선의 의지가 있음을 확인시켜야 할 것이다. 또한 중국의 현행 법률체계와 내용은 중국이 가입한 국제인권규범들의 내용과 격차를 보이고 있으며, 이는 종교 관련 문제에 있어서도 비슷한 양상으로 나타나고 있다.[88]

종교조직의 자주법

중국에는 중국불교협회, 중국도교협회, 중국이슬람교협회, 중국천주교애국회, 중국기독교 삼자애국운동위원회, 중국천주교주교단, 중국기독교협회 등 7개의 전국 단위의 이른바 '애국종교조직'이 있다. 이러한 전국 단위 '애국종교조직'은 각각 장정章程과 애국공약愛國公約 등을 제정하여 종교단체의 자주법自主法으로 삼고 있다.[89] 이어 성급省級 이하 지방에서도 각급 종교단체가 각각 규약과 애국공약을 채택하고 있다. 이들 종교조직들은 자신들의 장정의 모두冒頭에서 그 성격과 종지宗旨 그리고 주요 임무에 관하여 규정하고 있는데, 그 내용에 큰 차이는 없다.

이 가운데 중국불교협회의 경우를 살펴보면 다음과 같다. '중국불교협회장정'은 제1조에서 "본 회會는 전국 각 민족 불교도가 연합한 애국단체이며 교무조직이다"라고 회의 성격을 규정한다. 이어서 "본 회의 종지는, 인민정부의 종교신앙 자유정책 실현에 협조하여 불교계의 합법적 권익을 수호하며, 불교의 교의를 널리 알려 불교사업을 일으키며, 불교의 우수한 전통을 드날려 불교의 자체적인 건설을 강화하며, 애국종교의 기치를 받들어 각 민족 불교도를 단결시키며, 인간 중심의 불교사상을 창도하여 사회주의 물질문명과 정신문명 건설에 적극 참여하며, 새롭게 개척하고開

拓創新)시세時勢와 함께 전진하여與時俱進 국토를 장엄하게 하며莊嚴國土, 조국 통일과 세계평화를 위해 공헌하는 것이다"라고 그 종지를 천명하고 있다. 또 '중국불교협회장정'은 제3조에서 동 협회의 임무 8가지를 규정하고 있다. 첫째, 헌법과 관련 법률, 정책의 규정에 근거하여, 불교도의 종교신앙 자유의 권리를 지키고 불교단체, 불교활동장소, 불교문화교육기구, 불교의 자립적인 사업의 합법적 권익을 수호한다. 둘째, 헌법과 관련 법률, 법규, 정책의 학습에 힘쓰고, 불교도들의 애국적 신념과 사회주의사회에 적합한 품성을 제고시키며, 국가와 자신의 종교를 사랑하고 규율과 법률을 준수한다. 셋째, 지방 불교협회의 업무 추진을 도우며, 각 성, 자치구, 직할시 불교협회分會에 대한 지도와 검사를 실행한다. 넷째, 불교사원을 스스로 건설하고 관리하며, 청규清規와 계율을 엄숙히 하도록 감독 · 인도해 우수한 도풍道風과 학풍學風을 수립한다. 다섯째, 불교 교육사업을 일으키고 4부대중四部大衆의 인재를 배양함으로써, 불교계의 정체성을 확립하고 소양을 높이며, 불교문화에 대한 학술적 연구를 전개하고 불교서적을 인쇄 · 유통하며 불교문물과 불교전적을 보호한다. 여섯째, 불교도가 각자의 위치에서 생업에 힘쓰도록 지도하고, 불교의 특징에 부합하는 자립적인 사업을 일으키며, 사회공익사업에 참여하여 사회를 복되게 하고 인간을 이롭게 한다. 일곱째, 대만 동포, 홍콩과 마카오의 동포, 해외의 화교 불교도와 연계하여, 상호이해를 증진하고 단결을 강화함으로써 조국통일과 불교사업의 발전을 촉진한다. 여덟째, 각국 불교계, 국제 불교우호단체, 국제 종교평화단체들과의 교류 · 합작을 통해 불교문화교류와 세계평화를 촉진한다.[90]

주

1 존 K. 페어뱅크 책임편집, 김한식/김종건 번역, 『캠브리지 중국사』 10, 새물결, 2007, 904~905면.

2 도교의 신선 신앙과 더불어 자연무위 사상에 대한 숭배는 중국 문학예술의 낭만주의 색채와 자연주의의 심미적 관념을 형성하였다. 그리고 도교의 속신(俗神) 숭배와 중국 민중들의 일상생활 및 오락문화는 서로 조화를 이루면서 발전해왔다.

3 궁관(宮觀)은 다시 도사들이 출가하여 궁관 내에 머무르며 수련을 쌓고, 금욕생활을 하는 전진궁관(全眞宮觀)과 일반적으로 가정이 있고, 금욕생활을 하지 않는 정일도궁관(正一道宮觀)으로 나누어진다.

4 中国道教历史及其主要派别: 中央政府门户网站 www.gov.cn 来源: 宗教局; hhtp://chinakorea.co. kr/종교연구/도교.htm 참조. 박종우, 『중국종교의 역사— 도교에서 파룬궁까지』, 살림, 2006, 11~26면; 박수현, 「현대중국의 종교법제 전개과정에 관한 연구 —마오쩌뚱 정권 이후를 중심으로」, 영남대 대학원 석사학위논문, 2002, 4면 참조.

5 1989년 1월 제10대 판첸 라마가 서거하자, 중국 정부는 1995년 11월 제비뽑기 방식을 통해 6세 소년 간차인 노르부를 제10대 판첸 라마의 환생할 영혼을 가진 소년으로 확정하였다. 2005년 3월 1일 시행 '종교사무조례' 제27조는 "장족불교활불(藏族佛教活佛, 라마)의 지위전승은 불교단체의 지도 아래, 종교의식 규정과 역사적인 제도에 따라 처리하고 시급 이상의 인민정부 종교사무 부문이나 시급 이상의 인민정부에 보고하여 비준을 받는다"라고 규정하고 있다. 14개 조로 구성되어, 2007년 9월 1일부터 시행된 장전불교활불전세관리변법(藏傳佛教活佛轉世管理辦法)의 내용에 관해서는 國家宗教事務局政策法規司 編, 『宗教政策法規文件選編』, 宗教文化出版社, 2012, 88~90면 참조.

6 '중국불교협회장정(中國佛教協會章程)'은 중국불교협회 주비주임(籌備主任) 조박초(趙朴初) 거사가 주로 기초를 주관하였다. 조박초 거사는 '중국불교협회장정'(초안)을 중국공산당 중앙 통전부의 이유한(李維漢) 부장에게 보내 심사 · 검열하게

하였고, 이유한 부장은 다시 모택동 주석에게 보내 비시(批示)[재가]와 동의를 구하였다. 모주석은 재가를 하면서 친필로 초안에 '불교의 우수한 전통을 드날린다(發揚佛敎優良傳統)'라는 구절을 첨가하였다. 이때부터 '중국불교협회장정'에 발양불교우량전통(發揚佛敎優良傳統)이라는 구절이 계속 남게 되었다(徐玉成, 『宗敎政策法律知識答問(增訂本)』, 330 면).

7 中国佛教历史及其主要派別: 中央政府门户网站 www.gov.cn 来源: 宗教局; hhtp://chinakorea. co.kr/종교연구/도교.htm 참조. 박수현, 「현대중국의 종교법제 전개과정에 관한 연구」, 5 면. 박종우, 『중국종교의 역사』, 27~46 면 참조.

8 2007년부터 매년 참배를 조직하는 사람이 100,000명을 넘어섰고 2011년에는 137,000여 명에 달하였다. 20세기 80년대 이래 중국에서 메카로 참배를 떠나는 무슬림은 113,000명을 넘었다.

9 伊斯兰教历史及中国伊斯兰教的历史: 中央政府门户网站 www.gov.cn 来源: 宗教局; 박종우, 『중국종교의 역사』, 47~56 면.

10 중국에서 기독교라 함은 첫째, 세계적으로 공인된 기독교 각파들에 대한 총칭이고, 둘째, 16세기 유럽에서의 종교개혁운동 중에 만들어진 신교를 뜻한다. 즉 기독교는 신교를 말한다.

11 경교(Nestorianism)는 에페수스 공의회에서 이단으로 배척된 네스토리우스파 기독교를 일컫는 중국식 명칭이다.

12 20세기 40년대, 중국 천주교에 속한 20명의 총주교들 중 외국국적을 지닌 자가 17명이고 중국국적을 지닌 자는 단 3명이었다. 143개의 교구 중 외국국적의 주교는 110여 명이었고 중국국적의 주교는 겨우 20명이었다.

13 2014년 8월 프란체스코 교황은 방한 중 중국의 영공을 지나며, 시진핑 주석에게 "각하와 귀국 인민들에게 가장 좋은 축원을 보내며, 주께서 중국에 평화와 안녕을 내려주시길 빕니다(謹向閣下與貴國人民發出最良好的祝願, 願主賜予中國和平與安康!)"라는 내용의 축전을 보낸 바 있다. 이 전보를 보낸 것은 교황이 비행기 탑승 중 일국의 영공을 지날 때 행하는 형식적인 외교 의례에 속하는 일이지만, 1989년 요한 바오로 2세의 방한 시 중국이 교황의 자국 영공 경유를 금지하였던 것과 비교하면 상당히 큰 변화라 할 수 있다.

14 天主教历史及中国天主教的历史: 中央政府门户网站 www.gov.cn 来源: 宗教
　　局; 박종우, 『중국종교의 역사』, 58~69 면.

15 서양인 선교사를 현지인 선교사로 대체하는가 하면, 성서, 사전 등 번역사업, 병
　　원, 고아원 등 자선사업, 학교건립 등 교육사업, 미신타파, 평등사상 고취 등 사
　　상운동 등에 기여하였다.

16 박종우, 『중국종교의 역사』, 70~81 면.

17 기독교는 현재 중국에서 가장 빠르게 성장하는 종교로, 일각에서는 10년 내 아시
　　아의 기독교 신자가 세계 최대 규모인 1억 6천 명으로 늘어날 것이라는 관측도
　　제기되었다(뉴스캔 2015. 5.27).

18 '정상적인 종교활동'의 의의는 반드시 명확한 것은 아니지만, 구체적인 것을 예시
　　하면 '배불(拜佛), 송경(誦經), 소향(燒香), 예배(禮拜), 신도(祈禱), 구경(講經), 구
　　도(講道), 미사, 수세(受洗), 수계(受戒), 재계(齋戒), 종유(終油)의 비적(秘跡), 추
　　모(追慕) 등'을 들 수 있다. 이러한 활동들은 예시적인 것으로, 현실적으로는 이에
　　한정되지 않는다. 또한 그 내용은 불명확하고 무엇이 정상적인 종교활동에 해당
　　하는 것인가는 헌법보다 하위의 법령이나 당의 정책에 의하여 결정되는 것이 현
　　실이다(中共中央, 「關於我國社會主義時期宗教問題的基本觀點和基本政策」(1982
　　년 19호 문건)).

19 일관도(一貫道) 등 전통적 중국교파들은 반동회도문(反動會道門)이라는 딱지를
　　붙여 탄압하였고, 민간종교는 봉건적 미신 혹은 미신으로 여겨 금지와 타격의 대
　　상으로 되었다. 신중국이 탄생할 무렵 중국에는 300여 종의 회문도가 있었다고
　　하며, 그 중 가장 전형적인 교파가 일관도였다. 일관도는 1940년대에는 약 1천만
　　명의 신도가 있었는데, 반혁명세력으로 탄압을 받은 후 중국 대륙에서 거의 소
　　멸되었다(盧云峰, 「현대중국종교의발전」, 『한국과 중국의 사회변동연구』, 나남,
　　2013, 302 면).

20 이것은 학문적 비판에 의하여 헌법개정안초안의 규정이 수정된 진귀한 사례의
　　하나이다(蔡定劍, 『憲法』, 法律出版社, 2004, 227 면).

21 일반적으로 무파(巫婆) · 신한(神漢), 점으로 운명을 판단하는 점괘산명(占卦算
　　命), 골상이나 인상을 보는 취골상면(揣骨相面), 방위나 상으로 묘지나 가옥의 길

흥을 판단하는 풍수음택(風水陰宅), 신수신약(神水神藥), 자녀를 구하는 구아구녀(求兒救女), 소재기우(消災祈雨), 구귀치병(驅鬼治病), 신불에게 공양을 올려 원하는 상공환원(上供還願) 등의 미신활동을 말한다.

22 예를 들면 명절에 제사지내는 것, 예기치 않은 일을 당해 운수가 없다고 생각하는 것, 집안에 불행한 일이 생기면 운명으로 돌리는 것 등이 있다.

23 土屋英雄, 『中國「人權」考』-歷史와 當代-, 日本評論社, 2012, 260 면.

24 徐玉成, 『宗敎政策法律知識答問(增訂本)』, 35~36 면.

25 종교와 미신을 구분함에 있어 세계관의 관점에서 접근하는 중국 정부의 입장은 다음과 같다. 일반적으로 종교는 세상의 만사만물은 조물주에 의하여 창조·지배된다고 믿고 따른다. 사람들은 조물주를 신앙하면서 종교의 교의와 교규에 따라 자신의 언행을 엄격히 구속하면, 내세에는 행복을 누릴 수 있다고 생각한다. 이러한 세계관은 유물론적 입장에서는 당연히 잘못이지만, 경건한 신자는 옳다고 생각한다. 신도 중에는 죽는 경우일지라도 자신의 신앙을 포기하지 못하는 자도 있다. 봉건적 미신도 귀신, 천명을 믿고 있다고 주장하지만, 그 주장의 목적은 사람들에게 이를 믿게 하여 상대방의 재물을 취하려는 데 있다. 봉건적 미신은 단지 상대방의 판단 곤란한 문제에 답을 주거나, 상대방이 요구하는 어떤 것을 해결하거나, 환자의 고통을 일시적으로 제거하거나, 상대방의 장래 운명이나 금년의 운세를 예측하는 데 맞거나 맞지 않거나 책임지지 않는다(土屋英雄, 『中國「人權」考』, 260 면).

26 예컨대 1995년 11월 공안부는 이른바 호함파(呼喊派) 단속과 관련하여, '호함파 등의 사교조직의 금지·단속에 관한 상황 및 활동의견'을 제시하였다. 그 밖에도 전범위교회(全範圍敎會), 피립왕(被立王), 문도회(門徒會) 등이 사교조직으로서, 단속대상이었다(土屋英雄, 『中國「人權」考』, 264 면).

27 土屋英雄, 『中國「人權」考』, 84면.

28 박종우, 『중국종교의 역사』, 4~5 면 인용.

29 중국 형법 제300조는 사교조직을 조직하고 이용하여 ① 국가의 법률이나 행정법규의 시행을 방해하는 자, ② 타인을 기망하거나, 사람을 사망에 이르게 한 자,

③ 부녀자를 간음하고, 재물을 편취한 자를 처벌하고 있다.

30 國家宗敎局政策法規司 編, 『中國宗敎法規政策讀本』, 47면 이하.

31 土屋英雄, 『中國「人權」考』, 82~84면에서 재인용.

32 여기에 홍콩 인구 717만 3,900명, 마카오 인구 58만 2,000명 그리고 대만 인구 2,331만 6,000명을 합치면 13억 8,500만 명을 넘어 선다(성균중국연구소 엮음, 『차이나핸드북』, 김영사, 2013, 76면).

33 미국 국무성 홈페이지 http://www.state.gov/g/drl/rls/irf/2013.

34 중화인민공화국 성립 65주년을 경축하는 자리에서 시진핑 주석은 "중화인민공화국 건국을 통해 13억 중국인은 국가, 사회, 자기 운명의 주인이 되었고, 가슴 속에 가득 찬 긍지와 의지로 국가 부강, 민족 진흥, 인민 행복의 위대한 대업을 실현하기 시작했다"라고 연설하였다(人民網, 2014. 10. 1).

35 中央政府门户网站 www.gov.cn 来源: 宗教局

36 徐玉成, 『宗敎政策法律知識答問(增訂本)』, 469면.

37 盧云峰, 「현대 중국종교의 발전」, 306면.

38 류성민, 「중국종교의 현재와 미래: 분석구성을 위한 시론」, 284면.

39 중국에서 종교인구의 정확한 조사가 어려운 이유로는 다음을 들 수 있다. 첫째, 중국은 세계에서 인구가 가장 많은 나라이며, 다수의 민족으로 구성되어 있으며, 그 영토는 넓을 뿐 아니라 지리적으로도 다양하다. 때문에 물리적으로 조사가 간단하지 않다. 둘째, 종교의 정의가 한결같지 않기 때문에, 소수민족의 민간신앙이나 원시종교를 포함시키느냐, 유교의 종교성을 인정하느냐 여부에 따라 결과가 크게 달라진다. 셋째, 도교와 불교 등은 신자 여부를 확인할 수 있는 현실적인 기준이 없을 뿐 아니라, 비공인 그리스도교계 지하교회의 신도가 제외되어 있다. 넷째, 중국은 현재 사회주의 초급단계에 있다고 보고, 임시적으로 종교의 존재를 인정하고 있지만, 궁극적으로는 종교의 존재 자체를 부정하는 사회주의 체제이다. 따라서 궁극적으로는 종교의 소멸을 전제로 하고 있다. 이 때문에 국가는 일정 정도의 수준에서만 종교의 존재를 인정하려는 소극적 정책을 펴면서, 종교인

구의 통계조사 등에 대하여 적극적인 관심을 갖지 않는다(류성민, 「중국종교의 현재와 미래: 분석구성을 위한 시론」, 285~286 면).

40 中央政府门户网站 www.gov.cn 来源: 宗教局.

41 이 시기 중국 법사상의 특징에 관해서는 조영남, 『중국의 법치와 정치개혁』, 창 비, 2012, 49~50면 참조.

42 이어서 당중앙은 1979년 '형법 및 형사소송법의 실시보장에 대한 지시'에서 최초 로 법치라는 용어를 사용하였고, 전인대 상무위원회 특별입법전문기구로 법제 위원회를 구성하여 형법, 형사소송법, 법원조직법, 검찰원조직법 등 핵심 법률의 제정에 참여하게 하였다.

43 조영남, 『중국의 법제와 정치개혁』, 30~31 면.

44 호금도는 2002년 12월 중국헌법시행 20주년 기념대회에서 의법치국을 "광대한 인민군중이 공산당의 영도 하에 헌법과 법률의 규정에 의거하여 각종 통로와 형 식을 통해 국가사무, 경제·문화사업, 사회사무를 관리하고, 국가 각 영역의 업 무가 모두 법률에 의거하여 진행되도록 하여, 점차 사회주의 민주가 법제화 및 제도화되도록 보장하는 것"으로 정의하였다(조영남, 『중국의 법제와 정치개혁』, 38 면).

45 동법 제8조는 법률로써 제정해야 할 법률 사항을 법에 정하고 있다. 또한 입법법 은 입법 과정에 국민들이 참여할 수 있는 의견청취제도나 공개의견구청제도를 인정함으로써, 법률의 민주적 정당성을 제고하고 나아가 실질적 법치주의를 구 현하는 데 기여하고 있는 것으로 평가다.

46 제2장 '공민의 기본 권리와 의무'의 첫 조항인 제33조에 "국가는 인권을 존중하고 보장한다"라는 내용의 제3항을 추가하였고, 제13조에 "공민의 합법적 사유재산 은 침범을 받지 아니한다. 국가는 법률의 규정에 의하여 공민의 사유재산권과 상 속권을 보호한다"라고 하여, 사유재산권의 보장을 추가하였다.

47 그는 여기서 개혁개방 이후 입법과정의 경험으로, 중국공산당의 영도, 중국 특색 의 사회주의 이론체계의 지도, 중국의 국정(國情)과 현실의 반영, 사람 본위의 입 법, 사회주의 법제 통일이라는 5가지를 들고 있다.

48 여기서 '중국적 특색의 사회주의'는 1982년 등소평이 처음 사용한 용어로서, 정치
　적으로 공산당이 영도하는 지도체제와 경제적으로 시장경제제도를 채택하고 있
　는 중국 특유의 국가체제를 말한다.

49 허 욱, 「중국적 특색의 사회주의 법률체계 완성의 의미와 과제」, 서울지방변호사
　회, 『辯護士』 제44집, 2013, 658 면 참조.

50 중국공산당은 1987년 제13기 전국대표대회(당 대회)에서 당정분리(黨政分離)를
　정치개혁을 위한 새로운 방침으로 결정한 적이 있었지만, 이후 1989년에 천안문
　사건이 발생하고 1991년에 소련이 붕괴되면서 당정분리 방침을 폐기하였다. 당
　정분리가 공산당의 권력독점을 약화시킬 수 있다고 판단하였기 때문이다(조영
　남, 『중국의 법제와 정치개혁』, 9 면 참조).

51 1982년 헌법 서언(序言)은 이어 "전국 각 민족인민, 일체의 국가기관과 무장세력,
　정당, 사회단체, 기업체, 사회조직은 반드시 헌법을 근본적인 활동의 준칙으로
　하여야 하고, 헌법의 존엄을 수호하고 헌법의 실시를 보장하는 책무를 져야 한
　다"라고 규정하고 있다. 그리고 제5조는 "중화인민공화국은 의법치국을 실행하
　고, 사회주의 법치국가를 건설한다. 국가는 사회주의 법제의 통일과 존엄을 수호
　한다. 일체의 법률, 행정법규와 지방성법규는 헌법에 저촉될 수 없다. 일체의 국
　가기관과 군대, 각 정당과 각 사회단체, 각 기업ㆍ사업조직은 반드시 헌법과 법
　률을 준수하여야 한다. 일체의 헌법 및 법률 위반의 행위는 반드시 책임을 추궁
　한다. 어떠한 조직 또는 개인도 헌법과 법을 넘어서는 특권을 갖지 못한다"라고
　규정하고 있다.

52 中華人民共和國 國務院 新聞弁公室, 「中國的宗敎信仰自由狀況」, 1997. 10. 16.

53 제300조는 "1. 회도문(會道門), 사교조직을 조직 또는 이용하거나, 미신을 이용
　하여 국가의 법률이나 행정법규의 실시를 파괴하는 자는 3년 이상 7년 이하의 유
　기징역에 처한다. 정상이 특히 중한 자는 7년 이상의 유기징역에 처한다. 2. 회도
　문, 사교조직을 조직 또는 이용하거나, 미신을 이용하여 타인을 기망하거나, 사
　람을 사망에 이르게 한 자는 전항의 규정에 의해 처벌한다. 3. 회도문, 사교조직
　을 조직 또는 이용하거나, 미신을 이용하여 여성을 간음하거나, 재물을 사취한
　자는 각각 제236조 또는 제266조의 규정에 따라 죄를 정하여 처벌한다"라고 규
　정하고 있다.

54 사교집단은 종교를 사칭하여, 기공 혹은 기타 명의로, 각종의 방법으로 사회질서를 무너뜨리고 인민의 생명과 재산의 안전과 경제발전을 해하기 때문이다.

55 법에 의하여 사교조직을 처리하는 작업을 할 때, 부지불식간에 사교활동에 참여한 사람과 사교조직에 이용당한 사람과 적극적으로 범죄를 구성하고 조직한 자, 기획자, 지휘자 등 골수분자를 구별하여야 한다는 것이다.

56 인민 군중이 사교집단이 인류와 사회질서에 미치는 심각한 위해를 스스로 깨달아 사교조직의 영향력을 반대하고 저지하여, 보다 강력한 법제 관념의 진일보와 국가 법률을 준수하도록 하기 위함이다.

57 각계 각층의 인민, 정부와 사법기관은 당연히 각자의 책임 하에 사교단체의 자생과 발생을 근원적으로 방지하고, 사교활동을 방지하고 처벌하는 것을 주요 임무로 삼아야 한다.

58 이 이론은 중국공산당이 1979년 1월 1일 발표한 '고대만동포서(告臺灣同胞書)'에서 제시한 대만문제의 해결방안에서 비롯되었다. 일국양체제 이론은 다음 3가지를 핵심내용으로 한다. 첫째는 '하나의 국가로서', 통일 후 중국에는 중화인민공화국이라는 하나의 국가만이 존재한다. 따라서 중화인민공화국만이 유일한 합법정부이고, 홍콩, 마카오, 대만지역은 중국의 분할할 수 없는 부분이다. 둘째는 '두 개의 제도'로서, 일정 기간 동안 중국내지 지역에는 사회주의제도를 시행하고, 홍콩, 마카오, 대만지역에는 자본주의제도를 시행하며, 두 제도의 공존과 발전을 도모한다. 셋째는 '고도의 자치'로서, 홍콩, 마카오, 대만지역에는 중국내지와 다른 제도를 운영할 수 있도록 고도의 자치권을 부여한다는 것이다. 또 중국공산당 장정은 "홍콩특별행정구동포, 마카오특별행정구동포, 대만동포와 해외교포를 망라한 전국 인민들의 단결을 끊임없이 강화한다. 일국양제(一國兩制)의 방침에 따라 홍콩과 마카오가 장기적으로 번영과 안정을 유지하도록 촉진하고 조국통일대업을 완수한다"라고 규정하고 있다.

59 홍콩기본법 제8조는 "홍콩의 기존 법률, 즉 보통법·형평법·조례·부속입법 및 관습법은 이 법에 저촉되거나 홍콩특별행정구입법기관에 의하여 개정되지 아니하는 한 계속하여 유효하다"고 규정하고 있다. 그리고 동법 제160조는 "홍콩특별행정구가 성립되는 당시 전국인민대표대회 상무위원회에 의해 기본법에 저촉된다고 선언된 경우를 제외한 홍콩의 기존 법률은 홍콩특별행정구의 법률로 채택

한다"고 규정하고 있다. 또한 동법 제18조는 "홍콩특별행정구에서 시행하는 법률은 이 법 및 이 법 제8조에 규정된 홍콩의 기존법률과 홍콩특별행정구입법기관이 제정한 법률로 한다. 국가적 법률은 이 법 부속서Ⅲ에 열거된 것을 제외하고는 홍콩특별행정구에 적용하지 아니한다"라고 규정하고 있다. '이 법 부속서Ⅲ에 열거된 것'은 홍콩특별행정구에도 적용되는 전국 단위의 법률로서, ① 중화인민공화국의 수도·기년·국가·국기에 관한 결의, ② 중화인민공화국의 국경일에 관한 결의, ③ 중화인민공화국의 영해에 관한 선언, ④ 중화인민공화국 국적법, ⑤ 중화인민공화국의 외교 특권과 면책조례 등 국방·외교 등 전국 단위 법률이다(蘇在先, 佟欣, 「중국 내지와 홍콩간의 이중 법체계에 관한 소고」, 국제사법학회, 『국제사법연구』 제18호, 2012, 435~437 면).

60 제32조: 홍콩 주민은 신앙의 자유를 갖는다. 홍콩 주민은 종교신앙의 자유를 가지고, 널리 포교 및 종교활동을 하고, 그에 참가할 자유를 갖는다.

제137조: 종교조직이 경영하는 학교는 인계(引繼)된 종교과정의 개설을 포함하여, 종교교육을 행할 수 있다.

제141조: 홍콩특별행정구 정부는 종교신앙의 자유를 제한해서는 아니되고, 종교조직의 내부 사무에 간여할 수 없으며, 홍콩특별행정구의 법률과 저촉되지 않는 종교활동을 제한할 수 없다. 종교조직은 법에 의하여, 재산의 취득, 사용, 처분, 상속의 권리 및 자금 원조를 받을 권리를 향유한다. 재산면에서의 그 때까지의 권익은 보지·보호된다. 종교조직은 이전의 방법에 기초하여, 인계된 종교학원·대학 기타 학교·병원 및 복지시설을 설립·경영하고, 기타 사회 서비스를 제공할 수 있다. 홍콩특별행정구의 종교조직과 신도는 기타 지방의 종교조직 및 신도와의 관계를 유지하고 발전시킬 수 있다.

제148조: 홍콩특별행정구의 교육, 과학, 기술, 문화, 예술, 체육, 전문직, 의료위생, 노동, 사회복지, 사회활동 등의 면에서의 민간단체, 종교조직과 대륙의 이들에 상응하는 단체, 조직과의 관계는 상호부종속·상호불간섭·상호존중의 원칙을 기초로 하지 않으면 아니된다.

제149조: 홍콩특별행정구의 교육, 과학, 기술, 문화, 예술, 체육, 전문직, 의료위생, 노동, 사회복지, 사회활동 등의 면에서의 민간단체, 종교조직은, 세계 각국, 각 지역 및 국제적 관련 단체·조직과의 관계를 유지하고 발전시켜 나갈 수 있고, 당해 단체·조직은 필요에 따라 '중국홍콩(中國香港)'의 명의를 사용하여, 관련된 활동에 참가할 수 있다.

61 이 법은 공민의 종교신앙의 자유를 보장하고, 티벳트불교의 활불(活佛)의 지위의 승계방식을 존중하고, 활불전생(活佛轉生)의 사무관리를 규범화할 목적으로 '종교사무조례'에 의거하여 제정되었다.

62 제1급 성급(省級)에는 성, 자치구, 직할시, 특별행정구가 해당하며, 국무원의 직접적인 영도(領導)를 받는다. 현재 전국에는 23개 성(省), 5개 자치구, 4개 직할시, 2개 특별행정구가 있다. 제2급 현급(縣級)에는 대소의 현과 현급시, 자치현 등이 해당하며, 성(省)의 영도를 받는다. 제3급 향급(鄕級)에는 진, 향, 가도 등이 해당된다. 그러나 현실은 성급과 현급 사이에 자치주와 지급(地級) 시(市)를 중심으로 하는 지급(地級)이 추가되어 4급체제로 유지되고 있다.

63 55개 소수민족 중 44개 민족이 자치지역을 설립하였다. 지역자치를 실시하는 소수민족인구는 전체 소수민족의 71%를 차지하고, 민족자치지역의 면적은 중국 전체면적의 64%에 달한다. 자치구, 자치주, 자치현은 모두 민족자치구역이다. 길림성 연변 조선족 자치주는 지급(地級)이다.

64 길림성의 행정구역은 성도 장춘시, 지급시(地級市) 8개, 자치주 1개, 현급시 20개, 현(縣) 18개, 소수민족자치현 3개, 직할구(區) 19개, 진(鎭) 451개, 소수민족진(鎭), 5개, 향(鄕) 287개, 소수민족향(鄕), 28개이다(고병철, 「개혁·개방 이후 중국 길림성의 종교정책과 한국종교」, 강돈구 외, 『현대중국의 한국종교』, 한국학중앙연구원, 2010, 84~85 면).

65 성 정부의 종교신앙의 자유 정책의 골격은 다음과 같다. ① 종교에 대한 신앙과 불신앙의 자유 인정, ② 헌법·법률·정책범위 내에서의 종교신앙의 자유 보장, ③ 법 앞의 평등과 차별대우 금지, ④ 정교분리의 원칙에 따라 종교를 이용한 국가행정, 사법, 학교교육과 사회공공교육, 혼인, 가족계획 등의 관여 금지, ⑤ 정상적 종교조직과 종교활동과 종교활동장소의 보호, ⑥ 유신론과 무신론의 상호 존중, 종교활동장소 내의 무신론 선전, 종교활동장소 밖의 유신론 선전과 전단지 배포나 주관부서 승인없는 종교서적 발행 금지, ⑦ 종교단체와 종교사무에 대한 외국세력의 지배 금지, ⑧ 외국인의 종교활동 보호 등이다(고병철, 「개혁·개방 이후 중국 길림성의 종교정책과 한국종교」, 88 면).

66 고병철, 「개혁개방 이후 중국 길림성의 종교정책과 한국종교」, 90 면.

67 조영남, 『중국의 법제와 정치개혁』, 72면. 중국 국방부는 2015년 5월 25일 발표
한 「2015年 국방백서(國防白書)」에서도, 중국군이 결연히 수호해야 할 4대 항목
으로 ① 공산당의 영도와 중국 특색 사회주의제도 수호, ② 국가주권, 안보, 발
전이익 수호, ③ 국가발전의 중요한 전략적 기회 수호, ④ 지역 및 세계평화 수호
등을 거론하였다(中国网 2015-05-26).

68 강효백, 『G2시대 중국법 연구』, 한국학술정보(주), 2010, 41 면.

69 王作安, 『中國的宗教問題和宗教政策』, 宗教文化出版社, 2002, 137 면.

70 종교는 인류 사회 발전의 특정 단계에 나타나는 역사적 현상으로서 그 자체 생
성, 발전, 소멸하는 과정을 거친다. 사회주의 사회에 있어 종교는 장기간 존재할
것이므로, 공권력을 동원하여 종교를 소멸하려 하거나 종교를 발전시키려 해서
는 안된다.

71 건국 이래 종교에 대한 당의 공작(工作)은 곡절(曲折)이 있었다. 신시기에 접어들
면서 당과 정부의 종교 관련 주요 업무는 종교신앙의 자유 정책을 철저하게 관철
하는 것이다.

72 종교신앙의 자유를 존중하고 지켜주는 것은 중국정부의 종교문제에 대한 기본정
책이다. 이는 장기적인 정책이며, 장래 종교가 자연적으로 소멸될 때까지 멈추지
말고 계속 집행해야 할 정책이다. 종교신앙의 자유 정책의 궁극적인 목적은 신자
와 불신자가 연합하여 현대화된 사회주의 강국을 만드는 데 있다.

73 모든 종교계 인사, 특히 성직자를 포섭하고 단결시키고 교육하는 것은 당의 종교
관련 업무 가운데 중요한 내용이며, 당의 종교정책을 철저하게 집행하는 전제조
건이다. 반드시 조국을 사랑하고 당과 정부의 지도를 받으며 사회주의 노선을 견
지하고 조국 통일과 민족 단결을 지키며, 종교지식을 갖추고 신도들을 하나로 만
들 수 있는 대표적인 인물을 키워내야 한다.

74 종교활동을 위한 장소를 합리적으로 배정하는 것은, 당의 종교정책을 실현하고
종교활동을 정상화하는 중요한 조건이다. 모든 종교활동장소는 정부 종교사무부
서의 행정지도를 받아 종교단체나 성직자가 책임지고 관리한다.

75 애국적 종교단체의 역할을 잘 발휘하도록 하는 것은 종교정책을 제대로 시행하

고 종교정책을 정상화하는 중요한 보증이 된다. 전국단위의 애국적 종교단체는 8개이다. 이를 위해 종교단체의 경비를 지원해야 한다.

76 젊은 애국적 성직자를 양성하는 것은 종교조직의 미래 모습에 대한 결정적인 의의를 갖는다. 모든 젊은 성직자들은 애국주의와 사회주의에 대한 각오를 지속적으로 높여야 하며, 문화수준과 종교지식을 높이고, 충실하게 당의 종교정책을 집행해야 한다.

77 우리 당은 종교신앙의 자유 정책을 선포하고 실행하지만, 이것은 당연히 공산당원이 종교를 자유롭게 신봉할 수 있다는 것은 아니다. 정부가 종교자유 정책을 실시한다고 선포한 것은 일반 공민에게 해당한다. 공산당원은 일반 공민과 다르다.

78 모든 정상적인 종교활동을 확실하게 보장한다는 것은 종교라는 허울을 둘러쓰고 위법행위를 하거나 반혁명적인 파괴활동 및 종교 범위에 들지 않고 국가의 이익과 국민들의 생산력을 해치는 미신 활동을 철저하게 막는다는 의미를 동시에 지닌다.

79 종교와 관련된 국제적인 교류를 적극적으로 추진하지만, 외국 종교 가운데 적대적인 세력의 침투를 철저하게 막는다는 것이 우리의 방침이다. 모든 국제적인 교류활동 과정에서 독립·자주와 교회를 독자적으로 운영한다는 원칙을 지켜야 하며, 국제적인 종교 반동세력이 중국의 종교를 장악하려는 시도를 억제하고, 어떠한 외국 교회와 종교계 인사들이라도 중국 종교업무에 간여하는 것을 거절한다.

80 당의 통솔적인 지도를 강화하는 것은 종교문제를 잘 처리하는 근본적 보장이다. 반드시 정부가 종교사무를 담당하는 종교사무기구를 강화해야 하며, 종교에 대한 당의 기본관점과 기본정책을 깊이 이해하고, 신도들을 하나로 연결하여, 종교계인사들과 협상하고 협조하여 함께 일해야 한다.

81 종교신앙의 자유를 존중하고 보호하는 것은 당과 국가가 종교문제에 대해 갖고 있는 장기적인 기본정책이다. 이는 신자와 불신자가 단결하여 사회주의 현대화 건설을 위해 함께 노력하게 하기 위함이다. 즉 종교의 자유는 사회주의 현대화 건설을 위해 보장되는 것이다.

82 정부는 종교에 관한 법률, 법규 및 정책의 관철·실시에 대하여 행정관리와 감독을 행하여야 한다. 이를 위한 구체적 실행방안으로 첫째, 모든 종교활동장소는

법에 따라 등록해야 한다. 둘째, 국가의 종교단체와 종교사무는 자치, 자양, 자전의 교회원칙을 견지하여야 하고, 국외세력의 지배를 받아서는 아니 된다. 셋째, 종교 관련 입법을 서둘러 정비하여야 한다.

83 종교계 인사들에 대한 관리를 강화하고, 인민대중에게, 특히 청소년들에게 변증유물주의와 역사유물주의(무신론 포함) 교육을 적극적으로 시행하고, 종교 관련 출판물을 관리하라. 공산당원은 종교를 신앙할 수 없다.

84 특히 1989년 천안문사건 이후 국제사회의 인권탄압에 대한 비난과 제재가 이어지고, 동구 사회주의권의 붕괴로 중국은 국제적 고립으로부터 탈피하기 위해서도 국제인권문제에 관심을 갖지 않을 수 없게 되었다.

85 민법통칙 제142조는 "중화인민공화국이 체결하거나 참가한 국제조약과 중화인민공화국의 민사법률 중에 상이한 규정이 있을 경우 국제조약의 규정을 적용한다. 다만 중화인민공화국이 유보한 조항은 제외한다. 중화인민공화국 법률과 중화인민공화국이 체결 또는 참가한 국제조약 중 규정이 없을 경우 국제관례를 적용할 수 있다"라고 규정하고 있다.

86 강효백, 『G2시대 중국법연구』, 36 면.

87 경향신문, 2013. 2. 27.

88 국제사면위원회는 2011년 세계인권현황 연례보고서의 중국 부분에서, ① 종교의 자유억압: 파룬궁 등, ② 소수민족 억압: 티베트 자치구와 신장위구르 자치구 등에서의 표현, 종교, 집회의 자유 등 억압 등을 지적하고 있다(윤영덕, 「중국의 인권담론과 인권현실의 갈등: 중국의 국제인권규범 수용사례를 중심으로」, 『민주주의와 인권』(제11권2호), 494~5 면).

89 전국 단위 애국종교조직의 자주법에 관해서는 國家宗敎事務局政策法規司 編, 『宗敎團體敎規制度匯編』, 宗敎文化出版社, 2012. 참조.

90 徐玉成, 『宗敎政策法律知識答問(增証本)』, 331~333 면.

6장

중국헌법에서의 종교신앙의 자유와 종교정책

중국에서 종교신앙의 자유는 헌법이 보장하는 공민의 권리이자 기본적 인권이다. 그러나 이 종교신앙의 자유는 종교의 자연소멸을 목표로 하면서 정책적으로 허용하는 것이다. 종교사무를 관리하는 정책을 통해 종교신앙과 종교활동, 선교 등의 허용과 제한 및 종교단체, 교직자, 종교단체 재산 및 소수민족의 종교 문제 등 다양한 규정을 두고 있다.

Ⅰ. 종교신앙의 자유

1. 종교신앙의 자유 규정

종교신앙의 자유는 중국헌법이 보장하는 공민의 권리인 동시에 기본적 인권이기도 하다. 공민의 권리[2]는 공민이 헌법과 법률의 규정에 따라 특정행위를 하거나 하지 않는 것이며, 동시에 국가와 다른 공민이 특정행위를 하거나 하지 말 것을 요구하는 것이다.[3] 헌법에서의 공민의 기본적 권리의 보장은 그 내용과 범위에 있어 시대상을 여실히 반영한다. 1954년 헌법은 공민의 기본적 권리에 대해 비교적 풍부한 내용을 규정하였으나, 문화대혁명 기간에 제정된 1975년 헌법에서는 공민의 권리에 대한 내용이 대폭 삭제되었다. 이러한 상황은 문화대혁명이 종식된 뒤 1978년에 개정된 헌법에서도 개선되지 못하다가, 헌법과 개혁개방 정책 사이의 괴리를 해소하기 위해 전면적으로 개정한 헌법이 1982년 헌법이다.

82년 헌법에서 공민의 기본적 권리의 보장에 관한 내용이 풍부해지고 그 범위도 확대되었다. 그 내용은 다음과 같다. 첫째, 구조면에서 공민의 권리와 의무에 관한 장의 위치를 제3장에서 제2장으로 조정하였고, 둘째, 기본권 관련 조항 수가 1954년 헌법의 14개 조항, 1975년 헌법의 2개 조항에 비해 현저히 많은 18개 조항으로 늘어났으며, 셋째, 권리와 의무의 일치성헌법 제33조 및 자유와 권리의 한계제51조를 강조하는 특징을 보여주고 있다.[4] 이후 2004년 3월 4일에 성립된 헌법개정안에서는, 제33조

제2항에 "국가는 인권을 존중하고 보장한다"라는 조항을 추가하여 '공민의 권리'에서 한걸음 더 나아간 '인권'의 개념이 처음으로 중국헌법에 포함되었다.

기본 조항

종교신앙의 자유를 존중하고 보호하는 것은 중국 정부가 종교문제를 다루는 장기적 기본정책에 속한다. 종교신앙의 자유는 국민의 기본적 권리로서, 건국 이전부터 중국공산당에서 제정한 헌법과 법률은 이를 보장하였다.[5] 현행 중국헌법은 제2장 '공민의 기본 권리와 의무' 편에 종교와 신앙의 자유에 관한 기본조항으로 제36조를 두고 있는데, 그 내용은 다음과 같다.[6] 중화인민공화국 공민은 종교신앙의 자유를 가진다. 어떠한 국가기관, 사회단체와 개인도 공민에게 종교를 신앙하거나 신앙하지 않도록 강제할 수 없고, 종교를 신앙하거나 신앙하지 않는 공민을 차별하여서도 아니 된다. 국가는 정상적인 종교활동을 보호한다. 어떠한 사람도 종교를 이용하여 사회질서를 파괴할 수 없으며, 공민의 신체건강에 손해를 주어, 국가교육제도의 활동을 방해하여서는 아니 된다. 종교단체와 종교사무는 외국세력의 지배를 받지 아니한다.

관련 조항

헌법 제2장에는 기본조항인 제36조 이외에도 종교신앙의 자유와 관련이 있는 규정이 다수 포함되어 있다. 그 내용을 정리하면 다음과 같다.

첫째, 평등권을 들 수 있다. 사회주의 국가에서 인민은 국가의 주인으로서, 누구나 평등하다. 평등은 사회주의의 중요한 원칙이고, 평등권은 공민의 기본적인 권리이다. 헌법은 제5조에서 "누구든지 헌법과 법률을 초월한 특권을 누릴 수 없다"라고 하여 특권금지에 관하여 규정하고 있다. 그리고 헌법 제33조에서 "중화인민공화국 공민은 법 앞에 평등하다"라고 하여, 평등권을 규정하고 있다. 제34조는 "중화인민공화국의 만 18세 이상의 공민은 민족, 종족, 성별, 직업, 출신가정, 종교신앙, 교육정도, 재산상황, 거주기간을 구분하지 않고 모두 선거권과 피선거권이 있다"라고 하여, 만 18세 이상 공민의 평등한 선거권과 피선거권을 보장하면서, 종교신앙을 차별을 금하는 사유의 하나로 예시하고 있다.

둘째, 언론 · 출판 · 집회 · 결사 · 행진 · 시위의 자유를 들 수 있다. 이에 따라 공민은 자신의 사상이나 의견을 다양한 방법을 통하여 표현하고 실현할 수 있는 자유를 가진다. 헌법 제35조는 "중화인민공화국 공민은 언론 · 출판 · 집회 · 결사 · 행진 및 시위의 자유를 가진다"라고 규정하고 있다. 대부분의 종교활동은 이러한 표현의 자유를 통하여 행사되며, 특히 종교단체는 학문 · 예술 · 문화 및 자선 단체와 함께 비정치적 결사의 하나로서, 일반 결사에 비해 특별히 다루어진다.

셋째, 인격권을 들 수 있다. 자신의 인격을 존중받는 것은 공민의 가장 기본적인 권리이고, 타인의 인격을 존중하는 것은 모든 인간의 법 이전의 의무이다. 헌법 제38조는 "중화인민공화국 공민의 인격은 존엄하며 침범받지 않는다. 어떤 방법이든 공민에 대해 모욕 · 비방 · 무고로 모함하는 것을 금지한다"라고 하여 인격권을 보장하고 있다. 인격권에는 각자 자신의 의사로 독립적으로 결정하고, 불법적으로 간섭을 받지 않는다는 내심자유권內心自由權이 포함되며, 내심자유권의 하나로 개인이 종교를 믿거나 믿지 않는 것을 독립적으로 결정할 자유가 있는 것으로 인정되고 있다.

넷째, 문화적 권리를 들 수 있다. 중국헌법은, 문화국가를 구현하기 위해서는 공민의 사상과 과학 · 문화 부문에 대한 교육이 중요하며, 중국이 목표로 하는 사회주의 현대화를 위해서도 정신문명의 건설이 중요하다고 천명하고 있다. 현행 헌법은 제46조에서 "중화인민공화국 공민은 교육을 받을 권리와 의무가 있다"라고 하여, 교육을 받을 권리와 의무에 관하여 규정하고 있다. 이어 헌법 제47조는 "중화인민공화국 공민은 과학연구, 문학예술창작과 기타 문화활동의 자유를 가진다. 국가는 교육 · 과학 · 기술 · 문화 · 예술과 기타 문화사업에 종사하며 인민에 유익한 창조적 업무에 임하는 공민에 대하여 고무 · 격려하고 도움을 주어야 한다"라고 규정하고 있다.

의무 조항

헌법 제2장에는 공민의 권리만 규정되어 있는 것이 아니라, 이와 관련된 의무사항도 함께 규정되어 있다. 헌법 제2장에 규정되어 있는 의무사항에 대한 규정은 다음과 같다.

첫째, 공민의 권리는 무제한적으로 보장되는 것이 아니라, 일정한 한계 내에서 허용된다. 이러한 기본권의 상대성은 국가체제를 불문하고 인정되는 권리의 보편적 특성으로서, 자본주의국가 헌법에서도 일반적으로 인정되고 있다. 현행 헌법 제51조는 "중화인민공화국 공민은 자유와 권리를 행사함에 있어서 국가적 · 사회적 · 집체적 이익과 다른 공민의 합법적인 자유와 권리를 해칠 수 없다"라고 규정하고 있다.

둘째, 공민의 권리는 의무와 불가분의 관계에 있다. 현행 중국헌법 제33조는 "모든 공민은 헌법과 법률이 정한 권리를 가지는 동시에 반드시 헌법과 법률이 정한 의무를 이행하여야 한다"라고 하여, 공민의 권리와 의무의 일체성 원칙을 채택하고 있다.

셋째, 중국헌법은 여러 유형의 공민의 의무를 규정하고 있다. 헌법 제52조는 "중화인민공화국 공민은 국가통일과 전국 각 민족의 단결을 수호할 의무를 갖는다"라고 하여, 국가통일과 각 민족의 단결을 수호할 의무를 규정하고 있다. 헌법 제53조는 "중화인민공화국 공민은 반드시 헌법과 법률을 준수하고 국가비밀을 지키며, 공공재산을 아끼고 노동규율을 준수하며, 공공질서를 준수하고 공중도덕을 존중해야 한다"라고 하여, ① 헌법과 법률의 준수, ② 국가기밀 보호, ③ 공공재산 보호, ④ 노동규율 준수, ⑤ 공공질서 준수, ⑥ 공중도덕 준수의 의무를 규정하고 있다. 헌법 제54조는 "중화인민공화국 공민은 조국의 안전, 영예, 이익을 수호할 의무가 있으며, 조국의 안전, 영예, 이익을 해치는 행위를 해서는 안 된다"라고 하여, 국가안보와 국익에 대한 수호 의무에 관하여 규정하고 있다.

이러한 공민의 의무에 대한 규정은 종교신앙 문제에 있어서도 공통적으로 적용되는 규정이며, 이에 따라 종교신앙의 자유와 관련된 제반 법률조항에 예외 없이 구체적 조문이 명시되어 있다.

2. 종교신앙의 자유 정책

종교신앙의 자유 정책의 의의

중국공산당과 정부에 있어서 '종교신앙의 자유 정책'은 하나의 장기정책으로서, 미래에 종교가 자연적으로 소멸할 때까지 오랫동안 계속해서 관철되고 집행되어야 할 것으로 보고 있다. 현재 중국에서 종교신앙의 자유 정책이라 함은 공산당과 국가가 특정한 역사시기사회주의 시기의 정치적 임무나 경제적 목표를 실현하기 위하여 수립한 것으로, 국가기관의 공무원이나 공산당의 당원이 공민의 종교신앙의 자유를 존중하고 보호하기 위해 취하는 행동준칙을 말한다. 이러한 종교신앙의 자유 정책은 종교의 평등과 종교인의 평등, 정상적인 종교활동의 보호, 각 종교와 종교단체의 평등과 우호, 신앙과 불신앙을 이유로 한 특권과 차별대우의 금지 등을 실현하는 것을 기본적 임무로 삼는다. 이는 "사회주의의 상황 속에서 종교문제를 해결할 유일하고 정확하며 근본적인 방법으로서 종교신앙의 자유를 보장하는 것"이라는 인식에서 비롯된 것이다. 곧 종교가 자연적으로 소멸되도록 하는 일은 단시간이나 한두 세대 안에 이룰 수 없고, 사회주의적 경제·문화·과학기술의 점진적 진보와 사회주의적 물질문명·정치문명·정신문명의 점차적인 발전을 통해서, 종교의 존립근거가 되는 사회적 상황과 인식적 근원이 해소될 때 비로소 가능하게 되므로, 그때까지는 종교신앙의 자유를 보장하고 '정상적인' 종교활동을 장려하는 것이 사회발전에 효과적이라는 것이다.

오늘날 중국의 종교신앙 자유정책의 실질적 내용은 다음과 같다. 첫째, 종교신앙의 문제를 포함하여 인간의 사상과 정신세계에 관련된 문제를 단순히 강제적인 방법으로 처리해서는 안된다. 이런 방법은 효과도 없을뿐 아니라 해로운 결과를 가져올 수 있다. 둘째, 종교신앙의 문제를 공민 개인의 자유로운 선택의 문제가 되게 하고, 공민 개인의 사적인 영역에 두어야 한다.[7] 그리고 종교를 믿는 사람들과 종교를 믿지 않는 사람들 모두를 연합시키고 그들의 의지와 역량을 현대화된 사회주의 강국 건설에 집중시키는 일이, 종교신앙의 자유 정책의 목표인 동시에 제반 종교문제를 처리하는 근본적 출발점이자 지향점이 되어야 한다. 이에 위배되는 말과 행동은 어떠한 것이든 잘못된 것으로 마땅히 당과 인민은 강력히 저지와 반대를 하여야 한다.[8]

현재 중국에서 시행하고 있는 종교신앙의 자유 정책에 대해, 서옥성徐玉成은 그 의의를 대략 네 가지로 정리하고 있다. 첫째, 종교신앙의 자유는 마르크스주의가 종교문제를 다루는 기본적 원칙이다. 중국공산당은 마르크스주의를 근본 지도사상으로 하고 있으므로, 종교신앙의 자유 정책은 곧 중국공산당이 종교문제를 다루는 기본정책이 되어야 한다. 둘째, 중국에는 각종 종교를 믿으면서 사회주의 국가인 중화인민공화국에 대해 애국하고 조국의 통일과 대외관계에 관심을 갖는 1억 이상의 인민이 있다. 이들의 잠재력을 생각할 때 종교신앙의 자유를 억압하는 것은 현실적인 정책이 될 수 없다. 셋째, 사회주의 제도가 건립되고 이에 따라

경제와 문화가 어느 정도 발전하면 종교가 바로 사라지리라는 생각은 잘 못된것이다. 행정명령이나 기타 강제수단을 통하여 종교적 사고와 행동을 일거에 없앨 수 있다는 생각은 문제가 있다. 넷째, 중국 사회주의 사회의 현실을 생각해볼 때, 종교는 중국 사회주의 사회의 성립과 발전에 있어 그 현실적인 존재이유가 있는 것이고, 종교신앙의 자유 정책의 수립과 집행은 바로 여기서 비롯된 것이다.[9] 모택동어록에서도 종교의 소멸은 인류가 계급을 없애고 자연과 사회를 통제하는 능력을 대대적으로 발전시켰을 때 비로소 가능하다고 하였다. 따라서 사회주의 시기에 종교와 관련해서 중국이 취할 유일한 정책은 종교신앙의 자유 정책을 펴는 것이라 할 수 있다.[10]

종교신앙의 자유 정책의 전개

중국공산당은 창당 이래로 마르크스주의를 지도사상으로 삼았기 때문에, 종교문제에 있어서도 처음부터 마르크스주의 종교관을 견지하며 이에 대처해왔다. 당 창설 초기부터 종교문제를 중시하였고, 중화인민공화국 수립 이후에도 수십 년에 걸쳐 긍정적·부정적 경험을 축적해왔다. 오늘날 중국의 종교신앙의 자유에 대한 기본관점과 정책은 이러한 바탕 위에서 수립된 것이다.[11]

중국공산당은 1923년부터 1926년 사이에 여러 차례 결의안을 공포하여 첫째, 종교문제는 각별히 신중하게 대할 것, 둘째, 공산당원에게 고의적으로 신도들과 충돌하지 말 것, 셋째, 혁명활동에 있어서 당파, 종교 그리고 계급에 구애받지 말 것을 강조하였다. 이어 1931년의 중화소비에트 헌법대강[12]과 1941년의 합강영주변지역시정강령陝甘寧邊周地域施政綱領[13]에서도 종교신앙의 자유를 보장하였다. 특히 1945년 모택동은 「연합정부를 논함」에서 "종교신앙의 자유의 원칙에 따라 중국 해방구는 종교의 각 계파들의 존재를 허용한다. 기독교든 천주교든 이슬람교든 불교든 그 밖의 다른 종교든 상관없이 신도들이 인민정부 법률을 따르기만 하면 인민정부는 보호해준다. 종교를 믿는 사람이든 믿지 않는 사람이든 모두 그들의 자유가 있으니 강압적으로 대하거나 무시하면 안된다"라고 하였다. 그리고 "인민의 언론 · 출판 · 집회 · 결사 · 사상 · 신앙과 신체에 관한 자유는 가장 중요한 자유이고, 중국 안에서는 오직 해방구解放區에서만 완전히 실현될 수 있다"라고 하였다.

 1949년 9월의 임시헌법인 공동강령[14]과 최초의 정식헌법인 1954년 헌법도 종교신앙의 자유를 보장하였다. 그리고 1952년 모택동은 "공산당은 종교에 관해 보호정책을 펴고, 신도이든 신도가 아니든, 이 종교를 믿든 저 종교를 믿든 일률적으로 보호하며, 그 믿음을 존중한다. 현재뿐만 아니라 미래에도 종교에 관해 보호정책을 펼 것이다"라고 하였다.[15] 그러나 1957년 이후 좌파 노선이 득세하여 무신론을 유일한 가치로 인정하고 종교를 곧바로 박멸해야 할 악으로 규정하면서부터, 종교에 대한 중국정부의 정책은 보호정책에서 탄압정책으로 선회하였다. 이러한 현상은 1960년대에 이르러 더욱 심해졌으며, 특히 십 년에 걸친 문화대혁명 기간 동안에는 종교 탄압이 극에 달하였고 그 결과 종교계가 심각한 타격을 받게 되었다.

 문화대혁명이 종식되고 등소평이 실권을 잡아 개혁개방정책을 추진하면서 중국의 종교정책은 이전의 정책 곧 신앙의 자유를 인정하고 종교를 보호하는 정책으로 다시 회귀하였다. 이러한 정책 전환은 1978년 중국공산당 제11기 3중전회에서 처음 공표되었고, 이후 1982년 중국공산당에서 발표한 '중앙당 19호 문건'을 통해 공식규정으로 자리 잡았다. '당 중앙 19호 문건'은 "종교신앙의 자유를 존중하고 보호하는 것은 종교문제에 대한 당의 기본정책이다. 이것은 미래에 종교가 자연적으로 사라질 때까지 집행해야 하는 장기적인 정책이다"라고 규정하고 있다. 그리고 1991년 중국공산당 제11기 6중전회에서 통과된 '중앙당 6호 문건'에서는 "종교신앙의 자유 정책을 전면적이고 철저하게 집행하고, 법에 의하여 종교사무를 관리하고, 공식적인 정부기구로 종교업무를 담당할 부서를 세울 것"을 명시하여 이를 보완하였다. 이런 정책기조는 최고지도자들의 발언을 통해서도 확인할 수 있다. 일례로, 1991년 1월 30일 국가주석 강택민은 종교계 지도자들을 만난 자리에서 "우리 당의 종교신앙 자유의 정책은 안전성과 연속성을 반드시 유지해야 한다. 이것은 절대 바뀔 수 있는 것이 아니다. 지난 40년에 걸친 긍정적이기도 하고 부정적이기도 한 경험이 이를 증명한다. 이 정책은 옳은 것이다. 이 정책을 제대로 관철한다면, 민족단결, 국가와 사회의 안정, 사회주의 건설에 도움이 될 것이다. 그렇지 않으면 더 많은 방면에서 역효과가 나타날 것이다. 문화대혁명 기간 십 년은 이 점에서 인상적이고도 뼈아픈 교훈을 남겨주었다. 우리는 더 이상 그러한 역사적 과오를 범해서는 안 된다. 이 점에 관해 우리 당과 정부는 전체 당원과 정부의 공직자들을 교육시켜야 하고, 각 종교단체 또한 신도들에게 이러한 내용을 알려서 모두가 안심할 수 있게 해야 한다"라고 하였다.

3. 종교신앙의 자유의 본질

보장 근거

중국의 헌법은 마르크스-레닌주의 종교론을 전제로 하여 종교신앙의 자유를 논하고 있다. 마르크스-레닌주의 종교론에 따르면, 종교는 본질상 비과학적이며 관념론적인 사회이데올로기로서 마르크스-레닌주의의 유물론적 세계관과 대립한다. 착취적인 계급사회에서 지배계급은 종교를 이용하여 광대한 인민대중에게 경제적 착취와 정신적 억압을 행하고, 또 종교를 인민의 반항을 진압하는 도구로 사용한다. 종교는 인간의 사상을 속박하고 인민에게 마취를 가하는 정신적 아편이다. 따라서 프롤레타리아 정당은 종교에 대하여 중립적 태도를 취해야 하고, 종교가 확대·발전하도록 해서는 안된다. 이러한 마르크스-레닌주의의 종교론은, 사회주의체제를 표방하는 중국에서 그동안 종교를 이해하는 기본적인 관점으로 받아들여져 왔다. 1990년대 이래 마르크스의 아편론이 후퇴하고 엥겔스의 반영론이 전면으로 부상하였고, 또 최근에는 종교의 본질에 관한 새로운 학설이 등장하기도 하였지만, 체제적 차원에서 종교를 기본적으로 부정하는 것은 변함이 없다고 할 수 있다.

이와 같은 종교에 대한 부정적인 인식에도 불구하고, 중국헌법이 종교신앙의 자유를 보장하고 종교를 보호하는 이유는 무엇인가? 즉 종교를 믿지 않는 마르크스주의자가 사회주의 헌법을 제정하면서 그 속에 종교신앙의 자유를 보장하는 규정을 명시한 명분은 무엇인가? 중국공산당과 정부에서는 이 문제와 관련하여 다음 몇 가지로 그 이유를 제시하고 있다.

첫째, 마르크스주의가 근본적으로 실제로부터 출발하고 객관법칙을 존중하며, 그에 따라 일을 처리하기 때문이다.[16] 사회주의의 시기에도 아직 종교를 신앙하는 사람들이 있고, 이것은 무시할 수 없는 객관적 사실이기 때문에, 헌법은 이러한 사실을 존중하지 않으면 안된다. 다시 말해 종교가 존재하고 이를 신앙하는 사람이 존재하는 한, 확실하게 종교신앙의 자유를 보장하는 정책을 실행하여야 한다. 중국공산당의 입장에서 볼 때, 사회주의 조건 하에서 착취제도와 착취계급이 소멸하여 종교의 존립 근거인 계급적 근원이 근본적으로 해소되어도 현실적으로 종교는 존재하는데, 그 이유로는 3가지를 들 수가 있다. ① 사회주의 하에서도 구사회로부터 전래된 구사상과 관습이 단기간 내에 철저하게 제거될 수 없기 때문이다. ② 사회적 생산력의 향상과 문화·과학·기술의 발달에도 불구하고, 단기간 내에 물질적 풍족함을 이루기가 어렵고, 통제할 수 없는 천재天災나 인재人災로 인한 갖가지 어려움이 여전히 존재하기 때문이다.

③ 내부적으로 일정한 범위의 계급투쟁의 필요성이 여전히 존재하고 또 외부적으로도 복잡한 국제환경이 존재함으로 인해, 사회주의 사회의 일부 사람들에게는 종교의 영향이 불가피하게 장기적으로 지속되기 때문이다.[17]

둘째, 종교신앙의 문제는 사상과 정신의 영역에 속하는 문제이며, 또 인권과 관계되는 문제이기 때문이다. 사상과 정신의 영역에 속하는 문제를 강제수단으로 제한하거나 금지하는 것은 효과가 없고, 경우에 따라서는 오히려 해로운 결과를 초래할 수도 있다. 토마스 제퍼슨의 '버지니아 종교자유법안'이 전파되면서, 서구 자본주의국가들은 종교신앙의 자유를 정신적 인격권으로 어떤 외부권력에 의해서도 저지당하거나 간섭받을 수 없는 권리임을 강조하고 있다. 그리고 종교신앙의 자유는 유엔헌장, 세계인권선언, 아동권리협약, 국제인권규약 등이 보장함으로써, 국제사회가 공인하고 보편적으로 존중하는 인격보장의 원칙이 되었다. 사회주의 국가에서 법률의 주요 기능은 사람들의 행위를 조절하고 구속하는 것이지 사람들의 사상과 정신의 영역에 속하는 종교신앙까지 제한하고 구속하는 것이 아니다. 따라서 법적 수단을 통해 강제로 어떤 종교를 지지하고 어떤 종교는 금지한다거나, 혹은 모든 종교를 제한하는 것은, 의법치국으로 사회주의 법치국가를 건설한다는 헌법의 원칙에 어긋날 뿐 아니라, 국가는 인권을 존중하고 보호한다는 헌법의 정신과도 서로 용납되지 않는다.

셋째, 종교를 믿는 이들과 종교를 믿지 않는 이들 사이에 존재하는 사상 및 신앙에서의 차이가 이들 사이에 존재하는 정치 · 경제에 있어서의 이해관계의 근본적인 일치에 비해 부차적인 것이기 때문이다. 그러므로 사람들 사이의 신앙상의 차이를 인정하고 국민 전체를 결집하여 현대화된 사회주의 강국을 건설하기 위하여 공동으로 노력하도록 하는 것은 사회주의 시기 당과 국가의 기본임무에 속하는 일이다. 따라서 사회주의 법률은, 종교신앙의 자유와 권리를 공민 개인의 사적인 일로 간주하여 어떤 국가기관이나 사회단체, 개인의 간섭도 허용하지 않으며, 국가는 공민의 종교신앙의 자유를 보호하도록 규정한다. 다시 말해 종교신앙의 자유를 확인하고 보장하는 것은 사회주의 법제의 기본요구라고 보고 있다.[18]

법적 성질

중국헌법에 있어서 종교신앙의 자유는 소극성, 과도기성 그리고 정책성이라는 특수한 성질을 가진다. 중국공산당과 정부에서는 이를 다음과 같이 설명하고 있다.

첫째, 종교의 가치를 적극적으로 인정하거나 혹은 가치중립적으로 종교신앙의 자유를 인정하는 것이 아니라, 객관적 필요에 따라 단지 소극적으로 인정할 뿐이다. 이 소극성은 그 밖의 여러 권리, 예컨대 언론·출판·집회 등의 자유 등에는 적용되지 않는 특수한 성질에 속한다.

둘째, 사회주의 이론상 종교는 필연적으로 생성·발전·소멸의 과정을 거치게 되므로 종교신앙의 자유는 장래에 종교가 자연 소멸할 때까지만 존속하게 된다. 이 과도기성 또한 종교신앙의 자유가 갖는 특수한 성질이라 할 수 있다.

셋째, 사회주의 중국에서 종교신앙의 자유를 보장하는 것은 사회주의 강국의 건설이라는 당과 국가의 특정 정책적 목표를 달성하기 위해서이다. 다시 말해 종교신앙의 자유를 보장하는 이유는, 그 자체에 목적이 있는 것이 아니라 정책적 필요성에 의한 것이다. 정책성 또한 종교신앙의 자유가 갖는 특수한 성질이라 할 수 있으며, 그 구체적 목표는 종교신자와의 갈등·알력을 피하고, 신자 및 종교계 인사와 단결하여 그들의 적극적 참여를 끌어내며, 신자와 비신자의 연합을 촉진함으로써, 다 함께 사회주의 강국을 건설해 나가는 것이다.

4. 종교신앙의 자유의 주체

공민

중국헌법 제36조는 "중화인민공화국 공민은 종교신앙의 자유를 가진다"라고 하여, 종교신앙 자유의 주체를 공민으로 규정하고 있다. 공민은 중화인민공화국의 국적을 보유하고 있는 사람[19]으로서, 헌법과 법률이 정하는 권리를 향유하고 의무를 지는 지위에 있다.[20] 공민은 곧 자연인으로 법인에 상대되는 개념이다. 중국에서 공민이라는 용어는 1953년 선거법에서 처음 사용되었다. 외국인과 무국적자는 중국공민의 자격이 없으므로, 공법상 선거권과 피선거권 등 정치적 기본권의 주체는 될 수 없으나, 민사상 권리의 주체는 될 수 있다. 민법통칙 제2조는 별도의 법률규정이 있는 경우를 제외하고, 민법통칙의 공민에 관한 규정은 중국 국내에 체류하는 외국인과 무국적자에게도 적용된다고 규정하고 있다.

종교사무조례는 "국가는 법에 의해 정상적인 종교활동을 보호하고 종교를 믿는 공민의 합법적 권익을 보호한다. 종교를 믿는 공민은 마땅히 헌법·법률·법규·규장規章을 준수하여야 하며, 국가의 통일과 민족의 단결과 사회의 안정을 수호하여야 한다. 어떤 조직이나 개인도 종교를 이용하여 사회질서를 파괴하거나 공민의 신체건강을 해치거나 국가교육제도를 방해하는 활동을 해서는 안되며, 종교를 이용해서 국가의 이익이나 사회의 공공이익, 그리고 공민의 합법적 권익을 해치는 활동을 해서도 안된다"라고 규정하고 있다제3조.

이처럼 중국의 종교법 및 종교정책은, 공민을 종교신앙 자유의 주체로 인정하고, 공민이 종교신앙 자유의 주체로서 법에 보장된 권리를 누리는 동시에 법에 규정된 의무를 다하도록 하는 데에 주안점을 두고 있다. 따라서 각 종교의 신자들은 자신이 해당 종교의 신자이기 이전에 한 사람의 중화인민공화국 공민임을 자각할 것이 요구된다. 이것이 곧 공민의식이다. 구체적으로 말하면 공민의식은 공민으로서 갖는 헌법과 법률에 관한 의식, 그리고 권리와 의무에 관한 의식을 뜻한다. 공민의식의 핵심을 이루는 것은 법률의식과 권리의식이다.[21] 따라서 누구나 공민으로서 헌법과 법률이 부여한 권리를 적극적으로 향유할 것이 권장된다. 그러나 공민은 이와 함께 헌법과 법률이 규정한 의무 또한 이행하여야 한다. 이에 따라 공민은 종교를 신앙한다는 것을 이유로 헌법과 법률이 인정하는 공민의 권리를 박탈당하지 않지만, 또한 마땅히 부담하여야 할 공민의 의무를 면제받지도 아니하는 것으로 규정된다.[22]

공민의 유사 개념: 인민, 거민, 화교

공민과 유사하면서도 법률적 지위에 있어서 약간의 차이를 가지는 개념으로 인민, 거민, 국외거주화교 등이 있다. 이 가운데 인민은 그 의미에 있어서 공민과 가장 가까운 개념이다. 공민이 주로 법률적 맥락에서 사용되는 데에 비해 인민은 주로 정치적 맥락에서 사용되는 차이가 있다. 사회주의 국가의 헌법은 일반적으로 인민주권의 원칙을 채택한다.[23] 그리고 그 일반적인 형식은 "국가의 모든 권력은 인민에 속해 있다"는 형태를 띤다. 중국헌법에는 이것이 "중화인민공화국의 일체 권력은 인민에 속한다"제2조라는 문장으로 표현되어 있다. 이처럼 인민이라는 말은 무엇보다도 국가의 주인을 지칭하는 정치적 개념의 용어로 사용된다. 다음으로 인민은 사회주의 중국 성립 이전 사회의 피지배계급 전반과 중국공산당이 정치적인 투쟁과정을 거치는 동안 여기에 참여하거나 동조한 세력을 통칭하는 말로 사용된다. 헌법 서언의 "중국 각 민족의 인민은 공동으로 빛나는 문화를 창조하였고, 영광스러운 혁명전통을 지니게 되었다"라는 말에서 그 예를 찾아볼 수 있다. 또 그 범위로 볼 때, 공민이 인민보다 광범위하여 인민은 공민 속에 포함되고, 공민 중에서 인민이 아닌 자는 적으로 간주된다.[24] 그리고 용례로 보면, 공민은 주로 개인의 의미로, 인민은 전체의 의미로 사용된다.[25] 이처럼 인민이라는 용어가 정치적 맥락에서 국가의 주권자 또는 혁명전통의 수호자라는 개념으로 주로 사용되는 까닭에, 종교 관련의 구체적 법률 내지 정책 조항에는 인민이라는 말이 사용된 경우가 거의 없고, 대체로 공민이라는 용어가 사용되고 있다.

공민과 비슷하지만 구별되는 또 다른 개념으로 거민이 있는데, 이것은 우리의 주민住民에 가까운 개념이다. 국무원은 1984년 4월 6일 '중화인민공화국거민신분증시행조례'를 공포·시행하였다. 그리고 2003년 6월 28일 제10기 전인대 상무위원회 제3차 회의에서는 '중화인민공화국거민신분증법'이 제정되었다. 이처럼 거민이라는 용어는 주로 거주 및 신분증명의 문제와 관련되어 사용되고 있는데, 홍콩과 마카오의 경우에는 특별히 종교신앙의 자유의 주체로서 거민이 언급되고 있다. 예를 들어 1990년 4월 제정된 '중화인민공화국홍콩특별행정구기본법'약칭 홍콩기본법 제32조는 "홍콩거민은 신앙의 자유를 가진다. 홍콩거민은 종교신앙의 자유를 가지며, 공개적인 선교와 종교활동의 거행과 참가의 자유를 가진다"라고 규정하고 있다.

이 밖에, 공민으로 취급되면서도 법적 지위에서는 일반적 공민과 구별되는 특수한 공민으로 국외거주화교가 있다. 개혁개방 이후 국외거주화교들의 중국 왕래가 늘어남에 따라 이들에 대한 법률 차원의 규정을 마련할 필요성이 대두되었고, 그 결과 관련 조항이 정비되었다. 화교 관련 법령 중 가장 상위법은 헌법 제50조인데, 이 조항은 공민의 기본권리와 의무를 규정하고 있는 헌법 제2장에 속하는 조항이다. 여기서 화교가 중국헌법에서 기본적으로 공민으로 취급되고 있으며, 별도의 규정을 통해 법적으로 특별히 보호되고 있음을 알 수 있다.[26] 화교로 국외에 거주하는 중국 공민이 중국 국내에서 종교활동을 할 경우에는 '중화인민공화국경내외국인종교활동관리규정'에 따라야 한다. 그들은 중국 국내에서 종교신앙과 정상적인 종교활동의 참가에 대해 마땅히 존중과 보호를 받아야 한다. 동시에 그들은 종교활동을 행할 때 중국의 관련 법률과 법규를 따라야 하는 것으로 규정되고 있다.[27]

특수공민

현재 중국에는 제도상 종교신앙의 자유에 있어 제한을 받는 특정한 공민들이 있다. 공무원, 공산당원, 군인, 그리고 아동 및 청소년이 그들이다. 이들 모두 종교신앙의 자유에 일정한 제한을 받지만, 그 제한되는 내용과 범위는 각각 다르다.

첫째, 공무원의 경우 개인적인 종교활동은 가능하지만 종교단체의 보직을 맡을 수는 없다. 중국헌법에 따르면 국가의 주인은 인민이고, 국가기관의 모든 업무인원 즉 공무원은 인민의 공복이다. 중국에서 공무원이란 각급 국가 행정기관에서 법에 의해 국가의 행정권력을 행사하며 국가의 공적 업무를 담당하는 사람을 말한다.[28] 공무원은 국가를 대표해 직권을 행사하고 국가행정기관의 수많은 중요한 사무를 처리하며 국가행정을 관리하는 직무를 맡기 때문에 그 지위와 권한이 대단히 중요한 것으로 인정된다. 헌법 제27조는 "일체의 국가기관과 국가공무원은 반드시 인민의 지지를 받고, 인민과 긴밀한 관계를 항상 유지하도록 하며, 인민의 의견과 건의를 경청하고, 인민의 감독을 받으며, 인민에게 봉사하기 위하여 노력한다"라고 규정하고 있다. 중국에서 종교를 믿는 것은 개인의 자유이기 때문에, 어떤 종교를 믿는 공무원이 재직 기간 동안 개인의 신분으로 종교시설에 가서 종교활동을 하는 것은 가능하다. 이처럼 공무원이 개인적으로 종교를 믿는 것은 허용되지만, 공무원의 신분으로 종교단체나 종교시설의 간부로 일하는 것은 허용되지 않는다. 그러나 국가공무원이 정년의 도래나 사직 등의 사유로 공무원의 신분을 더 이상 유지하지 않을 때에는, 해당 종교단체의 규장規章이 규정한 조건을 충족하고 또 적법한 절차를 거쳤다면 종교단체와 종교시설의 책임자가 되는 것도

가능하다.

둘째, 공산당원과 군인은 무신론자여야 하며 종교신앙의 자유가 허용되지 않는다. 만 18세 이상의 노동자·농민·군인·지식인 및 기타 사회계층에 속하는 선진분자로서, 당의 강령과 규약을 준수하고, 당의 조직에 참가하여 열정적으로 일하고, 당의 결정에 따르고, 정기적으로 당비를 납부하려는 자는 중국공산당에 가입을 신청할 수 있다_{장정 제1조[29]}. 공산당원은 원칙적으로 유물론자요 무신론자여야 하기 때문에,[30] 공식적으로 그 어떤 종교에도 소속되는 것이 허용되지 않는다.[31] 공산당은 종교신앙의 자유 정책을 선포하고 실행하고 있지만, 그렇다고 공산당원이 종교를 자유롭게 신봉할 수 있는 것은 아니다. 정부가 종교자유 정책을 실시한다고 선포한 것은 일반 공민에게 해당한다. 소수민족으로서 공산당원인 사람 중에 종교감정을 완전히 버리지 못하는 자, 종교를 신봉하는 데 그치지 않고 열광적으로 참여하여 이를 선동하는 자, 심지어 종교에 빠져 당의 방침이나 정책에 반대하는 자들이 있어 이들에 대한 처리문제가 제기되는 경우가 있다. 이 경우 공산당은 당연히 이러한 자를 용납하지 않는다. 이들에 대해 비판과 교육을 하고, 경우에 따라서는 당에서 축출하는 조치를 취한다.[32] 이처럼 공산당원이 종교신앙에 대해 엄격한 규제를 받고 있는 것에 비해, 군인의 경우에는 무신론을 대변해야 한다는 정도의 소극적 규제만 받는다.

셋째, 아동 및 청소년의 경우 종교신앙의 자유가 완전히 허용되지만, 이들은 무신론 교육의 대상으로 다루어지고 이들에 대한 강제적 종교교육이 금지된다. 중국헌법 제36조에서 규정하고 있는 중화인민공화국 공민이란 중화인민공화국 국적을 가진 사람이며, 공민의 권리는 공민이 출생했을 때부터 누리기 시작하며 사망하면 자연적으로 소멸된다. 따라서 공민은 출생으로 시작해 죽음으로 끝날 때까지 모두 종교를 믿거나 믿지 않을 권리를 갖는다. 그러므로 아동과 청소년이 종교를 믿거나 믿지 않는 것은 헌법과 법률의 보호를 받는다. 동시에 중국은 1990년 8월 29일 유엔이 제정한 아동권리협약의 가입에 서명하였고, 1991년 12월 29일 전인대 상임위원회가 본 협약의 가입을 비준하였으며, 1992년 3월 1일 이 협약이 발효되었다. 따라서 아동이 종교를 믿는 행위는 유엔 아동권리협약의 보호도 받는다고 할 수 있다.[33] 그러나 18세 이하의 청소년에게 입교入教나 출가出家, 불사佛寺로 가서 불경을 배우는 것을 강제하는 행위는 허용되지 않는다.[34] 중국에서 아동 및 청소년과 관련하여 특별히 문제되는 것은 무신론 교육이다. "청소년과 아동들에게 유물론과 무신론을 교육시키는 것은 매우 필요한 일이지만, 어떻게 그 교육을 진행할 것인가, 무슨 내용을 가르칠 것인가는 신중히 대처하여야 한다. 청소년과 아동들에게 유물론과 무신론을 교육시키는 기본원칙 세 가지가 있다. 첫째, 인위적으로 사상이나 신앙의 차이를 확대해서 편파적으로 가르쳐서는 안된다. 곧 유신론 대 무신론의 논쟁을 유발하여 분열을 조장함으로써, 전체 인민이 일치단결하여 조국을 발전시키는 일에 해로운 영향을 끼쳐서는 안된다. 둘째, 유물론과 무신론의 교육은 헌법과 법률이 보장한 공민의 종교신앙의 자유를 위반하지 않고, 중국이 가입한 유엔의 '아동권리협약'과 당의 종교정책을 위반하지 않으며, 각 민족의 종교를 믿는 군중이 지닌 종교감정을 자극하지 않는 것을 전제로 한다. 셋째, 청소년에게 유물론과 무신론을 교육시키는 것은 종교학의 일반이론과 종교 관련 법률·법규·정책을 중립적 언어로써 객관적으로 소개하여야 한다."[35]

외국인

중국헌법 제32조는 "중화인민공화국은 중국 영토 내에서 외국인의 합법적인 권리와 이익을 보호한다. 중화인민공화국은 정치적 원인으로 피난을 요청하는 외국인에 대하여 비호권을 부여할 수 있다"라고 하여 외국인의 헌법적 보호에 관하여 규정하고 있다. 국무원은 1994년 1월 31일 중국 국내에 체류하고 있는 외국인들의 종교활동과 문화적 · 학술적 교류를 관리할 목적으로 '중화인민공화국외국인종교활동관리규정'을 제정하였다. 동 관리규정 제2조는 "중화인민공화국은 중국 국내에 있는 외국인의 종교신앙의 자유를 존중하고, 외국인이 종교적인 측면에서 중국 종교계와 우호적으로 왕래하는 것과 문화 · 학술 교류활동을 하는 것을 보호한다"라고 규정하고 있다. 그러나 외국인은 종교활동에 있어 법률상 중국 공민에 비해 권리는 제한적이면서 규제는 많은, 차별적 대우를 받고 있다. 구체적 차별 내용으로는, 외국인이라도 중국 국내에서의 종교활동에 대해 자국법이 아닌 중국법의 적용을 받으며, 종교단체나 종교학교를 설립할 수 없고, 선교활동을 해서는 안된다는 규정 등을 들 수 있다. 헌법 제32조는 외국인의 법률준수 의무에 관하여 "중국영토 내의 외국인은 중화인민공화국의 법률을 준수하여야 한다"라고 규정하고 있으며, '중화인민공화국외국인종교활동관리규정' 제8조는 "외국인이 중국 국내에서 종교활동을 할 경우에는 반드시 중국의 법률과 법규를 준수하여야 한다. 외국인은 중국 국내에서 종교조직, 종교사무기구, 종교활동 장소를 설립할 수 없고 또 종교학교를 설립하여 운영할 수 없다. 외국인은 중국 공민 가운데 신자를 늘리거나, 성직자를 임명하거나 기타 선교 활동을 해서는 안된다"라고 규정하고 있다.

5. 종교신앙의 자유의 보장 내용

종교신앙의 자유를 규정한 헌법 제36조에 대하여 초기에는 내면적 신앙의 자유를 중심으로 해석하는 것이 일반적이었다. 그러나 오늘날의 일반적 견해는 종교신앙의 자유를 하나의 권리체계로 이해하여, 여기에 내면적 신앙의 자유와 외형적 종교의 자유까지 포함되는 것으로 해석한다. 그리고 종교신앙의 자유를 실현하기 위한 원칙으로서 국가권력과 종교의 분리, 교육과 종교의 분리, 정치와 법률에서의 종교와 무종교에 대한 평등을 동시에 규정하고 있는 것으로 해석한다.

종교신앙의 자유

신앙의 자유

헌법 제36조는 "중화인민공화국의 공민은 종교신앙의 자유를 가진다. 어떠한 국가기관, 사회단체와 개인도 공민에게 종교를 신앙하거나 신앙하지 않도록 강요할 수 없다"고 규정하고 있다. 이것은 종교문제에 관해서는 본인의 의사를 핵심으로 삼고 있다는 것과 모든 국가기관, 사회단체 혹은 개인은 공민의 종교신앙에 개입해서는 안된다는 의무소극적 의무를 진다는 것을 의미한다. 이처럼, 헌법이 보장하고 있는 종교신앙의 자유 가운데 가장 기본적인 것은 신앙의 자유라 할 수 있다. 신앙은 어떠한 특정 종교를 믿는 사람들이 그들이 믿는 신성한 대상특정한 교리나 교의 등을 포함을 숭배함으로써 생기는 확고한 신념과 몸과 마음을 다한 귀의를 말한다. 이러한 신념과 귀의는 특정한 종교의식과 종교활동 중에 표현되고 실천되며, 세속사회에서 자신의 행위를 규범화하는 데 사용된다. 이것은 일종의 특수형태의 사회의식에 속하고, 인류가 생명가치를 추구하고 마지막까지 관심을 갖는 보편적 문화현상이다.[36]

중국헌법이 보장하고 있는 신앙의 자유는, 종교를 신앙할 자유와 종교를 신앙하지 않을 자유, 어떤 종류의 종교를 신앙할 자유와 어떤 종류의 종교를 신앙하지 않을 자유, 같은 종교 중에서도 어떤 교파를 신앙할 자유, 과거에는 종교를 신앙하였으나 현재는 신앙하지 않을 자유, 과거에는 종교를 신앙하지 않았으나 현재는 신앙할 자유를 모두 포괄한다. 곧 중국헌법은 사람들이 종교를 믿을 자유를 보장하는 것을 강조하는 동시에 사람들이 종교를 믿지 않을 자유를 보장하는 것 역시 강조한다. 어떤 식이든 종교를 믿지 않는 사람에게 종교를 믿도록 강제하는 행위는 종교를 믿는 사람에게 종교를 믿지 않도록 강제하는 것과 마찬가지이며, 이 또한 개인의 신앙의 자유를 침범하는 것으로서 절대 용인되어서는 안된다는 것이다.[37]

신앙의 유무와 종교 간 교리의 차이는 필연적으로 사람들의 행동과 관념에 차이가 있게 한다. 종교들이 조화롭게 서로 어울려 지내지 못하는 환경에서는, 서로의 이해관계로 인해 충돌이 일어나기 쉽고, 종교 간에 감정적 대립 또는 적대적인 행동을 일으킬 여지가 많다. 오늘날 여러 지역에서, 그리고 여러 나라에서 종교 간의 갈등과 충돌이 일어나고 있다. 다종교국가에서 종교 간의 충돌로 인해 일어나는 폭력사건과 비극을 예방하는 것은 국가의 중요한 책무에 속한다. 그러나 다종교국가에서 종교갈등을 최소화하고 사회를 조화롭게 유지하기 위해서는, 종교인들이 다른 종교를 존중하고 서로 반목하지 않는 것이 무엇보다도 중요하다. 사회주의 국가인 중국의 경우에는 무신론이 종교와 대등한 위상을 가지는 특수한 사정으로 인해, 종교가 있는 사람과 종교가 없는 사람 사이의 상호존중과 공존 또한 중요한 문제가 된다. 따라서 중국의 종교법에는 종교인과 무신론자 사이, 그리고 종교인과 종교인 사이의 상호존중이, 신앙의 자유를 보장하기 위해 반드시 지켜져야 할 원칙으로 규정되어 있다. 여기서 상호존중은 다른 종교의 종교행위에 대하여 긍정 혹은 부정적인 가치판단을 하지 않고, 다른 종교의 교리에 대하여 우월함을 주장하지 않으며, 종교의 차이로 인한 생활방식이나 풍속을 서로 배척하지 않는 것을 의미한다.[38] 또 중국의 종교법은 종교 영역에 대한 대중매체의 영향력에 주목하여, 대중매체가 종교 간의 갈등을 부추기기지 못하도록 하는 규정을 담고 있다. 곧 종교사무조례 제7조는 "종교내용을 포함한 출판물은, 첫째, 종교가 있는 공민과 종교가 없는 공민의 화목한 관계에 해를 끼치는 내용, 둘째, 각 종교 간에 이해관계 혹은 각 종교조직 내부의 이해관계에 해를 끼치는 내용을 포함해서는 안된다"고 규정하고 있다.

종교활동의 자유

종교활동은 개개인의 신앙이나 종교적 관습에 따라 거행하는 각종 종교의식, 종교단체나 종교활동장소에서 이루어지는 각종 종교의례 및 종교적 활동, 종교적 업무와 관련된 성직자들의 각종 활동을 의미한다. 중국의 종교법에는, 종교신자가 종교적 관습에 따라 종교활동장소나 자기 집에서 행하는 모든 정상적인 종교활동, 예컨대 예불, 송경, 분향, 예배, 기도, 강경講經, 강도講道, 미사, 세례, 수계受戒, 봉재封齋(이슬람교의 라마단 금식이나 천주교의 사순절 금식 같은 재계 행위), 종교 절기를 지키는 것, 종부성사, 추모 등의 행위는 법률의 보호를 받으며 누구도 간섭할 수 없는 것으로 규정하고 있다. 각 종교는 필요에 따라 종교학교를 운영하여 종교인재를 양성할 수 있고, 종교간행물과 종교경전을 출판할 수 있으며, 종교문화를 선양할 수 있다. 또 외국인은 중국 종교인의 초청에 응해 세례와 혼례, 상례, 법회 등의 종교의식을 거행할 수 있다. 그러나 중국의 종교법은 모든 종교활동을 보장하는 것이 아니라, '정상적인 종교활동'만을 보장한다. 정상적인 종교활동을 보장한다는 것은, 종교의 이름을 빌린 모든 범법행위와 반정부·반체제활동, 그리고 종교 범주에 속하지 않으면서 국가와 인민을 해치는 각종 미신활동 등은 허용하지 않는다는 것을 의미한다. 다시 말해 종교의 이름 아래 저질러지는 반체제 범죄와 기타 형사범죄에 대해서는 반드시 법에 따라 엄격히 제재하며, 이는 종교활동의 자유와는 무관하다는 것이다.

선교의 자유

선교는 중국정부 문건에서는 종교선전으로 표현되며 종교에 따라 포교, 포덕, 선교 등의 용어로 불리기도 한다. 오늘날 중국에서 선교의 자유는 원칙적으로 인정되지 않는다. 이는 불신앙의 자유, 무신론의 자유와 관련된 문제이다. 중국헌법 제36조는 종교를 믿을 자유와 믿지 않을 자유를 함께 규정하고 있다. 곧 "어떠한 국가기관, 사회단체, 개인도 공민의 종교를 믿거나 믿지 못하도록 강요할 수 없으며, 종교를 믿는 공민과 믿지 않는 공민을 차별할 수 없다". 1982년의 중국공산당 중앙 19호 문건도 "어떠한 사람도 종교장소 이외의 장소에서 유신론을 선전할 수 없다. 정부의 허락을 받지 않고는 어떠한 종교 전단도 배포할 수 없으며, 정부기관의 허가를 거치지 않고 출판·발행한 종교서적 또한 배포할 수 없다. 어떠한 사람에게도 종교를 강요할 수 없으며, 특히 18세 이하의 어린이를 입교시킬 수 없다"라고 하여, 선교를 금지하고 있다. 특히 외국인의 중국내 선교는 엄격히 금지된다.

중국은 한편으로 통일전선전술에 따라 종교집단을 체제 속에 편입시키려고 시도하면서, 다른 한편으로 무신론과 반종교선전을 통해 종교 지형을 장기적으로 축소시키고, 사회주의 이데올로기의 정치학습을 통하여 종국에는 종교를 소멸시키고자 하는 전략을 채택하고 있다. 이러한 이중성이 중국 종교정책의 원칙이다.[39] 다시 말해 공산당은 종교집단을 사회주의 건설을 위한 동반자로 간주하는 동시에 바로 그 종교집단을 사회주의적으로 개조하여 당과 정부를 지지하는 세력으로 변화시키고자 한다. 사회에 대한 종교의 영향력 축소 방침과 관련하여 공산당이 특히 강조하는 것은 청소년에 대한 무신론 교육이다. 중국공산당 중앙은 대중에게 특히 청소년에게 무신론을 포함하여 변증유물론과 역사유물론의 과학적 세계관을 교육하는 것이야말로 당의 중요한 임무 중 하나라고 지적한다. 그러나 이런 교육은 조심스럽게 진행되어야 할 성질의 것으로 간주된다. 곧 종교집단은 적이 아니라 함께 사회주의를 건설해나가야 할 동반자이므로, 이들을 포용해야지 자극해서는 안된다는 것이다. 따라서 간행물에 공개적으로 발표하는 종교 관련 글은 신중한 태도를 취해야

하며, 현행 종교정책을 위반해 종교를 믿는 대중의 종교감정을 해쳐서는 안되는 것으로 되어 있다.[40]

종교신앙의 차별금지

중국헌법에 의하면, 중국 공민의 평등권은 신앙의 유무에 영향을 받거나, 종교를 이유로 차별받아서는 안된다. 공민은 종교를 믿거나 믿지 않는 이유로 어떤 특권을 누리거나 차별대우를 받을 수 없다. 종교를 믿거나 믿지 않는 군중은 모두 정치적으로 평등하며 법률적으로 동등한 권리를 누리고 동등한 의무를 진다. 이와 같은 헌법정신에 따라 중국의 불교 · 도교 · 이슬람교 · 천주교 · 기독교 등 주요 종교는 서로 평등하며, 지배적 지위를 차지하는 종교는 없는 것으로 간주된다. 따라서 정부는 각종 종교에 대해 '일시동인一視同仁'과 '일률평등一律不等'으로 대하여야 하고 차별대우를 해서는 안되는 것으로 규정된다. 그러나 사회생활에 있어 특이한 생활방식이나 사회풍습을 가지고 있는 종교신도에 대한 편견 혹은 차별은 여전히 존재한다.[41] 이것은 대중의 낮은 의식수준, 그리고 법률과 종교의 사회적 기능에 관한 인식의 부족과 밀접한 관련이 있다. 때문에 법률적으로 종교차별을 금지하는 것과 사회적으로 중국인들이 종교신앙 면에서 차별하지 않는 것 사이에는 상당한 괴리가 존재한다.

종교와 정치의 분리

정교관계의 유형

현대 국가에 있어 정치와 종교의 관계는 현실적으로는 각각의 사회활동의 주체인 종교단체와 국가의 관계이다. 정치의 힘이 막강한 사회에서는 종교는 자신의 생존과 발전을 위해서 자기에게 가장 도움이 되는 정치체제에 동조하는 경우가 많다. 반면에 국가는 자신의 정치적 목적을 위해 이용할 수 있는 종교형태를 선호하거나 보다 더 적극적인 방법으로 이용 가능성이 있는 특정 종교를 길들이기도 한다. 또한 각 종교의 특성과 사회적 위상에 따라 국가권력과 관계를 맺는 형태가 달라질 수 있다. 그리고 종교의 사회적 위상에 따라서도 국가와의 관계가 달라질 수 있다. 사회의 지배체제와 공조를 이루는 지배종교는 제도 속에 편입되어 있기 때문에 보다 자연스럽게 사회 전 분야에 걸쳐 국가와의 관계를 맺을 수 있지만, 사회의 지배체제와 공조를 이루지 못하는 주변 종교는 특정사항에 대해서만 국가와의 관계를 맺을 수밖에 없다.[42]

종교와 국가의 관계는 매우 복잡하고 다양하지만 양자의 관계는 3가지로 유형화할 수 있다. 첫째, 종교가 국가보다 우위에 있는 유형이다. 그 극단적인 형태가 바로 종교가 국가를 지배하는 신정국가神政國家로서, 이 경우 국가는 단순히 종교적 이상을 시행하는 기관이 된다. 둘째, 국가와 종교가 분리되는 유형이다. 이 유형의 국가에서는 종교영역과 국가영역 그리고 종교제도와 정치제도가 각기 역할과 기능이 다르다는 전제 아래 각기 역할분담을 중요시하고 서로 협력한다. 이러한 유형에는 영혼과 육체를 구분하는 이분법이 전제된다. 셋째, 국가가 종교보다 우위에 있는 유형이다. 이 유형은 국가가 세속적인 구원론救援論을 가지고 있는 전체주의 국가에서 극단적인 형태로 나타난다. 과거 소련이나 북한의 종교를 그 예로 들 수 있다. 이 유형의 국가에서는 종교의 자율성이나 영향력이 허용되지 않는다. 종교는 단지 국가의 목적을 달성하기 위한 한 도구에 지나지 않는다.[43] 전통적 마르크스주의 종교이론에 의하면 유물론적 사회주의와 유신론적 종교는 상호모순되는 것으로 공존할 수 없다. 구 소련과 일부 동유럽 위성국가는 혁명 직후 종교조직을 강하게 억압하고 통제하여 종교를 소멸시키고자 하였다.

중국적 정교분리

중국의 전통적 종교인식은 종교와 정치를 분리된 것으로 보지 않고 동일시하였다. 이러한 관점에서 정부는 종교를 통제하고 지배하는 것이 당연시되었다. 역사상 종교는 왕실의 수호자로서 왕권을 강화·유지하고, 민심을 모으는 역할을 하였다. 다시 말해 종교는 정권을 안정시키고, 그 대신 왕실은 왕실의 권위가 흔들리지 않는 한 종교세력을 보호하고 나아가 국교로 발전시키기도 하였다.[44] 역대 정권은 정치적인 지배를 위한 수단으로 종교를 활용하였다. 중국의 5대 종교 가운데 도교·불교는 봉건시대의 역대 통치자들의 지원 하에 발전할 수 있었다.

그러나 중화인민공화국의 건국 이후 중국에서는 종교정책을 통일전선전술의 일환으로 전개하고 있다. 즉 사회주의와 종교는 근본적으로는 모순되는 것이지만, 사회주의 건설을 위해서는 광범위한 인민연합이 요청되기 때문에, 종교조직도 국가와 결합할 수 있다고 인식한다. 중국 정부는 현재의 사회주의 단계에서는 종교신앙의 자유 정책과 정교분리의 원칙을 확고히 하여야 한다고 주장한다. 공산당과 정부는 중국이 시행하고 있는 정교분리 정책의 기본원칙으로 다음을 들고 있다. 첫째, 종교를 믿거나 종교를 믿지 않는 것은 공민의 사적인 일이다. 1982년의 '중국공산당 중앙 19호 문건'도 종교신앙의 자유 정책의 실질은 종교신앙의 문제를 공민 개인의 자유로운 선택의 문제로 되게 하는 것이며, 공민 개인의 사적인 일이 되게 하는 것이라고 강조하고 있다. 이러한 종교사사론宗敎私事論은 마르크스주의 종교관의 기본원칙으로 공민의 종교신앙을 정치입장이나 국가정권의 힘으로 억지로 금지해서는 아니됨을 의미한다. 둘째, 종교조직과 종교단체는 독립獨立·자주自主·자변自辦의 원칙을 실행하며 국가는 종교단체의 내부 업무에 간섭하지 않는다. '19호 문건'도 사회주의의 국가정권은 결코 어떤 종류의 종교를 보급하는 데 이용되어서는 안되며, 동시에 결코 어떤 종교를 금지하는 데 이용되어서도 안된다고 강조하고 있다. '종교사무조례' 제6조도 "종교단체는 장정에 따라 활동하고 법률의 보호를 받는다"라고 규정하고 있다. 각급 정부는 행정력을 사용해 종교의 내부 업무를 간섭하고 처리할 수 없다. 셋째, 종교조직과 종교단체는 국가의 행정·사법·교육에 간섭할 수 없다. '19호 문건'도 종교가 국가의 행정에 간섭하고, 사법에 간섭하며, 학교교육과 사회공교육에 간섭하는 것을 결코 허락지 않는다고 명확히 규정하고 있다. 넷째, 종교조직은 애국통일전선의 중요한 구성요소이다. 통일전선의 범위 안에서 종교계 인사들은 각급 인민대회와 정치협상회의 조직에 참가하여 각 정당民主黨派과 더불어 공동으로 참정參政과 의정議政의 활동을 하고 사회주의의 위대한 강국 건설을 위해 대책을 건의한다.[45] 다섯째, 종교단체는 장정의 규정에 따라 인민의 이익을 보호하고 법률의 존엄함을 보호하며 민족단결을 보호하고 국가통일을 보호하며 종교활동을 전개한다. '19호 문건'은 이미 폐지된 종교의 봉건적 특권과 종교의 강압적 착취제도를 회복시키는 것은 결코 허용할 수 없고, 종교를 이용하여 공산당의 지도와 사회주의제도를 반대하거나 국가통일과 국내 각 민족 간의 단결을 파괴하는 것은 결코 허용할 수 없다고 규정하고 있다.[46]

공산당과 정부는, 중국이 실행하는 정교분리의 원칙에서는 지배적 지위를 차지하는 종교가 없으며, 국가는 종교신앙의 자유 정책을 통해 종교와 종교 사이, 그리고 종교를 믿는 군중과 믿지 않는 군중들 사이에서 일률적 평등과 상호존중, 상호화목을 관철하고 있다고 강조하고 있다. 그러나 중국에서는 사회주의 이념의 실현을 위해, 정치를 종교보다 우위에 놓고 당과 정부가 종교를 관리·통제하고 있는 것이 현실이다. 그 결과 서구적 정교분리가 이루어지지 않고, 종교는 여전히 국가에 의해 지도·통제되고 있다. 다시 말해 중국은 표면적으로는 정교분리를 명시하고 있지만, 종교와 사회주의의 상호적응이라는 종교정책에 의해 종교는 당과 정부에 복종적, 예속적 지위에 있는 것이 현실이라 할 수 있다.

관음불 건립사업 공비지원 사례

2005년 4월 24일 해남성海南省 삼아시三亞市에 높이 108m의 대관음불상의 개안식전開眼式典이 거행되었다. 이 관음상은 10년여에 걸쳐 건립되었고, 약 8억 위안의 경비가 투자되었다. 관음상의 건립에 관련된 공적 기관은 중국공산당 중앙 통일전선부, 국무원 국가종교사무국, 해남성 당위원회와 정부, 삼아시 당위원회와 정부였다. 국가종교사무국장인 엽소문葉小文은 개안식전 전일의 회의에서 "중국 불교는 진실로 위대하다. 위대한 국가는 반드시 위대한 불교를 보호하지 않으면 안된다. 위대한 불교는 위대한 국가에 이익과 평안을 가져다 준다. 위대한 중국에 위대한 불교가 있는 것을 찬탄해 마지 않는다"고 인사말을 하였다. 종교사무국장은 관음상건립이 불교를 선양하는 것으로 인식하고 있지만, 이 건립의 주된 목적은 관광사업의 발전과 경제발전의 촉진이었다.[47]

이러한 공공기관에 의한 종교 이용의 사례는 이제까지 적지 않았지만, 이 관음상 건립에 대해서는 법학자들로부터 엄중한 비판이 제기되었다. 본건의 관음상 건립은 국가가 종교에 대하여 지켜야 할 원칙을 지키지 않았고[48] 헌법과 법률에 근거하지도 않았으며, 헌법의 정신에도 부합되지 않는다는 것이다. 비판의 취지를 보다 구체적으로 들면 다음과 같다.

첫째, 정교분리의 원칙에 위반된다. 종교사업은 종교조직이 자진하여 행할 수 있고 관음상건립은 불교계의 사업이므로 국가가 간섭해서는 안된다. 관음상의 건립과 개안開眼의 직접적이고 주된 의의는 종교활동이며 경제적 의의는 간접적, 부수적이다.

둘째, 사실상 국교를 설립하는 경향을 명확하게 띠고 있다. 본건은 객관적으로 불교에 특수한 지위를 부여하고, 불교를 특수하게 우대한 것으로, 하나의 종교가 그 밖의 종교를 능가하는 결과를 초래하였다. 이것은 국가는 각종의 종교·교파에 대하여 평등하게 취급하여야 하며 어떠한 종교도 우대하거나 차별해서는 안된다는 원칙에 위반한 것이다.

셋째, 총체적으로 공민의 종교신앙의 자유의 실현을 방해하는 것이다. 해남성의 관계 국가기관이 관음상의 건립과 개안식전에 개입한 것은 실질적으로 공권력을 행사하여 불사佛事를 추진한 것이 된다. 지방의 국가기관이 행한 이런 행위는 불교를 사람들에게 강한 의미를 갖게 하는 것으로, 이것은 필연적으로 종교를 신앙하지 않는 사람 및 불교 이외의 종교를 신앙하는 사람들에게 무형의 심리적 압박을 가하는 것이 된다. 그 결과 공민이 스스로의 종교신앙을 선택하고 유지할 자유에 영향을 미치게 되는 것이다.

넷째, 법치주의의 원칙에 위반된다. 헌법의 정신과 '종교사무조례' 제22조, 제24조에 의하면, 국가기관이 해야 하는 것은 종교단체가 추진하는 삼아관음불三亞觀音佛의 건립과 개안식전의 활동에 대하여 심사하고 허가하며 감독하는 일이다. 그리고 또 관음상개안식전의 안전하고도 질서 있는 진행을 보장하는 것이다. 이 범위를 초과하는 활동은 직권의 범위를 초과하고, 법치의 원칙에 위배되는 행위라 할 수 있다.

다섯째, 원칙적으로 어떤 부서도 관광객을 끌어들이기 위해 노천에 불상을 만드는 것을 금지한다. 불교나 도교계에서 자발적으로 노천에 불상이나 신상神像을 만들고자 하는 경우에는 성, 자치구, 직할시 종교업무부서가 성급 인민정부에 보고해 심사를 거쳐 동의를 얻은 후 국무원 종교사무국이 심사, 허가 한다.[49]

여섯째, 직권을 남용하고 세금을 위법 내지 부당하게 사용한 것으로 보인다. 8억 위안의 투자는 어디로부터 나온 것인가. 보도에 따르면, 헌금으로 조성된 액수는 얼마되지 않고 대부분이 지방재정에서 투입된 것이라 한다. 지방 국가기관의 직권 범위를 초과하여 종교적 건축에 지출하는 것은 합법이라 할 수 없다.

위에 소개한 취지의 비판은 중국의 헌법학계에서 주목받았고, 그 후 당해 논문을 평가하면서 정교분리의 원칙을 유지할 것을 주장하는 논문이 발표되었다.[50] 또한 북경·상해 등지에서는 유력한 법학자를 초빙하여 학술좌담회를 개최하기도 하였고, 정교분리의 원칙에 관하여 논의하였다. 이 논의에서 대부분의 법학자들은 본건의 관음불건립을 위한 공금지출을 비판하였다. 이와 같이 중앙과 지방의 당과 정부기관이 적극적으로 관여한 사업에 대하여, 헌법과 법령에 근거하여 엄중하게 그리고 공개적으로 비판한 것은 흔한 일이 아니다.[51]

6. 종교신앙의 자유의 제한

종교신앙의 자유의 제한 사유

모든 자유는 법률이 보장하는 다른 권리 혹은 법적 가치와 충돌이 발생할 수 있기 때문에 이에 필요한 제한을 인정하여야 한다. 이에 따라 법은 특정한 시간과 장소에 따라, 서로 충돌하는 가치 간에 조화를 이룰 수 있도록 규정하고 있는데, 중국의 법률 또한 이러한 원칙을 따르고 있다. 헌법 제36조는 "누구든지 종교를 이용하여 사회질서를 파괴할 수 없고, 공민의 신체건강을 해치거나 국가의 교육제도를 방해하는 활동을 할 수 없다"라고 하여, 종교신앙의 자유에 대해 법적 제한을 가하는 주요 근거를 제공하고 있다. 국제협약인 '공민권리화정치권리국제공약'이른바 B규약도 위와 유사한 내용의 제한 근거를 규정하고 있으나,[52] B규약이 이러한 제한은 법률에 의해서만 가능하다고 하여 법률유보 사항에 포함시키고 있는데 반해, 중국헌법은 이러한 제한이 없다는 점에서 서로 다르다. 중국에서는 입법법에서 규정한 법률유보 사항에도 종교신앙 자유의 제한에 대한 내용은 포함되어 있지 않다입법법 제8조.

사회질서

현행 중국헌법에서 종교신앙의 자유를 제한할 수 있는 첫 번째 사유는 사회질서의 파괴이다. 사회질서는 모든 국가의 법률이 보장하는 가치로서, 자유를 제한할 수 있는 주된 근거로 제시되는 대상이다. 대체로 종교의 자유를 보장하는 헌법을 가지고 있는 나라들은 종교가 인간에 대한 사랑, 선량함, 그리고 관용의 정신을 가지고 있는 까닭에 종교의 자유가 사회질서를 해치지 않을 것으로 믿고 이를 보장하는 경향이 있다. 중국의 경우도 다르지 않을 것이다. 그런데도 중국헌법 제36조에 "종교를 이용하여 사회질서를 파괴하여서는 안된다"는 조항이 특별히 삽입되어 있는 것은, 오늘날 중국의 특수한 정치적, 민족적 상황을 반영하는 것이라 할 수 있다. 곧 이 조항은 본래 종교자유의 위험성을 경고하기 위해 성립된 것이 아니라, '종교를 이용하거나 종교를 핑계로 하는 악의적인 행위'의 위험성에 대처하기 위해서 성립되었다고 볼 수 있는 측면이 있다. 영토, 민족, 종교 문제가 복잡하게 얽혀 있는 중국에서는, 티베트의 3·14사건이나 신장의 7·5사건처럼 정치적, 민족적 투쟁이 종교문제와 결합하여 복합적으로 표출되는 경우가 많다. 또 법륜공의 경우에서 볼 수 있듯이 개혁개방 이후 시장경제체제를 도입하면서 보다 자유로워진 분위기 속에서 종교집단들이 급속히 성장하여 사회주의체제에 위협이 되는 경우도 있다. 현재 중국정부가 법률이나 정책을 통해 종교 문제를 사회질서유지 문제와 연결시켜 민감하게 반응하는 데는 이런 상황이 배경으로 작용하고 있다고 할 수 있다.

공민의 신체건강

종교신앙의 자유가 제한되는 두 번째 경우는 공민의 신체건강을 해칠 때이다. 곧 중국 종교법에서 "종교를 이유로 다른 사람의 생명이나 건강에 위협을 가하는 것을 금지하는 것은, 법이 가하는 최소한의 제한이다." 이는 주로 생명에 위협이 되는 지나친 종교수련이나 미신의 부작용과 관련하여 규정된 것이라 할 수 있다. 이 조항과 관련하여 일부 학자들은 서구의 학설을 인용하여 종교가 정신적·육체적 측면에서 건강에 미치는 긍정적 영향을 인정하면서도,[53] 종교가 건강에 유익하다고 하여 종교를 병원에서 주는 항생제와 같이 생각해서는 안되며, 일부 극단적인 사상을 가진 종교나 심각한 결함이 있는 종교들은 타인의 생명까지도 위협할 수 있다고 하여 그 위험성을 경고하고 있다. 이처럼 중국의 종교정책에서 종교신앙의 자유는 최우선적으로 보장해야 할 가치이지만 공민의 건강을 해치는 경우에는 그 자유를 보장받지 못하고 법에 의해 처리되어야 하는 것으로 규정된다.

국가교육제도

다음으로, 중국 종교법에서는 종교를 이용하여 국가의 교육제도를 방해하는 활동을 하는 경우에 종교신앙의 자유를 인정받지 못하는 것으로 규정하고 있다. 오늘날 중국은 종교와 공적 교육의 분리를 원칙으로 하고 있다. 따라서 중국에서는 국민교육을 실시하면서 학생에게 종교교육을 실시하지 않는다. 또한 현재 중국의 법령은 각급 학교에서 특정 종교를 가르치는 것과 종교기관에서 종교학교가 아닌 일반학교를 설립·운영하는 것을 원천적으로 금지하고 있다.[54] 공적 교육기관에서 애국주의 교육과 개인의 종교적 신념이 충돌하는 경우에 대해서는, 성조기에 대한 경례를 하지 않은 학생을 퇴학시킨 학교의 입장을 지지한 1940년 미국 연방대법원판례[55]를 인용하면서 종교의 자유보다 국민교육이 우선함을 확인하고 있다. 이러한 법적, 정책적 규제로 인해 오늘날 중국에서 종교계와 교육기관의 관계는 주로 학비원조와 관련된 형태로 제한적으로 이루어지고 있다. 학비원조는 개혁개방 이래 종교계 인사들과 신자들이 공익자선활동의 일환으로 적극적으로 참여해온 사업으로 중국정부가 적극적으로 장려하는 사업 가운데 하나이다. 이와 같은 국가 교육기관에서의 종교교육 금지와 종교기관의 학교설립 금지 규정은, 선교 금지 원칙 및 무신론 교육 장려 방침과 관련된 규정이라 할 수가 있다.

국가사회 공공이익, 공민의 합법적 권익

종교를 이용하여 국가이익, 사회공공이익 그리고 공민의 합법적 권익을 해치는 경우에도 종교신앙의 자유를 인정받지 못한다. 중국헌법 제51조에는 "중화인민공화국 공민은 자유와 권리를 행함에 있어서 국가적·사회적·집체적 이익 및 다른 공민의 합법적인 자유와 권리를 해쳐서는 안된다"라고 규정하고 있다. 이 조항은 종교신앙의 자유에 대한 법적 제한에도 적용된다. 즉 종교신앙의 자유 및 이와 관련된 종교적 행위는 상대성을 띠고 있는 것으로서 국가, 사회, 타인 등 다른 주체의 합법적인 권익를 해하지 않는다는 전제 하에서만 보호받을 수 있는 것으로 규정된다.

법적 의무

중국법과 정책에서, 헌법과 법률에 정해진 공민으로서 의무를 이행하는 것은 종교신앙의 자유에 우선하는 것으로 해석된다. 중국헌법 제33조는 "중화인민공화국 공민은 법률 앞에 평등하다. 모든 공민은 헌법과 법률이 정한 권리를 가지는 동시에 헌법과 법률이 정한 의무를 이행하여야 한다"라고 규정하고 있다. 따라서 공민으로서 법적 의무는, 종교신앙의 자유를 제한하는 포괄적 규정이라 할 수 있다. 현재 중국의 여러 법규에 규정되어 있는 종교 관련 법적 의무는 대략 다음과 같이 정리할 수 있다. "종교계 인사와 종교를 믿는 군중은 국가와 인민의 이익을 우선시하여야 하며, 종교신앙의 자유를 행사하는 동시에 헌법·법률·법규와 관련 정책을 준수하여야 한다. 누구도 종교를 이용해 당의 지도와 사회주의제도를 반대하거나 민족의 단결과 사회의 안정과 조국의 통일을 파괴해서는 안되며, 종교를 이용해 국가·집단의 이익을 훼손하거나 다른 공민의 합법적 권익을 방해해서도 안된다. 종교적 광신에 빠져서도 안되고, 종교를 이용해 위법적인 활동을 해서도 안된다.[56] 정부는 종교계 인사와 종교를 믿는 군중을 교육하여 법률적 수단을 이용해 자신의 합법적 권익을 수호하고 정상적인 절차를 통해 자신의 요구를 반영하는 것을 배우게 해야 한다.[57] 또한 간행물에 종교문제 관련 글이나 사진을 발표하거나 언급할 때에도 신중한 태도를 취하여야 하며, 현행 종교정책을 위반하거나 종교를 믿는 군중의 종교감정을 해쳐서는 안된다. 학술계는 종교계의 사상과 신앙을 존중해야 하며, 종교계 역시 학술계의 마르크스주의의 종교이론 연구와 선전활동에 대해 존중하여야 한다. 언론의 자유를 빌미로 간행물을 통하여 공공연히 종교를 믿는 군중의 종교감정을 자극하는 글이나 사진을 발표해서는 안된다."[58]

미신과 사교에 대한 제한

헌법 제36조는 "국가는 정상적인 종교활동을 보호한다"라고 규정하고 있다. 여기서 밝혀야 할 것은 국가의 보호를 받는 '정상적인 종교활동'은 무엇을 의미하는가이다. 이것은 곧 '정상적인 종교활동'으로부터 배제되는 활동은 어떠한 활동인가의 문제이기도 하다. '정상적인 종교활동'의 의미는 법령에 명확이 규정된 것이 없다. 이에 대하여, 중국공산당의 문건에서는 '배불拜佛, 송경誦經, 소향燒香, 예배禮拜, 기도祈禱, 강경講經, 강도講道, 미사, 수세受洗, 수계受戒, 재계齋戒, 종교상의 축제일을 지내는 것, 종유終油의 비적秘跡, 추모追慕 등'이라고 구체적으로 열거하고 있다.[59] 그러나 이것들은 예시적인 것으로, 현실적으로는 이에 한정되지 않는다. 또한 그 내용이 불명확하여, 무엇이 정상적인 종교활동에 해당하는 것인가는 그때그때 하위의 법령이나 당의 정책에 의하여 결정되는 것이 현실이다. 오늘날 '정상적인 종교활동'이 아닌 것으로 분류되어 법적 제제를 받는 종교활동은 대체로 당국에 의해 미신과 사교로 규정되는 종교활동들이다.

미신에 대한 법적 제한

중화인민공화국 건국 초기부터 중국공산당과 정부는 합법으로 보이는 종교적 행위와 민중종교성에 기인하는 봉건적 미신행위 그리고 일반인들의 미신행위를 구별하고, 봉건적 미신을 대대적으로 탄압하였다. 화북인민정부는 1949년 1월 '모든 회문會門과 도문道門 봉건미신조직을 해산함解散所有會門道門封建迷信組織'이라는 포고문을 선포하였고, 중앙인민정부는 1951년 2월 '반혁명분자를 처벌하는 조례懲治反革命條例'를 공포하였는데, 이 조례는 제8조에서 회도문[60]을 이용하여 반혁명활동을 하는 자는 처형 또는 무기도형無期徒刑의 중형에 처한다고 규정하였다.[61] 이러한 공산당과 정부의 종교정책은 1979년에 제정된 최초의 '형법'에 그대로 반영되었다.[62] 1982년 헌법의 개정을 논의 할 때 '토론고討論稿' 단계의 초안에 "종교의 범위에 속하지 않는 일체의 미신활동을 금한다"라는 문구가 들어 있었지만, 토론과정에서 삭제되었다. 중국 형법은 1997년에 대폭 개정되었는데, 이 과정에서 반혁명죄는 폐지되었으나 실질적으로는 국가안전위해죄로 명칭만 변경되어 유지되고 있다.[63] 다만 봉건적 미신, 회문도를 조직 · 이용하는 반혁명활동의 죄는 국가안전위해죄가 아니라 사회관리질서방해죄로 흡수되었다. 그리고 '치안관리처벌조례'도 폐지되고, 2005년 8월 28일 새로이 '치안관리처벌법'이 제정되어 2006년 3월 1일부터 시행되고 있다.[64]

현행 형법 제300조는 회도문, 사교조직을 조직 또는 이용하거나, 미신을 이용하여 ① 국가의 법률이나 행정법규의 실시를 파괴하는 자, ② 타인을 기망欺罔하거나, 사람을 사망에 이르게 한 자, ③ 여성을 간음하거나, 재물을 사취詐取한 자를 사회질서관리방해죄로 처벌하고 있다.[65] 현행 법체계 하에서 봉건적 미신, 회도문을 조직 · 이용하는 활동에 대한 처벌은 형법 제300조, 치안관리처벌법 제27조 등이 적용된다. 다시 말해 현행법 하에서도 봉건적 미신, 미신 등은 종교에 포함되지 않고, 헌법 제36

조, 형법 제251조에서 보호하는 신교의 자유의 대상이 되지 않는다. 그러나 여기서 유의할 것은 법적으로 처벌 대상이 되는 것은 봉건적 미신을 이용하여 반혁명활동을 행한 자와 봉건미신활동을 직업적으로 이용하여 유언비어를 퍼뜨려 재물을 사취한 자뿐이라는 점이다. 개인적 차원의 봉건적 미신활동이나 봉건적 미신에 해당하지 않는 일반적 미신활동은 범죄가 되지 않고, 비판과 교육의 대상이 될 뿐이다.

미신활동에 대한 정부의 대책을 보면, 미신활동 일체를 일률적으로 엄벌하는 것이 아니라 그 행위의 정도와 성격에 따라 다르게 대처하고 있다. 곧 중국정부는 미신활동을 ① 군중 사이에 퍼져 있는 미신 사상이나 활동 ② 미신직업자 ③ 사회질서 위해자 및 형사범죄자의 3종류로 나누고, 경우별로 각각 다른 정책을 취하고 있다.

첫째, 군중 사이에 퍼져 있는 미신 사상이나 활동은, 사람들이 일상생활 속에서 미신을 믿거나 미신적인 행동을 하는 것을 말한다. 이는 역사가 유구하고 보편적이며 자발적인 활동으로서, 믿는 사람 수도 많고 사회적 영향력도 광범하며, 심지어 어떤 것은 특정 민족의 습속이나 풍속과 결합되어 있기도 한 것으로 파악된다. 따라서 이에 대한 정부의 대책은 교육하고 계도하는 정책으로 나타난다. 즉 교육을 통하여 사상을 각성시켜 스스로 미신관념을 버리게 한다는 것이다. 일례로, 모택동은 "보살은 농민이 생각해낸 것이다. 일정한 시기가 되면 농민들은 그들의 두 손으로 보살을 보내줄 것이다. 때문에 하루 빨리 보살을 떠나보내라고 재촉할 필요가 없다. 이에 대한 공산당의 대책은, 항상 준비하고 있되 서둘지는 말고 때를 기다리는 것이다"라고 하였다.

둘째, 미신직업자는 사회에서 제비뽑고 점치며, 관상을 보고 풍수를 보는 것을 주요 생활수단으로 하는 사람들을 말한다. 그들 중 대부분은 생계를 유지하기 위해서 할 수 없이 이에 종사하고 있으며 대부분 문화 정도가 낮은 노동인민들이다. 따라서 정부에서는 이들을 처벌의 대상이 아니라 도와야 할 대상으로 보고 교육시켜서 훈방하는 정책을 취하고 있다. 이에 대해 1982년의 중국공산당 중앙 19호 문건에서는 "관상을 봐주고 점을 치고 풍수를 봐주는 것을 직업으로 하는 사람들에 대해서는, 마땅히 교육을 통해 노동으로 생계를 유지하도록 하고 다시는 이런 종류의 미신활동에 종사하지 않게 도와주어야 한다. 준수하지 않을 경우에는 법에 따라 단속해야 한다"고 규정하고 있다.

셋째, 사회질서위해자 및 형사범죄자는, 미신활동으로 사회공공안전에 해를 끼치고 공민의 신체와 재산을 해치는 소수의 미신직업자들을 지칭한다. 이들은 형법 제300조에 의해 처벌을 받는다. 이에 대해 19호 문건에서는 "황당무계한 말로 대중을 홀린 자 그리고 돈을 갈취하고 사람을 해친 자는 일률적으로 엄하게 단속하고 법에 의해 제재를 가한다"고 규정하고 있다.[66]

사교에 대한 대한 법적 제한

법륜공 사건

중국정부가 '정상적인 종교활동'의 범주로 인정하지 않는 종교활동은 미신과 사교이다. 최근에는 법륜공 사건의 발생으로 인해, 이 중에서 사교의 문제가 크게 부각되었다. 여기서는 법륜공 문제에 대한 대응을 중심으로 중국정부의 사교에 대한 정책을 살펴보기로 한다.

법륜공은 1992년 길림성에서 이홍지李洪志에 의해 창립되었고, 창립 1년만에 북경으로 진출하여 법륜공 총본산인 법륜대법연구회를 세웠다. 중공中功 · 향공香功 등과 같은 기공문파氣功門派의 하나로서, '중국기공과학연구회[67]'에 등록하여 활동하였다. 1990년대 초반 당과 정부의 통제가 완화된 틈을 타고 급격히 조직을 확장시켜 나갔다. 1999년에 이르러 그 수련자 수가 중국 정부 집계로 200만 명, 법륜공 자체 추정으로 1억 명에 이를 정도로 급성장을 이루었다.[68] 정부가 법륜공의 급속한 성장에 위기감을 느끼고 있을 때, 북경에서 법륜공의 침묵시위가 발생하였다.[69] 이 사건을 계기로 본격적인 법륜공 탄압이 개시되었다.

중국 당국은 이 집단행동을 계기로, 법륜공을 사교로 규정하여 금지하는 한편, 법륜공 수련자들에 대한 대대적인 색출과 검거를 위해 601호라는 특수부대까지 창설하였다.[70] 중국공산당은 중앙위원회 명의로 1999년 7월 19일 '당원의 법륜공수련금지통지'를 발표하였다. 여기서 법륜공의 교리는 마르크스주의 기본이론과 기본원칙에 근본적으로 대립되기 때문에, 모든 공산당원들이 법륜공 조직에 가입하는 것과 법륜공 수련을 일체 금할 것을 명령하였다. 그리고 7월 22일 국무원 민정부와 공안부는 '법륜대법연구회 단속에 대한 결정'을 발표하였다. 여기서 정부는 법륜공이 인민 대중과 사회적 안정에 위협을 가할 수 있는 사교이기 때문에 제반 활동을 금지한다고 발표하였다. 그 후 법륜공 관련 물품, 예컨대 서적, 비디오, 음반 등의 생산과 유통이 금지되는 등 전국에 걸쳐 법륜공에 대한 철저한 단속이 시작되었다.

1999년 10월 8일과 9일 최고인민법원 재판위원회와 최고인민검찰원 검찰위원회는 "사교조직을 조직·이용한 범죄사건을 처리함에 있어 구체적 적용법률의 약간의 문제에 관한 최고인민법원, 최고인민검찰원의 해석"을 채택하였다. 또 전국인민대표대회 상무위원회는 1999년 10월 30일 거국적으로 법륜공을 규제하기 위하여 사교금지법 혹은 반사교법이라고도 하는 '사교조직의 단속, 사교활동의 방지·처벌에 관한 결정'을 채택하였다.[71] 중국공산당 중앙판공청과 국무원판공청은 1999년 11월 1일 '민간조직 관리 사업을 한층 더 강화할 것에 관한 통지'를 발표하였다. 여기서 1998년 이래 국외로부터 반 중국단체들이 중국 내부로 침투하여 활동하고 있다고 강조하였고, 이후 사회조직에 대한 공산당의 통제방식이 직접적인 통제로 전환되었다. 최고인민법원 재판위원회와 최고인민검찰원 검찰위원회는 2001년 6월 10일 "사교조직을 조직·이용한 범죄사건을 처리함에 있어 구체적 적용법률의 약간의 문제에 관한 최고인민법원, 최고인민검찰원의 해석(2)"을 채택하였다.[72] 그리고 국무원 총리 주용기朱鎔基는 2002년 3월의 제9기 전인대 제5회 회의에서 정치활동보고를 하면서 '법륜공 등의 사교조직과 투쟁을 지속적으로 전개할 것'을 강조하였다. 그리고 다음 해 3월의 제10기 전인대에서의 정치활동보고에서도 사교조직의 범죄활동의 단속과 처벌을 역설하였다.

이와 같이 정부의 여러 입법 · 사법기관이 법륜공을 사교로 단정하고 대대적으로 단속하는 가운데 언론을 통한 선전전도 전개되었다. 중국공산당 기관지인 『인민일보』는 1999년 10월 28일 자에 게재된 「법륜공은 바로 사교이다'法輪功'就是邪教」라는 논설에서 법륜공은 사교의 중요한 특징을 모두 갖추고 있다고 주장하였다.[73] 『인민일보』 특약평론원特約評論員의 주장의 요지는 다음과 같다.[74]

첫째, 사교의 주된 특징은 교주숭배이다. 이홍지는 자신을 구세주로 칭하고, 노자 · 석가 · 예수보다도 고상하다고 유포하고 있다. 둘째, 교주가 정신적으로 신도들을 지배한다. 이홍지가 법륜공 수련자에 대하여 정신의 지배를 행하는 프로세스는 ① 유인 ② 세뇌 ③ 협박이다. 이홍지는 자신의 법신法身은 무수하여, 어디에도 출입할 수 있고 신도의 사상과 언행을 보호 · 감시하며, 법륜공의 수련자가 자신을 따르면 번영을 누리고 그렇지 않으면 망한다고 하여 신도들에게 경외와 공포를 심어서 절대복종하게 한다. 셋째, 사설邪說을 왜곡 · 날조하여 유포시킨다. 이홍지는 법륜공의 조직을 확대, 발전시키기 위하여 세계말일론世界末日論, 지구폭발론 등 왜곡사설을 퍼뜨려, 공포심리를 조성하고 수련자로 하여금 자신을 열광적이고 맹목적으로 추종하게 한다. 넷째, 불법적으로 돈벌이를 한다. 법륜공의 조직은 신도로부터 돈을 모으기 위하여 서적 · 화상 · 음상제품 · 연공복 등 법륜공 계통의 제품을 대량으로 출판 · 생산 · 판매하고 있으며, 이홍지와 법륜공의 핵심 멤버들은 거액의 돈을 모으고 있다. 다섯째, 교주를 핵심으로 한 엄밀한 조직을 가지고 있고 비밀활동을 한다. 이홍지는 법륜공에는 조직은 없고, 단지 수련자의 자발적 모임일 뿐이라고 하지만, 실제로는 그를 두목으로 하는 법륜대법연구회는 전국 각성, 자치구, 직할시에 조직을 설립하여 연수자를 지배하고 있다. 여섯째, 극단적인 수단을 이용하여 현실 사회에 대항한다. 이홍지는 법륜공의 수련자를 그들의 왕국으로 유인하여, 사상과 행동면에서 현실의 주류 사회로부터 격리한 후, 사회와 대항하는 길을 걷게 하고 있다. 법륜공은 현재 세계 80여 개 국에 전파되어, 1억 명 이상이 수련하고 있는 세계 최대의 수련단체이다.

한국에서의 법륜공 문제

우리나라에도 법륜공 수련조직이 있고,[75] 법륜공과 관련한 판례도 있다. 서울고등법원은 국내파 법륜공 중국 여성에게 난민자격을 인정하였다. 중국인 여성 왕리Wang Li 씨는 2001년 한국으로 건너와 2004년부터 법륜공 수련을 시작하였는데, 중국 정부의 법륜공 탄압 실태를 전해 듣고 공산당을 탈퇴한 후 인터넷 등을 통해 중국 정부를 비판하는 활동을 펼쳐왔다. 왕리 씨는 중국 정부의 박해를 우려해 2005년 1월 12일 출입국관리법 제76조의 2에 근거하여 난민인정을 신청하였으나, 법무부장관은 2009년 3월 31일 난민인정을 불허하는 처분을 하였다.[76] 이에 왕리 씨는 난민인정신청불허처분의 취소를 구하는 소송을 제기하였다. 서울행정법원은 "한국에 오기 전에는 법륜공을 수련하지 않았고, 박해를 피하기 보다는 체류기간 연장이 목적이라는 의심이 든다"며 원고 패소로 판결하였고, 이에 왕리 씨는 항소하였다.

서울고등법원은 2010년 11월 11일 법무부장관의 난민인정신청불허처분과 제1심 판결을 취소한다고 판결하였다.[77] 재판부는 "왕리 씨가 경제적 동기에 의해 한국에 온 것으로 보이지만 이후 법륜공을 수련하였고 관련 행사 사회를 맡거나 기자로 활동하며 탄압실태를 보도한 점 등을 보면, 중국 정부의 박해에 대한 두려움의 근거가 있다"며, "중국 정부의 주목을 받고 있기 때문에 귀국시 박해가 우려되는 사람도 난민으로 보아야 한다"고 판단하였다. 그리고 재판부는 "법륜공 수련으로 박해받다 출국했기 때문에 돌아가면 다시 탄압받을 것이라는 두려움을 느끼는 인물뿐 아니라, 한국에서의 적극적인 활동으로 정부의 주목을 받았고 이 때문에 귀국시 박해가 우려되는 자도 난민"이라며 국내파 수련자를 난민으로 인정하는 기준을 제시하였다. 이 사건 서울고등법원의 판결은 국내파 법륜공 중국 여성에게 난민을 인정한 첫 판결로서 그 의의가 있다.

서울행정법원은 법륜공단체의 종교단체성을 인정하였다. 심신수련·기공수련을 목적으로 설립된 '한국파룬따파학회'는 2007년 2월 서울시에 '체육관련 비영리사단법인'으로 법인설립 허가를 신청하였으나 거부되었다. 이에 한국파룬따파학회는 서울시장을 상대로 법인설립허가 반려처분 취소청구소송을 서울행정법원에 제기하였다2007구합18291. 서울행정법원 행정11부재판장 김용찬 부장판사는 2007년 11월 28일 원고 패소판결을 내렸다. 재판부는 판결문에서 "파룬따파는 기공 수련의 일종인 5장공법을 심신수련의 한 내용으로 하고 있어 체육적인 요소를 일부 내포하고 있기는 하나 그것은 궁극의 신앙을 달성하기 위해 요청되는 보조적인 수련 내지 수행의 의미를 갖는데 불과해, 이를 신앙과 별도로 따로 체육적 활동에 해당한다고 보기 어렵다"고 밝혔다. 이어 "종교와 체육은 차원을 달리하는 것으로서 종교가 정신적 문제의 차원이라면 체육은 육체적 문제의 차원이다"면서 "기공수련 등의 체육활동 역시 정신적인 평안과 행복을 추구해 종교적인 영역에 접근하는 면이 없지 않으나, 이는 정신의 평안을 일차로 추구하는 것이 아니라 신체단련을 통해 정신건강까지 아울러 부수적으로 도모하는 것이라는 점에서 이를 두고 종교활동이라고 할 수 없다"고 하였다. 또한 재판부는 "파룬따파가 체육관련 비영리법인으로 설립허가가 이뤄질 경우 사실상 종교활동을 전개하는 원고단체에 대한 지도 및 감독에 있어 행정공백 등 곤란한 문제가 발생할 것으로 보여 행정의 합목적성에 반할 뿐 아니라 비영리법인의 난립이나 부작용을 막기 위해 허가주의를 택하고 있는 민법의 취지에도 배치되는 점에 비춰 볼 때, 서울시가 파룬따파의 법인설립허가를 거부한 것은 재량권을 일탈·남용했다고 볼 수 없다"고 하였다.[78]

II. 종교사무의 법적 규제

1. 종교사무 관리체계

종교사무의 관리는 중국 종교정책의 원칙의 하나이다. 1980년대에는 문화대혁명기의 종교탄압에 대한 반성에서, 정책적으로 종교시설 및 종교활동의 회복에 치중하였다. 그러나 이 작업이 일단락된 1990년대 이후로는 정책의 중점이 종교 관리로 전환되었다. 종교사무의 관리에 관해서는 헌법, 기본법인 '종교사무조례', 그리고 기타 다수의 관련 부수법령이 있다.[79]

종교사무관리의 의의

중국에서 종교사무라 함은 종교와 국가·사회·대중 사이에 존재하는 각종 공공사무라고 할 수 있다. 다시 말해서, 첫째, 종교 또는 종교계가 국가이익이나 사회의 공공이익에 관련된 행위, 둘째, 사회의 공공활동이 종교나 종교계의 권익과 연관되어 발생하는 행위를 말한다. 보다 구체적으로는 불교·도교·이슬람교·천주교·기독교와 국가·사회·공민 사이의 공공사무[80]를 말한다. 그리고 종교사무의 관리라 함은 종교 관련법에 의한, 종교사무에 대한 관리와 감독을 말한다. 현재 중국의 종교 관련 법령에 규정된, 법에 의한 종교사무 관리의 임무는 크게 4가지로 요약된다. 첫째, 종교 관련 법률·법규·정책을 관철하기 위해 행정적으로 관리, 감독하는 일이다. 둘째, 종교단체와 사관寺觀, 교회당 등 종교시설의 합법적 권익을 보호하고, 성직자들의 정상적인 교무활동을 보호하며, 종교신자들의 정상적인 종교활동을 보호하는 일이다. 셋째, 범법자들이 종교를 이용하며 혼란과 위법행위를 조성하는 것을 방지·제지하며, 국외의 적대세력이 종교를 이용하여 침투하는 것을 억제하는 일이다. 넷째, 정상적인 종교활동이나 종교단체 내부의 일에 관여하는 것이 아니라, 종교시설 관리 업무를 법률·법규·정책의 영역 속에 편입시키는 일이다.[81]

중국공산당과 정부의 3대 종교정책은 종교신앙 자유정책의 전면적 집행, 법에 의한 종교사무의 관리, 그리고 종교와 국가 사이의 바람직한 관계 수립이라고 할 수 있다. 여기서 종교신앙의 자유와 종교사무의 관리의 충돌이 문제가 된다. 이에 대한 중국 국가 지도부의 입장은 종교사무의 관리와 종교신앙의 자유의 정책은 서로 모순되는 것이 아니라는 것이다.[82] 그리고 종교신앙이 개인의 사적인 일임에도 불구하고 정부의 관리가 정당화되는 이유로 다음 두 가지 근거를 제시하고 있다. 첫째, 종교사무에 사적인 측면만이 있는 것이 아니라, 사회의 공공사무로서 공적인 측면도 있기 때문이다. 종교사무는 종교라는 성격을 가지고 있으므로 필연적으로 종교단체 내부의 사무와 관련이 있고, 동시에 사회공공사무의 성격을 가지고 있으므로 반드시 종교단체 내부의 사무와 구별되어야 한다. 그리고 여기서 관리의 대상이 되는 것은 사회공공사무의 특성을 갖는 종교사무만이라는 것이다. 둘째, 종교가 소수민족의 종교일 경우에는 민족분열주의에 대한 강력한 경계의 필요성 때문에 그 민족의 종교에 대한 관리가 크게 요청되며, 관리의 정도 또한 철저하여야 하기 때문이다.[83] 물론 관리는 종교단체 및 종교시설의 내부 사무에 관여하는 것이 아니라, 종교단체 및 종교시설의 합법적 권익을 보호하고 성직자와 신자들의 정상적인 종교활동을 보장하는 것이어야 한다.

그러나 위의 두 가지 설명은, 첫 번째에서는 사회공공사무로서의 공적 사무와 종교의 특성을 갖는 종교사무를 구별하는 기준이 명확하지 않다는 점에서, 두 번째에서는 '합법' 또는 '정상'의 판단기준이 애매하다는 점에서, 종교사무의 관리와 종교신앙의 자유라는 두 정책과제의 충돌 문제를 해결하기 위한 논리로는 한계가 있다고 하겠다.

종교사무의 관리 체계

중국에서 종교사무를 관리하는 체계는, 다른 분야의 중요 정책들과 마찬가지로, 공산당이 정치적 고려를 통해 기본방향을 결정하고 인민정치협상회의이하 정협에서 법제화하며 정부에서 이를 집행하는 체계로 짜여 있다. 곧 종교문제에 대한 대처방안을 먼저 공산당의 중앙위원회와 중앙통일전선부가 전략적으로 마련하고, 정협政協이 이를 공식화하며, 국가종교사무국이 애국종교단체와 연계하여 이를 집행하는 구조로 되어 있다. 이를 오늘날 중국에서는 중국공산당의 정치적 영도와 정부의 행정적 영도라고 부른다.

중국공산당의 정치적 영도

중국공산당은 1921년 7월 1일 창당되었고, 중국공산당에 의해 1949년 10월 1일 중화인민공화국이 건국되었다. 중국은 건국 이후부터 지금까지 일관되게 당이 국가와 사회를 지배하는 이른바 당-국가체제party-state system를 유지하고 있다. 당-국가체제의 핵심은 당이 곧 국가이고, 국가가 곧 당이라는 당과 국가의 일치성과 당의 절대적 우위성이다.[84] 중국의 권력은 입법은 전국인민대표대회, 행정은 국무원, 사법은 최고인민법원으로 구분되어 있으나, 실제로는 공산당이 절대 권력으로서 당黨과정政을 분리하지 않고 정부의 주요 역할까지 담당한다. 중국공산당은 중국의 집권당으로서 중국의 정치제도와 국가사무를 지도하는 위치에 있으면서, 공산당원의 국가직책 겸직제도를 운용하고 있다.[85]

중국헌법상 중국은 중국공산당의 영도 아래 있는 사회주의 국가이다. 중국공산당은 중국 각 민족 인민을 영도하여 마르크스–레닌주의, 모택동사상, 등소평이론, 3개대표 중요사상의 지도 아래, 인민민주전정을 고수하고, 개혁개방을 지속시키며, 사회주의의 각종 제도를 부단히 완성시키고, 사회주의의 민주와 법제를 완비하며, 물질문명, 정치문명과 정신문명의 협조발전을 추진하여, 부강, 민주, 문명의 사회국가를 건설하는 것을 근본임무로 하고 있다.[86] 그러나 중국에는 중국 정치의 구심점이라 할 수 있는 중국공산당[87] 외에도 ① 중국국민당혁명위원회, ② 중국민주동맹, ③ 중국민주건국회, ④ 중국민주촉진회, ⑤ 중국농공민주당, ⑥ 중국치공당, ⑦ 93학사, ⑧ 타이완민주자치동맹 등 8개 정당이 있다. 공산당과 각 정당의 관계는 집권당과 참여당의 관계이다.[88] 요컨대 중국공산당의 일당영도체제의 정치적 함의는 첫째, 민주당파를 포함하여 어떠한 정치당파에 대해서도 경쟁적 지위를 허용하지 않으며, 둘째, 인민대표대회, 국무원, 법원 등 모든 국가기관은 공산당의 영도를 받아야 한다는 것이다. 결국 중국공산당은 중국내에서 최고의 권위를 갖는 유일한 영도정당領導政黨이라는 것이다.

중국공산당의 종교사무관리 기구로는 공산당 중앙위원회[89]와 중앙통일전선부 및 지방의 각급 당위원회黨委와 통일전선부공작 부문이 있다. 공산당의 영도를 받고 있는 당–국가체제의 특성상 통일전선부가 중요한 역할을 수행하고 있다. 중국공산당의 종교사무에 대한 영도는 주로 정치적 영도로서 정치적 방향과 중대한 방침 및 정책의 영도를 담당하며 종교정책의 실행을 지시한다. 요컨대 중국에서 공산당의 종교정책의 기본방향은, 종교신앙의 자유 정책을 철저히 실행하고, 종교사무를 법에 의거하여 관리하며, 종교와 사회의 상호적응을 적극적으로 도모하는 것이다. 그리고 자치, 자양, 자전의 원칙을 굳게 지키는 가운데, 당과 종교계의 애국통일전선[90]을 확고히 하고, 체제의 안정을 지키며, 사회주의 현대화와 국토의 통일을 이루고, 세계평화와 세계 각국의 공동발전을 촉진하는 것이다.

정부의 행정적 영도

중앙인민정부의 종무행정담당기구는 국무원 직속기관인 국가종교사무국이다.[91] 국가종교사무국은 종교단체 및 유관부서와 연계하여 종무행정을 집행한다. 국가종교사무국은 종교를 관리하는 최상위 국가기관으로, 우리나라의 종무실과 유사한 기관이다. 그러나 종교사무국은 명목상으로 국무원 직속기관일 뿐 실질적으로는 중국공산당 중앙 통일전선부에 속하여, 국내외 종교계인사에 대한 통일전선사업을 수행한다. 각 성과 자치구, 직할시 정부에는 종교사무국이나 민족종교사무위원회가 설치되어 있다.

국가종교사무국은 중국인민정치협상회의政協, 통일전선공작부統戰部 등 유관부서와 연계하여 종무행정을 집행한다. 정협은 중국에만 있는 독특한 정치기구로서 여러 정당과 협상하고 각계각층의 의견을 조정하는 것이 주된 기능이다. 전국위원회와, 성급省級 및 현급縣級의 지방위원회로 나누어진다. 헌법과 중국인민정치협상회의 장정에 따르면, 정협은 중국공산당과 8개 정당, 그리고 무당파無黨派 민주인사, 인민단체, 각 민족 및 각계 대표, 타이완 동포, 홍콩 동포, 마카오 동포 및 귀국화교 대표와 특별 초청인사로 구성된다.[92] 정협에는 9개 전문위원회가 있는데, 민족·종교위원회가 그 하나이다. 통일전선공작부統戰部도 민족·종교 관련 정책 및 법률·법규의 교육·집행, 소수민족 간부와 민족종교계 및 민족종교단체의 인사人事 배정, 민간의 신앙활동 관리, 종교 및 민간 신앙활동에 관련된 사무 관리 등의 종교사무에 관여한다.

성급 이하의 지방정부에는 종교업무를 담당하는 종교공작 부문이 있으며 전업 또는 겸업의 종교사무 담당 간부가 있다. 지방정부 종교사무 부문은 정부가 주관하는 종교 관련 직능을 담당하는 기구로, 지방의 종교사무에 대해 행정영도行政領導와 감독을 행한다.

한편, 정부는 법에 의하여 종교사무를 관리한다. 여기서 말하는 '법에 의한 종교사무 관리'는 종교신앙의 자유를 확실히 보장하고 정상적인 종교활동의 질서있는 전개를 보장하며 종교단체의 합법적 권익을 보호하는 것을 의미한다. 동시에, 종교를 이용하여 당의 영도와 사회주의제도에 반대하거나 국가통일과 국내 각 민족 사이의 단결을 파괴하는 행위를 허용하지 않고, 종교를 이용하여 국가와 사회의 이익을 훼손하거나 다른 공민의 합법적 권리를 침해하는 행동을 허용하지 않는 것을 의미한다. 결국 '법에 의한 종교사무 관리'의 요지는 합법을 보호하고 불법을 저지하며, 침투를 억제하고 범죄를 타파하는 것이다.[93]

이에 따라 종교사무에 대한 정부의 행정적 영도는, 의법치국의 원칙에 입각하여 다음 몇 가지 사항을 철저히 구현해야하는 것을 내용으로 한다. 첫째, 종교신앙의 자유와 관련하여, 어떠한 국가기관·사회단체나 개인도 종교를 믿는 공민이나 종교를 믿지 않는 공민을 차별할 수 없으며, 공민의 종교활동은 법률의 보호를 받는다는 헌법 제36조를 철저하게 관철하여야 한다. 동시에 공민에게 이 내용을 광범위하게 홍보하여, 공민의 종교신앙의 권리를 실질적으로 보호하여야 한다. 둘째, 국가는 인권을 존중하고 보장한다는 헌법 제33조를 관철하여, 공민의 종교신앙의 자유가 인권 존중의 중요한 내용 중 하나가 되게 하여야 한다. 의법행정을 전면적으로 추진하고, 실제 종교사무의 관리에서 인권이 존중되고 보장받도록 하여야 한다. 셋째, 의법치국과 의법행정의 원칙을 실천하여 법치정부를 건설하여야 한다. 정부의 종교사무 부문은 종교사무의 관리에 있어 합법적·합리적인 행정을 전개하고 정당한 절차를 따르며, 성실과 신뢰의 원칙을 지키고 권한과 책임의 통일을 이루어야 한다. 넷째, 1982년의 당중앙 19호 문건을 철저히 관철하여야 한다.[94] 전면적 소강사회를 건설하는 과정 속에서 19호 문건이 확정한 사회주의 시기 종교문제에 관한 기본관점과 기본정책은 모든 종교문제를 해결하는 근본원칙이다. 이 문건의 정신을 위배하는 모든 행위는 마르크스주의 종교관에 위배되는 것으로 반드시 당과 인민의 뜻으로 저지되어야 한다. 다섯째, 2004년 12월 국무원이 공포한 '종교사무조례'는 종합적인 종교행정 법규이므로, 이에 따라 종교사무를 관리하여야 한다.[95] 여섯째, 종교단체와 종교계 인사는 법률지식을 진지하게 학습하고 법률의식을 제고하며 법을 준수하여야 한다. 모든 종교단체와 종교계 인사는 인민의 이익과 법률의 존엄을 수호하고 민족의 단결과 조국통일을 수호하여야 한다. 또 모든 종교활동은 헌법과 법률의 범위 안에서 진행되어야 한다.[96] 일곱째, 정무 부문 공무원과 종교 부문 공무원을 포함한 각급 국가공무원은 종교 관련 헌법·법률·법규·정책을 정확히 파악하고 헌법과 법률이 정한 권한에 따라 정책을 정확히 실행함으로써 자발적으로 의법치국과 의법행정을 구현해나가야 한다.

또한 의법행정을 구현하는 종교 관련 공무원은 법적 중립을 지켜야하는 의무가 있으며 이를 위반할 경우 법적 책임을 진다. 현행 중국법에 의하면 종교 관련 업무를 수행하는 공무원은 공민의 종교신앙의 자유와 종교불신앙의 자유를 보장하여야 하며 종교 문제에 대해 중립을 지켜야 한다. 따라서 이를 위반할 경우 법적 책임을 져야 한다. 헌법 제36조는 "어떠한 국가기관도 공민에게 종교를 믿거나 믿지 않도록 강제할 수 없고, 종교를 믿는 공민과 믿지 않는 공민을 차별할 수 없다"고 규정하고 있다. 만일 공무원이 종교사무를 수행하면서 종교단체나 종교시설, 신자들의 합법적 권익을 침범하면 법에 따라 민사책임을 지며, 범죄를 구성하면 법에 따라 형사책임을 묻는다. 이에 관하여 '형법' 제251조는 "국가공작인원이 불법적으로 공민의 종교신앙 자유를 박탈하거나 소수민족의 풍속과 관습을 침범할 경우, 경위가 엄중하면 2년 이하의 유기도형 혹은 구역에 처한다"고 규정하고 있다.[97] 또한 '종교사무조례'는 제38조에서 "국가공작인원이 종교사무공작 중 직권을 남용하거나 직무를 소홀하거나 사사로이 불법을 행하여 범죄를 구성하게 되면 법에 따라 형사책임을 추궁한다. 범죄를 구성하지 않으면 법에 따라 행정처분을 내린다"고 규정하고 있다.[98] 또 공무원은 종교단체와 종교활동장소의 주요 직책을 겸임할 수 없다.[99]

애국종교조직의 역할

중국의 종교사무 관리체제에서 공산당과 정부에 이어 일정한 역할을 담당하는 주체가 '애국종교조직'이다. 애국종교조직은 중국 당국이 합법적 종교조직으로 인정한 5대종교의 7개 종교조직을 말한다. 당과 정부는 통일선전부와 정부 종교담당기관을 통하여 소위 관변 종교단체애국종교조직을 말함들을 통제함으로써 일원화된 종교관리를 실현하고자 한다. 이에 따라 애국종교조직은 정부와 신도의 관계를 연결下情上達, 上情下達하고, 종교활동이 중국헌법과 법률이 허용하는 범위 내에서 이루어지도록 하는 역할을 한다. 이 역할은 다른 조직이나 단체들에는 적용되지 않는 애국종교조직만의 특권에 속하는 것이다. 19호 문건은 "모든 종교활동장소는 정부 종교사무 부문의 행정영도 아래 종교조직과 종교교직자들이 관리를 책임진다"고 규정하고 있다. 이것이 중국에서의 종교활동장소에 대한 애국종교조직의 영도관리 체제이다.[100]

중국은 5대 종교, 즉 불교, 도교, 이슬람교, 천주교, 개신교의 '애국종교조직'만을 합법적인 종교조직으로 인정하고, 이들 종교조직을 통하여 종교를 관리하고 있다. 이에 따라 국가종교사무국의 관리를 받는 전국 단위 애국종교조직이 각 종교별로 결성되어 있다. 현재 중국에는 전국 단위의 애국종교조직으로 중국불교협회, 중국도교협회, 중국이슬람협회, 중국천주교애국회, 중국천주교주교단, 중국기독교 삼자애국운동위원회, 중국기독교협회 등 7개가 구성되어 있다. 각 종교단체는 장정章程(정관)에 의거하여 선거를 통해 영도자를 선출하고, 영도기구를 구성한다.[101] 그리고 각급 지방에는 지방 단위 종교단체가 있다.

〈표〉 중국의 종교사무관리[102]

구분	당 계통	정부 계통	애국종교단체
중앙	당위원회, 통일선전부 →	국무원국가종교사무국 →	애국종교단체
	↓	↓	↓
성	당위원회, 통일선전부 →	성 종교사무국 →	성 종교단체
	↓	↓	↓
현(시)	당위원회, 통일선전부 →	현(시) 종교 당국과 종교 조직교사무처/사무과 →	현(시)급 종교조직
	↓	↓	↓
향촌	당위원회 →	향촌인민정부 →	소속종교활동장소

→ 領導관계 ↓ 指導관계

2. 종교조직에 대한 법적 규제

중국 법규에서 종교조직은 헌법과 법률의 보호 아래 독립적으로 제반 종교활동을 조직하는 기관을 말한다. 종교조직에 대한 법적 규제에는 종교단체, 교직자 그리고 종교학교에 대한 규제가 있으며, 중국 당국은 종교단체, 교직자, 종교학교를 관리함에 있어 법적 규제를 활용하고 있다.

종교단체의 관리

종교단체의 의의

종교단체[103]는 당과 정부가 종교계인사 및 종교를 믿는 군중들과 연계하고 단결하며 교육시키는 교량으로서, 그 적극적 역할을 충분히 발휘하여야 한다. 종교단체는 종교계 인사와 종교를 믿는 군중에 대해 애국주의와 사회주의, 자치, 자양, 자전 원칙의 교육과 법률정책의 교육을 강력히 진행하도록 지도하여야 한다. 또한 구세대의 애국 종교인사들이 계속하여 역할을 발휘하게 하여야 한다. 종교단체는 영도조직의 건설을 강화하고, 예비적 역량을 적극적으로 양성하며, 신구교체의 문제를 적절히 해결하도록 도와야 한다. 종교단체는 건전한 민주관리제도를 수립하는 것을 지지하고 추동하여야 한다. 종교단체는 실제적인 곤란을 해결하는 것을 돕고 그들을 위해 공작을 전개하여 필요한 조건을 창조하여야 한다.[104] 모든 종교단체는 마땅히 당과 정부의 지도를 받아들이고 국가의 법률을 준수하며, 자아교육의 전통을 높여야 하고 항상 종교교직자들에 대해 애국주의와 사회주의, 시사정책, 국가법률, 법규 등을 교육하여야 한다.[105]

종교단체의 성립과 변경 및 취소는 '종교사무조례' 제6조와 제37조에 정하는 바에 따른다. 종교단체의 성립과 변경 및 취소는 '사회단체등기관리조례'의 규정에 따라 등기하여야 한다. 종교단체의 장정은 '사회단체등기관리조례'의 관련 규정에 부합하여야 한다. 종교단체는 장정에 따라 활동하고 법률의 보호를 받는다'종교사무조례' 제6조. 종교단체나 종교활동장소가 등기를 철회 혹은 종지한 때에는 재산을 청산하여야 하며, 청산한 후 남는 재산은 해당 종교단체나 종교활동장소의 종지에 부합하는 사업에 사용하여야 한다'종교사무조례' 제37조.

종교단체와 애국주의 교육

중국의 애국주의는 오랫동안 중국 인민의 단결과 투쟁을 고무하는 기치였다. 각급의 종교조직과 종교단체는 애국주의 교육을 실시하여야 한다는 점에서 종교단체는 애국 종교단체라 할 수 있다. 애국 종교단체는 당과 정부 종교사무 부문의 영도 아래 종교단체와 종교활동장소를 자주적으로 관리하여야 한다. 애국 종교단체는 중앙과 지방의 각급 인민대표대회와 정치협상회의에 참가하거나 정부에 참정하여 헌법·법률·법규와 정책 규정의 범위 내에서 종교활동을 행한다. 종교계에서 행하는 애국주의 교육의 기본 내용으로는 다음을 들 수 있다. 첫째, 종교가 사회주의사회와 상호적응하도록 이끌어야 한다. 종교계가 조국을 사랑하고 사회주의제도와 공산당의 영도를 옹호하여 더욱 사회주의를 위해 복무하도록 이끌어야 한다. 둘째, 애국하고 법을 준수하여야 한다. 종교를 믿는 공민과 종교조직은 자발적으로 국가의 법률과 법규·정책 규정의 범위 안에서 활동을 전개하여야 한다. 애국주의 교육을 통해 법률과 법규의 지식을 보급하고 공민의식과 법률 관념을 증강시키며 헌법과 법률·정책을 자발적으로 준수하도록 하여야 한다. 셋째, 각 종교의 교리 중 특별히 가지고 있는 애국주의적 내용을 선양하여 종교를 믿는 군중의 마음속으로 들어가게 하여야 한다. 종교계의 애국주의적인 대표적 인물을 선전하고, 중요한 역사적 활동을 기념함으로써 애국주의 교육을 진행하여야 한다. 각 종교 중에 있는 중화민족의 우수한 전통문화를 제창·발굴하고 이용하여야 한다. 넷째, 젊은 종교교직자, 특히 종교학교 학생에 대한 애국주의 교육을 강화하여야 한다. 이를 위하여 중국 근대사와 현대사 교육을 종교원교의 필수과목으로 삼고, 국내외 정세 및 당과 국가의 중요 방침과 정책을 주요 내용으로 하여, 학생들에 대해 생동감 있고 현실적인 국정교육을 진행하여 젊은 종교교직인원의 애국주의 사상을 제고하여야 한다.[106]

종교단체의 종교 관련 출판

종교단체는 국가의 관련 규정에 따라서 종교 내부자료 성격의 출판물을 인쇄할 수 있다. 공개적으로 발행한 종교출판물은 국가의 출판관리규정에 따라 처리한다. 종교적 내용이 언급된 출판물은 '출판관리조례'의 규정에 부합해야 하며, '종교사무조례' 제7조에 정한 내용, 즉 첫째, 종교를 믿는 사람과 종교를 믿지 않는 사람 사이의 화목을 파괴하는 것, 둘째, 서로 다른 종교 간의 화목과 종교 내부의 화목을 파괴하는 것, 셋째, 종교를 믿는 공민이나 종교를 믿지 않는 공민을 차별하거나 멸시·모욕하는 것, 넷째, 종교 극단주의를 선양하는 것, 다섯째, 종교의 자립, 자양, 자전의 원칙에 위배되는 것 등을 포함해서는 안된다.[107]

교직자의 관리

교직자의 의미

교직자란 종교단체에서 해당 종교의 특정 방식으로 인증절차를 밟아 종교 교무활동에 참여하는 인원을 말한다. 구체적으로 불교의 비구·비구니·사미·사미니·활불·라마·각모覺姆·장로, 도교의 도사·도모, 이슬람교의 아쿤드·이맘, 천주교의 주교·신부·수녀, 기독교의 주교·목사·교사·장로 등을 말한다. 전국의 각종 성직자들의 출신·경력·신상·사상·정치적 성향은 서로 다르지만, 전체적으로 그 중 절대 다수가 애국적이고 준법적이며 사회주의를 옹호하고 있다고 본다. 수많은 성직자들은 종교를 믿는 군중과 정신적으로 밀접한 관계를 맺고 있을 뿐이라 군중의 정신생활에 대해 무시할 수 없는 중요한 영향력을 가지고 있다. 더욱이 종교업무를 행한다는 방식 아래 수많은 서비스성격의 노동과 사회공익 측면의 일, 예컨대 사관寺觀이나 교회당이나 종교 문물을 보호하는 것이라든지 농작물 경작이나 산림 조성 및 보호라든지 종교학술 연구 등을 수행하고 있다. 이 때문에 모든 종교계 인사 중에서도 특히 각종 교직자들은 반드시 중시하여야 한다. 그들을 단결시키고 그들에게 관심을 가지며 소위 그들의 진보를 도와야 한다.[108]

각종 종교의 직업인원을 단결시키고 교육시키는 것은 당의 종교업무에 있어 중요한 내용이며, 또 당의 종교정책을 관철시키는 매우 중요한 전제조건이다. 때문에 성직자들의 생활을 적절히 안배하여야 하고, 관련 정책을 꼼꼼하게 실행하되 특히 그 중 이름 있는 인사와 지식분자에 대해서는 보다 신속히 정책을 실행하며 적당한 대우를 제공하여야 한다. 성직자들을 서로 다른 상황과 특징에 근거해 나누어 조직하여, 가능한 한 생산노동, 사회복무, 종교학술연구, 애국적 사회정치활동, 국제우호교류 등에 참여하게 함으로써, 그들의 적극적 요소를 움직여 사회주의 현대화건설 사업에 복무하게 하여야 할 것이다.[109]

교직자의 법률적 지위와 의무

교직자는 종교단체의 인정을 받은 후 현급 이상의 인민정부 종교사무 부문에 보고하여 서류등록을 하여야 종교교무활동에 종사할 수 있다. 티베트불교 라마藏族佛教活佛의 지위전승은 불교단체의 지도 아래 종교의식 규정과 역사적인 제도에 따라 처리하고, 시급 이상 인민정부 종교사무 부문이나 시급 이상 인민정부에 보고하여 비준을 받는다. 천주교의 주교는 천주교의 전국적 성격의 종교단체가 국무원 종교사무 부문에 보고하여 서류등록을 한다'종교사무조례' 제27조. 교직자들이 종교활동을 주관하고 종교의식을 거행하며, 종교전적의 정리에 종사하고, 종교문화연구 등의 활동을 하는 것은 법률의 보호를 받는다'종교사무조례' 제29조. 모든 성직자들은 애국주의와 사회주의의 각오를 부단히 제고하여야 하고 문화적 수준과 종교 지식을 제고하는 데 노력하며 당의 종교정책을 충실히 집행하여야 한다. 나아가 교직자들은 인민의 이익을 수호하고 법률의 존엄을 수호하며, 민족단결을 수호하고 국가통일을 수호하는 입장을 견지하여야 한다.[110]

교직자들이 종교업무 활동 중 법률·법규나 규장을 위반할 경우에는 법에 따라 법률적 책임을 추궁하는 것 외에 종교사무 부문이 관련 종교단체에 그 성직자들의 신분 취소를 건의한다. 교직자를 사칭하여 종교활동을 하면 종교사무 부문은 그 활동의 정지를 명하고, 불법소득이 있으면 이를 몰수한다'종교사무조례' 제45조.

종교학교의 관리

종교학교의 의의

중국법규에서 종교학교라 함은 당과 정부의 영도 아래 애국 종교조직이 창립하여 종교교직자를 양성하는 학교를 말한다. 종교학교는 애국애교의 교직자를 배양하고 종교교의에 대해 소위 사회진보의 요구에 부합하도록 해석하는 중요한 임무를 맡고 있다. 종교학교는 정부 종교업무 부문의 행정적 영도 아래 해당 학교를 운영하는 종교단체가 관리운영을 책임지고 있다. 종교학교의 학습방침은 조국사랑과 당과 정부의 영도를 받아들이는 것, 사회주의의 길을 견지하는 것, 조국통일 및 민족단결을 수호하는 것, 종교지식을 쌓는 것 그리고 더불어 종교를 믿는 군중과 연계된 종교교직원들의 대오를 배양하는 것 등이다.[111]

중국의 종교단체는 해방 후 50년대 중기부터 종교학교들을 창립하고 애국적 교직자들을 교육하였다. 종교학교를 졸업한 학생들은 전국 각지에 흩어져 사관寺觀이나 교회당을 맡거나, 지방의 종교단체를 지도하거나 문화학술연구 및 종교학교의 교사로 종사해 왔다. 그들 중 다수는 전국 혹은 지방의 각급 인민대표나 정치협상회의 위원으로 선출되어 적극적으로 참정활동과 의정활동을 하였다. 그들 중 대부분은 애국애교하고 단결진보하는 인물들로서 인민정부의 영도와 사회주의제도를 옹호하였고, 종교활동을 전개하고 대외적 우호교류 및 종교를 믿는 군중을 단결시키는 등의 긍정적 역할을 하였다. 그러나 문화대혁명 시기 대부분의 사관과 교회당은 종교활동을 정지당하였고 기타 부문에게 점용되거나 폐쇄되었으며, 종교학교도 핍박을 받아 운영이 중지되었다. 그러나 1980년 종교신앙의 자유 정책이 회복되면서 종교활동장소는 기타 부문으로부터 종교계에 반환되었고, 종교학교도 복원되었다.[112] 이후 전국의 각 종교단체는 각급 종교학교를 회복하거나 창설하여 교육을 실시하고 있다. 또한 외국에 종교계 유학생을 보내 새로운 애국적 교직자들을 배양하여 각종 종교사업에서 중요한 역할을 발휘하게 하고 있다.

종교학교의 설립과 유형

종교학교를 설립하기 위해서는 '종교사무조례' 제9조 소정의 조건을 갖추어야 한다. 첫째, 명확한 교육양성 목표, 학교운영 장정章程, 과정개설 계획이 있어야 한다. 둘째, 교육양성조건에 부합하는 학생자원이 있어야 한다. 셋째, 필요한 학교운영 자금과 안정적인 경비자원이 있어야 한다. 넷째, 교학임무와 학교운영 규모에 필요한 교학장소와 시설설비가 있어야 한다. 다섯째, 학교를 담당하는 전업專業 책임자와 자격을 갖춘 전업 교사, 그리고 내부관리 조직이 있어야 한다. 여섯째, 지역적 안배가 합리적이어야 한다. 그리고 종교학교를 설립하기 위해서는 '종교사무조례' 제8조 소정의 절차를 거쳐야 한다. 전국 단위의 종교단체인 경우에는 국무원에 직접 종교학교 설립을 신청할 수 있고, 성·자치구·직할시 단위의 종교단체의 경우는 설립 예정지의 해당 지방정부에 신청하고, 해당 지방정부가 다시 국무원에 심사 비준을 요청하는 절차를 거친다.[113]

종교학교에는 전국적인 것과 지방적인 것이 있다. 전국단위의 종교학교는 국무원 종교사무국의 영도 아래 전국적 애국종교단체가 창립하고 관리한다. 전국단위의 종교학교는 주로 고급 종교 후계자를 양성하여야 하며, 더불어 지방단위의 종교학교를 위해 교사 양성의 임무를 책임져야 한다. 전국 규모의 종교단체는 해당 종교의 필요에 따라 종교교육을 위한 유학생을 보내거나 받아들일 수 있다 '종교사무조례' 제10조. 또 교학敎學의 질을 제고하기 위해 국무원 종교사무국의 비준을 거쳐 소수의 해외학자를 초청하여 종교학교에서 단기간 교육을 맡게 할 수 있다. 초빙된 외국 교사는 중국의 교학방침에 따라야 하며, 종교학교 사업의 발전에 유리해야 하고, 교육의 질을 제고하는 데 도움이 되어야 한다. 외국교사의 초빙은 필요에 따라 신중히 진행하여야 하고, 실제적 효과라는 원칙에 중점을 두어야 한다. 지방단위의 종교학교는 성省과 자치구·직할시의 영도 아래 해당 지역의 애국종교단체가 창립하고 관리한다. 지방단위의 종교학교는 주로 종교교직자 양성을 중점으로 하여야 하고, 전국단위의 종교학교에 적합한 학생을 추천하여야 한다.

종교학교의 학생모집과 운영경비

종교학교의 학생모집과 운영경비에 대한 규정은 다음과 같다. 종교학교는 정직하고 애국적이며 종교직업에 종사하려는 마음을 가지고 있으며 일정한 문화적 수준을 가진 청년 중에서 학생들을 모집하여야 하며, 이 직업에 종사하려는 마음이 없거나 필수적인 문화적 기초가 결여된 사람들을 억지로 모집하여서는 안된다.[114] 경제적 상황이 양호한 종교활동장소는 일정 금액의 경비를 출연하여 종교학교의 운영을 도와야 한다. 종교학교는 선발하여 보낸 학생이 소속된 종교활동장소에 필요한 경비를 요구할 수 있다. 그리고 종교학교는 조건이 전제되지 않고 중국의 자치, 자양, 자전의 교회원칙을 훼손하지 않는 외국이나 화교로부터 기부를 받을 수 있다.

3. 종교활동장소에 대한 법적 규제

종교활동장소의 의의와 관리체계

종교활동장소의 정의와 관리체계에 관해 현행 중국의 종교 관련 법규는 다음과 같이 규정하고 있다.

종교활동장소는 종교교직자들과 신자들이 종교활동에 종사하고 종교수행을 진행하며, 종교감정을 표현하고 종교심을 배양하는 장소이다. 구체적으로 예시하면, 사원, 도궁, 교회, 성당, 공소, 수도원 등을 말한다. 종교활동장소는 정부 종교사무 부문의 행정영도 아래 해당 장소의 종교교직인원이나 종교단체의 인원이 관리를 책임진다. 여기서 종교단체와 종교활동장소의 관계가 문제가 되는데, 불교를 예로 들면, 종교단체라함은 중국불교협회와 지방의 각급 불교협회를 말하고, 종교활동장소는 전국 각지에 무수히 분포된 사원과 암자 등을 가리킨다.[115]

문화대혁명 시기 사관寺觀과 교회당은 종교활동을 정지당하고 몰수되어 다른 용도로 전용되거나 폐쇄되었다가, 당중앙 11기 3중전회 이후 종교 신앙의 자유 정책을 회복하면서 종교활동장소는 정부의 승인을 거쳐 다시 종교계로 반환되었다. 종교활동장소를 합리적으로 안배하는 것은 당의 종교정책을 실현하고 종교활동을 정상화시키는 중요한 물질적 조건이 된다. 따라서 보다 합리적으로 종교활동장소를 안배하여야 한다. 신도들이 많이 모여 사는 지방 특히 소수민족 지구에는 마땅히 계획을 가지고 단계적으로 사관과 교당教堂을 회복시켜야 한다. 또 영향력이 크고 역사적 가치가 높은 국내외의 유명한 사관, 교당은 점차 수리, 복원해야 한다.

모든 종교활동장소는 정부 종교사무 부문의 행정영도 아래 종교조직과 종교직업인이 관리를 책임진다. 모든 종교활동장소는 종교사무 부문의 감독과 검사를 받아들여야 한다 '종교사무조례' 제19조. 현급 이상 인민정부 종교사무 부문은 법에 따라 국가이익과 사회공공 이익과 연관된 종교사무에 대해 행정관리를 행한다. 현급 이상 인민정부와 기타 관련 부문은 각자 책임범위 안에서 법에 따라 관련된 행정관리업무를 책임진다. 각급 인민정부는 종교단체와 종교활동장소, 신도들의 의견을 청취하여 종교사무 관리업무를 조화롭게 영도하여야 한다 '종교사무조례' 제5조.[116] 각종 종교조직은 자변自辦하고 자양自養하는 데 필요한 경비를 해결하기 위하여 종교와 관련된 방산房産(소유권을 가진 집이나 건물)과 방조房租(임대료) 수입 규정을 살펴야 한다.[117]

종교활동장소의 기능과 의무

종교활동장소의 설립조건과 종교활동장소의 기능, 그리고 기타 법적 의무사항에 대해서는 아래와 같이 규정되어 있다.

종교활동장소의 설립을 위해서는 '종교사무조례' 제14조에 따라 소정의 조건을 구비하여야 한다. 첫째, 설립하는 종지宗旨가 본 조례의 제3조[118]와 제4조[119] 규정을 위배하지 않아야 한다. 둘째, 해당 지역의 종교를 믿는 신도들이 일상적으로 단체 종교활동을 진행할 필요가 있어야 한다. 셋째, 종교활동을 주관할 종교교직자 또는 해당종교의 규정에 부합하는 인원이 있어야 한다. 넷째, 필요한 자금이 있어야 한다. 다섯째, 구성이 합리적이고 주위의 기관과 거주민의 정상적인 생산활동과 생활을 방해하지 않아야 한다. 종교활동장소의 설립준비는 종교단체가 설립하려는 종교활동장소 소재지의 인민정부 종교사무 부문에 입안 계획을 제출해 신청하여야 한다.[120] 모든 종교활동장소는 법에 따라 등기를 하여야 하고, 등기를 거친 종교활동장소는 법률의 보호를 받으며 정부 종교사무 부문의 행정 영도 아래 애국종교단체와 종교교직인원이 민주적인 원칙에 따라 관리를 책임 진다.[121]

종교활동장소는 종교교직자와 신도들이 종교의식을 거행하고 종교활동을 진행하는 장소이다. 동시에 종교활동장소는 종교문화를 전파하고 성스러운 분위기를 조성하며, 종교적 감정을 도야하고 사람의 마음을 정화하며, 환경을 미화하고 대외적으로 우호교류를 진행하는 기능을 종합적으로 수행한다. 특히 모든 민중이 종교를 믿는 소수민족 지구, 예컨대 티베트족, 태족傣族, 몽골족, 회족 등이 거주하는 지역에서 종교활동장소는 군중의 공공집회 장소인 동시에 마을村社의 문화활동의 장소이기도 하다. 따라서 종교활동장소를 적절히 운영하고 종교단체의 자체적인 건설을 강화하는 것은, 종교를 믿는 많은 군중을 단결시키고 사회주의의 각 민족으로 이루어진 국가의 응집력과 구심력을 증강시키며, 사회의 안정을 촉진시키고 사회주의 물질문명, 정치문명, 정신문명의 건설을 강화시키는 중요한 의의를 가지고 있다.

종교활동장소는 관리조직을 성립하고 민주적인 관리를 실행하여야 한다. 종교활동장소의 관리조직 구성원은 민주적 협의를 거쳐 선출하며 더불어 해당 종교활동장소의 등기 관리기구에 보고하여 등록해야 한다'종교사무조례' 제17조. 종교활동장소는 내부 관리를 강화하고 관련 법률·법규·규장의 규정에 따라 인원·재무·회계·치안·소방·문물보호·위생방역 등의 관리제도를 완비하여야 하며, 해당 지역 인민정부 관련 부문의 지도·감독과 검사를 받아야 한다동법 제18조. 종교활동장소는 해당 장소 안에서 발생하는 중대 사고나 종교적 금기 등을 위반하여 신도들의 종교감정을 침해하고 민족 간의 단결을 파괴하며 사회의 안정에 영향을 끼치는 사건을 방비한다. 위와 같은 사고나 사건이 일어났을 때 종교활동장소는 즉시 소재지의 현급 인민정부 종교사무 부문에 보고하여야 한다'종교사무조례' 제23조. 종교단체, 종교활동장소가 소유한 가옥과 사용하는 토지는 법에 따라 현급 이상의 지방인민정부의 가옥 토지관리 부문에 등기를 신청하여 소유권과 사용권의 증서를 취득하여야 한다. 재산권을 변경할 경우에는 즉시 변경수속을 거쳐야 한다'종교사무조례' 제31조.

비종교활동장소의 종교활동

중국의 종교법규는 종교활동을 하기 위한 시설이나 장소는 법적 요건을 구비하고 정부 종교사무 부문의 승인을 받도록 하고 있으며, 이를 거치지 않은 종교시설은 모두 비종교활동장소로 규정하고 있다. 따라서 종교활동장소로서 승인을 받지 않은 사찰 등의 종교시설에서 종교활동을 하는 것은 불법으로 간주된다. 종교활동장소에서의 종교활동에 대한 규정으로 '종교사무조례' 제41조 각호[122] 중 하나의 해당사항이 있을 경우, 종교사무 부문은 시정을 명한다. 사건의 경위가 중하면 등기관리기관이 그 종교단체나 종교활동장소의 직접 책임자의 교체를, 더 나아가 사건의 경위가 심각하면 등기관리기관은 해당 종교단체나 종교활동장소의 등기를 취소하고, 불법 재물이 있으면 몰수한다.

비종교단체나 비종교활동장소가 종교활동을 조직하거나 거행하고 종교적 성격의 기부금을 받으면 종교사무 부문이 활동의 정지를 명하고, 그로부터 얻은 불법소득이 있으면 불법소득을 몰수된다. 위법정도가 크면 불법소득의 1배 이상 3배 이하의 벌금을 부과할 수 있다'종교사무조례' 제43조. 따라서 비종교단체가 세웠거나 종교활동장소로서 정부의 승인을 받지 않은 사원이, 관광이나 불법적인 이익 도모를 위하여 승려를 초빙 또는 고용하여 사원에서 법회 등의 종교활동을 하는 것은 관련 종교정책과 법규를 위반이다. 또 종교활동장소로 개방되지 않은 불교와 도교의 사관寺觀으로 주로 원림園林 · 문물 부문이 관리하며 성직자가 없는 곳은 종교활동을 할 수 없다. 정부가 개방을 허가하지 않은 종교활동장소는 군중의 보시를 받을 수 없고 종교용품도 판매할 수 없다.[123]

최근 종교활동장소에 대한 관리 사례

첫째, 국가 종교사무국은 2009년 3월 24일, 2009년부터 전국 범위 내에서 '화해사관교당和諧寺觀教堂'의 개전 · 창건 활동을 전개하기로 결정하였다. 그동안 당과 정부는 종교활동장소의 관리를 중시하여 왔고, 그 결과 많은 곳에서는 당과 정부의 영도와 지지 하에서 조화로운 사회를 건설하는 요구에 의하여 '문명 종교활동장소, 조화로운 성당, 평화로운 사원' 운동을 전개하여 좋은 성과를 거두었다. '화해사관교당' 창건활동의 목표는 5년 내에 전국 다수의 종교활동장소가 기본적으로 창건표준에 도달하게 하고, 이 기초 위에 전형을 수립하며 선진적인 예를 표창하는 것이다. 창건활동을 하나의 장기간의 사업으로 끊임없이 신축하며 부단히 제고하자는 것이다. 그리하여 창건활동을 통하여 종교계의 자체 소질을 제고하고 종교활동장소의 관리가 규범적이고 종교관계가 조화롭고 종교계가 자각적으로 경제 사회발전을 위해 공헌하게 하는 것이다. 창건활동의 범위는 '종교사무조례'의 관련 규정에 의하여 법에 의해 설립하고 등기한 사원, 궁관, 청진사, 교당 및 기타 고정 종교활동장소이다. 즉 법에 의해 등록된 모든 종교활동장소가 대상으로 창건활동의 기본표준으로 애국애교, 지법수법知法守法 등 8개 항목을 채택하였다.[124]

둘째, 국가여행국, 국가공상행정관리총국國家工商行政管理總局, 국가질량감독검험검역총국國家質量監督檢驗檢疫總局, 국가종교사무국, 국가문물국, 국가표준화관리위원회는 연합하여 2009년 6월 18일 '전국 종교여행장소에서의 향피우는 행위를 한층 규범화할 것에 대한 의견'을 제출하였다. 종교여행장소에서 향을 피우는 행위를 규범화하는 것은 여행업의 발전, 문화의 계승, 환경보호의 협조적인 발전에 있어서의 구체적인 조치 중의 하나이다.[125]

셋째, 국가종교사무국, 주방화성향건설부住房和城鄉建設部, 국가안전생산감독관리총국은 연합으로 2008년 12월 22일 '종교활동장소의 건설공정 안전감독관리 강화'를 요구하였다. 종교활동장소는 신교군중들이 종교활동을 행하는 비교적 특수한 공공장소로서, 건물의 건설공사안전은 직접적으로 다수의 신교군중의 생명 및 재산 안전과 연계되어 있다.[126]

4. 종교재산에 대한 법적 규제

종교단체 재산의 보호

중국에서 사회단체는 재산에 대한 직접 소유권을 보유한 사회단체와 재산에 대한 사용권을 가진 사회단체로 나누어진다. 전자는 그 재산에 대해 누구도 침탈할 수 없는 완전한 소유권을 가지고 있으며, 관련 부문 역시 해당 단체의 재산을 무상으로 징발하거나 이동시킬 수 없다. 그러나 후자의 사회단체는 재산을 점유하고 사용하지만 소유권을 가지고 있지는 않다. 그 소유권은 국가에 속하며 사회단체는 다만 사용권을 가진다.

중국의 종교계가 가지고 있는 사찰, 도관道觀 및 교회의 토지 및 가옥에 대한 소유권은 대부분 국가에 속한다. 이는 통상적으로 말하는 국가보유 소유권이다. 하지만 중국은 법률적으로 정교政敎가 분리되는 국가로서 국가기관과 그 업무인원은 종교활동장소의 경영에 참여할 수 없다. 따라서 국가가 이미 종교계에 관리·사용을 승인해준 사찰·도관·교회는 일반적으로 국가기관 또는 그 파생기관이 결코 직접 관리하거나 사용하지 않는다. 종교단체와 종교활동장소가 국가로부터 위임받아 관리사용권을 갖는 것은 국가의 법률적 보호를 받으며 어떤 기관이나 개인도 임의로 이를 변경하거나 침탈할 수 없다. 동시에 종교계는 관리하는 사원을 판매하거나 저당을 설정하거나 혹은 증여할 수 없다.

종교단체의 재산에 관해서는 '민법통칙'과 '종교사무조례'가 규정하고 있다. '민법통칙' 제77조는 "종교단체를 포함한 사회단체의 합법적 재산은 법률의 보호를 받는다"라고 하여, 종교단체의 합법적 재산에 관하여 규정하고 있다. 여기서 종교단체의 합법적 재산은 정부 관련 부문의 확정을 거친 재산권으로서, 종교단체가 사용·관리하거나 임대하는 건물, 토지, 산림, 초원 및 기타 합법적 종교수입을 말한다. 동조의 목적은 종교재산이 법률의 보호범위에 들어 있다는 것을 강조하여, 종교단체의 재산에 대한 소유권과 국가에 대한 특정 재산의 사용권 및 경영권을 보호하는 데 있다. 그리고 '종교사무조례' 제30조도 "종교단체나 종교활동장소가 합법적으로 사용하는 토지와 합법적으로 소유하거나 임대하는 가옥, 건물, 시설 및 기타 합법적인 재산과 수익은 법률의 보호를 받는다. 어떠한 조직이나 개인도 종교단체와 종교활동장소가 합법적으로 소유하거나 사용하는 재산을 침탈 · 강탈 · 사분私分 · 훼손하거나 불법으로 사봉査封 · 압류 · 동결 · 몰수 · 처분할 수 없다"라고 규정하고 있다. 그리고 제32조는 "종교활동장소가 종교활동에 사용하는 가옥, 건물 및 그에 부속된 성직자의 생활용 주택은 양도 · 저당 또는 실물투자할 수 없다"라고 규정하고 있다.[127]

종교단체의 토지권

중화인민공화국 헌법과 '토지관리법'은 토지 소유권과 사용권에 관하여 규정하고 있다. 헌법 제10조는 "도시의 토지는 국가소유에 속한다. 농촌과 성城 · 시 교외의 토지는 법률의 규정에 의하여 국가소유에 속하는 것을 제외하고 집체소유에 속한다. 주택단지와 자유지自留地[128], 자유산自留山 역시 집체소유에 속한다. 국가는 공공이익의 필요에 따라 법률의 규정에 의하여 토지에 대하여 징수 또는 징용할 수 있고, 보상을 한다"라고 규정하고 있다. '토지관리법'은 "국유토지는 법에 따라 전민소유제 단위 혹은 집단소유제 단위에게 주어 사용하도록 정한다. 국유토지와 집단소유토지는 법에 의하여 개인에게 사용할 수 있음을 정한다. 사용하는 토지의 단위와 개인은 토지를 보호 · 관리하고 합리적으로 사용할 의무를 진다"제7조, "집단소유의 토지는 법률에 의하여 농촌주민 집단의 소유에 속하며, 농촌업생산합작사農村業生産合作社 등의 농업집단 조직 혹은 농민위원회가 경영 · 관리한다"제8조라고 규정하고 있다.[129]

종교단체의 토지권 가운데에는 국가소유와 집단소유의 2종류의 소유제 형식이 있다. 도시의 사관寺觀, 교회당 및 종교단체가 사용하는 토지는 그 소유권이 국가에 속하며, 사관, 교회당 및 종교단체는 그 사용권을 가지고 국가는 그 사용과 수익의 권리를 보호한다. 사용권을 가진 사람은 관리·보호하고, 합법적으로 이용할 의무를 진다. 누구도 토지가 국유라는 것을 이유로 종교계가 사용하는 토지를 무상으로 점유하고 개발하여, 이 토지에 대한 종교단체의 사용권을 박탈하거나 그 합법적 권리를 침범할 수 없다. 농촌과 도시 교외의 사관, 교회당 및 종교단체가 사용하는 토지는 신중국 성립 초기에 토지개혁 중 새롭게 분배되었고 이후 합작화合作化의 과정을 거쳤다. 따라서 해당 구역의 사관 및 교회당은 일찍이 모두 농촌의 집단경제 조직에 속하게 되었다. 개혁개방 이후 이런 토지의 소유권은, 이미 소유권의 귀속 변경 절차를 거친 것을 제외하고는, 종교단체사관이나 교회당의 집단소유에 속하며 그 소유권자는 점유·사용·수익의 권리를 보유하는 것으로 인정되었다. 따라서 다른 기관이나 개인은 이를 무상으로 징발하거나 취득할 수 없고, 이미 점용된 것은 종교계에 반환하여야 하는 것으로 규정되었다.[130]

천주교, 기독교 소유의 토지와 가옥 등 교산敎産(종교재산)은 제국주의 침략의 결과로 간주되어 신중국 성립 이후 한 때 보호받지 못하였으나, 현재는 천주교와 기독교 소유의 교산 역시 '민법통칙' 제77조의 "종교단체를 포함한 사회단체의 합법적 재산은 법률의 보호를 받는다"라는 규정에 의해 그 합법적 권리를 보장받게 되었다.[131]

5. 외국인의 종교활동에 대한 법적 규제

국내 체류 외국인

중국의 현행법은 중국 국내에 체류하는 외국인에 대해, 종교신앙의 자유를 존중하고 중국 종교계와 우호적으로 교류하는 것을 인정하고 있다. 그러나 이는 제한적으로만 허용되고 있다. 국무원은 국내 거주 외국인의 종교신앙의 자유를 보장하고 사회의 공공이익을 수호하기 위하여 헌법에 근거하여 1994년 1월 31일 '중화인민공화국경내외국인종교활동 관리규정'을 국무원령 제144호로 공포하고 동일자로 시행하였다. 그리고 국무원 국가 종교사무국은 2000년 8월 11일 '중화인민공화국경내외국인종교활동관리규정시행세칙'을 국가 종교사무국령 제1호로 공포하여 동일자로 시행하였다. 이 규정에서 '중화인민공화국경내외국인'은 '국적법'에 규정된 중국 국적을 소지하지 아니한 중국내 외국인을 가리키며, 중국에 거주하는 상주자와 단기 체류자를 포함한다동 규정 시행세칙 제2조. 외국 종교조직이 중화인민공화국 경내에서 종교활동을 할 경우에도 본 규정을 적용한다동 규정 제10조. 외국에 거주하는 중국 공민이 중국 경내에서, 대만 주민이 중국 대륙에서, 홍콩·마카오 주민이 국내에서 종교활동을 할 경우에는 본 규정을 참조하여 집행한다동 규정 11조.

외국인의 종교활동의 관리

종교활동의 자유와 제한

'중국내 외국인의 종교활동'은 중국 내에서 외국인 각자의 종교신앙·관습에 따라 행하고 참여하는 각종 종교의식, 중국의 종교사회단체, 종교활동장소 및 종교교직인원과의 관계에서 발생하는 종교사무 분야에서의 활동과 이와 유관한 각종 활동을 의미한다中華人民共和國境內外國人宗敎活動管理規定施行細則 제3조. 중국에서 외국인은 내국인에 비해 종교신앙의 자유가 제한적으로 인정된다. 현행 중국법에 규정된, 중국 국내 체류 외국인에 대해 허용되는 종교활동과 제한되는 종교활동은 다음과 같다.

외국인은 중국 국내의 불교 사원, 도교 궁관, 이슬람교 사원인 청진사, 교회, 성당 등 종교활동장소의 종교활동에 참가할 수 있다. 성직자의 신분으로 입국한 외국인은 성省·자치구·직할시 이상의 종교 사회단체의 초청을 받아, 법에 의거하여 허가된 종교활동장소에서 강론이나 설교를 할 수 있다. 기타 신분으로 입국한 외국인은 성·자치구·직할시 이상의 종교사회 단체의 초청 및 성급省級 이상 인민정부의 종교사무 부문의 동의를 받아, 법에 의거하여 허가된 종교활동장소에서 강론하거나 설교할 수 있다. 초청을 받아 법에 의거하여 허가된 종교활동장소에서 강론하거나 설교하는 외국의 성직자는 반드시 동 장소의 관리규정을 준수하고, 그 장소 사람들의 신앙·관습을 존중하여야 한다동 세칙 제6조. 외국인은 현급 이상의 인민정부 종교사무 부문에서 인가하는 장소에서 외국인이 참가하는 종교활동을 할 수 있다. 외국인은 중국 국내에서 중국의 성직자를 초청하여 세례·혼례·장례 및 법회 등의 종교의식을 거행할 수 있다동 규정 제4-5조.[132] 외국인이 중국에 입국할 경우에는 본인이 사용하는 종교 인쇄물과 카세트 테이프, 비디오제품 및 기타 종교용품을 휴대할 수 있다. 그러나 본인이 사용하는 한도를 초과한 종교 인쇄물과 카세트 테이프, 비디오제품 및 기타 종교용품 등을 소지하고 입국할 때에는 중국세관의 관련 규정에 따라 처리한다. 중국사회의 공공이익에 해로운 내용의 종교 인쇄물과 카세트 테이프, 비디오 제품을 휴대하고 입국하는 것은 금지한다규정 제6조.

외국인이 중국 국내에서 성직자를 양성하고자 유학생들을 모집하거나 중국의 종교학교에 유학하고 강의를 할 경우에는 중국의 관련 규정에 따라 처리한다규정 제7조. 외국인이 중국 종교학교에 유학할 경우에는 반드시 '고등교육기관의 외국유학생접수관리규정'에 부합되어야 하며, 전국 단위의 종교사회단체의 승인을 받고 국가 종교사무국에 등록해야 한다동 세칙 제14조. 외국인이 중국 종교학교에서 강의하거나 교수할 경우에는 반드시 '종교학교의 외국인전문가초빙방법'의 규정에 따라야 한다동 세칙 제15조.

외국인의 의무와 책임

현행 중국법에서 외국인이 중국 내에서 행하는 종교활동은 반드시 중국의 법률과 법규를 준수하여야 하며, 외국인의 중국내 선교활동은 엄격히 금지된다. 이에 따라 외국인은 중국의 종교사회단체 및 종교활동장소의 설립·변경에 간섭할 수 없고 중국 종교사회단체의 교직자의 선임 및 변경에 간섭할 수 없으며, 중국 종교사회단체의 기타 내 부문제에 대하여 간섭하거나 지배하려고 해서는 안된다. 외국인은 중국 내에서 어떠한 명의나 방식으로도 종교조직을 창설하거나 종교사무 기구를 설립하거나, 종교활동장소를 설립할 수 없으며, 종교학교 또는 종교양성반 등을 개설하거나 운영할 수 없다동 세칙 제16조. 외국인은 중국 공민을 신도로 만들거나, 성직자를 위임하거나 기타 선교활동을 하여서는 안된다동 규정 제8조. 아울러 동 시행세칙 제17조는 중국 내에서 금지되는 외국인의 선교활동을 보다 구체적으로 열거하고 있다.[133]

외국인이 본 규정을 위반하여 종교활동을 한 경우에는, 현급 이상의 인민정부 종교사무 부문과 기타 관련 부문은 적절한 권고와 제지조치를 하여야 한다. 외국인이 동 세칙을 위반하고 행한 종교활동이 중화인민공화국의 '외국인출입국관리법', '치안관리처벌조례' 등 법률이나 법규를 위반하는 경우, 공안기관은 법에 의거하여 처리한다. 범죄를 구성하는 행위는 사법기관이 법에 의거하여 형사책임을 묻는다동 세칙 19조.

국외 인사의 기부금

국무원 국가종교사무국은 1993년 7월 31일 발포한 '국외 종교조직과 개인의 기부를 접수하는 허가권한에 관한 통지關于接收境外宗教組織和個人損贈批准權限的通知'에서 국외 인사가 종교단체·종교학교 및 종교활동장소에 대하여 기부하는 것에 관하여 명확히 규정하였다. 첫째, 국외 종교조직과 종교신도가 중국 종교단체와 사관, 교회당에 기부하는 것은 정치적 조건이 없고 중국의 종교사무에 간섭하지 않는다면 원칙적으로 받아들일 수 있다. 받아들인 국외의 기부는 중국 종교단체가 자율적으로 운용하고 사용하며 동시에 정부의 종교사무 부문으로부터 감독을 받는다. 각

종교단체와 사관 및 교회당은 국외 종교조직과 개인의 기부를 공개하거나 밝힐 수 없다. 둘째, 종교단체와 사관 및 교회당은 한 번에 100만 위안 이상의 기부를 받게 되는 경우에는, 성·자치구·직할시 인민정부의 승인을 거쳐야 한다.[134] 셋째, 국내에서의 사관이나 교회당에 대한 신축이나 중건을 요구하는 기부의 경우에는, 성·자치구·직할시 인민정부 종교사무 부문의 심사를 거치고 인민정부에 보고하여 승인을 받아야 비로소 받아들일 수 있다. 넷째, 국내에서 종교학교를 짓는 것을 요구하는 기부의 경우에는, 국무원의 심사·비준을 거쳐야 한다.[135]

III. 소수민족 종교 문제

중국헌법에는 민족이라는 용어가 전편에 걸쳐 여러 곳에서 등장한다. 아마도 헌법에 중국만큼 민족을 강조한 국가는 없을 것이다. 중국헌법에서는 주권의 주체인 중국 인민을 지칭할 때에도 단순히 인민이라 하지 않고 중국 '각 민족 인민'으로 표현하고 있다. 중국에서 종교는 민족성을 강하게 띠고 있는데, 이 종교의 민족성은 대외적으로는 종교적 중화민족주의로 나타나고, 대내적으로는 소수민족의 종교문제로 나타난다.

1. 종교적 중화민족주의

다민족 단일국가로서의 중국

중국은 진한시대 이래 하나의 중앙집권적이고 다민족적인 통일적 단일국가 구조를 유지하여 왔다. 중국은 주류 민족인 한족漢族과 정부가 공식적으로 인정하는 장족壯族, 만주족滿族, 티베트족藏族, 몽고족, 위그르족維吾爾族, 회족回族 등 55개의 소수민족으로 구성되어 있는 다민족국가이

다. 소수민족에는 정부 당국에 의해 공식적으로 민족으로 분류되지 않은 소수의 민족도 존재한다.[136]

중국에 있어서 민족이라는 개념은 아편전쟁 이후 서구로부터 전래된 것으로, 19세기 후반부터 사용되기 시작하였다. 그러나 오늘날 중국에서 사용되는 민족이라는 개념은 서구에서 사용되는 민족nation, nationality과 여러 점에서 다르다. 서구에서는 민족과 국가가 하나의 민족국가라는 개념을 형성하는 것으로 이해하여, 민족과 종족집단ethnic group을 구별하는데 반해, 중국에서는 민족과 종족집단을 구별하지 않는다.[137] 이와 같이 중국은 중국 특유의 사회주의적 민족개념을 정립하고 중국식으로 이해하고 있다. 중국공산당 장정은 총강령에서 "중국공산당은 평등, 단결, 협조, 조화의 사회주의 민족관계를 수호하고 발전시키며, 소수민족 간부를 적극적으로 양성·선발하고 소수민족과 민족지구를 지원하여 경제·문화 및 사회 사업을 발전시킴으로써 여러 민족이 공동으로 단결 분투하고 번영 발전하도록 한다. 당의 종교사업 기본방침을 전면적으로 관철하고 신교대중들을 단합시켜 경제와 사회 발전을 위하여 기여하도록 인도한다"라고 선언하고 있다.

국가종교로서의 중화민족주의

현재 중국에서 중화민족이라는 말이 공식적으로 사용될 때, 이 말은 주류 민족인 한족을 가리키는 말로 쓰이는 것이 아니라 현재 중국 국가공동체를 구성하는 여러 민족 전체를 포괄하는 개념으로 사용된다. 곧 역사 이래 중국 국경 내에서 생활해온 화하족華夏族 및 다수의 소수민족들이 오랜 역사 과정에서 다양성과 통일성을 바탕으로 융합하여 중화민족을 형성하였다는 것이 중국정부의 공식적 입장이다. 그렇다면 중화민족이란 한족을 주체로 하고 55개 소수민족을 포괄하는 56개 민족으로 구성된 새로운 큰 민족개념이라 할 수 있다. 따라서 중국에서는 한족이 소수민족에 대하여 가지고 있는 우월감의 표시인 대한족주의大漢族主義나 각 소수 민족들이 민족의 단결을 촉구하는 지방민족주의가 허용되지 않는다. 헌법 서언은 중화민족주의에 관하여 여러 차원에서 기술하고 있다. "중국 각 민족의 인민은 공동으로 빛나는 문화를 창조하였고, 중국인민은 민족 해방과 자유민주를 위하여 희생을 아끼지 않고 분투하였다. 모택동 주석을 영수로 하는 중국공산당은 각 민족 인민을 영도하여 장기간의 험난한 무장분투와 투쟁 끝에 중화인민공화국을 수립하였고, 중국 각 민족 인민은 장차 계속하여 나라를 부강하고 민주적이며 문명의 사회주의 국가를 건설할 것이다. 중화인민공화국은 전국 각 민족이 공동으로 창건한 통일의 다민족국가이다. 평등, 단결, 서로 돕는 사회주의 민족관계는 확립되었으며, 이를 장차 계속하여 강화해야 한다. 민족단결 수호의 투쟁 중 대민족주의, 특히 대한족주의에 반대하며, 지방민족주의에도 반대한다. 국가는 일체의 노력을 다하여, 전국 각 민족의 공동번영을 촉진시킨다. 본 헌법은 중국 각 민족 인민이 분투한 성과를 확인한 국가의 근본법이며, 전국 각 민족 인민은 헌법의 존엄을 수호하고, 헌법의 실시를 보증할 책무를 진다."

이와 같이 헌법은 대민족주의, 특히 대한족주의나 지방민족주의에 반대한다고 분명히 천명하고 있다. 이 점을 고려할 때 중화민족주의는 다민족으로 구성된 중국 국가공동체를 하나로 결속하기 위해 창안된 개념이라 할 수 있다. 그리고 이는 대외관계에 있어서 종교적 중화민족의를 이끌어내는 논리로 작동한다.

종교적 중화민족주의

종교적 중화민족의의 의의

종교적 중화민족주의란, 중국의 종교단체와 종교사무는 외국세력의 지배나 간섭을 받지 않고 독자적으로 이루어져야 한다는 종교상의 독립주의를 뜻한다. 중국 당국은 이를 중국 특유의 종교신앙의 자유 개념과 관련지어 설명한다. 공민 개인이 자신이 신봉하는 종교를 사랑하는 것은 자연스런 현상이다. 만약 자신이 신봉하는 종교를 사랑하지 않는다면 그 것은 믿지 않는다는 뜻이고 따라서 그 종교의 신자가 아니라는 의미이기 때문이다. 그런데 이 애교는 애국으로 이어져야 마땅하다. 사회주의의 신중국이 없다면 종교신앙의 자유도 없고, 종교신자와 기타 공민 사이의 동등한 정치적 권리와 사회적 지위도 없다. 또 번영하고 부강한 사회주의 국가가 아니면, 종교사업의 발전도 없다. 그러므로 종교신자에게 있어서 애국과 애교는 곧 하나로서 조화·일치된 생활의 원칙이 되어야 한다. 중국에서 종교신앙의 자유는 애국이라는 의무가 전제되어 있다. 따라서 중국에서 애국과 애교는 평면적으로 통일 조화되어 있는 것이 아니라, 애국 아래 애교로 통일 조화되어야 하는 것이다.[138] 이에 종교신자는 중국 각 민족 인민과 같이 공산당의 통솔적 영도를 지지하고 사회주의 제도를 옹호하며, 조국을 열렬히 사랑하여야 한다는 것이다.[139]

종교신앙의 자유를 중화민족주의적으로 인식하면, 종교신앙의 자유의 대외적 관계에 있어서도 당연히 국가의 성격이 반영되게 된다. 중화민족주의와 대외개방의 공존이 문제될 수 있으나, 중국에서는 개혁개방 정책 하에서도 종교적 중화민족주의가 그대로 유지되고 있다. 대외적 개방의 상황 하에서도 국외 적대세력의 종교를 이용한 침투에 대한 고도의 경계가 계속해서 요청되고 있기 때문에, 어떠한 외국세력도 중국의 종교사무를 재차 지배하거나 간여하는 것을 결코 허용하지 않는다는 것이다. 19호 문건은 문화대혁명 이후의 개혁개방과 관련하여 종교적 중화민족의에 관하여 언급하고 있다.[140] 그리고 헌법 제36조는 "종교단체와 종교사무는 외국세력의 지배를 받을 수 없다"라고 규정하여, 종교관계에서의 대외적 중화민족주의를 분명히 하고 있다. 또한 일반적 규정으로 헌법 제54조는 "중화인민공화국 공민은 조국의 안전, 영예와 이익을 수호

할 의무가 있으며, 조국의 안전, 영예와 이익에 위해를 가하여서는 아니
된다"라고 규정하고 있다.

종교적 중화민족주의의 배경

중국의 종교적 중화민족주의에는 중국 특유의 역사적 배경이 있다. 여
기서 주의할 것은 종교정책상 각 종교가 병렬적으로 동일한 차원에서 중
화민족주의의 대상이 되는 것은 아니라는 점이다. 중국은 1840년 아편
전쟁 이후 점차 반식민지, 반봉건사회로 변하여 갔다. 이 과정 중에 서방
의 기독교와 천주교는 식민주의와 제국주의에 이용당하여 침략의 도구
로 변질되었고, 일부 전도사들은 불명예스러운 역할을 맡게 되었다. 여
기서 종교식민주의는 곧 기독교와 천주교의 식민주의라는 등식이 성립
된다.[141] 중국공산당의 입장에서, 서구열강의 배후지원을 받은 기독교 포
교활동은 중화인민의 정신을 마비시키는 문화침략정책이었다. 반식민상
태에 있던 중국에 무엇보다 중요한 것은 국가적 독립이었고, 이에 물리
적인 것이나 정신적인 것을 막론하고 중국의 독립을 방해하거나 중국침
략의 수단이 되는 것은 무엇이나 반대하지 않을 수 없었다. 중국공산당
의 입장에서 볼 때, 중국 종교가 독립적이고 자주적인 방침을 세운 것은
중국 인민이 식민주의와 제국주의의 침략에 맞서 투쟁하는 가운데 종교
의 신도들이 자주적으로 내린 역사적 선택이었다. 따라서 이를 계승하여
현시점에서도 국외의 적대세력이 종교를 이용해 침투하는 것은 철저히
경계하고 억제하여야 한다는 것이다. 여기서 '종교를 이용한 침투'라 함
은 국외의 단체, 조직, 개인이 종교를 이용하여 중국의 헌법 · 법률 · 법
규 · 정책을 위반하는 각종 활동과 선전으로 국민과 더불어 종교를 믿는
군중을 쟁탈하고 사상의 진지를 쟁탈하여 중국을 서구화하거나 분리화
시키는 것을 뜻한다.

외국세력의 종교지배의 배격

중국헌법에는 종교단체와 종교사무는 외국세력의 지배를 받지 않는다는 규정이 명시되어 있다. 종교와 외국세력이 헌법의 같은 조항에 등장하는 현상은 국제적으로 흔한 일이 아니다. 중국정부는 종교단체와 종교사무가 외국세력의 지배를 받지 않고 자주독립의 길을 가야 하는 이유를 다음과 같이 들고 있다.[142]

첫째, 해외세력이 종교를 이용하여 중국인들 사이에 침투하여, 정치적 분화를 일으킬 위험이 있기 때문이다. 실제로 일부 적대세력은 종교를 그들의 정치 · 군사 · 경제 활동의 도구로 이용하여 왔고, 어느 정도 성과도 거둔 바 있다. 또 서구 일부 국가들은 "인권이 주권보다 중요하다", "종교의 자유는 천부의 인권이다"는 명분을 내세워 중국의 내정을 간섭하고, 유엔의 인권회의에서 종교문제로 '반중국안건反中國案件'을 제기하기도 하였다.

둘째, 일부 반동세력이 종교를 이용하여 중국을 분열시키고, '일국양제一國兩制' 아래 '삼호원칙三互原則'[143]을 지켜나가는 것을 방해하기 때문이다. 중국의 일부 지역에서는 국내외 적대세력이 종교를 이용하여 중국을 분열시키고, 민족의 단결을 저해하는 현상이 두드러지게 나타나고 있다.[144] 국제 테러주의, 종교극단주의, 민족분열주의의 영향을 받아 서북지역의 국내와 일부 분열주의 세력들이 폭력적인 테러활동을 해오고 있다. 이러한 활동들은 모두 종교를 이용하여 국가의 안전과 안정화를 파괴하고, 중화민족의 통일 대업을 방해하려는 것이다.

셋째, 서양의 천주교와 기독교의 종교 쇼비니즘chauvinism이 중국을 정복하려 시도하고 있기 때문이다. 적대세력들은 대부분 천주교와 기독교를 이용하여 내부로 침투하고 있다. 역사적으로 서양의 천주교와 기독교의 일부 세력들은 의식적으로나 무의식적으로 타국을 침략하고 이익을 얻으려는 행위에 이용되었다. 또한 서구의 일부 정치세력의 배후 지원을 받아 정치·군사 등 수단을 이용하여 종교적 세력을 확장하였고, 종교 쇼비니즘을 일으켜 다른 종교 혹은 다른 문화들을 정복 및 말살하여 왔다. 동서 냉전이 종료되자, 서양의 천주교와 기독교 교회는 적극적으로 동양에 진출하기 시작하였다. 서양 교회 관계자의 말에 따르면, '중국에 투자하는 것'은 명예와 이익을 동시에 얻을 수 있는 일석이조의 투자라고 한다.

넷째, 해외세력이 종교의 형식을 빌어 중국의 여러 국내문제들을 더욱 더 혼란시키고 있기 때문이다. 개혁개방 이래 신속한 경제발전을 이루는 가운데 치열한 경쟁현상과 빈부차로 인하여 여러 사회문제와 경제문제들이 발생하고 있다. 일부 해외 적대세력은 이를 이용하여 사회혼란을 야기하고 있다. 중국정부가 개혁개방 정책을 채택한 이후 적대세력은 중국 국내에서 종교활동의 명목으로 여러 사교집단이나 불법집단을 만들어 불법활동을 행하여 오고 있다. 이로 인하여 많은 중국인들이 영향을 받고, 일부 지역의 정치 안정성에도 영향을 미치고 있으며, 또한 중국 애국종교단체의 정상적인 종교활동에도 지장을 주고 있다.

이처럼 중국 당국은 중국 종교에 대한 외국세력의 침투를 극도로 경계하는 모습을 보이고 있다. 그러나 이와는 별도로 우호적인 국제종교교류에 대해서는 허용하는 입장을 취하고 있다. 외국세력이 중국 종교에 대하여 간섭하는 것을 배제하는 것과 정상적인 종교외교를 추진하는 것은 서로 모순되지 않는다는 것이다. 국무원은 중화인민공화국 국내에서의 외국인의 종교신앙자유를 보장하고 사회의 공공이익을 지키기 위하여, '중화인민공화국국내외국인종교활동관리규정'을 제정하였다. 이 규정은 "중화인민공화국은 중국 국내 외국인들의 종교신앙 자유를 존중하고, 외국인이 종교방면으로 중국 종교계와 우호적인 교류 및 문화 학술교류 활동을 하는 것을 보호한다"고 규정하고 있다.[145]

삼자정책의 유지

중국 종교에 대한 외국세력의 침투를 저지하기 위해 중국정부가 채택하고 있는 가장 핵심적인 정책이 자치, 자양, 자전의 삼자정책이다. 1949년 공산당 정권 수립 이후 삼자원칙을 공식적인 종교정책으로 채택하였다. 종교계가 삼자 교회의 원칙을 견지하여야 한다는 삼자원칙은 현재까지 중국 종교정책의 기본이다. 이 삼자원칙은 중국이 일찍이 오랫동안 제국주의의 침략과 약탈을 받았고 종교가 제국주의에 의하여 통제되고 이용된 역사적 사실에 기초한 것으로 중국의 종교를 믿는 군중이 자주적으로 선택한 원칙이다. 중국공산당과 정부는 기회 있을 때마다 종교계가 삼자의 원칙을 견지하고, 종교를 이용한 국외세력의 침투저지라는 원칙을 견지한다는 것을 거듭 강조하고 있다.[146] 전국종교업무회의는 당과 정부의 종교문제에 대한 기본관점과 기본정책을 10가지 방면으로 개괄적으로 총결하면서, 그 여섯 번째 원칙으로 삼자의 원칙을 채택하였다.[147] 그리고 '종교사무조례' 제41조는 종교단체와 종교활동장소가 종교의 삼자의 원칙을 위배할 경우 법률적 책임을 추궁하고 있다. 종교단체와 종교활동장소가 삼자의 원칙을 위배한 경우에는 종교사무 부문이 개정을 명령한다. 경위가 비교적 중하면 등기관리기관이 해당 종교단체와 종교활동장소의 직접적 책임을 지는 주관인원의 대체를 명령한다. 경위가 매우 중하면 등기관리기관이 해당 종교단체와 종교활동장소의 등기를 취소한다.[148]

2. 소수민족의 종교 보호

중국의 소수민족 정책

헌법에서의 소수민족의 보호

중국헌법에는 소수민족의 보호와 관련된 조항이 무수히 많다. 그 가운데 소수민족 관련 원칙 규정이라 할 수 있는 제1장 총강 제4조의 내용은 다음과 같다. "중화인민공화국의 각 민족 인민은 모두 평등하다. 국가는 소수민족의 합법적 권리와 이익을 보장하고, 각 민족의 평등 · 단결 · 상호협조관계를 옹호하며, 이를 발전시킨다. 어떠한 민족적 멸시와 압박도 금지하며 민족단결을 파괴하고 민족분열을 조장하는 행위를 금한다. 국가는 소수민족의 특성과 필요에 근거하여, 각 소수민족지구의 경제와 문화 발전에 최선을 다한다. 각 소수민족이 집단 거주하는 지방은 구역자치를 실시하고 자치기관을 설치하며, 자치권을 행사한다. 각 민족자치지방은 모두 중화인민공화국의 분리될 수 없는 부분이다. 각 민족은 모두 자신의 언어와 문자를 사용하고 발전시킬 자유가 있으며, 모두 자기의 풍속과 관습을 유지 혹은 개혁할 자유를 가진다." 이어 제30조는 중화인민공화국의 행정구역으로 자치구 · 자치주 · 자치현 · 민족향 등을 설치하는 것에 관하여 규정하고 있고, 제3장 제6절에서는 제112조에서 122조에 걸쳐 민족자치지방의 자치기관에 대하여 규정하고 있다. 그리고 제7절 인민법원과 인민검찰원 편에서는 제134조에서 소송절차에서 사용하는 언어와 문자에 관하여 규정하고 있다.[149]

소수민족의 특징과 소수민족 정책

중국은 한족과 55개의 소수민족으로 구성된 다민족국가이다. 중국 내 소수민족의 일반적 특징은 보통 다음과 같이 설명된다. 첫째, 대부분 역사가 유구하고 많은 변화 과정을 거쳤으며, 민족 명칭이 복잡하다. 둘째, 각 소수민족의 인구 규모가 매우 다양하고, 각 민족 간 사회 · 경제적 발전단계가 차이가 크다. 셋째, 소수민족의 분포지역이 광활하고 인구밀도가 비교적 낮으나, 자원과 물산이 풍부하고 역사적 관광자원이 많다.[150] 넷째, 문화와 종교가 다양하다.

1949년 중국인민공화국 건립 이후 중국이 유지하고 있는 소수민족 정책의 기본원칙은 크게 4가지로 정리할 수 있다.[151] 첫째, 민족평등의 원칙이다. 각 민족의 평등은 중국 민족정책의 초석이라 할 수 있다. 여기서 민족평등의 의미는 모든 민족은 역사의 장단長短, 인구의 규모나 거주지역, 경제발전의 수준, 종교신앙이나 민속관습에 관계없이 정치 · 경제 · 사회 · 문화 등 모든 부문에서 평등하다는 의미이다.[152] 둘째, 민족자치의 원칙이다. 이것은 소수민족 집중 거주지역에 대하여 민족자치기관을 설치하고 일정한 자치권을 부여한다는 것이다.[153] 민족자치제는 1954년헌법에서 채택되었고, 1984년 3월에는 '민족지역자치법'이 공포되었다. 셋째, 분리불가의 원칙이다. 중화인민공화국과 각 민족자치지방은 분리될 수 없다는 원칙으로, 중국의 민족정책에 있어 무엇보다 중시되는 원칙이다. 중국은 대만 · 홍콩 · 마카오 등과의 관계에서 '하나의 중국'을 일관되게 주장하고 있다. 넷째, 통일전선의 원칙이다. 중앙의 권력이 미치지 않는 변경지역의 소수민족에 대해서는 소수민족 고유의 신앙이나 풍속을 인정하면서, 현지의 유력한 인사를 통하여 간접적으로 통치한다는 것이다.

소수민족의 종교 보호

소수민족 종교의 다양성

중국은 다문화 다종교의 국가이고, 특히 소수민족의 종교 중에는 해당 민족 거의 전체가 믿고 있는 종교만도 20여 개나 된다. 각 소수민족은 ① 자연과 조상숭배의 원시다신교原始多神教, ② 바이족의 본주교, 나시족의 동파교, 티베트족의 본교 등과 같은 민족고유신앙, ③ 주로 알타이어 어계 민족이 신앙하는 샤머니즘, ④ 도교와 불교南方佛教, 北方佛教 및 라마교와 같은 자생종교, ⑤ 이슬람교, 기독교 및 천주교 등 세계종교에 이르기까지 민족별로 다양한 종교를 신앙하고 있다.[154]

소수민족의 종교 문제

소수민족의 종교보호와 관련해서는 종교교육의 문제, 공산당원의 종교신앙의 문제 그리고 종교적 풍속과 관습의 문제 등이 있다.[155]

첫째, 종교가 학교교육에 간섭하게 되면, 교육과 종교의 충돌문제가 제기된다. 이 문제는 1982년 당중앙의 종교에 대한 기본정책, 즉 ① 학교에서 생도들에게 종교를 선전하거나 종교사상을 주입해서는 안되고, ② 학교는 수업을 중단하면서까지 종교활동을 집단적으로 해서는 안되고, ③ 생도들에게 종교를 신앙하도록 강제해서는 안되고, ④ 학교에서는 종교과목을 개설해서는 안된다는 원칙에 따라 처리된다.[156]

둘째, 소수민족인 공산당원이 종교감정을 완전히 탈피하지 못하였거나, 나아가 종교를 신봉하는 데 그치지 않고 열광적으로 참여하여 이를 선동하거나, 종교를 이용하여 위의 4개항의 기본원칙과 당의 노선·방침·정책에 반대하는 경우가 문제가 된다. 이 경우 공산당은 원칙적으로 이러한 당원을 인정하지 않고, 이들을 비판하고 교육하며, 경우에 따라서는 당으로부터 축출하는 조치를 취한다. 그러나 전 민족이 한 종교를 신앙하는 소수민족지역에서, 기층에서 생활하는 공산당원이, 본인은 모든 종교신앙으로부터 탈피하였지만 종교적 색채와 전통을 가지고 있는 관혼제례의 의식이나 대중적 축제에 참가하는 경우는 문제가 다르다. 만약 공산당원이 이러한 의식이나 축제에 참여하지 않는다면, 이는 반드시 대중으로부터 유리되어 자신을 고립시키는 일이 될 것이다. 소수민족의 전통적 관혼제례의 의식이나 대중적 축제는 어느 정도 종교적 색채와 종교적 전통을 포함하고 있을 뿐아니라 실질적으로는 민족적 풍속과 관습의 구성부분을 이루고 있다고 할 수 있다.[157] 이 경우 기층의 공산당원은 개인적 사상과 종교신앙을 명확하게 한계를 그은 상태에서 생활하면서, 민족의 풍속과 습관은 존중하고 따를 수 밖에 없다고 하겠다. 이 점에서 소수민족의 종교문제는 한족의 그것과 사정이 다르고, 각 상황을 구체적으로 분석하여 처리하지 않으면 안된다고 할 수 있는 것이다. 소수민족 지역에서 지나치게 정교분리의 원칙을 관철하면, 지도부가 대중으로부터 유리될 수도 있다.[158] 결국 종교신앙의 자유의 현실적 문제에 있어서는 한족과 소수민족을 언제나 같게 다룰 수 없다는 의미이다.

셋째, 각 민족의 종교적 풍속과 관습에 대한 대처문제이다. 헌법 제4조 제3항과 '민족구역자치법' 제10조에 따르면, 각 민족은 자기의 언어와 문자를 사용하고 발전시킬 자유가 있으며, 풍속과 관습을 보존하고 개혁할 자유를 가지고 있다. 여기서 풍속과 관습을 보존하고 개혁할 자유를 갖는 주체는 민족이다. 그리고 형법 제251조는 소수민족의 풍속과 관습을 불법적으로 침해하는 행위를 처벌하고 있다. 그렇다고 국가와 당이 전적으로 소수민족의 풍속과 관습에 관계해서는 안된다는 것은 아니다. 당과 국가는 소수민족의 풍속과 관습을 3종류로 나누고, 그 각각에 대하여 헌법의 정신과 소수민족의 자주적 의사에 기초하여 관계할 수 있다.[159] 그러나 이 3분류에는 불가피하게 국가와 당의 정책성을 띠게 되고, 경우에 따라서는 헌법과 법률에 저촉될 수도 있다. 또 소수민족의 경우 보통 풍속과 관습, 그리고 종교가 서로 밀접하게 결합되어 있는 경우가 많고, 봉건적 미신과 종교의 구별도 용이하지 않다. 따라서 풍속과 관습에 대한 국가와 당의 대응은 경우에 따라 민족적 저항의 원인을 제공할 가능성도 있다.

소수민족의 독립 문제

중국에서 민족과 종교의 문제에 소수민족의 독립문제까지 더해지면, 긴장도가 한층 높아진다. 바로 티베트 자치구(라마교)와 신강 위구르 자치구(이슬람교)가 이러한 상황이다. 티베트 라사 자치구에서는 2008년 3월에, 신강 위구르 자치구에서는 2009년 7월에 각각 대규모 폭동이 발생하였다. 이 중에서 특히 신강 위구르 자치구의 문제는 국제적 이슬람테러단체와의 연계 가능성으로 인해 중국정부에 더욱 큰 도전이 되고 있다. 이 지역에서 중국정부는 최근 이른바 3개의 세력 즉 민족분열세력, 종교극단세력, 국제테러세력에 대한 엄격한 경계태세를 취하고 있다.[160] 소수 민족의 민족과 종교의 문제에 대해 중국정부는, 첫째, 과도한 종교애착을 이용하여 인민과 국가의 분열을 유도하고 각 민족 간의 화합을 깨뜨리는 민족분열주의를 반대하고, 둘째, 종교를 이용한 불법행위와 테러활동에 반대하며, 셋째, 국내적으로는 종교적 대립을 반대하고 국제적으로는 종교를 통하여 내정에 간섭하는 것을 반대한다는 입장을 견지하고 있다.

주

1 민경식, 「헌법은 어떻게 종교간 공존을 보장하는가 -세계 각국의 종교헌법 사례 분석」, 130~153면 참조.

2 권리(權利)라는 용어는 중국 고전, 예컨대 「순자(荀子)」에 등장하지만, 이러한 고전에서의 권리는 주로 부정적이거나 폄하하는 의미로 사용되었다. 따라서 중국 고대의 법률 용어 중에서는 현대적 의미의 권리에 해당하는 어휘를 발견할 수 없다고 할 수 있다. 19세기 중기 미국 학자 윌리엄 마틴(William A. P. Martin)과 그의 중국인 조수가 휘튼(Henry Wheaton)의 『만국공법(萬國公法)』을 중국어로 번역하면서 영어의 rights를 권리로 번역하였고, 이로부터 rights의 개념으로서 권리라는 용어가 높이는 뜻 혹은 중립적 용어로 중국사회에 통용되기 시작하였다(徐玉成, 『宗敎政策法律知識答問(增証本)』, 121~122면).

3 許崇德 著, 卞相弼 譯, 『中國憲法』, 東玄出版社, 1996, 252면.

4 許崇德 著, 卞相弼 譯, 『中國憲法』, 245~246면.

5 1931년 강서(江西)중앙소비에트지역의 중화소비에트 헌법대강, 1941년 협감녕주변지역시정강령(陝甘寧周邊地域施政綱領) 제6조, 1949년 중화인민정치협상회의 공동강령(中國人民政治協商會議共同綱領) 제5조, 1954년 헌법 제87조, 1975년 헌법 제28조, 1978년 헌법 제33조

6 第三十六條: 中華人民共和國公民有宗敎信仰自由.
　　任何國家機關, 社會團體和個人不得强制公民信仰宗敎或者不信仰宗敎, 不得歧視信仰宗敎的公民和不信仰宗敎的公民. 國家保護正常的宗敎活動.
　　任何人不得利用宗敎進行破壞社會秩序, 損害公民身體健康, 妨碍國家敎育制度的活動.
　　宗敎團體和宗敎事務不受外國勢力的支配.

7 徐玉成, 『宗敎政策法律知識答問(增証本)』, 92~93면.

8 徐玉成, 『宗敎政策法律知識答問(增証本)』, 100면.

9 "중화인민공화국 수립 이후, 비록 사회주의사회에서 생산요소 공유제를 실행하고 계급과 착취를 제거하였지만, 중국은 여전히 사회주의 초급단계에 머물러있기 때문에 생산력과 생산관계의 모순이 있고 하부구조와 상부구조 사이에 모순이 있다. 인간이 자연을 정복하는 능력은 제한적이고, 비록 구 중국과 비교하면 근본적으로 변화하였지만, 사회적·역사적 요인이나 그 밖의 다른 이유들 때문에 사람 사이에는 여전히 사실상 불평등이 존재한다. 때문에 중국사회에는 여전히 종교의 생성과 발전의 자연적 원인, 사회적 원인 그리고 인식상(사상적) 원인이 불가피하게 존재할 수 밖에 없다." 徐玉成, 『宗敎政策法律知識答問(增証本)』, 6~8 면.

10 徐玉成, 『宗敎政策法律知識答問(增証本)』, 6~8 면.

11 徐玉成, 『宗敎政策法律知識答問(增証本)』, 10~16면.

12 '중화소비에트 헌법대강'에서 "중화소비에트정권은 노동자와 농민이 진정한 종교신앙의 자유를 가졌음을 보장하는 것을 목표로 한다"라고 규정하였다.

13 '협감녕주변지역시정강령' 제6조에서 "모든 항일인민(抗日人民)(지주, 자본가, 농민, 노동자)의 인권, 정권, 재산권과 언론, 출판, 집회, 결사, 신앙, 거주, 이사의 자유권을 보장한다"고 규정하였다.

14 제5조에서 "중화인민공화국 인민은 사상, 언론, 출판, 집회, 결사, 통신, 신체, 거주, 이사, 종교신앙과 시위의 자유가 있다"라고 규정하고 있다.

15 또한 모택동은 "행정명령과 강제하는 방법을 이용하여 사상문제를 해결하고자 하는 계획은 효력이 없을 뿐만 아니라 해롭다. 우리는 행정명령을 이용하여 종교를 없앨 수 없고, 사람들을 종교를 믿지 않도록 강요할 수 없다. 유심주의(唯心主義)를 버리고 마르크스주의를 믿으라고 강요할 수 없다. 사상과 관련되는 모든 문제는 민주적인 방법 곧 토론, 비판, 설득, 교육의 방법으로 해결할 수 밖에 없고 강제적이고 강압적인 방법으로는 해결할 수 없다"고 하였다.

16 土屋英雄, 『現代中國の信敎の自由－研究と資料』, 尙學社, 2009, 44~45 면.

17 이 3가지 점은 다수의 논문에서 공통적으로 인식되지만, 이와 다른 주장도 있다. 예컨대 장문선(蔣文宣)은 사회주의 조건 하에서의 종교 존재의 근원으로, 역사상의 근원, 사회적·물질적 생활상의 근원, 사회적 요소(이상 사회적 근원), 인

식상의 근원의 4가지를 들고 있다. 또한 나죽풍(羅竹風)은 비교적 광범한 사회
조사에 바탕하여 독자적인 관점을 제시하고 있다. 그가 주된 분석대상으로 삼은
것은 전통의 영향, 사회적 원인, 심리적 요소이다. 전통의 영향으로서, 종교활동
집중지구에서의 전통적 영향, 전통적 색채를 띠고 있는 민속, 민족문화의 전통,
소년 아동에 대하여 현저한 영향을 미치는 가정적 전통을 들었다. 사회적 원인
으로 일정 정도의 빈곤, 종교와 기타 구 사회의식의 상호작용, 좌절이 초래한 곤
고(困苦)함, 해외 종교세력의 영향을 들었다. 심리적 요소로 인식의 차이, 감정
의 요구(정신적 지주를 구하는 것, 집단교류를 통하여 만족을 구하는 것, 도덕적
인 구속을 구하는 것)를 들었다. 그 밖에 왕작안(王作安)은 종교 존재의 주요한
근원에 대하여, 자연적 근원, 사회적 근원, 인식상의 근원 외에 심리상의 근원을
들면서, 이 근원은 개혁개방의 사회적 전환기에 특히 중요하다고 하였다. 또 농
학증(聾學增)은 전통적 존재의 잔존, 생산력의 수준이 아직 높지 않다는 것, 정
치제도의 불건전, 정신문명의 기초가 비교적 박약한 것, 일정 범위의 계급투쟁
요소의 영향을 들고 있다(土屋英雄, 『現代中國の信教の自由』, 46~47 면).

18 徐玉成, 『宗敎政策法律知識答問(增証本)』, 6~8 면.

19 헌법 제33조는 "중화인민공화국의 국적을 가진 사람은 모두 중화인민공화국 공
    민이다"라고 하여, 공민을 국적보유자로 규정하고 있다.

20 '중화인민공화국 국적법'은 다음을 원칙으로 한다. 첫째, 혈통주의를 원칙으로 하
    고, 출생지주의를 보충하여 국적을 결정한다. 둘째, 각 민족이 평등하게 중국 국
    적을 갖는다. 동법 제2조는 "중화인민공화국은 통일된 다민족 국가로서, 각 민족
    인민들은 모두 중국국적을 가진다"라고 규정하고 있다. 셋째, 중국 공민이 이중
    국적을 가지는 것을 허용하지 않는다. 넷째, 헌법상 남녀평등의 원칙은 국적문제
    에도 적용된다.

21 법률보급운동의 성과로서 중국 국민의 공민의식에 변화가 나타나고 있다. 권리
    의식에 있어 자아의식이 강화되고, 개인의 권익수호를 위해 법률구제를 신청하
    는 열망이 강화되고 있다(조영남, 『중국의 법률보급운동』, 서울대학교출판문화
    원, 2012, 104 면).

22 중국공산당 중앙과 국무원은 2001년 전국종교공작회의에서 "종교계 인사와 종
    교를 믿는 군중은 공민의식을 확립하고 애국과 애교(愛敎)를 결합하여 법률 · 법

규·정책이 허용하는 범위 내에서 활동하여야 한다"라고 하여, 공민의식의 확립을 강조하였다(徐玉成, 『宗敎政策法律知識答問(增証本)』, 120~121 면).

23 오늘날 자본주의 국가의 헌법도 인민주권적 요소를 채택하고 있는 것으로 보는 경우도 있지만, 자본주의 국가의 헌법과 사회주의 국가의 헌법은 두 가지 점에서 근본적으로 다르다. 첫째, 그 기초이론에 있어 구별된다. 즉 자본주의 국가의 기초를 이루는 것은 사회계약설로서, 사회 전체 구성원이 초계급적으로 주권의 주체가 되는 것으로 본다. 그러나 사회주의 국가의 기초를 이루는 것은 마르크스주의 국가학설로서, 사회구성원을 계급적 관점에서 파악하는 차이가 있다. 둘째, 실현형식에 있어 구별된다. 자본주의 국가는 선거를 통하여 대표자를 선출하고, 그들을 통하여 간접적으로 민주주의를 실현하는 간접민주주의를 원칙으로 한다. 그러나 사회주의 국가에서 채택하는 인민주권주의는 인민이 주권을 직접 행사하는 직접민주주의를 표방한다.

24 周葉中 主編, 『憲法』, 北京大學出版社, 2001, 251 면.

25 許崇德 著/卞相弼 譯, 『中國憲法』, 247~248 면.

26 헌법 제50조 "중화인민공화국은 화교(華僑)의 정당한 권리와 이익을 보호하고, 귀환한 교포와 해외동포의 국내거주 가족의 합법적 권리와 이익을 보호한다".

27 종교적인 관습에 비추어 외국 종교신도와 국외의 화교교포, 홍콩과 마카오의 동포가 중국 경내의 사관과 교회당에 보시를 하거나 봉헌을 할 경우에 사관과 교회당은 이를 받을 수 있다. 다만 거액의 기부와 보시의 경우에는 비록 기부자가 순전히 종교적 열성에서 조건을 붙이지 않은 것이라 하더라도 성, 시, 자치구의 인민정부나 중앙의 주관 부문의 승인을 거쳐야만 종교단체가 그것을 받을 수 있다(徐玉成, 『宗敎政策法律知識答問(增証本)』, 230, 238 면).

28 2006년 1월 1일부터 시행된 '중화인민공화국공무원법' 제2조는 "본 법에서 공무원이라 함은 법에 따라 공직을 이행하고 국가행정편제에 편입되어 있으며 국가재정으로 봉급과 복지를 부담하는 공작 인원을 가리킨다"라고 규정하고 있다.

29 공산당에 입당하고자 하는 예비당원은 당기(黨旗) 앞에서 입당선서를 하여야 한다. 선서문은 다음과 같다. 나는 중국공산당에 가입할 것을 지원한다. 나는 당 강령을 옹호하고 당 규약을 준수하며, 당원의 의무를 이행하고 당 결정을 집행하

며, 당 규율을 엄수하고 당의 비밀을 지키며, 당 앞에 충성하고 사업을 적극적으로 하며, 공산주의를 위하여 종신토록 분투하고 언제나 당과 인민을 위하여 모든 것을 희생할 각오를 하며, 영원토록 당을 배반하지 않겠다(중국공산당 장정 제6조). 중국공산당 당원은 중국 노동계급의 공산주의적 의식이 있는 선봉적 투사이다. 당원은 일심전력으로 인민을 위하여 복무하여야 하며, 개인의 모든 것을 아낌없이 희생하고 공산주의를 실현하기 위하여 종신토록 분투하여야 한다(장정 제2조). 중국공산당 당원은 마르크스−레닌주의, 모택동사상, 등소평이론과 3개 대표 주요사상을 진지하게 학습하고 과학적 발전관을 학습하며, 당의 노선·방침·정책 및 결정을 학습하고 당의 기본지식을 학습하며, 과학·문화·법률 지식과 실무지식을 학습하여 인민을 위하여 복무하는 능력을 힘써 높여야 한다(장정 제3조).

30 모택동은 "공산당원은 유심론자(唯心論者)들 심지어 종교의 신도들과도 함께 정치행동 상의 반제 반봉건적 통일전선을 건립할 수 있다. 다만 그들의 유심론이나 종교교리에 대해서는 결코 찬성·동의할 수 없다"라고 하였다.

31 미국 자유아시아방송(RFA)의 2015년 5월 25일 보도에 의하면, 중국공산당은 당원들에게 종교를 믿거나 종교활동에 관여하면 감찰과 사정을 총괄하는 중앙기율위원회(기율위)의 감찰표적이 될 수 있다고 경고하였다. 이것은 일부 당원들이 당의 변증법적 유물론 원칙을 버리고 종교로 돌아선 것이 감찰의 범위에 포함될 만큼 심각한 문제가 되었다는 것을 의미한다. 기율위는 "공산당원이 종교신자가 될 수 없다는 점은 중국공산당이 출범 당시부터 옹호해온 사상적 기본원칙이다", "중국 공민은 종교의 자유가 있지만 공산주의 사상의 선봉에 선 공산당원은 종교의 자유를 누릴 권리가 없다. 확고한 마르크스주의자는 무신론자이기도하다"고 역설하였다(뉴스캔 2015.5.27. easypol1@gmail.com).

32 이러한 일부 동지들에 대해 각 급의 당 조직은 쉽게 포기하지 말고, 그들의 정치적 적극성을 충분히 발휘할 수 있게 함과 동시에 인내심을 가지고 사상을 가르치고 그들이 변증적 유물론과 역사적 유물론의 세계관을 점차 확립하고 종교사상의 속박에서 벗어나도록 도와야 한다. 물론 신당원을 선발할 때 종교적 색채가 강한 광신도들은 선발하지 않도록 주의해야 한다. 극소수의 당원들은 종교를 신봉할 뿐만 아니라 열광적으로 종교활동에 참여하며, 심지어 종교활동을 통해 당의 기본원칙을 반대하고 당의 노선이나 정책방안을 반대하고 국가의 통일과 국

내 각 민족의 단결을 방해한다. 이런 사람들은 이미 공산당원의 기본적 소양을 잃었다고 할 수 있다. 계속적인 비평과 교육에도 잘못된 방향을 고집하거나 앞에서는 인정하고 뒤에서는 계속해서 종교활동을 한다면, 당에서 깨끗하게 척결해야 하며 위법행위를 할 경우 법에 의거해 책임을 물어야 한다(中共中央,「關於我國社會主義時期宗敎問題的基本觀點和基本政策」(1982년 19호 문건)).

33 아동권리협약 제14조는 "1. 당사국은 아동의 사상, 양심 및 종교의 자유에 대한 권리를 존중하여야 한다. 3. 종교와 신념을 표현하는 자유는, 오직 법률에 의하여 규정되고 공공의 안정질서, 보건윤리 또는 타인의 기본권적 권리와 자유를 보호하기 위하여 필요한 경우에만 제한될 수 있다"라고 규정하고 있다. 그리고 제30조는 "인종적, 종교적 또는 언어적 소수집단 혹은 원주민이 존재하는 국가에서 이러한 소수민족의 아동 혹은 원주민 아동은 자기 집단의 다른 구성원들과 함께 고유문화를 향유하고 고유의 종교를 신앙하고 실천하며 고유의 언어를 사용할 권리를 거부당하지 아니한다"라고 규정하고 있다.

34 中共中央,「關於我國社會主義時期宗敎問題的基本觀點和基本政策」(1982년 19호 문건).

35 종교를 부정·멸시 혹은 비판하거나, 각 민족의 종교를 믿는 군중이 지닌 종교감정을 자극하는 언어와 문장을 사용해서는 안된다. 국민에게 보급한 교재의 내용을 소년 아동에게 의도적으로 주입시켜서도 안된다(徐玉成, 『宗敎政策法律知識答問(增証本)』, 57~58 면).

36 徐玉成, 『宗敎政策法律知識答問(增証本)』, 3 면.

37 徐玉成, 『宗敎政策法律知識答問(增証本)』, 91 면.

38 陳欣新,「中國宗敎自由的法律規制」, 中國社會科學硏究院 法學硏究所, 中國法學網, 3 면.

39 중국 사회주의 세력은 기존의 종교세력에 대하여 구 소련 사회주의 종교정책을 모델로 하여, 개인의 신앙의 자유는 인정하지만, 그 포교권을 박탈함으로써 종교세력을 제도권으로 영입하여, 사회주의 선전교육을 통해 종교를 완전히 소멸시키겠다는 정책을 기본으로 한다(박수현,「현대중국의 종교법제 전개과정에 관한 연구」, 영남대학교 석사학위논문, 2003, 72 면: 김성민,「사회주의 중국에서의

종교집단의 특징과 역할에 관한 연구」, 한국외국어대학교 석사학위논문, 2008, 62 면).

40 徐玉成, 『宗敎政策法律知識答問(增証本)』, 58~59 면.

41 陳欣新, 「中國宗敎自由的法律規制」, 2 면.

42 윤승용, 「한국의 정교분리와 종교정책」, 『종교문화비평 통권 25호』, 종교문화비평학회, 2014, 200~201 면.

43 윤승용, 「한국의 정교분리와 종교정책」, 201~203 면.

44 박수현, 「현대중국의 종교법제 전개과정에 관한 연구」, 9~10 면.

45 중국공산당 중앙과 국무원은 2001년 전국종교공작회의에서 "신중국 성립 후 우리나라의 각종 종교는 반제애국운동(反帝愛國運動)과 종교제도의 민주적 개혁을 전개함으로써 정치적인 면에서 근본적으로 변화하였다. 종교계는 당이 이끄는 애국통일전선의 중요한 구성요소가 되었다. 종교를 믿는 군중과 종교를 믿지 않는 군중은 사상과 신앙에 있어서 차이가 존재한다. 그러나 정치, 경제상의 근본적 이익은 일치한다. 종교를 믿는 군중 또한 중국적 사회주의를 건설하는 적극적 역량이다"라고 지적하였다.

46 徐玉成, 『宗敎政策法律知識答問(增証本), 100~102 면.

47 土屋英雄, 『現代中國の信敎の自由』, 60~64 면.

48 중국에서 국가는 종교에 대하여 다음의 원칙을 준수하여야 한다. 첫째, 국가는 공민의 종교신앙의 자유를 존중하고 보장한다. 둘째, 국가는 각종의 종교·종파에 대하여 평등하게 대하고, 어떠한 종교에 대하여 우대하거나 차별하여서는 안된다. 셋째, 종교사업은 종교조직에 의해 자주적으로 처리되어야 하고, 국가는 이 사업에 직접적으로 대응하거나 간섭해서는 안된다. 넷째, 국가는 기구(機構)를 설립하여 일정한 종교사무를 관리할 수는 있지만, 이 기구는 종교적 건설이나 종교활동에 대응하거나 관여하는 성질을 가져서는 안된다. 다섯째, 국가는 각 종교가 독립적·자주적으로 자신의 종교사업을 수행할 수 있도록 지원하여야 한다(郭延軍, 「我國處理政敎關係應秉持甚麼原則」, 法學 2005/6, 11 면: 土屋英雄, 『現代中國の信敎の自由』, 61 면).

49 명승지의 노천 불상은 건설부가 1993년 12월 20일 발표한 '풍경명승구건설관리
규정(風景名勝區建設管理規定)'에 따라 성급 정부의 건설 부문과 종교공작 부문
이 심사하고 성급 인민정부에 보고해 동의를 얻은 후 건설부와 국무원 종교사무
국이 심사 비준한다. 더불어 기본건설심사비준 절차에 따라 관련 주관 부문이 입
안 항목을 심사 비준한다(중국공산당중앙 판공청 청자(廳字)(1996) 38호 문건).
종교단체, 사찰, 도관, 교당 이외의 조직 및 개인은 대형 노천 종교조각상을 만
들 수 없다. 종교사무조례의 규정을 위반해 대형 노천 종교조각상을 만들면 종교
사무 부문이 시공의 정지를 명령해 기한을 두고 철거한다('종교사무조례' 제24조,
제44조).

50 韓大元, 「試論政敎分離原則的憲法價値」, 法學 2005/10, 3 면.

51 본건의 관음상건립에 대해서는 지방정부에 위헌책임을 물어야 한다는 주장도 있
었지만, 현행 중국의 헌법소송제도로 보면, 이러한 사안을 법적으로 다투는 길
은 사실상 열려 있지 않다. 개혁개방 정책이 종교정책면에 끼친 긍정적인 영향도
많지만, 개혁 개방정책으로 인해 공권력에 의한 경제적 목적의 종교 이용이 빈발
하는 것 또한 부정할 수 없다. 이 점에서 개혁개방 정책 하의 종교 관리는 모순과
긴장을 동시에 수반하기도 한다고 할 수 있다(土屋英雄, 『現代中國の信敎の自
由』, 64 면).

52 '공민권리화정치권리국제공약' 제18조 제3항은 "자신의 종교나 신념을 표명하는
자유는, 법률에 규정되고 공공의 안전, 질서, 공중보건, 도덕 또는 타인의 기본적
권리 및 자유를 보호하기 위하여 필요한 경우에만 제한받을 수 있다"라고 규정하
고 있다.

53 예를 들어 다음과 같은 주장이 있다. "현재 서구에서는 신앙생활이 건강하고 합
리적인 생활방식을 유도하여 건강에 도움을 준다고 보고 있다. 종교나 교파에 따
라 차이는 있지만 주요 세계종교들은 신도들이 술을 못 마시게 하거나 적당히 마
시게 하며, 마약과 담배를 멀리하게 하고 절제있는 생활을 하도록 설교한다. 또
기생충 피해를 방지하기 위해 유대교와 이슬람교가 돼지고기를 금지한 경우에서
처럼 신도들의 생활방식에 영향을 주어 수명을 연장하는 효과를 주기도 한다. 종
교활동이 신체에 이점을 가져다 줄 수 있는 원동력은 주로 심리적 편안함에서 오
는 것이다. 종교가 있는 사람들은 없는 사람보다 우울증을 겪는 경우가 적고, 우
울증 현상이 나타나더라도, 빠른 시일 내에 일상생활로 복귀할 수 있다." (陳欣

新, 「中國宗敎自由的法律規制」, 4 면).

54 종교계의 학교 설립은 중국 근현대 교육발전에 지대한 공헌을 하였다. 중국 최초
의 신식 초등학교, 중학교, 여자학교들은 대부분 교회가 세운 것들이었다. 이 교
회학교들은 새로운 교육제도가 중국에 정착함에 있어 개척자의 역할을 하였고
많은 인재를 배출하였다. 특히 1949년 이전에 건립된 몇몇 유명한 교회대학(敎
會大學)들은 중국의 대학교육에 큰 영향을 끼쳤다. 그러나 1952년 이후 중국에
서는 더 이상 교회학교를 볼 수 없게 되었다. 정부가 "종교를 이용하여 국가교육
제도를 방해하는 활동을 하여서는 안된다"는 원칙에 따라 종교계의 교육사업을
금지하였기 때문이다.

55 미국 연방대법원은 "종교가 해온 장기적인 노력은 인정하나, 이로 인해 어떤 한
개인이 종교와 관련 없는 법률을 지키지 않는 것은 인정할 수 없다. 뿐만 아니라
정치 혹은 사회의 통념과 저촉되는 종교들에게도 공민의 정치책임을 지지 않게
할 수는 없다. 국기(國旗)는 국가통일의 상징이며, 헌법의 테두리 안에서 국가 내
부에 존재하는 여러 의견의 대립들을 초월하여 민족들을 하나로 묶어주는 상징
적인 힘이다. 국기에 대하여 경례(敬禮)를 하는 행위는 국가안전을 핵심으로 한
국가의 단결이다. 국기에 대해 경례를 하는 것이 가장 좋은 방법이라고 하지 않
을 수도 있지만, 학교의 잘못된 판단이 위헌이라고 보기에는 무리가 있다. 학교
에서 실시하는 각종 선서활동에 참여하는 것은 학생들의 신앙을 위배하는 행위
가 아니다"(Minersville School District v. Gobitis (1940).

56 이와 관련하여 '종교사무조례' 제40조는 종교를 이용하여 국가의 안전과 공공의
안전을 위해하거나, 공민의 신체와 민주의 권리를 침범하거나 사회관리질서를
방해하거나 공사의 재산을 침범하는 위법활동이 범죄를 구성하는 경우에는, 법
에 따라 형사책임을 추궁한다고 규정하고 있다.

57 徐玉成, 『宗敎政策法律知識答問(增証本)』, 365~366 면.

58 徐玉成, 『宗敎政策法律知識答問(增証本)』, 51~52 면.

59 中共中央, 「關於我國社會主義時期宗敎問題的基本觀點和基本政策」(1982년 19호
문건).

60 여기서 회도문(會道門)은 회문과 도문의 합칭으로, 전통적 비밀결사를 총칭한다.

이런 종류의 조직으로는 일관도(一貫道), 대도회(大刀會), 구궁도(九宮道), 무극도(無極道), 공맹도(孔孟道) 등이 있다.

61 이은자, 『중국민간종교결사 −전통과 현대의 만남』, 책세상, 2005, 118 면.

62 형법 제99조는 "봉건적 미신, 회도문을 조직·이용하여 반혁명활동을 행한 자는 5년 이상의 유기징역에 처한다"라고 규정하였다. 이것은 반혁명죄의 하나이고, 그 구성요건은 반혁명목적을 가질 것, 봉건적 미신을 이용하거나 혹은 회도문을 조직, 이용하여 반혁명행위를 행하는 것이다. 그리고 형법 제165조는 "신한(神漢), 무파(巫婆)가 미신을 믿어 유언비어를 퍼뜨리고, 재물을 사취하는 활동을 행한 때에는 2년 이하의 유기징역, 구역(拘役) 또는 관제(管制)에 처한다"라고 규정하였다. 이것은 사회관리질서방해죄의 하나로서, 범죄주체는 사술을 이용하여 사람들을 현혹하거나 혹은 재물을 사취하는 신한(神漢)(남기도사(男祈禱師))와 무파(巫婆)(여기도사(女祈禱師))이다.

63 1979년 형법에서 반혁명죄는 프롤레타리아 독재정권 및 사회주의 제도의 전복을 목적으로 중화인민공화국에 위해를 끼치는 모든 행위를 말한다(제90조). 1997년 형법에서는 공산혁명이 이루어진지 이미 반 세기가 경과한 점을 고려하여, 반혁명죄라는 명칭을 삭제하고 그 대신으로 국가안전위해죄를 규정하였다.

64 형법상의 규정 외에 "봉건적 미신을 이용하여 사회질서를 문란하게 하거나, 또는 재물을 사취하였으나 형사처벌에 미치지 않는 경우"에는 1986년 9월 전국인민대표대회상무위원회에서 채택된 '치안관리처벌조례' 제24조가 적용된다.

65 그리고 '치안관리처벌법' 제27조는 ① 타인이 사교 또는 회도문 활동에 종사하도록 조직, 교사, 협박, 유도·기망, 특히 선동하는 행위, 또는 사교회, 도문회 또는 미신활동을 이용하여 사회질서를 문란시키는 행위, 특히 타인의 신체·건강을 훼손하는 행위, ② 종교 내지 기공(氣功)의 이름을 이용하여 사회질서를 문란시키는 행위, 특히 타인의 신체·건강을 훼손하는 행위를 처벌하도록 하고 있다.

66 徐玉成, 『宗敎政策法律知識答問(增証本), 37~38 면.

67 1991년에 정부로부터 인가받은 기공단체. 산하에 여러 유파의 기공단체를 거느린 전국적 단위의 단체이다.

68 이은자, 『중국민간종교결사』, 128 면: 이동윤/천자현, 「중국의 인권과 종교, 그리고 파룬궁(法輪功) 탄압」, 『세계지역연구논총』 제26집 1호, 106~107 면.

69 1999년 4월 25일 법륜공의 관계자 약 1만 명이, 중국과학원 원사이자 물리학자인 하조휴(何祚庥)가 『청소년과기박람(靑少年科技博覽)』이라는 잡지에 게재한 법륜공 비판 「나는 청소년의 기공수련을 찬성하지 않는다」에 항의하기 위하여 공산당 지도자의 거주지구 중남해(中南海) 앞에서 전대미문의 연좌시위를 하였던 것이다(이은자, 『중국민간종교결사』, 134 면).

70 이동윤/천자현 역, 「중국의 인권과 종교, 그리고 파룬궁(法輪功) 탄압」, 107~108 면.

71 이 결정은 전체 4개 항목으로 구성되어 있으며, 그 주된 내용은 다음과 같다. 첫째, 사회의 안녕과 인민의 이익을 보장해야 한다. 개혁개방과 사회주의 현대화 건설의 순리적인 진행을 위해, 반드시 사교조직은 단속되어야 하며, 사교활동은 방지, 처벌되어야 한다. 사교집단은 종교를 사칭하여, 기공 혹은 기타 명의로, 각종의 방법으로 사회질서를 무너뜨리고 인민의 생명과 재산의 안전과 경제발전을 해하기 때문이다. 둘째, 소수의 범죄분자들은 법에 의하여 엄격히 처벌하고, 무지몽매하게 사교조직에 현혹된 대다수 군중들은 교육시켜야 한다. 법에 의하여 사교조직을 처리하는 작업을 할 때, 부지불식간에 사교활동에 참여한 사람과 사교조직에 이용당한 사람과 적극적으로 범죄를 구성하고 조직한 자, 기획자, 지휘자 등 골수분자를 구별해야 한다. 셋째, 전체 공민에게 헌법과 법률의 내용과 일반적인 과학문화 지식의 교육을 장기적으로 전개한다. 인민 군중이 사교집단이 인류와 사회질서에 미치는 심각한 위해를 스스로 깨달아 사교조직의 영향력을 반대하고 저지하여, 보다 강력한 법제 관념의 진일보와 국가법률을 준수하도록 하기 위함이다. 넷째, 사교활동의 방지와 처벌은 사회 전체의 역량을 동원하고 조직하여 종합적인 방법으로 진행시켜 나간다. 각계 각층의 인민, 정부와 사법기관은 당연히 각자의 책임 하에 사교단체의 자생과 발생을 근원적으로 방지하고, 사교활동을 방지하고 처벌하는 것을 주요 임무로 삼아야 한다. 특히 인민법원, 인민검찰원, 공안기관, 국가안전기관, 사법행정기관은 그 직무를 수행함에 있어서 공동으로 이 임무를 수행하여야 한다.

72 이 해석은 모두 13조로 구성되었다. 여기서는 '법륜공의 선전 비라를 300부 이상 작성한 경우' 등으로, 처벌대상을 상당히 구체적으로 규정하고 있다.

73 그러나 법륜공이 정부로부터 강력한 탄압을 받는 주된 이유를 그 사교성(邪敎性)에서 찾지 아니하고, 다른 정치적 동기에 찾는 유력한 견해도 있다. "그들은 법륜공의 사교성보다 더 진정한 이유로 몇 가지를 들고 있다. 그 대표적인 것으로, 첫째, 법륜공이 단순한 신앙 내지 미신의 문제가 아니라, 국가의 존립을 위해하는 반동세력이며, 서방국가들의 배후지원을 받는 반혁명세력의 주구로 되었기 때문이다. 중국 정부는 법륜공 문제가 점차 세계인이 관심을 갖는 국제적인 문제로 바뀌어가고 있다는 사실에 위협을 느끼고 있다. 둘째, 법륜공 조직이 지닌 강력한 내부 조직력과 연계망에 대한 정치적 두려움과 우려 때문이다. 중국 정부는 법륜공 조직의 예상외로 거대한 규모에, 수련자 중 70% 정도가 저소득층에 속하는 인적 구성에 그리고 전국적인 전국조직에 매우 놀라고 있다"(정재호, 「파룬공, 인터넷과 중국 내부통제의 정치」, 한국정치학회, 『한국정치학회보』 제35집 3호, 301~304 면).

74 土屋英雄, 『中國「人權」考』, 82~84 면.

75 法輪大輪, 파룬따파 www.falundafa.or.kr

76 이에 왕리 씨는 자신은 난민인정신청 후 불인정처분일까지 "법륜공 한국지부의 회원으로서 중국공산당정부의 민주세력에 대한 정치적 탄압을 국제사회에 알림으로써 중국인들의 인권보호를 위한 적극적 활동을 계속하여 왔고, 특히 중국공산당의 박해를 폭로하는 대표적 매체인 NTD TV의 한국 지부에서 프로그램 진행자로 활동을 하는 등으로 인하여 중국 정부의 블랙 리스트에 오름으로써 대한민국 현지에서 체재 중 난민이 되었다"고 할 것임에도 불구하고, 이와 달리 보고 한 법무부장관의 불허처분은 위법하다고 주장하며 소송을 제기하였다.

77 서울고등법원 2010.12.17. 선고 2010누9398.

78 서울행정법원 2007.11.28. 선고 2007구합18291.

79 관리의 보다 상세한 내용은 '종교사회단체등기관리변법'(1991년), '종교활동장소관리조례'(1994년), '종교활동장소년도검사변법'(1996년), '종교활동장소설립의 심사·승인 및 등기변법'(2005년) 등에 규정되어 있다. 그리고 외국인의 중국 국내에서의 종교활동에 관해서는 '중화인민공화국국내 외국인종교활동의 관리규정'(1994년), '종교원교외국적전문가의 초빙·임용변법'(1998년) 등이 적용된다.

80 상해시 인민대표대회 상무위원회가 1995년 11월 30일 제정한 '상해시 종교사무
조례' 제4조와 요녕성(遼寧省) 인민대표대회 상무위원회가 1998년 11월 28일 제
정한 '요녕성 종교사무조례' 제2조 참조.

81 徐玉成, 『宗敎政策法律知識答問(增証本)』, 213 면.

82 1990년 전국종교공작회의는 법에 의한 종교사무의 관리와 종교신앙의 자유 정책
의 관철은 일치한다고 밝혔다. "법에 의한 종교사무 관리는 종교신앙 자유의 정책
과 충돌하지 않는다. 이는 종교신앙 자유의 정책을 전면적으로 관철하는 데 필요
할 뿐 아니라, 안정과 단결, 각 민족인민의 근본적 이익을 수호하는 데 필요하다.
종교사무에 대한 관리를 종교신앙의 자유와 대립시켜서는 안된다. 종교사무의 관
리는 정부가 종교 관련 법률 · 법규 · 정책을 관철하는 행정관리와 감독이다. 구체
적으로 말해 종교사무의 관리는, 개별적인 상황을 구별하여 교육적 · 행정적 · 법
률적 수단을 분별적으로 취함으로써, 공민의 종교를 믿는 권리를 보호하고 또 공
민의 종교를 믿지 않을 권리를 보호하며, 종교단체, 사관, 교회당의 합법적 권익을
보호하고 종교교직인원(성직자)의 정상적인 종교업무를 보호하며, 종교신자들의
정상적인 종교활동을 보호하고 종교를 이용한 위법적 범죄활동을 저지 · 적발하
는 일이다"(徐玉成, 『宗敎政策法律知識答問(增証本)』, 214 면).

83 그 전형적인 예의 하나로 2007년 7월 18일에 제정된 '티베트불교활불전생관리변
법'을 들 수 있다(土屋英雄, 『中國「人權」考』, 60 면). 이 법은 티베트불교의 활불
의 전생에 대하여 국가종교사무국의 허가를 규정한 것으로 중국 당국이 티베트
를 감시 · 통제하려는 의도를 뚜렷이 보여준다.

84 중국의 정치체제는 권위주의와 전체주의가 결합한 독특한 형식으로, 이러한 중
국특유의 정치제도를 분절된 권위주의(fragmented authoritarianism)라 한다.
이 분절된 권위주의체제를 이끌고 있는 것은 중국공산당이다(성균중국연구소,
『차이나핸드 북』, 김영사, 2014, 114~115 면).

85 국가직책 중 국가주석, 부주석, 국무원총리, 상무부총리, 전인대 위원장, 정협주
석은 당 정치국 상무위원이 겸직하도록 되어 있다. 이 제도에 따라 현재 시진핑
은 당에서는 중앙위원회 총서기와 중앙군사위원회 주석이면서, 국가에서는 주석
으로 당 · 정 · 군의 삼권을 장악하고 있다.

86 헌법 제1조는 "중화인민공화국은 노동자계급이 영도하며, 공농연맹을 기초로 하

는 인민민주전정의 사회주의 국가이다"라고 규정하고 있다. 공산당 장정 총강령
은 모두(冒頭)에 "중국공산당은 중국노동계급의 선봉대이며 동시에 중국인민과
중화민족의 선봉대이고 중국적 특색이 있는 사회주의사업을 영도하는 핵심이다"
라고 규정하고 있다.

87 중화인민공화국의 국기는 오성홍기이고(헌법 제136조), 국장의 가운데는 오성이
밝게 빛나는 천안문이다(헌법 제137조). 국기와 국장에서 오성은 중국공산당의
영도 하에 각 민족 인민들이 일치단결하는 것을 상징한다. 5개의 별 중 큰 별이
중국공산당을 상징한다.

88 중국 정당제도의 기본 특징은 공산당 영도 하의 다당합작제(多黨合作制)로서, 공
산당 일당 영도체제와 공산당과 민주당파의 다당합작제를 근간으로 한다. 그러
나 중국의 다당협력체제는 서방국가들의 양당제 또는 다당제와 근본적으로 다른
중국적 특색의 정당제도이다(申宇澈, 「中華人民共和國 國家體制에 관한 憲法學
的 硏究」, 서울대 대학원 박사학위논문, 1996, 157~159 면). 등소평은 1980년 1
월 16일 연설에서 "중국에도 여러 정당이 있으나, 중국의 다른 정당은 공산당이
영도한다는 전제를 인정하며, 사회주의 사업에 협조하고 있다. 중국의 모든 인민
은 사회주의를 건설하고 발전시켜 최후에는 공산주의를 실현한다는 공동의 이익
과 숭고한 이념을 가지고 있기 때문에, 공산당의 영도 하에 모두 단결할 수 있다.
공산당은 기타의 정당들과 공존하며 상호 감독하여 이러한 방침을 유지해 나가
야 한다"라고 하여, 중국정당제도의 특색을 밝혔다.

89 중국공산당의 최고의사결정기관은 중국공산당 전국대표대회이다. 중앙위원회는
중국공산당 전국대표대회가 폐회 중인 동안 전국대표대회를 대신하여 공산당의
권력을 행사한다. 중앙위원회는 정위원과 후보위원으로 구성되며, 제18기 중국
공산당 중앙위원은 정위원 205명과 후보위원 171명이다.

90 통일전선은 혁명과 건국 이래 그 성질, 임무, 범위 등에서 변화를 겪었다. 여기서
애국통일전선은 애국주의의 깃발을 걸고, 단결가능한 모든 역량을 총결집하여
사회주의 현대화에 기여하는 통일전선을 가리키는 것으로, 개혁개방 이후 새로
운 시기의 통일전선을 말한다.

91 국가종교사무국은 1975년 5월 30일 폐쇄되었다가 1979년 2월 중국공산당 중앙
이 배포한 '제8회 전국종교공작회의기요(全國宗敎工作會議紀要)'에 의해서 회복

되었다. 1998년 3월에는 이전의 국무원 종교사무국이 국가종교사무국(국무원 직속기관)으로 명칭이 변경되면서, 그 지위도 격상되었다. 당초부터 국가종교사무국장의 직을 맡아 온 사람은 엽소문(葉小文)이었으나, 그는 2009년 7월 신강(新疆) 위구르 자치구의 우루무치 폭동 후인 9월 21일 면직되었고, 그 후임으로 왕작안(王作安) 부국장이 임명되었다. 국가종교사무국 소속 부서로는 산하 업무를 조정하고 감사하는 판공실(辦公室), 종교 관련 법규를 초안하고 법률을 홍보하고 시행하는 정법사(政法司), 5대 종교 업무를 나누어 관장하는 업무사(業務司) 등이 있다. 불교와 도교 업무는 업무1사(業務1司)가, 천주교와 기독교 업무는 업무2사가, 이슬람 업무는 업무3사가, 기타 종교 및 미신사교 종교 업무와 종교학교 운영지도는 업무4사가 각각 담당하고 있다.

92 제11기 정협 전국위원회(2008~2013)에 참가한 당파 수는 34개, 위원 수는 2,237명이었다. 종교계는 당파의 하나로 5대 종교 협회장을 포함하여, 65명이 위원으로 참가하였다.

93 徐玉成, 『宗敎政策法律知識答問(增訂本)』, 364~365 면.

94 1982년에 중국공산당 중앙이 발표한 이른바 당중앙 19호 문건은 개혁개방 이후 중국공산당의 종교문제에 대한 기본관점과 기본정책을 제시한 문건으로 현재까지 중국 종교정책의 기준이 되고 있다. "이 문건은 건국 이래 종교문제에 있어 당의 정(正)과 반(反) 양 방면의 역사경험을 체계적으로 종합하여, 그간의 혼란을 바로잡고 사회주의 시기의 종교공작을 마르크스주의의 정확한 궤도에 올려놓은 중요한 문헌으로, 등소평이론의 중요한 구성부분이다. 이십여 년 동안 19호 문건의 인도 아래 당과 정부는 공민의 종교신앙의 자유를 존중하고 보호하는 것을 하나의 장기적 정책으로 삼아, 입당위공(立黨爲公)과 집정위민(執政爲民)의 사상을 구현하고 광대한 종교계 인사들을 단결시키켜 함께 사회주의 강국건설에 공헌하도록 하는 일련의 중요한 성과를 거두었다. 이 사실은 당중앙 19호 문건이 사회주의 초기단계에 당의 종교관리를 지도하는 위대한 강령임을 증명하여 준다."

95 '종교사무조례'는 종교단체와 종교활동장소, 종교를 믿는 공민의 종교활동과 종교학교의 설립, 종교서적의 출판, 종교재산의 관리, 대외교류활동 전개 등의 제반 권리를 행정법규의 방식으로 규정하고 있다.

96 국가종교사무국은 2011년 7월 8일 '전국종교공작계통 법제선전교육 제6차 5개
년계획(全國宗敎工作系統 法制宣傳敎育 第6次 5個年計劃)'을 수립하여 각 성, 자
치구, 직할시 종교국, 민종위(民宗委), 신강생산건설병단(新疆生産建設兵團) 민
종위에 통지하였다. 동 계획은 "한층 철저한 법제선전 교육과 법치 실천을 통하
여 헌법을 선전하고 법률지식을 광범하게 전파함으로써, 종교관리 간부, 종교계
인사, 그리고 일반 신도들의 법률의식을 제고하고 종교사무관리의 법치화 수준
을 제고하는 것"을 주요 목표로 한다. 그리고 종교관리계통의 법제선전교육은 종
교관리 간부, 종교단체 책임자 및 관리인원, 각 종교의 교직자, 종교활동장소 관
리조직원, 종교학교 교사 및 신도들을 대상으로 하여 실시된다. 또 국가종교사무
국은 2012년부터 '종교정책법규학습월(宗敎政策法規學習月)' 활동을 전개할 것
을 결정하고, 이 사실을 전국 종교계에 통지하였다. 학습월 활동 또한 종교단체
책임자 및 관리인원, 종교활동장소 관리조직성원, 각 종교의 교직자, 종교학교
교사와 학생 및 신도들을 대상으로 실시된다. 학습내용은 헌법, 기본법률 등의
중국 특색 사회주의 법률체계에 대한 학습, 당과 국가의 종교관리의 기본방침과
종교정책에 대한 학습, '종교사무조례' 등 종교사무 방면의 법규·규장과 규범성
문건에 대한 학습, 각 전국단위 종교단체가 제정한 중요한 규장제도에 대한 학습
이다(國家宗敎事務局政策法規司 編, 『宗敎政策法規文件選編』, 宗敎文化出版社,
2012, 393~400, 401~404 면).

97 '형법'에 규정된 형벌은 주형(主刑)과 부가형(附加刑)의 두 종류로 나뉜다. 주형에
는 관제(管制), 구역(拘役), 유기도형(有期徒刑), 무기도형(無期徒刑), 사형(死刑)
이 있고, 부가형에는 벌금, 정치권리 박탈, 재산몰수가 있다. 외국인에 대해서는
따로 정할 수 있고 또 강제출국시킬 수 있다.

98 이어 제39조에서 "공민에게 종교를 믿거나 종교를 믿지 않도록 강제하거나 종교
단체와 종교활동장소의 정상적 종교활동을 방해하면 종교사무 부문이 개정을 명
령한다. 치안관리행위를 위반하면 법에 따라 치안관리처벌을 내린다"라고 규정
하고 있다.

99 徐玉成, 『宗敎政策法律知識答問(增証本)』, 208~210 면.

100 徐玉成, 『宗敎政策法律知識答問(增証本)』, 210 면.

101 國家宗敎事務局政策法規司 編, 『宗敎團體敎規制度匯編』, 宗敎文化出版社,

2012 참조.

102 잉푸쩡/이혜원 역, 「개혁개방 이후 중국에서의 국가—종교관계」, 『기독교사상』 통권 638호, 대한기독교서회, 2012, 87 면.

103 '요녕성종교사무조례' 제8조는 "본 조례에서 종교단체라 함은 법에 의해 성립된 현 이상의 불교협회, 도교협회, 이슬람협회, 천주교애국회, 천주교교무위원회, 기독교 삼자애국운동위원회, 기독교협회 등의 종교단체를 말한다"라고 규정하고 있다.

104 중공중앙 · 국무원, 2001年 全國宗敎工作會議(徐玉成, 『宗敎政策法律知識答問(增証本)』, 110~111 면)

105 이슬람교를 신봉하는 중국 공민이 국외로 성지순례를 하려면 이슬람교 전국규모의 종교단체가 그 조직을 책임진다('종교사무조례' 제11조).

106 徐玉成, 『宗敎政策法律知識答問(增証本)』, 219~220 면.

107 종교적 내용을 언급한 출판물에 위에서 예시한 금지내용이 수록된 경우에는 그와 관련된 책임기관과 인원에 대해 관련 주관 부문이 법에 따라 행정처벌을 내린다. 범죄를 구성할 경우에는 형사책임을 추궁한다('종교사무조례' 제42조).

108 徐玉成, 『宗敎政策法律知識答問(增証本)』, 103 면.

109 徐玉成, 『宗敎政策法律知識答問(增証本)』, 108 면.

110 徐玉成, 『宗敎政策法律知識答問(增証本)』, 240~241 면.

111 徐玉成, 『宗敎政策法律知識答問(增証本)』, 224 면.

112 당중앙 19호 문건은 "젊은 세대의 애국 종교교직인원을 계획적으로 양성하고 교육시키는 것은 우리나라 종교조직의 장래에 있어 결정적인 의의를 가진다. 우리들은 마땅히 계속하여 쟁취, 단결하여 현재의 모든 종교계 인사들을 교육시킬뿐 아니라 각종 종교조직이 종교원교를 운영해 새로운 종교교직인원을 양성하는 것을 도와야 한다"고 지적하였다(徐玉成, 『宗敎政策法律知識答問(增証本)』, 222~223 면).

113 종교학교를 설립하려면 전국적 성격의 종교단체가 국무원 종교사무 부문에 신청하거나 성, 자치구, 직할시의 종교단체가 설립하고자 하는 종교학교가 소재하는 성, 자치구, 직할시 인민정부의 종교사무 부문에 설립계획을 제출하여 신청해야 한다. 성, 자치구, 직할시 인민정부의 종교사무 부문은 신청을 접수한 날부터 30일 이내에 의견을 제출해야 하며, 그 설립계획에 동의하면 국무원 종교사무 부문에 보고하여 심사·비준하게 해야 한다. 국무원 종교사무 부문은 전국적 성격의 종교단체의 종교원교 설립 신청을 받거나 성, 자치구, 직할시 인민정부 종교사무 부문이 종교원교 설립을 보고한 날부터 60일 이내에 비준하거나 비준하지 않는다는 결정을 내려야 한다.

114 徐玉成, 『宗敎政策法律知識答問(增証本)』, 225~226 면.

115 일반적 의미로 불교협회는 애국조직과 교무조직의 두 가지 중요한 직능을 가진 사회단체이다. 오랜 기간 사실상 사원들은 해당지역 정부주관 부문의 행정영도를 받았고 또 중국불교협회와 해당 지역 불교협회의 불교 내부 사무(敎務) 상의 영도를 받았다. 중국불교협회가 제정한 '전국한족불교사원관리변법(全國漢族佛敎寺院管理辦法)' 제1조는 "사원은 정부 종교사무 부문의 행정영도 아래 스스로 관리한다. 교내(敎內)에서 사원은 불교협회의 교무상의 영도를 받는다"라고 규정하고 있다. 사원은 두 가지 영도를 존중하고 복종하여야 한다. 그리고 행정과 교무라는 서로 다른 성격의 영도는 병행되어야 하며 상부상조하여야 한다(徐玉成, 『宗敎政策法律知識答問(增証本)』, 244~245 면).

116 종교활동장소인 사관(寺觀)은 모두 정부 종교사무 부문의 영도 아래 교직자인 승도(僧道)가 관리한다. 사관의 종교수입과 생산수입, 기타 수입은 모두 사관의 집체소유에 귀속되며 주로 승도 인원의 생활과 사관의 유지보수, 사관의 일상적 지출로 사용되어야 한다. 어떤 단위도 사관의 자금을 유용할 수 없다(徐玉成, 『宗敎政策法律知識答問(增証本)』, 255~256 면).

117 徐玉成, 『宗敎政策法律知識答問(增証本)』, 108~109, 226 면.

118 '종교사무조례' 제3조: 국가는 법에 의거하여 정상적인 종교활동을 보호하고 종교단체와 종교활동장소 및 신도들의 합법적인 권익을 보호한다. 종교단체, 종교활동장소 및 신도는 마땅히 헌법과 법률, 법규와 규칙을 준수하며 국가통일과 민족단결과 사회안정을 수호해야 한다. 어떠한 조직이나 개인도 종교를 이

용하여 사회질서를 파괴하거나 공민의 신체건강을 위해하거나 국가교육제도를 방해할 수 없고 그 외 국가이익과 사회공공이익 그리고 공민의 합법적인 권익을 해치는 활동을 할 수 없다.

119 '종교사무조례' 제4조: 각 종교는 독립·자주·자영의 원칙을 견지하며 종교단체, 종교활동장소, 종교사무는 외국세력의 지배를 받지 않는다. 종교단체, 종교활동장소, 종교교직인원은 우호와 평등의 기초 위에 대외 교류를 전개한다. 기타 조직이나 개인은 대외 경제합작이나 문화교류 활동 중에 부가적인 종교적 조건을 받아들여서는 안된다.

120 성, 자치구, 직할시 인민정부 종교사무 부문은 설립 구역의 시급 인민정부 종교사무 부문이 입안에 동의한 사원, 궁관, 청진사, 교회당의 설립 보고를 접수한 지 30일 이내에 비준하거나 혹은 비준하지 않는다는 결정을 한다. 종교단체는 종교활동장소의 설립 신청이 비준을 얻은 후에야 해당 종교활동장소의 건축 기획 사항을 처리할 수 있다('종교사무조례' 제13조).

121 종교활동장소는 비준을 거쳐 건설을 완공한 후 소재지의 현급 인민정부 종교사무 부문에 등기를 신청해야 한다. 현급 인민정부 종교사무 부문은 신청을 접수한 지 30일 이내에 애당 종교활동장소의 관리조직과 규장(規章)제도 건설 등의 상황을 심사하고 조건에 부합하는 경우에 등기를 부여하고 종교활동장소등기증을 발급한다('종교사무조례' 제15조). 등기를 마쳐 종교활동장소가 된 사원, 궁관, 청진사, 교회당(寺觀敎堂)은 국가의 관련 규정에 따라 종교 내부자료 성격의 출판물을 인쇄할 수 있다. 그리고 이 종교출판물을 종교활동장소 내에서 판매할 수 있다('종교사무조례' 제21조).

122 '종교사무조례' 제41조 ① 규정에 의거해서 변경등기를 하지 않았거나 등록수속을 하지 않은 경우 ② 종교활동장소가 본 조례 제18조의 규정을 위반하여 관련 관리제도를 만들지 않았거나 관리제도가 요구에 부합하지 않을 경우 ③ 종교활동장소 내에서 중대한 사고나 사건이 발생하였으나 제 때에 보고되지 않아 심각한 결과를 야기하였을 경우 ④ 본 조례 제4조의 규정을 위반하여 종교의 독립·자주·자영의 원칙을 위배하였을 경우 ⑤ 국가의 관련 규정을 위반하여 국내외로부터 기부를 받았을 경우 ⑥ 등기관리기관이 법에 의거하여 시행한 감독관리를 거부하고 받아들이지 않았을 경우

123 徐玉成,『宗敎政策法律知識答問(增証本)』, 252~253 면.

124 창건활동의 기본표준 8개 항목의 내용은 다음과 같다.

1) 애국애교(愛國愛敎): 나라를 사랑하고 종교를 사랑하여야 한다. 조국을 사랑하고 중국공산당의 영도와 사회주의제도를 옹호하며 조국통일, 민족단결과 사회안정을 지키고 종교의 우수한 전통을 발양하며 사회주의사회와 상호적응하도록 노력하여야 한다.

2) 지법수법(知法守法): 법을 알고 법을 지켜야 한다. 종교교직인원과 신교군중을 조직, 교육, 인도하여야 하고 헌법과 국가 관련 법률 법규를 학습하고 준수하여야 한다. 독립·자주·자영의 원칙을 견지하고 외국세력들이 종교를 이용하여 침투하는 것을 결연히 반대하며 자각적으로 사교를 반대하여야 한다.

3) 단결온정(團結穩定): 단결하고 안정하여야 한다. 교직자와 신도 사이가 화목하여야 하며 종교활동장소와 사회 유관 기관 사이의 관계도 좋아야 한다.

4) 활동유서(活動有序): 활동은 순서가 있어야 한다. 종교활동은 문명하고 건강하여야 하며 관련 법률과 법규를 준수하여야 한다. 종교의 교의·교규(敎規)에 부합되어야 하며 최선을 다하여 신도들에게 양호한 종교서비스를 제공하여야 한다.

5) 교풍단정(敎風端正): 교풍(敎風)이 단정하여야 한다. 모범적 종교교직자는 교의·교규를 준수하고 품성이 우수하며 사상이 바르고 자신의 직무에 충실하여야 한다.

6) 관리규범(管理規範): 관리가 규범화 되어야 한다. 관리조직이 건전하고 관리제도가 완비되며 관리방식이 민주적이어야 한다. 관리가 효율적이어야 하며 특별히 재무관리가 규범화되어야 한다.

7) 안전정결(安全整結): 안전하고 정결해야 한다. 건축시설이 안전해야 하고 마당이 깨끗하고 위생적이어야 하며 주위 환경과 화해(和諧)를 이루어야 한다.

8) 복무사회(服務社會): 사회에 봉사하여야 한다. 사회책임의식이 강하고 적극적으로 공익사업과 자선사업을 벌이며 사회와 인민에게 봉사하여야 한다. 창건활동을 전개할 때 통일표준을 견지해야 할 뿐만아니라 구체적인 상황에 맞게 분류지도를 강화해야 한다. 각 지방에서는 해당 지방의 실제상황에 맞추어 창건활동을 벌임으로써 지방 특색을 살려야 한다(國家宗敎事務局政策法規司 編,『宗敎政策法規文件選編』, 宗敎文化出版社, 2012, 405~417 면).

125 전국 각지의 각 유관 기관에서는 전국 종교여행장소에서 향을 피우는 활동에 대

해 한층 규범화하여 인민대중의 합법적 권익을 보장하고, 문화자원과 생태자원을 보호하며, 종교여행장소의 문명 · 안전 · 환경 · 질서를 유지해야 한다(國家宗敎事務局政策法規司 編, 『宗敎政策法規文件選編』, 422~426 면).

126 종교활동장소 건설공사의 안전감독사업을 강화하고 종교활동장소 건축공사의 안전사고발생을 방지하며 인민군중의 생명과 재산의 안전을 보장하기 위하여 '종교활동장소의 건설공정안전감독관리 강화'가 요구된다(國家宗敎事務局政策法規司 編, 『宗敎政策法規文件選編』, 427~429 면).

127 또한 '종교사무조례' 제35조는 "종교단체나 종교활동장소는 국가의 관련 법규정에 의거하여 국내외 조직이나 개인의 기부를 받아 해당 종교단체와 종교활동장소의 종지(宗旨)와 부합하는 활동에 사용할 수 있다"라고 규정하고 있다.

128 자유지(自留地)는 사회주의 국가에서 농민에게 집단 농장에서의 공동 작업 외에 개인적으로 경영할 수 있도록 인정한 경지를 의미한다.

129 또한 '토지관리법'은 "법에 의해 변경된 토지의 소유권 혹은 사용권은 반드시 토지권속(土地權屬, 소유권의 귀속)변경 등기 절차를 거치고 증명서를 갱신하여야 한다"(제10조), "토지의 소유권과 사용권은 법률의 보호를 받으며 어떤 단위나 개인도 이를 침범할 수 없다"(제11조)라고 규정하고 있다.

130 '종교사무조례' 제33조는 "도시계획이나 중점공정(주요 프로젝트)건설의 필요로 인해 종교단체 혹은 종교활동장소의 가옥이나 시설물을 철거 · 이주할 경우에는 철거 · 이주를 시행하는 사람이 해당 종교단체나 종교활동장소와 협의하여야 하고, 관련 종교사무 부문의 의견도 자문해야 한다. 각 협의에서 동의를 얻어 철거 · 이주할 경우 철거 · 이주를 시행하는 사람은 철거 · 이주되는 건물과 시설물에 대해 새로 지어주거나(重建) 국가의 관련 규정에 따라 철거 · 이주되는 건물, 시설물의 시장가격에 부합되게 보상해주어야 한다"라고 규정하고 있다.

131 이 법의 시행 결과 종교 교산에 대해서는 어떠한 단위나 개인도 어떠한 정치적 구실로 강제로 침탈하거나 무상으로 전용할 수 없으며, '제국주의가 중국을 침략한 역사적 죄증'이라는 이유로 강제로 점용하는 것은 더욱 불가능하다(徐玉成, 『宗敎政策法律知識答問(增証本)』, 189~190 면).

132 이 경우 혼례(婚禮)를 거행하는 외국인은 반드시 법에 따라 혼인관계를 맺는 남녀 쌍방이어야 한다. 그리고 중국의 종교교직자는 법에 의거하여 등기된 종교사회단체가 인정하고, 등록한 각종 종교교직자를 의미한다.

133 금지되는 외국인의 선교행위는 다음과 같다. 첫째, 중국 공민을 종교교직인원으로 위임하는 행위, 둘째, 중국 공민을 대상으로 종교신도를 확장하는 행위, 셋째, 종교활동장소에서 자의적으로 강론하거나 설교하는 행위, 넷째, 승인을 받지아니하고, 법에 의거해 등기된 종교활동장소 이외의 다른 장소에서 강론·설교하거나 종교집회활동을 진행하는 행위, 다섯째, 종교활동 임시장소에서 중국 공민이 참가하는 종교활동을 행하는 행위(다만 초청을 받아 종교활동을 주재하는 중국 종교교직자는 제외). 여섯째, 종교 간행물, 종교음향·영상기기, 종교 전자출판물 등 종교용품을 제작 또는 판매하는 행위, 일곱째, 종교 홍보물을 배포하는 행위, 여덟째, 기타 형식의 선교 활동 등 선교활동을 할 수 없다.

134 한 번에 100만 위안 이하의 기부를 받을 경우의 승인 권한은 성, 자치구, 직할시 인민정부가 자체적으로 결정한다. 전국적 성격의 종교단체가 한 번에 100만 위안 이상의 기부를 받을 경우 국무원 종교사무국에 보고해 승인을 받는다. 한 번에 100만 위안 이하의 기부를 받을 경우는 각 전국적 성격의 종교단체가 자체적으로 결정한다.

135 徐玉成, 『宗敎政策法律知識答問(增証本)』, 239~240 면.

136 2010년 제6차 전국인구통계에 따르면, 한족은 전체 인구의 91.5%를 차지하고, 소수민족이 8.5%를 차지한다. 소수민족의 인구 수는 큰 차이가 있다. 가장 큰 소수민족은 쫭족(壯族)이고, 조선족은 13번째로 큰 소수민족이다. 그러나 소수민족이 분포하고 있는 지역의 면적은 중국 전 영토의 약 64%를 차지한다.

137 정재남, 『중국의 소수민족』, 살림, 2013, 3~4 면.

138 土屋英雄, 『現代 中國の信敎の自由』, 89 면.

139 또한 종교신자는 조국의 통일과 민족의 단결을 유지하고 전국 인민과 함께 사화건설(四化建設)에 참가하며, 종교 가운데 좋은 전통을 발양하고 사회주의를 위하여 기여하여야 한다. 뿐만 아니라 각 종교단체는 정부의 행정적 지도 하에 독립 자주의 정신을 가지고 종교사무를 처리하여야 한다(中共中央, 「關於我國社

會主義時期宗教問題的基本觀點和基本政策」(1982년 19호 문건)).

140 "중국의 국제교류는 날마다 확대되어가고 있다. 종교계의 대외관계도 날마다 발전하여 중국의 정치적 영향을 확대하는 데 중요한 의의를 가지고 있다. 그러나 이와 동시에 외국의 종교적 반동세력, 특히 제국주의의 종교세력도 종교교류를 이용하여 중국 대륙을 다시 침략하고자 한다. 중국의 방침은 종교 부문의 국제 우호교류를 적극적으로 전개하면서, 외국종교의 모든 적대세력들의 침투를 단호히 억제하는 것이다. 중국 종교계는 국제교류에 있어 반드시 자주독립, 교회 자영(敎會自營)의 원리를 고수하고, 국제 종교반동세력이 중국의 종교를 지배하려는 기도를 단호히 억지하고, 외국의 교회나 종교계인사가 중국의 종교사무에 간여하는 것을 단호히 배제하여야 한다. 특히 외국 종교조직(이들이 지배하고 있는 기구를 포함하여)이 어떠한 방법으로도 중국에 전교하거나 혹은 종교선전 자료를 대량 밀수하여 살포하는 것을 허용하지 아니한다. 또한 외국종교의 반동세력이 중국에 지하교회 및 기타 불법조직을 건립하는 것을 특별히 경계하고 감시하며, 종교를 은폐하고 행하는 스파이 파괴활동을 단호히 타격하여야 한다."

141 陳麟書 編著, 『宗敎學原論』, 四川大學出版社, 1986, 204 면.

142 陳欣新, 「中國宗敎自由的法律規制」, 9~11 면.

143 삼호원칙(三互原則)은 서로 융합하고, 서로 용서하며, 서로 존중하는 원칙으로, 현재 중국이 각 자치구 및 홍콩, 마카오, 대만 등 문제와 민족문제를 다룰 때 제창하는 평화원칙이다.

144 서남 지역에서는 달라이 라마 세력이 종교를 이용하여 티베트 독립을 주장하고 있고, 동북지역에서는 한국 기독교의 일부 세력이 연변의 영토문제로 갈등을 일으키고 있으며, 대만지역에서는 기독교장로회의 일부 인사들이 장로회를 대만독립의 기지로 삼아 활동하고 있고, 홍콩지역에서는 천주교와 기독교 내부의 일부 인물들이 고의적으로 일국양제체제를 와해하려고 하고 있다(陳欣新, 「中國宗敎自由的法律規制」, 10 면).

145 그러나 이 때문에 국외의 적대세력이 종교를 이용해 침투하는 것을 경계하고 억제하는 데 있어서의 지도방침과 정책의 범위 설정이 중요한 정책과제로 된다

(徐玉成, 『宗教政策法律知識答問(增証本)』, 214~216, 369~370 면).

146 강택민은 2001년 '논종교문제'에서 "당과 정부는 공민의 종교신앙 자유의 권리의 존중과 보호, 정상적인 종교활동의 보호, 종교계의 합법적 권익 보호를 시행하는 장기적이고 변함없는 기본정책을 변함없이 관철해야만 한다. 그 반면 종교계는 변함없이 중국공산당의 영도를 지지해야 하고, 사회주의를 지지해야 하며, 독립 · 자주 · 자판(自辦) 교회의 원칙을 견지해야 하고, 헌법 · 법률 · 법규 · 정책규정의 범위 내에서 종교활동을 전개한다는 점을 견지해야 한다. 이러한 정치적 기초가 있고, 이러한 두 가지 방면의 결합이 있어야 당이 영도하는 애국통일전선의 구성부분인 각 민족 종교계의 애국통일전선이 만들어져 반드시 끊임없는 확고함과 발전을 얻게 될 것이다. 이는 당이 마르크스주의의 종교이론을 중국의 종교문제의 현실과 서로 결합해 얻은 중요한 경험이다"라고 하였다(江澤民, 「論宗敎問題」, 國家宗敎事務局政策法規司 編, 『宗敎政策法規文件選編』, 宗敎文化出版社, 2012, 35 면 이하).

147 6. 독립 자주 자판의 원칙을 견지하고 평등의 기초 위에서 종교의 대외우호교류를 전개하며 국외의 적대세력이 종교를 이용해 침투하는 것을 저지해야 한다. 국외의 어떤 종교조직이나 단체, 개인도 우리나라 종교사무에 간섭하는 것을 허락하지 않는다.

148 '종교사무조례' 제42조는 종교적 내용을 언급하는 출판물이 종교의 독립 · 자주 · 자판의 원칙을 위배하는 내용을 수록한 경우 그와 관련된 책임단위 및 인원에 대해 관련 주관 부문이 법에 따라 행정처벌을 내린다고 규정하고 있다.

149 헌법 제134조는 "각 민족 공민은 본 민족의 언어와 문자를 사용하여 소송을 진행할 권리를 가진다. 인민법원과 인민검찰원은 해당 지역에서 통용되는 언어나 문자를 알지 못하는 소송참가자를 위하여 통역을 해주어야 한다. 소수민족 집거(集居) 또는 다민족 공동거주의 지구에서는 마땅히 해당 지역에서 통용되는 언어를 이용하여 심리를 진행한다. 소장, 판결서, 포고와 기타 문서는 실제 필요에 근거하여, 해당 지역에서 통용되는 일종 또는 다종의 문자를 사용하여야 한다"라고 규정하고 있다.

150 정재남, 『중국의 소수민족』, 살림, 2013, 21~23 면.

151 박병광, 「중국소수민족정책의 형성과 전개」, 국제정치논총 제40집 제4호, 2000, 427~429 면.

152 이 민족 평등의 원칙은 1949년 공동강령에서 처음 규정되었고, 현행 헌법도 제4조에서 "중화인민공화국의 각 민족 인민은 모두 평등하다. 각 민족의 평등·단결·상호협조관계를 옹호하고 이를 발전시킨다"라고 하여 거듭 확인하고 있다.

153 중국공산당은 소비에트 사회주의 혁명의 영향을 받아 건국 이전에는 민족자치제가 아니라 연방국가의 수립을 계획하고 있었다. 그러나 1934년부터 36년 사이 대장정(大長征) 기간 동안 소수민족으로부터 많은 도움을 받으면서 정책을 수정하였다. 그 후 1941년 협감녕변구행정요강(陝甘寧邊區行政要綱)을 거쳐, 1949년 공동강령에서 "소수민족 밀집공동체는 민족자치제를 시행하게 될 것이며, 인구 및 지리적 규모에 기초하여, 상이한 종류의 민족자치기관을 설립할 것"을 정책화하였다.

154 정재남, 『중국의 소수민족』, 23, 29 면.

155 土屋英雄, 『現代中國の信敎の自由』, 尙學社, 2009, 98~100 면.

156 敎育部, 「關於正確處理少數民族地區宗敎刊懮學校敎育問題的意見」 1983년 1월 15일.

157 中共中央, 「關於我國社會主義時期宗敎問題的基本觀點和基本政策」(1982년 19호 문건).

158 또한 전 민족이 신앙하는 종교가 같은 소수민족에 있어서는 각 개인의 종교신앙의 자유도 문제가 된다. 여기에서는 종교신앙의 의무만 있고 권리는 인정되지 않기 때문이다. 여기에서는 전 민족이 신앙하는 종교를 신앙하지 않으면 반도(叛徒), 반족(叛族) 혹은 반교(叛敎)로서 따돌림을 당하게 된다. 그러나 1949년 신중국 건국 이후 이러한 종교간섭은 금지되지만, 아직도 개인에 대한 종교상의 사회적 압력이 여전히 존속하고 있는 소수민족이 없지 않다.

159 첫째, '소수민족의 발전과 생산에 유리한 풍속과 관습'은 제창하고 보호한다. 둘째, '소수민족의 발전과 생산에 방해는 되지 않지만 영향이 크지 않는 풍속과 관습'은 자유에 맡기거나 혹은 적당한 시기를 기다려 적절한 설득과 교육을 통하

여 스스로 개선하도록 한다. 셋째, '민족의 발전과 당면의 생산에 유해하고, 민족의 단결과 사회의 진보에 불리한 풍속과 관습'은 조건이 갖추어질 때, 스스로 포기하도록 설득하고 교육한다. 특히 사람의 생명 안전과 봉건적 미신에 속하는 풍속관습은 설득 교육을 통하여 폐지하여야 한다(土屋英雄, 『現代中國の信敎の自由』, 101 면).

160 土屋英雄, 『現代中國の信敎の自由』, 102 면.

7장

결론

이 책의 주제인 '중국헌법에서의 종교와 종교정책'의 연구를 위하여 청淸 말기 아편전쟁 이후 중화인민공화국의 건립 등 현재까지의 헌정憲政의 흐름 속에서 종교와 종교정책을 살펴봄으로써, 국가를 규율대상으로 하는 헌법과 인간의 정신세계를 지배하는 종교의 관계를 이해하고, 그 특성을 살펴보았다. 먼저 중국의 종교이론과 그 중국화를 살펴보았고, 다음은 청 말기 아편전쟁 이후 중화인민공화국 현 5세대 지도부에 이르기까지 헌정의 흐름과 함께 그 속에서의 종교와 종교정책을 역사적으로 살펴보았으며, 현재 중국 특색의 사회주의 종교 현황과 종교관련 법체계를 전반적으로 소개하였다. 마지막으로 중국헌법에서 담고 있는 종교와 종교정책의 기본이 되는 중국식 종교신앙의 자유, 종교사무의 법적 관리, 종교적 중화민족주의를 개괄적으로 분석하였다.

중국의 종교이론과 중국화 과정

　먼저 중국 특색의 사회주의 종교이론과 그 중국화의 과정을 살펴보았다. 종교문제를 고찰함에 있어서 국가가 종교의 개념을 어떻게 정의하는가에 따라 종교를 인정하는 범위도 다르고 또 종교문제를 처리하는 방법도 차이가 있다. 자유주의 국가에서는 종교를 인간 본성종교적 인간으로 인정하여 종교를 포괄적으로 인식하면서 동시에 최대한 보장하는 것을 목표로 하는 반면 사회주의 국가에서는 종교를 인류사회 발전의 역사적 단계에서 생성된 사회현상의 하나로 보고 제한적으로 인정하면서 궁극적으로는 인간의 지식과 사회발전에 따른 종교의 소멸을 목표로 하고 있다. 중국 특유의 사회주의 종교이론은 마르크스—레닌의 종교이론이 전제가 된다. 중국공산당은 종교문제에 대한 중국 특색의 해결방안으로 마르크스주의 종교관을 중국의 사회주의혁명과 신국가건설 과정에서 발생한 종교문제와 결합하여 사회주의 종교이론을 중국화하였다. 즉 당과 국가가 종교를 인정하고 종교신앙의 자유를 보장하는 것은 단지 통일전선 전략에 따른 것일 뿐, 이념적으로 종교활동에 대한 자유를 인정하는 것은 아니다. 모택동과 등소평의 종교관 역시 마르크스와 레닌의 종교이론을 수용하여 중국화한 것이고, 그 과정을 거쳐 형성된 것이 바로 오늘날에도 중요한 의미를 갖고 있는 종교오성론宗教五性論이다. 종교에 대한 장기성長期性, 군중성群衆性, 민족성民族性, 국제성國際性, 복잡성이라는 5가지 특성이 그것이다. 이 종교오성론은 모택동의 종교사상과 주은래 이후 각 정치세대 지도자들의 종교정책을 지탱해온 중국공산당과 정부의 종교이론으로서 마르크스주의 종교관의 보편성에 부합할 뿐만 아니라, 공산당이 마르크스주의 종교이론을 중국 종교의 구체적인 실제와 결합한 것이다. 또한 중국은 근본적으로 사회주의 국가이기 때문에, 사회주의 국가성을 지속적으로 유지하기 위해 종교에 대해서도 사회주의 건설사업에 기여할 갖가지 사회적 기능을 요구하고 있다. 특히 등소평 이후 세대의 공산당 지도자들은 종교에 대하여 시대의 새로운 요구에 부응하는 새로운 이론을 수용할 것을 제기하였는데, 그것이 바로 종교와 사회주의 사회의 상호적응과 화해이론이다.

중국 근현대의 헌정과 종교정책

근대 이후 중국에서 헌법과 종교 및 종교정책을 둘러싸고 전개된 역사적 변천은 오늘의 중국의 사회주의 종교이론과 종교현황을 만들어낸 중국 특유의 역사적인 산물이라 할 수 있다. 앞에서 살펴본 중국의 사회주의 특성인 종교이론의 형성과정을 기조로 중국의 헌정과 종교정책의 사적 흐름을 개괄적으로 살펴보았다. 그리고 1949년 중화인민공화국의 건국을 기준으로, 그 이전의 혁명기와 그 이후 신중국건설기로 나누어, 각 시기의 종교적 상황과 각 세대별로 종교정책 등에 관하여 살펴보았다.

중국에서는 1840년의 아편전쟁 이후부터 1949년의 중국공산당이 승리한 신민주주의혁명에 이르기까지 약 100년 동안 다양한 개혁운동과 혁명운동이 이어졌다. 세계사 속에서 찾기 힘든 장기간에 걸친 혁명과정이었다. 아편전쟁의 실패로 기독교가 비로소 공인되면서, 종교신앙의 자유도 국제규범인 조약상의 권리로 인정되고, 19세기 중엽부터 청나라 중심의 전통질서의 붕괴를 예고하는 태평천국운동, 양무자강운동 그리고 무술변법운동이 있었다. 특히 무술변법운동의 중심인물이었던 강유위는 공교孔敎를 국교화함으로써 변법운동의 사상적 근거로 삼고자 하였다. 이어 반기독교 민중운동으로 의화단운동이 있었으나 모두 실패하였다. 1911년 신해혁명으로 중국의 전제군주제도는 종말을 고하고, 중국 최초의 공화국인 중화민국이 성립되었다. 신해혁명으로 공자와 유교의 독존적 지위가 타격을 입었으나, 대총통인 원세개가 홍헌제제운동洪憲帝制運動을 전개하면서 강유위와 손잡고 공교국교화孔子國敎化를 시도하면서 1923년 제정된 중국 최초의 정식헌법인 '중화민국헌법' 제12조에는 "중화민국의 인민은 공자를 존숭하고 또한 종교를 신앙할 자유를 가진다"라고 규정한다. 이에 진독수와 노신 등 신세대 지식인들은 공교국교화 운동에 반대하는 신문화운동을 전개하였고, 이는 5·4신문화운동기를 거치면서 반종교反宗敎와 반미신운동反迷信運動으로 확산되었다. 이후 1920년대에 국공합작을 기반으로 하여 반제국주의, 반군벌의 국민혁명운동이 전개되었는데, 장개석은 손중산의 헌정사상을 중화민국의 최고법으로 준수할 것을 약속하고, 삼민주의를 유학적으로 해석하여, 손중산이 공자 이후 단결된 유교의 도통을 계승하였다고 주장하였다. 또한 국민당과 그 정부는 반기독교운동, 구전통과 미신의 폐제운동, 반불교운동廟山興學運動 등을 펼쳤는데, 이에 공산당도 동참하였다. 장개석의 국민당 정부는 전통문화 중심의 새로운 문화창조를 주장하는 신생활운동을 전개하였고, 공자탄신일은 당시 국가기념일로 지정되었다.

  1921년 7월 상해에서 창당한 중국공산당은 창당 29년만인 1949년 10월 1일 천안문 광장에서 중화인민공화국의 건국선포까지를 신민주주의 혁명운동기라고 하며, 이 시기에 국민당에 쫓기면서 일본과 싸워야 했고, 대장정 이후 근거지는 라마교와 이슬람교를 신앙하는 소수민족이 거주하는 서북변방의 오지였다. 이러한 악조건 하에서 공산당은 마르크스 종교이론을 기본적으로 유지하면서, 현지인들과의 갈등을 최소화하고, 이들의 지지를 끌어낼 수 있는 종교정책을 시행해야 했다. 한편으로는 종교신앙의 자유와 정교분리의 원칙을 인정하면서, 다른 한편으로 반종교사상을 선전하는 자유를 인정하고, 천주교와 기독교를 제국주의 종교라고 통제하고 종교기관이나 사원의 토지를 몰수하는 이중적인 정책을 펼쳤다. 강서소비에트 시기에 수립된 중화소비에트공화국 임시중앙정부의 '헌법대강憲法大綱과 연안정부 시기에 수립된 협감녕변구정부陝甘寧邊口政府의 '시정강령施政綱領'에 공산당 종교정책의 기본원칙이 정립되었다.

  1949년의 혁명과 건국 이후 오늘에 이르기까지 중국은 5세대 지도부가 중국 특색의 사회주의 국가 건설이라는 국가적 과제를 수행해오고 있다. 마르크스주의 종교관의 중국화는 신중국 성립 이후부터 모색되었고, 개혁개방 이후 성숙단계로 진입하였다. 신중국의 건국 전후기의 종교정책은 기본적으로 마르크스–레닌의 종교이론을 수용하면서도, 중국적 혁명의 실천이라는 토대 위에 모택동의 종교관을 기본으로 하여 수립되었다. 모택동은 소수민족의 종교를 보호하고, 종교를 믿는 것과 믿지 않는 것은 각자의 자유라고 하여 종교신앙의 자유를 인정하면서 공산당원은 유심론자인 신도와 함께 반제, 반봉건의 통일전선을 형성할 수 있다고 하였다. 이러한 모택동의 종교관은 1949년 '공동강령임시헌법'과 1954년 정식 헌법에서 종교신앙의 자유로 헌법화되었고, 주은래와 이유한 등을 통하여 실천되었다.

건국 이후 공산당은 종교와 종교업무를 통일전선사업의 일부로 삼았으며 종교계 인사를 통일전선사업의 중요 대상으로 삼았다. 공산당통치를 옹호하는 친공산정권 종교계 인사들이 각각의 종교를 대표하는 종교조직을 결성하고, 당정은 종교단체를 통해 각 종교에 대한 통제와 관리를 실시하고 있다. 특히, 기독교는 여전히 제국주의의 앞잡이로 인식되어 공산당은 종교의 자유는 인정해 주면서도 삼자교회三自教會를 건립할 것 등을 요구하였다.

1954년 헌법이 제정된 직후부터 1975년에 이르는 문화혁명 기간 동안 헌법의 모택동화라고 할 정도로 심각한 헌법의 정치유동화 현상을 겪으면서 대약진운동 기간에는 종교를 착취계급의 사상으로 간주하는 극좌적 경향을 보였고, 이러한 배경 아래 공산당의 종교정책은 소멸정책으로 강화되어 인위적인 종교말살정책을 취하고, 무종교지역을 선포하며, 공자와 임표를 한데 묶어 비임비공批林批孔으로 타도하면서 모택동을 우상화하는 정책을 펼쳤다. 이러한 문화대혁명 시기의 종교정책으로서는, 첫째, 종교소멸론을 핵심으로 하는 마르크스-레닌주의 종교론의 원칙이 깨졌고, 둘째, 사회주의 건설을 위해 광범위한 인민연합 차원에서 국가는 종교집단과 결합할 수 있다는 통일전선전술의 원칙에서 벗어난 것이었다.

1978년 등소평을 중심으로 하여 중국의 객관적 상황에 부합하는 마르크스주의 노선이 확립되기 시작하였고, 당과 국가의 업무중점이 계급투쟁에서 사회주의 현대화건설로 변화하기 시작하였다. 개혁개방은 사회주의적 시장경제의 확대를 초래하였고, 사회주의적 시장경제의 확대는 빈부격차라는 소외구조의 확대를 초래하였으며, 이 소외구조의 확대는 자연히 종교문제의 대변화와 종교영역의 확대를 초래하였다. 등소평은 기본적으로 여전히 마르크스-레닌주의를 고수하면서도 종교신앙의 자유를 허용하는 정책으로 완화하여 그 각 종교가 소생하고 부활하였다. 이에 문혁기에 파괴되었던 사묘寺廟, 교회당教會堂의 보수자금이 국가로부터 지급되고, 문화혁명기에 희생당한 자들의 명예를 회복하고, 종교조직도 점차 부활하였다.

중국공산당 중앙정치국은 1982년 최초의 종교관련 문건으로 '중국 사회주의 시기의 종교문제의 기본관점과 기본정책'당중앙 제19호 문건을 발표하여 개혁개방 정책의 실시 이후 중공중앙이 당과 정부의 종교정책의 기본방향을 제시하였으며 현재까지 지속되는 82년 헌법 제36조는 이를 반영한 것이라 할 수 있다. 이어 1991년 당黨은 '종교공작宗教工作을 더욱 좋게 하기 위한 약간의 문제에 관한 통지'당중앙 제6호 문건를 채택하여 중국은 해외 종교단체의 선교활동을 외국세력의 침투로 간주해 이를 경계하면서, 다른 한편으로 종교활동과 신앙의 자유를 제한하였다. 개혁개방 시기의 중국 종교는 장기간 존재할 수밖에 없고, 공산당은 이를 전제로 종교가 중국 사회주의 사회에서 긍정적인 역할을 할 것을 요구하고 있다. 2001년 강택민은 '논종교문제論 宗教問題'에서 '종교와 사회주의 사회의 상호적응'이론을, 2006년 호금도가 2006년 '종교와 사회주의 사회의 화해이론'을 강조하였다. 2004년 국무원 국가종교사무국은 '종교사무조례宗教事務條例'를 제정하였다. 이 조례는 종교정책과 관련한 종합적 법안으로서 오늘날 중국 종교정책의 기준을 이루고 있다. 한편 공산당은 2007년 장정章程 총칙에 "…철저하게 당의 종교사업 기본방침을 실현시키고, 신도군중信徒群衆을 단결시켜 경제사회발전에 공헌할 수 있도록 해야 한다. …"

라는 규정을 추가하였다. 이는 처음으로 종교를 당정에 규정한 것으로 종교비판론도 종교사사론도 아닌 것으로 공산당과 종교의 관계에서 변화를 보여주는 문건이라 할수 있다

중국의 종교현황과 법체계

다음은 현재 중국의 사회주의 종교현황과 종교법체계를 전반적으로 살펴보았다. 먼저 현 중국의 종교현황을 정리하였다. 중국 정부는 공식적으로 도교, 불교, 이슬람교, 천주교, 기독교의 주요 5대 종교공인종교와 공인종교로 구성한 7개의 전국성全國性 애국종교조직만을 인정하고 있다. 중국공산당과 정부는 이들의 종교적 활동은 법으로 보호하고, 전통적 민간종교나 법륜공과 같은 신흥종교에 대해서는 미신 혹은 사교로 규정하여 금지하거나 탄압하는 정책을 취하고 있다. 또한 중국정부는 종교인구를 공식적으로 발표하지 않고 1997년 종교백서에서 밝힌 그대로 현재의 국무원 산하 홈페이지에 약 1억 명이라고 밝히고 있다

다음은 현재 중국에서 시행되고 있는 중국 특색의 사회주의 법체계를 살펴보았다. 건국 이후 1957년 공산당이 반우파투쟁이 전개되면서 인치人治가 법치法治를 대신하고, 공민의 기본적 권리도 침해된 '요인치불요법치要人治不要法治'가 지배적인 분위기였고, 문화혁명이 진행되면서 민주와 법제는 붕괴되었으며, 헌법을 비롯한 법률, 당정은 백지로 변했다. 이렇게 무너진 법체계는 1978년 개혁개방 정책이 실시되면서 중국적 특색의 사회주의 법체계가 다시 형성되었다. 1978년의 중국공산당 제11기 3중전회의에서 등소평의 '사회주의 법제건설 16자방침'이 사회주의 법제건설의 지도방침으로 정착되고, 1997년 9월 제15차 당 대회에서는 사회주의 법치국가의 수립과 법에 의한 의법치국依法治國을 당의 새로운 기본방침으로 결정하였다. 국가 통치방침은 1999년 3월 제9기 전국인민대표대

회에서 개정된 헌법개정안 서언에 "…중화인민공화국은 의법치국을 실시하여, 사회주의 법치국가를 건설한다…"라고 추가되어, 의법치국과 사회주의 법제건설의 헌법적 근거가 확보되었고, 2000년 3월 15일 법규의 체제 정합성을 확보하기 위해 '입법법'이 제정·공포되었다.

중국의 종교법은 국가법규, 공산당의 당정과 정책, 국제규범 및 애국종교조직의 자주법이 있다. 국가법규는 헌법, 기본법률, 기타법률, 행정법규, 부문규장, 지방성법규, 자치조례, 지방정부규장 등 8단계 계층으로 구성되어 있다. 공산당이 국가를 대체하는 당─국가체제인 공산당의 장정章程과 정책은 국가법규보다 우위에 있으며, 중국공산당은 여러 차례 종교관련 정책을 공식 또는 비공식적으로 발표해왔는데, 그 대표적인 것이 1982년의 당 중앙 19호 문건과 1991년의 당 중앙 6호 문건이다. 국제규범으로 유엔헌장, 세계인권 선언, 국제인권규약 그리고 각종 국제조약 가운데에는 종교의 자유와 정교분리의 원칙에 관한 규정이 많이 있다. 1997년 10월에는 '시민적 정치적 권리에 관한 국제규약'에 서명하였고, 2004년에 헌법을 개정 제33조에 "국가는 인권을 존중하고 보장한다國家尊重和保障人權"는 제3항을 신설하였다. 7개의 전국성 애국종교조직이 각각 장정을 제정하여 종교단체의 자주법으로 삼고 있다. 이러한 종교법제는 결국 모택동과 등소평 등 혁명과 건국기 지도자의 종교인식이 당과 정부의 종교정책으로 발전하고, 나아가 종교법제로 구체화된 것이라 할 수 있으며, 오늘날 중국에서의 종교관리도 바로 이 종교법제에 근거하여 이루어지고 있다.

신앙의 자유와 종교정책

마지막으로 현행 헌법 속에서의 종교신앙의 자유와 종교정책을 살펴보았다. 중국의 종교신앙의 자유와 종교정책은 현행 종교헌법 제36조를 기본으로 하면서, 그 밖의 다수의 관련 조항으로 구성되어 있다. 먼저 기본 조항인 헌법 제36조 제1항은 "중화인민공화국의 공민은 종교와 신앙의 자유를 가진다"라고 하여 종교신앙의 자유를 보장하고, 제33조 제3항은 "국가는 인권을 존중하고 보장한다"라고 하여 국가의 인권보장을 규정하고 있다. 중국에서 종교신앙의 자유는 헌법이 보장하는 공민의 권리인 동시에 기본적 인권으로 장기정책으로서 종교가 자연 소멸할 때까지 계속해서 관철되고 집행되어야 할 정책이다. 또한 헌법 제36조 제3항 및 4항에서 종교활동의 제한사유로서 사회질서, 공민의 신체건강, 국가교육제도, 국가사회 공공이익, 공민의 합법적 권익, 법적 의무 등을 들고 있다.

중국헌법에 있어서의 종교신앙의 자유는 소극성, 과도기성 그리고 정책성이라는 특수한 성질을 가지고 있고, 그 주체는 중화인민공화국 공민이다. 공민과 유사한 인접 개념으로 인민, 거민居民 그리고 국외거주화교 등이 있고, 종교신앙의 자유를 향유함에 있어 일반 공민에 비해 제한을 받는 특정한 공민으로 공무원, 공산당 당원, 인민해방군 군인, 청소년 등이 있다. 특히 외국인은 중국 공민보다 종교신앙의 자유를 제한받을 뿐 아니라, 가중된 의무를 부담하게 하고 있다. 종교신앙의 자유의 보장은 국가권력과 종교의 분리, 종교와 정치 · 법률의 분리종교 · 무종교에 대한 정치 · 법률상의 평등, 종교와 교육의 분리 등에 의하여 담보된다. 특히 정교분리와 관련하여, 헌법은 이를 암시하고 있고, 공산당도 종교와 정치의 분리를 종교정책의 기본원리의 하나로 강조하고 있다. 그러나 종교의 사회주의적 기능과 종교의 사회주의 사회의 상호적응이라는 종교정책에 의해 종교는 당과 정부에 예속적 지위에 있을 수밖에 없다는 점에서, 사실상 정교분리가 이루어지고 있다고 보기 어렵다. 또한 중국헌법에서 신앙의 자유는 내심의 영역에서 이루어지는 작용으로서 보장되지만, 종교의 자유와 관련해서는 정부가 공인한 종교에 한하여 인정되고, 공인된 종교의 활동도 정상적인 종교활동만이 국가의 보호를 받는다. 특히 미신과 사교에 대한 법적 규제를 강화하고, 한국에서 종교적 난민으로 인정된 법륜공 문제가 중국에서는 사교로 인정되어 강력하게 규제되고 있다. 그러나 법적용에 있어서는 그 사안에 따라 탄력적으로 운영하고 있다.

중국 종교정책의 하나로 종교사무의 관리를 들 수 있다. 2004년의 국무원 국가종교사무국에서 제정한 '종교사무조례'는 종교사무의 관리에 관한 종합적인 법규로 이를 기준으로 하여 당과 국가, 종교단체가 각각 역할 분담하고 있다. 종교사무 관리체계를 보면 종교문제에 대한 대처방안을 공산당의 중앙위원회와 중앙통일전선부가 전략적으로 마련하고, 인민정치협상회의가 공식화하며, 국무원 직속기구인 국가종교사무국이 애국종교단체와 연계하여 집행하고 있다.

중국은 한족과 55개의 소수민족으로 구성된 다민족국가이고, 종교는 민족성이 강하며, 이러한 종교의 민족성은 대외적으로 종교적 중화민족주의로 나타나고, 대내적으로는 소수민족의 종교문제로 나타난다. 헌법 서언과 헌법 제36조 외에도 헌법에는 소수민족의 보호와 관련이 조항이 많이 있다. 신중국 건국 이후 민족평등의 원칙, 민족자치의 원칙, 분리불가의 원칙, 통일전선의 원칙 등을 소수민족 정책의 기본원칙으로 삼고 있다. '민족구역자치법'에서도 이에 관한 규정을 두어 이중적으로 보장하고 있다. 소수민족의 종교문제로 종교교육 문제, 공산당원 문제, 종교풍습 문제, 소수민족 독립문제와 최근 소수민족 독립문제의 대표적 사례로서 티베트의 라마교문제와 신강 위구르의 이슬람교문제를 살펴보았다.

중국 종교정책의 전망

중국의 헌법과 종교 그리고 종교정책은 사회주의 국가인 중국의 역사적 경험에서 형성된 것으로 중국의 종교헌법에서 양자가 합류하였다. 중국의 종교정책은 사회주의 헌법정신의 구현에 있으며, 그에 의해 종교가 철저히 관리되고 있다. 구체적으로는 중국식 종교신앙의 자유를 보장하고, 종교를 법적으로 관리하며, 사회주의와 종교의 화해와 적응을 강조하고 있다. 또한 중화민족주의가 세속적 국가종교로서 중국 종교정책의 한 축을 이루고 있다. 그러나 중국에서의 헌법은 중국공산당의 이념을 국가이념으로 법제화하는 수단이라 할 수 있는 바, 종교정책 역시 공산당의 정책에 따라 변화해 왔다.

현재 중국의 종교정책은 아편전쟁 이후 중국의 역사적 경험을 토대로 한 것이지만 직접적으로는 등소평의 개혁개방정책의 하나로 자리매김 된다. 그는 중국사회의 최고 모순을 계급투쟁이 아닌 생산력의 낙후로 보았고, 이에 따라 경제 발전을 우선시하여 사회주의 국가에 시장경제를 적극적으로 도입하였다. 사회주의 국가에서 종교가 중요한 모순이 되지 않게 한 것이다. 인류 역사에서 종교는 언젠가는 소멸할 것이지만 현 단계에서 사회주의 제도 건립과 경제, 문화의 완성된 단계가 아니기 때문에 종교가 곧 소멸할 것이라는 생각은 현실적이 아니라고 하였다. 그래서 종교는 사회주의 국가에서 부정적인 존재이긴 하지만 국가의 제도적인 틀 안에서만 용인하게 된 것이다. 그러나 이는 종교가 통일전선 전술상 주적主敵이 아님을 의미할 뿐이고, 종교활동의 자유를 인정하는 것은 아니다. 따라서 중국의 종교는 당과 국가의 통제 하에서 철저히 관리 · 운영되고 있다.

중국 종교와 종교정책은 무종교를 전제로 하는 신교의 자유가 인정된다고는 하나 국가정책에 의해 종교는 통제받고 있다. 종교현장의 통제원칙은 두 가지로 나타난다. 하나는 삼정정책三定政策이고, 하나는 삼자정책三自政策이다. 삼정정책이란 지정장소, 지정구역, 지정성직자에 의해서만 종교활동이 가능하다는 것이다. 삼자정책은 외부 간섭 없이 스스로 종교

관련 조직을 운영하고 업무를 처리하는 자치自治, 외부의 간섭 없이 스스로 육성하는 자양自養, 외부의 도움 없이 스스로 전도하는 자전自傳을 말한다. 이는 중국에서 종교신앙의 자유란 선교의 자유가 없는 제한된 내면의 종교자유를 의미하는 것이며, 종교 역시 국가관리의 대상임을 잘 보여주고 있다.

중국의 종교와 종교정책의 특색으로 첫째, 종교에 있어서 국가는 종교 사사화私事化를 강조하고, 당은 종교의 사회주의 국가성을 강조한다는 점이다. 중국은 사회주의 국가의 종교헌법을 가지고 있으며, 공산당이 국가를 영도한다. 종교도 마찬가지다. 당의 영도에 따라 국가가 종교를 관리하는 형태를 띠고 있다. 중국은 건국 초기 당의 민주집중제에서 60년대 인치人治로, 그리고 인치에서 80년대 이후 의법치국依法治國으로 나아가고 있지만 여전히 당의 사회주의 국가성은 강조되고 있다. 둘째, 중국은 사회주의 국가라는 면에서 근본적으로 반종교적 성향을 가진다. 종교가 존재해야 하는 시민영역을 당이 독점하고 있기 때문에 종교가 활동할 수 있는 자율공간이 거의 존재하지 않는다. 하지만 '종교의 현실성'을 수용해야만 하는 상황에서 어쩔 수 없이 종교와 사회주의 간의 화해와 적응을 통해 종교를 용인하는 방향으로 나아가고 있다. 결국 사회주의 종교이론의 중국화를 추구한 것이다. 종교는 추후 타파해야 할 대상이라는 것은 변함없지만 우선 사회주의 발전에 활용하자는 입장을 취하고 있다. 셋째, 다민족 단일국가를 유지하기 위해서 국가의 세속종교라고 할 수 있는 중화민족주의를 강화하고 있다는 점이다. 소수 민족의 종교와의 갈등을 중화민족주의를 통해 관리하고 있고, 또한 사적인 시장경제를 통해서 개인의 인권과 함께 종교영역이 확대되고 나아가 시민사회가 분열될 가능성이 많은 가운데 사회의 결속력을 강화하기 위한 중화민족주의의 강조는 불가피한 상황이다. 또한 국내적으로는 현재 중국의 소수 민족인 티베트, 위그루, 동북삼성을 중화인민공화국으로 역사화하려는 각기 서남공정西南工程, 서북공정西北工程, 동북공정東北工程은 통일적 다민족국가인 중국의 변강을 안정시키는 한편 국외적으로는 중국의 꿈을 실현하고자 공자학원을 통해 중화 민족문화를 전 세계적으로 확산시키고 있다. 여기에 종교적 중화민족주의가 그 핵심으로 작용하고 있다. 넷째, 중국 특색의 종교사무관리다. 국가의 관리가 가능한 제도화된 5대 종교만 인정하며, 외래종교의 제한과 사교를 철저하게 봉쇄하고 있다. 이는 역사적으로 외세에 대한 저항과 사교에 대한 철저한 봉쇄, 그리고 사회통합을 위한 유교활용 등의 전통을 계승한 것으로 볼 수 있다. 그러나 사적 영역인 시장의 확대, 해외교류 및 개인의 권리와 인권도 동시에 확대시키고 있으며, 이에 반해 사회주의의 규제력은 약화되고 개인의 정신적 욕구는 다양해질 수밖에 없을 것이다. 이와 같이 사회주의 시장경제의 확대는 장기적으로는 다양한 종교가 발효할 수 있는 사적인 시민영역의 공간을 넓힐 것이고 종교의 자유라는 자유주의적 국제적 규범 역시 확산될 가능성이 많다.

이러한 종교현실의 변화에도 중국의 종교정책은 크게 변화할 것으로는 보이지 않는다. 1989년의 천안문 사건에도 불구하고 중국은 체제위기를 극복하고 살아남았을 뿐 아니라, 21세기에 들어서는 세계를 놀라게 할 정도의 경제발전을 이루었고, 세계 정치를 주도하는 국가로 발전하고 있다. 종교 부문에 있어서도 모택동 · 등소평 등 혁명과 건국기 지도자의 종교인식이 지금도 그대로 당과 국가의 종교정책으로 발전하였고, 종교법체계에 있어서도 큰 변화가 보이지 않는다. 현행 종교관련 기본조항인 헌법 제36조는 1982년 헌법에서 규정된 이래, 4차례에 걸친 부분 헌법개정에도 불구하고 2004년 인권규정 신설 외에 30년 이상 그대로 존속하고 있다. 그리고 헌법을 구체화한 종교기본법 '종교사무조례'도 2004

년 제정 이후 그대로 종교사무를 통괄하고 있다. 중국은 개혁개방에 박차를 가하면서도 중국 특색의 사회주의 이론체계와 기본제도는 계속 고수한다는 국가적 방침을 시진핑 주석도 기회가 있을 때마다 강조하고 있는 상황이다.

이상의 중국헌법에서의 종교와 종교정책을 살펴보면, 중국 사회주의 국가성은 종교의 중국화로, 사회주의 시장경제는 종교신앙의 자유 확대로, 중화민족주의는 민족갈등을 해소하는 방향으로 나아가고 있으나, 어느 것 하나 중국으로서는 쉽지 않은 문제다. 사적인 영역인 시장을 확대하면서도 종교활동의 자유를 인정하지 않고 있기 때문이다. 그러나 시장경제의 확산은 해외교류가 확대되고 개인의 권리는 강화되는 방향으로 진행되고 있다. 그러면 중국적 사회주의 특색은 옅어질 것이고, 사회적 통합이 문제가 될 가능성이 많다. 앞으로 종교의 소멸을 전제로 하는 공산당의 영도와 사회주의 국가성을 유지·강화하고 있는 한 중국적 종교신앙의 자유를 비롯한 인권의 개선에는 한계가 있을 수밖에 없다. 중국화된 마르크스 종교이론을 근거로 하면서 한편으로 온건하면서도 다른 한편으로 통제하고 규제하는 정책을 전개할 것으로 보인다. 그러나 시장경제가 확산될수록 불교, 도교, 이슬람, 천주교, 개신교 등의 종교활동은 활성화될 것이고, 법륜공과 같은 반정부세력의 근거지 역할을 하는 새로운 유형의 신종교들도 출현하고 있고, 소수민족의 통합과 해외 중국문화 거점지인 공자학원 등의 활동으로 세속적 종교인 중화민족주의가 강화되고 있는 것을 고려한다면 사회주의 국가인 중국에서 종교가 사회변동의 주요동인으로 등장할 가능성도 없지 않다는 점을 시사하고 있다.

참고문헌

〈국내 문헌〉

강돈구 등 3인. 『현대 중국의 한국종교』. 한국학중앙연구원 출판부. 2010.

강정인 · 김용민 · 황태연 엮음. 『서양근대 정치사상사』. 책세상. 2007.

강준영. 『중국의 정체성』. 살림. 2013.

강효백. 『G2 시대 중국 법 연구』. 한국학술정보(주). 2010.

계희열. 『헌법학』. 박영사. 2000.

고병철 등 10인. 『간도와 한인종교』. 한국학중앙연구원 문화와종교연구소. 2010.

공봉진 등 7인. 『시진핑 시대의 중국몽 −부강중국과 GI』. 한국학술정보. 2014.

구성희. 『중국의 전통문화와 대중문화』. 이담. 2014.

국회도서관. 『세계의 헌법 Ⅰ−Ⅱ권』. 국회도서관. 2010.

권영설. 『헌법이론과 헌법담론』. 법문사. 2006.

권영성. 『헌법학원론』. 법문사. 2010.

금장태. 『현대 한국유교와 전통』. 서울대학교 출판부. 2004.

김교빈 등 5인. 『중국의 종교와 사상』. 한국통신대학교 출판부. 2008.

김달중 외. 『중국의 개혁정치와 정책』. 법문사. 1990.

김승일. 『모택동 −13억 중국인의 정신적 지주』. 살림. 2012.

김영수. 『한국의 헌법사』. 학문사. 2000.

김영진. 『중국근대 사상과 불교』. 도서출판 그린비. 2007.

김용구. 『세계외교사』. 서울대출판부. 2000.

김재철. 『새로운 중국의 모색 Ⅰ−발전과 안정의 병행』. 폴리테이아. 2005.

김종서. 『종교사회학』. 서울대출판부. 2007.

김준엽. 『中國最近世史』. 일조각. 1986.

김창규. 『20세기 초 중국의 민주정치론 연구』. 경인문화사. 2004.

김철수. 『헌국헌법론』. 박영사. 2007.

김태연. 『21세기 중국사회의 문화 변동』. 학고방. 2013.

마 광. 『중국법의 연원에 대한 연구』. 인권과 정의. 2009.

문유근. 『시진핑의 차이나드림 −중국의 꿈은 무엇인가』. 북스타. 2014.

문화체육관광부. 『2009 종무행정백서』. 문화체육관광부 종무실. 2010.

민두기. 『중국국민 혁명지도자의 사상과 행동』. 지식산업사. 2007.

_____. 『중국초기 혁명운동의 연구』. 서울대학출판부. 1997.

박영균. 『칼 마르크스』. 살림. 2012.

박종우. 『중국종교의 역사 —도교에서 파룬궁까지』. 살림. 2006.

박형기. 『덩샤오핑 —개혁개방의 총설계사』. 살림. 2013.

백승욱. 『문화대혁명 —중국 현대사의 트라우마』. 살림. 2014.

법무부. 『중국의 공법분야 법제 변천연구』. 법무부 법제실. 2012.

법제처. 『헌법주석서 I (제2판) —총강 및 기본권에 관한 장』. 법제처. 2013.

서울대학교 종교문제연구소. 『종교와 역사』. 서울대학교 출판부. 2006.

서진영. 『21세기 중국정치』. 도서출판 폴리테이아. 2012.

_____. 『중국혁명사』. 한울. 2012.

석영중. 『러시아 종교 —역사 · 문화 · 예술』. 고려대학교 출판부. 2007

성공회대 인권평화연구소. 『아시아 인권의 새로운 탐색』. 삼인. 2002

성균중국연구소 엮음. 『차이나핸드북』. 김영사. 2014.

성낙인. 『헌법학』. 법문사. 2012.

신우철. 『비교헌법사 —대한민국 입헌주의의 연원』. 법문사. 2008.

_____. 『비교헌법사론 —대한민국 입헌주의 형성과 전개』. 법문사. 2013.

양　건. 『헌법강의 1』. 법문사. 2012.

양일모. 『옌프(嚴復): 중국의 근대성과 서양사상』. 태학사. 2008.

유신일. 『중국공산당의 과거 현재 미래』. 매일경제신문사. 2011.

유엔 종교간평화추진한국협회. 『세계 종교간 화합과평화에 관한UN총회결의집』. 행복한 숲. 2012.

윤대규. 『사회주의 체제전환에 대한 법제도적 비교연구』. 한울 아카데미. 2008.

윤승용. 『현대 한국종교문화의 이해』. 한울 아카데미. 1997.

이봉철. 『현대인권 사상』. 아카넷. 2001.

이은자. 『중국민간종교결사 —전통과 현대의 만남』. 책세상. 2005.

이정남. 『개혁개방기 중국공산당 —구조 · 권력관계 · 대외정책』. 아연출판사. 2014.

이준일. 『헌법학강의 제2편』. 홍문사. 2007.

이혜경. 『량치챠오(梁啓超): 문명과 유학에 얽힌 애증 서사』. 태학사. 2007.

장영수. 『헌법학 제2판』. 홍문사. 2007.

장현근. 『중국 사상의 뿌리』. 살림. 2004.

전광석. 『한국헌법론』. 법문사. 2006.

전성홍. 『전환기의 중국사회 I −변화와 지속의 역동성』. 오름. 2004.

정갑영 등. 『해외각국의 종교현황과 제도연구』. 한국문화정책연구원. 1999.

정이근. 『중국공법학연구 −헌법학 및 행정법학 주제중심』. 오름. 2007.

정재남. 『중국의 소수민족』. 살림. 2013.

정종섭. 『헌법학원론』. 박영사. 2014.

조관희. 『중국현대사 강의 −신해혁명부터 홍콩 반환 까지』. 궁리. 2013.

조영남. 『후진타오 시대의 중국정치』. 나남. 2008.

_____. 『중국의 꿈 −시진핑의 리더쉽과 중국의 미래』. 민음사. 2013.

_____. 『중국의 법률보급운동』. 서울대출판문화원. 2012.

_____. 『중국의 법치와 정치개혁』. 창비. 2012.

주장환. 『중국의 엘리트 −마우쩌둥에서 제5세대 지도자들까지』. 살림. 2012.

崔成哲. 『康有爲의 政治思想』. 일지사. 1988.

최종고. 『국가와 종교』. 대한기독교서회. 2007.

_____. 『법과 종교와 인간』. 삼영사. 1989.

한국갤럽조사연구소. 『한국인의 종교 1984−2014』. 한국갤럽조사연구소. 2015.

한국종교법학회. 『법과 종교』. 홍익사. 1983.

한석정. 『만주국 건국의 재해석』. 동아대학교출판부. 2007.

한수웅. 『헌법학 제5판』. 법문사. 2015.

허 영. 『한국헌법학론』. 박영사. 2003.

홍성방. 『헌법학』. 박영사. 2010.

강기원. 「중국헌법의 제정과정 및 변천: 현행헌법 제정과정과 수정안 내용 중심 으로」, 『공법학연구』 제4권 제2호. 한국비교공법학회. 2003.

강명숙. 「1920년대의 중국 반기독교운동과 식민지 조선의 사회주의 운동」, 『한국기독교와 역사』 8호. 한국기독교 역사 연구소. 1998.

강준영. 「개혁개방과 종교의 부활」, 『中國學硏究』 제24집. 중국학연구회. 2003.

_____. 「중국의 종교통제와 사회안정」, 『中國硏究』 제34집. 한국외국어대학교 중국연구소. 2004.

_____. 「개혁개방과 종교의 부활」, 전성홍 편 『전환기의 중국사회 I』. 오름. 2004.

강효백. 「국제인권규약 가입에 중국헌법상 기본권하의 현황과 개선논의분석」, 『중앙법학』 제12집. 중앙법학회. 2010.

고병도. 「中國憲法上 基本權 槪念에 관한 一考察」, 『통일문제연구』 11. 평화문제연구소. 1997.

고병철. 「개혁·개방 이후 중국 길림성의 종교정책과 한국종교」, 『현대중국의 한국종교』. 한국학중앙연구원. 2010.

고정환. 「중국식 사회주의에 관한 헌법학적 연구」. 서강대학교 공공정책대학원 석사학위논문. 2007.

구병삭. 「中華人民共和國의 憲法史硏究」, 『法史學硏究』 6輯. 한국법사학회. 1981.

권영설. 「미국헌법상 종교의 개념과 그 법리의 전개」, 『미국헌법연구』 5. 미국헌법연구소. 1994.

극동문제연구소. 「종교문제에 대한 中共黨의 기본정책과 기본관점」, 『共産圈研究』 129. 極東問題研究所. 1989.

김광성. 「중국의 정치제도와 권력구조를 통해본 중국의 종교정책」, 『선교신학』 제29집. 올리브나무. 2012.

_____. 「중국의 종교정책과 현장사역의 관계 연구: 종교정책 관련 문건과 법규를 중심으로」. 장로회신학대학교 세계선교대학원 석사논문. 2007.

김대광. 「中國憲法上 共産黨의 地位」, 『中國問題研究』 2. 부산대중국문제연구소. 1988.

김도희. 「중국의 사회통제와 법륜공」, 『중국학연구』 제20집. 中國學研究會. 2001.

김동한 등. 「헌법개정과 개혁개방」, 『동북아연구』 제6권. 경남대극동문제 연구소.

김성민. 「사회주의 중국에서의 종교집단의 특징과 역할에 관한 연구」. 한국외국어대학교 대학원 석사학위 논문. 2008.

김성수. 「중국의 종교정책과 법규에 관한 연구: 기독교를 중심으로」. 건국대학교행정대학원 석사학위논문. 1998.

김세호. 「중국공산당의 중앙·지방 관계에 대한 구상과 제도화 1921−1954」, 『중국근현대사연구』 제57집. 韓國中國近現代史學會. 2013.

김소중. 「유가사상과 중국 특색의 사회주의 현대화와의 관계」, 『한국정치학회보』 제31집 2호. 한국정치학회. 1997.

김승혜. 「現代中國의 宗敎理解」, 『동아연구』 24. 서강대학교 동아연구소. 1992.

김재란. 「중국근대 모택동의 사상과 불교」, 『불교평론』 제14권 제3호. 만해사상실천선양회. 2012.

김종석. 「한주학과 유교종교론의 본질과 공자교운동」, 『철학논총』 제46집. 새한철학회. 2006.

김주원, 「중국헌법상의 규범통제」, 『辯護士』제36권, 서울지방변호사회, 2006.

김진환, 「세계각국의 종교정책에 관한 소고」, 『동국사상』12, 동국대학교, 1979.

김창규, 「남경정부 시기의 羅隆基의 인권문제 인식」, 『전남사학』제20집, 전남사학회, 2003.

김태만, 「시진핑의 중국몽과 문화강국 대국의길」, 『동북아문화연구』제27호, 2013.

김태용, 「중국 특색의 사회주의 종교이론에 대한 고찰」, 『中國學報』제63집, 韓國中國學會, 2011.

김하록, 「中國憲法의 歷史的인 展開와 그의 基本的인 內容」, 『동의법정』제19집, 동의대학교법학연구소, 2003.

김한신, 「중국종교(中國宗敎)의 새로운 범주화(範疇化)」, 『東洋學』제55집, 東洋學硏究院, 2014.

김현우, 「中國法制의 現狀과 問題 1」, 『법제』통권 제323호, 法制處, 1990.

_____, 「중국개정 헌법에 관한 연구 −93년 개정헌법과 사회주의 초급단계의 의의를 중심으로」, 국민대학교 대학원 법학석사 논문, 1995.

김형석, 「現代 中國의 宗敎認識」, 『동양사학연구』1, 동양사학회, 1989.

김형열, 「이대교 민주사상의 발전과정」, 『중국사연구』제34집, 2005.

남종호, 「中國 憲法과 特徵」, 『국제지역연구』제7권 제1호 통권 24호, 한국외국어대학교 국제지역연구센터, 2003.

_____, 「중국사회주의 민주이론 분석」, 『국제지역연구』제14권 제3호, 한국외국어대학교 국제 지역연구센터, 2010.

_____, 「중국정치 이데올르기 변화연구」, 『국제지역연구』제13권 제1호, 한국외국어대학교 국제지역연구센터, 2009.

_____, 「중국헌법과 당정에 있어서의 공산당 영도 이념」, 『아태연구』, 2003.

니꽝따오 · 류성민 역, 「중국의 신흥종교: 똥팡샨띠엔(東方閃電−동방번개)을 말한다」, 『현대종교』통권 392−393호, 국제종교문제연구소, 2007.

도회근, 「사회주의 국가의 헌법질서에 관한 연구」, 서울대 대학원 법학석사학위논문, 1984.

_____, 「소비에트제도에 관한 헌법적 연구」, 서울대 대학원 법학박사학위논문, 1992.

루인핑 · 임지봉, 「중국현대 헌법의 변화 동향」, 『공법연구 제33집』, 한국공법학회, 2005.

류성민, 「중국종교의 현재와 미래: 분석구성을 위한 시론」, 『종교문화비평』제18집, 韓國宗敎문화연구소, 2010.

_____, 「한 · 중 · 일 삼국의 종교정책 비교」, 『종교연구』46, 한국종교학회, 2007.

마민호. 「통일전선전술의 관점에서 중국의 종교통제에 대한 고찰」, 『인문사회과학 연구』제 15권 제1호. 부경대학교 인문사회과학연구소. 2014.

민경배. 「모택동사상과 법」, 『법철학연구』제5권 제1호. 한국법철학회. 2002.

민경식. 「2011년도 종교법판례의 동향」, 『종교문화비평』21호. 한국종교문화연구소. 2012.

_____. 「메이지 헌법에서의 국가와 종교」, 『중앙법학』제13집 제4호. 중앙법학회. 2011.

_____. 「중화민국의 헌법사 연구」, 『법정논총』통권 제37집. 중앙대학교법과대학. 1983.

_____. 「헌법은 어떻게 종교간 공존하고 있는가 −세계 각국의 종교헌법사례」, 『불교평론』 제46호. 만해사상실천선양회. 2011.

박경석. 「南京國民政府의 孔子誕辰紀念과 民族主義」, 『中國學研究』第30輯. 中國史學會. 2004.

박규태. 「동아시아 '종교'개념과 理 −한일비교 관점에서」, 『동아시아 연구』통권106호. 고 려대학교아시아문제연구소. 2001.

박기성. 「모택동 이후 시기 중국교회−국가관계와 종교정책」, 서울대국제대학원 국제학 석 사학위논문. 2013.

박만준. 「개혁개방 이후 중국의 종교정책에서 본 對기독교정책의 발전방향과 전망」, 『東西 研究』제16권 제2호. 연세대학교 동서문제연구소. 2004.

_____. 「공산권 종교자유개념의 이념적 특징에 관한 연구 −인식의 전개과정과 그 시대적 함의 를 중심으로」, 『中蘇研究』제36권 제4호. 한양대아태지역연구센터. 2013.

_____. 「제4세대 종교정책의 과제와 전망」, 『中蘇研究』제29권 제4호 통권 108호. 한양대 학교 아태지역연구센터. 2005.

_____. 「중국의 개혁개방과 종교법규 적용의 상관성에 관한 연구: 종교이론 해석 변화와 관련법제정의 상호연계성을 중심으로」, 『中國研究』제60권. 한국 외국어대학교 국제지역연구센터 중국연구소. 2012.

_____. 「중국종교정책형성과 그 변천과정 연구」. 베이징대학교 박사학위논문. 2003.

박병광. 「중국 소수민족정책의 형성과 전개」, 『국제정치논총』제40집 제4호. 한국 정치학 회. 2000.

박상수. 「階級과共和−중국공산당의 '共和國'구상의 변천」, 『中國近現代史研究』第52輯. 한 국중국근현대사학회. 2011.

박수현. 「현대중국의 종교법제 전개과정에 관한 연구: 마오저뚱 정권 이후를 중심으로」. 영 남대학교 석사학위논문. 2003.

박종우. 「중국 지도이념의 사회통제기능과 사회운동 통제」, 『중국연구』제31집. 韓國外國

語大學校 外國學綜合研究센터 中國研究所. 2003.

방원일. 「비 서구세계 종교문화의 만남과 종교개념에 대한 최근 논의」, 『종교문화비평』 통권 제8호. 韓國宗教文化研究所. 2005.

_____. 「초기 개신교 선교사의 한국종교 이해」, 서울대 대학원박사학위논문. 2011.

서울大學校東洋史學研究室編. 金培喆, 「教案과 義和團」, 「改革과 革命」, 윤혜영, 「變法運動과 立憲運動」, 金衡鐘, 「辛亥革命의 展開」, 민두기, 「民國革命 論」, 강명희 「5·4運動」, 『講座 中國史 Ⅵ』, 지식산업사. 2005.

서진영. 「중화인민공화국 헌법과 헌법 개정 내용과 성격」, 동아시아연구 제8호. 2004.

손명락. 「중국 소수민족 종교 연구」, 영남신학대학교 신학대학원 석사학위 논문. 2005.

송기춘. 「종교 관련 제도의 헌법적 문제점과 그 개선 방향」, 『한국헌법학연구』 제12권 제5호. 한국헌법학회. 2006.

송정환. 「'3自원칙' 아래 사회주의 종교로 변모해」, 『전망』 46. 대륙연구소. 1990.

신동윤. 「法輪功사건으로 본 中國의 宗教 現況」, 『인문논총』 18호. 서대학교인문과학연구소. 1999.

신명·민경식. 「영국에서의 종교와 국가 ―잉글랜드 국교회 법제의 변천을 중심으로」, 『법학논문집』 제36집 제3호. 중앙대학교법학연구소. 2012.

신봉수. 「중국식 발전의 사상적 특징 ―마오쩌둥(毛澤東)과 덩샤오핑(鄧小平)의 다선적 사회주의 발전관」, 『한국정치학회보』 제46집 제2호. 한국정치학회. 2012.

신성욱. 「개혁개방 이후 중국의 종교와 사회변동」, 한국외국어대학원 석사학위논문. 2003.

신우철. 「근대입헌주의 성립사 연구」, 『법학논문집』 제35집. 중앙대학법학연구소. 2007.

_____. 「중국헌법재론」, 『比較法學』 12. 부산외국어대학교비교법연구소. 2001.

_____. 「중화인민공화국 국가체제에 관한 헌법적 연구」, 서울대 대학원 박사학위논문. 1996.

안효열. 「현대 중국의 종교정책에 대한 연구」, 서울대 대학원석사학위논문. 1994.

양 건. 「국가와 종교의 관계에 대한 법적 고찰」, 『헌법연구』. 법문사. 1995.

양일모. 「근대중국의 지식인과 '종교'문제」, 『종교문화비평』 제4호. 한국종교문화연구소. 2003.

오재환. 「개방 20년기간 중국 종교정책의 변화」, 『中國學報』 제48집. 韓國中國學會. 2003.

_____. 「五四運動期 전후 中國知識人의 反基督教論爭」, 歷史學報 第111輯. 역사학회. 1986.

_____. 「中國 共産黨의 宗教觀 變遷」, 『中國史研究』 제38집. 中國史學會. 2005.

왕조국. 「중국의 종교정책: 종교와 사회주의사회와의 조화」, 『극동문제』 24권 12호 통권 286호. 극동문제연구소. 2002.

유설봉. 「현대 중국의 종교법제」, 『한국종교』 21. 원광대학교종교 문제연구소. 1996.

유용태. 「중국의 토지혁명과 신민주주의 경제」, 『중국근현대사연구』 제55집. 한국 중국근현대연구소. 2013.

_____. 「중화인민공화국 건국 전후 각계 인민대표회의 1948-53」, 『중국근현대사 연구』 제50집. 한국중국근현대연구소. 2011.

유장근. 「근대 중국에 있어서 국가 권력과 종교」, 『동양사학연구』 제80집. 동양사학회. 2002.

윤경숙. 「중국 사회주의 국가에서의 기독교 교회의 발전과 특성 – 개신교 삼자(三自) 교회를 중심으로(1949~1958)」. 서울대 대학원 박사학위논문. 2003.

윤승용. 「서구의 역사에 나타난 종교와 정치관계」, 『대학원 연구논문집』 제4집. 중앙승가대학대학원. 2011.

_____. 「한국근대종교의 성립과 전개」, 『사회와 역사』 제52집. 한국사회사학회. 2010.

_____. 「한국의 정교분리와 종교정책」, 『종교문화비평』 통권 25호. 청년사. 2014.

윤영덕. 「개혁개방 이후 중국의 정치체제개혁에 대한 고찰」, 『동북아연구』. 전남 대동북아 연구소. 2012.

_____. 「중국의 인권담론과 인권현실의 갈등 –중국의 국제인권규범수용사례를 중심으로」, 『민주주의와 인권』 10권 2호. 전남대 5 · 18연구소. 2010.

이동영. 「중국공산당의 사회조직 통제 방식의 변화」, 『대한 정치학회보』 21집 2호. 한국정치학회. 2013.

이동윤 · 천자현. 「중국의 인권과 종교, 그리고 파룬궁(法輪功) 탄압」, 『세계지역연구 논총』 제26집 1. 한국세계지역학회. 2008.

이만희. 「中國에 있어서의 宗敎의 自由」, 『法曹』 443. 法曹協會. 1993.

이병인. 「國民黨政權의 公民觀과 '民族傳統 –革命과 民族傳統의 교환과 교류」, 『中國近現代史硏究』 第35輯. 한국중국근현대사학회. 2007.

이병호. 「중화인민공화국' 국호(國號) 작명 과정 고찰 –특히 연방제 채택문제와 관련해」, 『동북아역사논총』 45호. 동북아 역사재단. 2014.

이승훈. 「중공의 새 당헌. 새 헌법과 이념 · 권력구조 및 정책노선의 개변」, 『중공문제』 제2집. 1983

이연승. 「이병헌의 유교론 –비미신적인 신묘한 종교」, 『종교문화비평』 통권 제27호. 한국

종교문화연구소. 2015.

이영진. 「종교의 자유의 한계와 정교분리에 관한 연구 —미연방대법원판례를 중심으로 한 각국 판례의 비교」. 성균관대학교 대학원 박사학위논문. 1998.

이용주. 「현대중국의 공자 재평가론에 대하여 —중국사상의 현대적 과제」, 『종교학연구』. 서울대학교 종교문제연구소. 1989.

이재호. 「근대적 인권이념의 기초와 한계」, 『정신문화연구』 제29호 제3호. 한국정 신문화연구원. 2006.

이정남. 「시진핑 지도체제의 등장과 중국의 정치개혁과 정치변화 전망」, 『아시아 연구』 제56권 제1호. 2013.

이종화. 「시진핑의 중국의 꿈과 과학발전관의 미래 발전」, 『중국과 중국학』 제23호. 영남대학교중국연구센터. 2014.

이주노. 「중국의 사회주의 시장경제와 문화 정책에 대한 연구」, 『중국인문학회』 춘계국제학술대회. 2009.

이진구. 「종교의 자유에 대한 한국개신교의 이해에 관한 연구」. 서울대학교대학원 박사학위 논문. 1995.

이창호. 「중화인민공화국 헌법제정사」, 『법제연구』 제13집. 경상대학교. 2005.

이홍길. 「모택동의 혁명주의와 중국농민의 운명」, 『전남사학』 제21집. 전남사학원. 2003.

이휘재. 「일제하 이병헌의 공자교운동의 성과와 좌절」, 『공자학』 제20호. 한국공자학회. 2011.

임규섭. 「장쩌민시대 중국공산당 이데올르기의 재건 —삼개대표론 형성 및 그 의의」, 『아태연구』 제13권 제1호. 경희대학교 아태지역연구원. 2006.

장명봉. 「중국의 개혁 · 개방 이후 헌법의 변화」, 『法學論叢』 제17집. 國民大學校法學研究所. 2005.

장석만. 「개항기 한국사회의 "종교"개념형성에 관한 연구」. 서울대 대학원 박사학위논문. 1992.

전동현. 「남경국민정부 성립기의 훈정 체제론」, 『이화사학연구』 제23집. 이화사학연구소. 1997.

전명수. 「파룬공의 전개와 '공론장'에 대한 새로운 접근 —종교적 민중 집단에 관 한 사회학적 성찰」, 『新宗敎硏究』 제10집. 韓國新宗敎學會. 2004.

전성흥. 「中國의 改革과 宗敎: 국가의 종교정책, 민간의 종교활동, 지방의 종교통제」, 『東亞研究』 30. 西江大學校 東亞研究所. 1995.

_____. 「중국의 소수민족 문제 −저항운동의 원인과 중국 정부의 대응」, 『동아연구』 제58
집. 서강대학교동아연구소. 2010.

_____. 「최근 중국의 종교정책」, 『北韓』 285. 북한연구소. 1995.

정재호. 「파룬공, 인터넷과 중국 내부통제의 정치」, 『한국정치학회보』 제35집. 한국정치학
회. 2001.

정행업. 「종교가 중국역사에 끼친 영향: 사교를 중심으로」, 『현대종교』 통권366호. 現代宗
敎社. 2005.

조병한. 「양계초의 국민국가론과 민권·민족·관념(1896−1902)」, 『서강인문논총』 제22
집. 서강 대인문과학연구소. 2007.

조영남. 「"중국의 꿈"을 달성하기 위한 시진핑의 정책은?」, 『성균차이나브리프』 제2권 제1
호 통권30호. 성균관대학교 동아시아학술원 성균중국연구소. 2014.

조재송. 「중국 "통일다민족 국가론"의 논거와 허실」, 『중국학연구』 제38집. 중국학연구소.
2006.

_____. 「호금도 체제의 신종교정책 석평 −〈종교사무조례〉를 중심으로」, 『중국학연구』 제
34집. 중국학연구소. 2006.

지규철. 「미국에서의 정교분리에 관한 연구」. 고려대학교 대학원 박사학위논문. 1992.

차차석. 「현대 중국 종교정책의 변화과정과 전망」, 『한국불교학』 통권 제47집. 한국불교학
회. 2007.

최승현. 「당대 중국학계 '공자'연구 동향분석」, 『중국인문과학』 제27집. 중국인문학회.
2003.

최우길. 「중국소수민족정책의 진화 −민족구역 자치제도의 변용과 개혁·개방 초기 조선족
사회에의 적용을 중심으로」. 2005.

최은진. 「중국 모델론을 통해 본 중국 사상계의 지식지형」, 『중국근현대사연구』 제50집.
2011.

최일봉. 「마르크스주의와 종교」, 『마르크스주의 연구』 창간호 (제1권 제1집). 2004.

최정호. 「1979년 이후 중국종교정책에 관한 고찰」. 총신대학교선교대학원. 석사학위논문.
2003.

최종고. 「정교분리원칙의 한국적 의미」, 『현대사회 25』. 현대사회연구소. 1987.

최준식. 「동북아 문명의 창초적 시원과 발전적 보전의 두 주역, 중국과 한국」, 『한국문화연
구』 23. 이화연대 한국문화연구원. 2012.

한상돈. 「중국 행정법의 발전과 최근 동향」, 『아시아법제연구』 제4호. 한국법제 연구원.

2005.

한용수. 「도교와 외교종교의 중국문화 영향」, 『동서비교문학저널』 제12호. 동서비교문학학
회. 2005.

함태경. 「중국의 종교정책 결정과정 변천 연구: 중국 지도부의 정교인식 변화와 신종교사
무조례를 중심으로」. 서울신학대학교 석사학위논문. 2006.

허 욱. 「중국적 특색의 사회주의 법률체계 완성의 의미와 과제」, 『辯護士』 제44집. 서울地
方辯護士會. 2013.

허후성. 「현대 중국종교정책의 단계적 형성과 그 구성요인 분석」, 『종교연구』 제65집. 한국
종교학회. 2011.

〈외국문헌〉

江澤民. 『論宗教問題』, 國家宗教事務局政策法規司 編. 『宗教政策法規文件選編』. 宗教文化
出版社. 2012.

高見澤磨・錦木賢. 이용빈 역. 『중국법의 역사와 현재』. 한울. 2010.

國家宗教局 黨組理論學習中心組. 國家宗教事務局政策法規司 編. 『新時期宗教工作文獻選
編』. 宗教文化出版社. 1995.

國家宗教事務局政策法規司 編. 『宗教團體教規制度編』. 宗教文化出版社. 2012.

_____. 『中國宗教法規政策讀本』. 宗教文化出版社. 2012.

國務院 法制辦公室編. 『中華人民共和國 憲法』. 2007.

堀川哲男著. 李陽子 譯. 『中國近代史』. 三知院. 1994.

金春明・席宣. 이정남・하도형・주장환 역. 『문화 대혁명사』. 나무와 숲. 2000.

磯前順一. 『宗教概念 ぁ るいは宗教學 の死』. 東京大學出版社. 2012.

金谷治. 조성을 역. 『중국사상사』. 이론과 실천. 1988.

羅竹豊 主編. 『中國社會主義時期宗教問題』. 上海社會科學院出版社. 1987.

內政部 編印. 『宗教論述專輯 제9집-各國宗教發展與法制篇』. 內政部 編印.

盧云峰. 「현대 중국종교의 발전」, 『한국과 중국의 사회변동 비교연구』. 나남. 2013.

東京大 中國哲學硏究室. 조경란 역. 『중국사상사』. 동녘. 2003.

杜文忠. 「宗教與國家: 代中韓憲政化中的宗教問題」, 『동서사상』 제5집. 경북대학 동서사상
연구소. 2008.

조재송. 『近代中國的 憲政史』. 法律出版社. 2009.

鎌田茂雄 著. 정순일 역, 『中國佛教史』. 경서원. 1992.

牟鍾監. 박성숙 역, 「중국종교 문화의 유형」, 『종교와문화』 제13호. 서울대종교문 제연구소. 1991.

毛澤東. 『毛澤東文集』. 人民出版社. 1996.

潘國平 · 馬利民. 하삼주 역, 『중국의 법률』. 교유사. 2013.

百地章. 『政教分離とは何か −争点の解明』. 成文堂. 1997.

빙수원. 『인도종교와 사회주의 상호적응 이론과 실천』. 中國社會科學出版社. 2001.

徐剛. 이주노 · 김은희 역, 『양계초』. 이끌리오. 2008.

徐玉成. 『宗教政策法律知識答問(增訂本)』. 中國社會科學出版社. 2005.

西村成雄 · 國分良成. 이용빈 역, 『중국의 당과국가 −정치체제 궤적』. 한울 아카데미. 2012.

石村耕治. 『イングランド 國教會法の 研究』. 白鴎大學法政策研究所. 2010.

星野靖二. 『近代日本の 宗教概念 −宗教者の言葉と近代』. 有志舍. 2012.

蕭公權. 최명 · 손문호 역, 『中國政治思想史』. 서울대학출판부. 1998.

小島晉治 · 丸山松幸. 박원호 역, 『中國近現代史』. 지식산업사. 2008.

小泉洋一. 『政教分離の法 −フランスにおけるライシテと法律 · 憲法 · 條約』. 法律文化社. 2006.

習近平. 『習近平 談治國理政』. 外文出版社. 2014.

辛亥革命研究會 엮음. 김종원 역, 『중국근대사 연구 인문』. 한울. 1997.

易中天. 박경숙 역, 『이중톈, 중국인을 말하다』. 은행나무. 2008.

_____. 심규호 역, 『이중톈 제국을 말하다』. 에버리치홀딩스. 2007.

吳天昊. 『新中國憲法.行政法 60年』. 上海社會科學院出版社. 2010.

吳海航. 김지수 역, 「청말 민국 초 헌정제도 발전 중 헌정사상 전파」, 『법사학연구』 제26호. 민속원. 2002.

窪德忠, 西順藏. 조성을 역, 『中國 宗教史』. 한울. 1996.

王丹. 송인재 역, 『왕단의 중국현대사』. 동아시아. 2013.

王德祥 · 徐炳. 『中華人民共和國憲法 註釋』. 群衆出版社. 1981.

汪世榮. 『中國法制史』. 北京大學出版社. 2002.

王作安. 『中國的宗教問題和宗教政策』. 宗教文化出版社. 2002.

王曉秋. 신승하 역, 『근대 중국과 일본』. 고려대학교 출판부. 2002.

袁陽. 박미리 역, 『중국의 종교문화』. 길. 2000.

劉茂林.『中國憲法導論』. 北京大學出版社. 2009.

劉曉波. 김지은 역,『류사오보 중국을 말한다』. 지식갤러리. 2011.

尹中卿. 이창형 역,『중국의 정치』. 교우사. 2013.

李澤厚. 김형종 역,『중국현대사상사론』. 한길사. 2013.

任繼愈. 금장태·안유경 역,『유교는 종교인가 1, 2』. 지식과 교양. 2012.

張國華 역음. 임대희 외 역,『중국법률사상사』. 아카넷. 2003.

張志綱.『宗敎硏究指要』. 北京大學出版社. 2005.

張晉藩 主編. 한기종 외 역,『중국법제사』. 소나무. 2006.

_____.『中國憲法史』. 吉林人民出版社. 2004.

張千帆.『憲法學導論』. 法律出版社. 2007.

張千帆·蘇津晟.『憲法學』. 法律出版社. 2004.

齊文. 강춘화 역,「現代中國의 宗敎現況」,『한국종교』16. 원광대종교문제연구소. 1991.

周葉中 主編『憲法』. 北京大學出版社. 2001.

朱應平.『憲法中比權利條款人權保障功能硏究』. 法律出版社. 2009.

酒井忠夫.『近現代中國にわける宗敎結社の硏究』著作集6. 國書刊行會. 2002.

竹內實. 신현승 역,『청년 모택동 ―중국은 어디로 가는가』. 논형. 2005.

中共中央文獻硏究室. 성균관대학연구소 역,『시진핑, 개혁을 심화하라』, 성균관대학교 한
　　　국정치학회 출판부. 2014.

中國人民共和國 國務院 新聞辦公室.『中國的宗敎信仰自由狀況』. 1997 이후.

中濃敎篤.『中國共産黨の宗敎政策』. 理想社. 昭和 33年.

中央統戰部.『宗敎知識 講座』. 華文出版社. 2005.

中野實.『宗敎と政治』. 日本新評論. 1998.

陳麟書 編著.『宗敎學原論』. 四川大學出版社. 1986.

蔡定劍.『憲法』. 法律出版社. 2004.

陈欣新.『中国宗教自由的法律规制』. 中国社会科学院法学研究所. 中国法学网.

陈欣新.『憲法精解(第2版)』. 法律出版社. 2006.

天兒慧. 임상범 역,『중화인민공화국 50년사』. 일조각. 2006.

淺野裕一. 신정근 외3인 역,『공자의 신화』. 태학사. 2008.

焦洪昌.『憲法學 (第3版)』. 北京大學出版社. 2009.

탁신평.『현대화적 종교와 현대중국』. 社會科學文獻出版社. 2008.

土屋英雄『思想 の自由と 信敎 の自由』. 尙學社. 2008.

_____. 『中國「人權」考 -歷史と當代』. 日本評論社. 2012.

_____. 『現代中國の 信敎の自由 -研究と資料』. 尙學社. 2009.

_____. 『現代中國の人權 - 研究と資料』. 信山社. 1996.

土屋惠一郞. 『現代の 宗敎「宗敎と政治」』. 岩波書店. 1998.

韓大元. 정이근 역, 『新中國憲法 發展史』. 도서출판오름. 2007.

_____. 「試論政敎分離原則的憲法價値」, 『法學』. 2005.

_____. 『1954年 憲法與新中國憲法』. 湖南人民出版社. 2004.

_____. 『新中國憲法發展 60年』. 廣東人民 出版社. 2009.

韓大元 · 林來梵 · 鄭賢君. 『憲法學問題硏究(第2版)』. 中國人民大學出版社. 2008.

許崇德. 변상필 역, 『中國憲法』. 東玄出版社. 1996.

_____. 『中國人民共和國 憲法史』. 福建人民出版社. 2003.

_____. 『中國憲法 第4版』. 人民大學出版社. 2006.

邢福增. 이혜원 역, 「개혁개방 이후 중국에서의 국가—종교관계」, 『기독교사상』 통권 638
        호. 대한기독교서회. 2012.

胡錦光 · 韓大元 主編. 『中國憲法發展研究報告』. 法律出版社. 2004.

横山廣章. 박종현 역, 『中華民國史』. 신서원. 2000.

Nongbri, Brent. 『Before Religion -A History of Modern Concept』. Yale University. 2013.

Soetens, Claude. 김정옥 역, 『20세기 중국 가톨릭 교회사』. 분도출판사. 2008.

Mokown, D. B. 강돈구 · 박정해 역, 『마르크스주의 종교이론』. 서광사. 1991.

Wang, James C. F. 금희연 역, 『현대중국정치론』. 그린. 1999.

Fairbank, John K. 책임 편집. 김한식 역, 『캠브리지 중국사 10』. 새물결. 2007.

Witte, John, Jr.. 정두메 역, 『권리와 자유의 역사』, 한국기독학생 출판부. 2015.

Marx, Karl · Engels, Friedrich. 이진우 역, 『공산당선언』. 책세상. 2014.

Sellars, Kirsten. 오승훈 역, 『인권, 그 위선의 역사』. 은행나무. 2003.

Ishay, Micheline. 조효제 역, 『세계인권사상사』. 도서출판 길. 2005.

Johnston, Reginald F.(莊士敦). 김성배 역, 『자금성의 황혼』. 돌베개. 2008.

색인

〈사항〉

(ㄱ)

중국헌법에서의 종교와 종교정책
그 역사와 현재

초판 1쇄 인쇄 2017년 2월 25일
초판 1쇄 발행 2017년 2월 28일

지은이 신명
펴낸곳 논형
펴낸이 소재두
등록번호 제2003-000019호
등록일자 2003년 3월 5일
주소 서울시 영등포구 양산로 19길 15 원일빌딩 204호
전화 02-887-3561
팩스 02-887-6690
ISBN 978-89-6357-178-2 94300
값 25,000원

이 도서의 국립중앙도서관 출판예정도서목록(CIP)은 서지정보유통지원시스템 홈페이지
(http://seoji.nl.go.kr)와 국가자료공동목록시스템(http://www.nl.go.kr/kolisnet)에서 이용
하실 수 있습니다. (CIP제어번호: CIP2017005116)